应用型本科经管系列教材 工商营销类

国际管理

赋能全球企业变革

主 编 连智华

副主编 王 静 李 婷

吴丹丹 朱文仲

厦门大学出版社 XIAMEN UNIVERSITY PRESS
国家一级出版社
全国百佳图书出版单位

图书在版编目（CIP）数据

国际管理 ：赋能全球企业变革 / 连智华主编 ；王静等副主编. -- 厦门 ：厦门大学出版社，2025. 8.
（应用型本科经管系列教材）. -- ISBN 978-7-5615-9799-6

Ⅰ. F276.7

中国国家版本馆 CIP 数据核字第 20253MY455 号

责任编辑 李瑞晶
美术编辑 张雨秋
技术编辑 朱 楷

出版发行 厦门大学出版社
社 址 厦门市软件园二期望海路 39 号
邮政编码 361008
总 机 0592-2181111 0592-2181406(传真)
营销中心 0592-2184458 0592-2181365
网 址 http://www.xmupress.com
邮 箱 xmup@xmupress.com
印 刷 厦门金凯龙包装科技有限公司

开本 787 mm×1 092 mm 1/16
印张 23
字数 439 千字
版次 2025 年 8 月第 1 版
印次 2025 年 8 月第 1 次印刷
定价 59.00 元

本书如有印装质量问题请直接寄承印厂调换

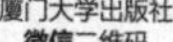
厦门大学出版社
微信二维码

厦门大学出版社
微博二维码

应用型本科经管系列教材

编委会

（按姓氏笔画排序）

总 序

教育是强国建设、民族复兴之基。习近平总书记在2024年9月召开的全国教育大会上强调，紧紧围绕立德树人根本任务，朝着建成教育强国战略目标扎实迈进。《墨子·尚贤》有言:“国有贤良之士众，则国家之治厚;贤良之士寡，则国家之治薄。”培养什么人，是教育的首要问题。随着国家对高等教育质量提升和创新型人才培养的日益重视，应用型本科教育以其鲜明的职业导向和实践特色，成为培养未来经济社会所需高素质、高技能人才的关键阵地。作为连接理论与实践、促进经济社会发展的重要桥梁，经管学科始终站在时代的前沿，不断创新教育模式、更新教材建设。在快速变化的全球经济版图中，全国各地积极探索地方特色鲜明的应用型人才培养体系，努力为区域经济发展输送高质量的经管类人才。鉴于此，我们精心策划并编写了应用型本科经管系列教材，旨在响应国家教材建设要求，为推进建设中国特色、世界一流的教育提供坚强保障。

一、回应时代呼唤:抓住新机遇，迎接新挑战

习近平总书记指出，教育数字化是我国开辟教育发展新赛道和塑造教育发展新优势的重要突破口。教书育人既要体现时代精神，又要回答时代之问。当前，全球经济一体化加速推进，信息技术日新月异，新兴产业层出不穷，这些变化不仅深刻改变了经济社会的运行逻辑，也对经管教育提出了新的挑战。如何回应信息技术的发展，推进教育数字化，是我们面临的重大课题。为紧跟时代脉搏，牢牢把握当前时代特征赋予经管教育的新使命和新任务，本系列教材在形式上不再局限于纸质书本的内容，通过提供丰富的数字化教学资源来满足新时代的教学需求，包括在线学

习资源、微课视频、电子课件、题库测试等,探索数字技术赋能教材建设之路,持续推动经管教育数字化改革创新。

二、创新人才培养:锻造新商科人才,支撑新质生产力发展

新质生产力以科技创新为驱动力,以高水平人才为支撑。传统经管教育体系非常关注管理和营销、金融与投资、会计等维度的素养培训和提升,但容易形成学科领地和专业边界固化的"知识孤岛"。新质生产力的要素构成转变,对经管专业人才的素质和技能提出了新的要求。面向未来,经管教育的发展必须适应科技的变革和社会的真实需求。教材建设是育人育才的重要依托,我们邀请了高校、企业、行业协会等多方专家共同参与编写,确保教材内容既紧跟学术前沿,又有足够宽广的视野,助力培养和锻造一批具有多学科知识背景、多方面实践技能的高水平复合型新商科人才,直接服务现代化产业建设与中国高质量发展,着力打造中国经济的升级版。

三、定位教材特质:强化应用导向,注重实践能力

传统的经管类专业教材通常侧重于理论体系的完整性和逻辑性,而应用型本科教育更关注理论的实际应用性和操作性。为了更好地体现应用型本科教育的实践导向,本系列教材紧密围绕应用型本科教育的人才培养目标,坚持"理论够用、重在实践"的原则,力求在内容安排上实现理论性与实践性的有机结合。本系列教材在编写过程中不仅重视基础理论的系统性讲解,还特别注重理论在实际经济管理活动中的应用场景和操作方法。教材不仅涵盖了经管领域的基础理论和核心知识,还融入了国内外优秀的经典教学案例,精选了大量企业的真实管理案例,分析了行业热点问题,研究了典型经济现象,旨在通过模拟真实的工作场景和解决实际问题,提升学生的综合素质和实践能力。

四、开阔教学视野:服务国家经济,面向国际合作

在全球经济一体化的背景下,企业的经营和管理已经超越了单一国

家的范围。这就需要应用型本科经管教育围绕服务国家战略需求，促进中国经济和管理教育事业发展，培养既深刻理解中国国情和特色又具备全球视野的经济管理人才。因此，本系列教材在内容设置上，既注重结合我国经济背景和产业特点，展开对数字贸易发展、绿色经济转型、海洋经济发展等系列专题内容的深入分析；又引入了国际经贸理论、跨国企业管理、国际投资分析等内容，强化学生国际化视野和跨文化管理能力的培养。如此规划，既能提升学生在就业过程中的适应性和竞争力，又能为学生未来参与国际合作打下基础。

五、整合编写资源：确保内容科学性，增强教材适用性

采他山之石以攻玉，纳百家之长以厚己。本系列教材在策划之初，就先下好作者队伍的“先手棋”，得到了众多经管院校的大力支持。各院校注重发挥自身学科优势，联合一线教师共同将教学经验融入教材之中。各位编者在撰写过程中仔细打磨、反复论证，力求在内容的科学性、先进性和适用性上达到最佳平衡，用心打造培根铸魂、启智增慧的精品教材。同时，我们还通过广泛征求教师和学生的意见，不断改进教材的内容结构，使其更加符合应用型本科教育的实际需要。

应用型本科教育已然走上了提质培优、增值赋能的快车道。教材建设是推动教育创新的重要引擎，应用型本科经管系列教材的出版是对应用型本科教育改革和发展的一次积极探索。它不仅反映了高等教育服务国家经济的理念，也体现了教育界对应用型人才培养的深入思考和实践。我们期冀本系列教材能够在应用型本科教育中发挥重要作用，让更多院校和师生受益于优质教育资源，为学生提供更好的学习方向和成长机会。

程晨

2024 年 11 月

前 言

我们终将活在一个需要重新定义边界的时代。这不是一句形而上的警句，而是摆在全球企业管理者面前最真实的挑战。

过去十年，数字洪流与地缘震荡交织而来，人工智能席卷全球产业链，平台经济重塑商业逻辑，贸易保护主义与数据主权浪潮交织成网，全球化不再是线性拓展的确定性愿景，而是走入了分裂与融合并存的重构期。在这样的背景下，管理的核心课题已悄然发生变化，企业不再仅仅是资源配置的实体，而是多元文化、数据主权、全球责任与数字能力交汇的生态体。我们无法再用旧地图导航新世界，也不能以过往的经验应对今日的多维挑战。

在全球化与数字化浪潮交织的当下，本教材的编写和出版所实现的是一次面向未来的知识跃迁与认知更新。本教材希望回应极具时代穿透力的问题：在变革的浪尖上，未来的企业该如何激活创造力，又该如何在全球数字秩序的博弈中找到自己的位置？

本教材聚焦于转折点上企业的创新应对，尝试以完整的知识架构回应当下时代的关键议题：企业如何在全球博弈背景下实现战略突围，数字化如何重塑全球规则与跨文化沟通方式，企业如何以数据驱动战略重构、商业模式转型与人力资源管理，企业如何构建数字工作方式与组织新范式，企业如何在动荡环境中识别、评估并应对全球经营风险。这些议题不仅关乎企业如何活下去，更关乎企业如何根据未来趋势定义角色并持续创造价值。本教材对这些议题的回答，能帮助企业明确未来企业治理所需的新认知、新工具与新思维。

过去，人们将管理视为流程与资源的控制，而在未来，管理将是激发个体和组织潜能的过程。激发员工创造力、构建平台型组织、实现价值共创，将成为国际管理的新趋势。本教材在内容设计中也特别突出了这一趋势,强调协同创新、组织敏捷性与文化包容性的动态建构。与此同时,国际管理不仅是商业议题,更是文化议题、伦理议题与价值议题。国际管理者既要能看懂市场逻辑,也要能理解文明交汇的温度与复杂性。因此,本教材有意识地融入课程思政内容,既着重培养学生的全球视野、跨文化理解力,也旨在使学生拥有家国情怀与文化自觉,希望学生能够体悟,企业"走出去"的背后,不仅是国家形象的投射,更是中国式现代化在世界舞台上的深层表达。

为回应数字化浪潮对全球企业管理范式所带来的深刻影响,本教材以数字驱动下的全球企业变革为主线,系统构建面向未来的国际管理知识图谱,力求在理论深度与实践导向之间实现有机融合,促进学生形成全球化视野与战略性思维能力。本教材共分为四个部分。第一部分(第一章至第四章)的主要内容是全球化浪潮与数字时代的企业定位,聚焦全球化与数字经济背景下的企业变革,涵盖全球治理机制、科技创新、法律体系、企业伦理与社会责任,帮助学生把握国际商业环境的宏观逻辑与价值基础。第二部分(第五章至第七章)的主要内容是数字时代的文化融合与沟通策略,系统阐述跨文化管理与沟通的核心理念与实务操作,剖析国际谈判礼仪与风格,以及在数字化语境中如何有效应对冲突、开展合作,旨在提升学生的文化理解力与全球沟通能力。第三部分(第八章至第十章)的主要内容是数字化驱动的全球战略转型,重点讨论企业在数字化时代的战略路径,包括数字化转型动力、战略机会识别、商业生态系统构建以及人力资源的系统重塑,为学生提供全球战略管理的思维框架与实践指导。第四部分(第十一章至第十三章)的主要内容是数字未来下的企业管理新范式,探讨数字技术如何重塑组织方式与管理范式,涵盖数字工作方式的演进、数字领导力的构建以及智能化风险管理的趋势,引导学生思考如何在充满不确定性的时代上稳健前行、应对挑战。

本教材由连智华担任主编,全面统筹教材结构设计、内容整合与统稿定稿工作;王静、李婷、吴丹丹和朱文仲担任副主编,分工协作、相互支撑,确保教材内容逻辑清晰、结构合理、体系完备。在具体章节的编写方面,第一章至第四章由连智华编写;第五章至第七章由王静编写;第八章至第十章由王静与吴丹丹合作编写;第十一章至第十三章由吴丹丹编写。本教材新形态内容中的思维导图由连智华设计制作,拓展阅读材料由李婷与朱文仲负责遴选整理,以帮助学生丰富学习路径、拓展知识边界。本教材的编写还得到了广东科技学院陈银娇老师,以及朱玉华、郑春华、哈尚春、欧阳子超、李丹等老师的鼎力支持。他们积极参与编写工作，并为教材质量的提升作出了重要贡献。教材中的案例也凝聚了业界人士与一批优秀同学的智慧与心血，在此特别感谢福建省海峡星云信息科技有限公司林惠娟博士，澳门科技大学研究生郑鼎亮，以及林晖、杨冰宁、柴若瑶、李杍静、申屠玎、郑润森、涂理尧、刘晨旭、冯天瑞、陈奕君、金艺彤、高倩雯、吴彤、黄婧、梁晓晴等同学在案例资料整理与撰写过程中付出的努力。在教材建设过程中，离不开厦门大学嘉庚学院教学团队的鼎力支持，特别感谢戴昕昕、利尚仁、陈思慎等老师在课程设计、教学实施与资源建设等方面的宝贵建议与倾力相助。同时，谨向厦门大学出版社致以诚挚感谢，感谢其在教材策划与出版过程中给予的大力支持与专业指导。

我们正处在一个从根基上颠覆旧秩序的转折点，每一位未来的管理者，都注定要成为这场改革的亲历者、参与者，甚至是引领者。他们不仅要懂得以科技为刃，更要学会以文化为魂；他们既要在纷繁的市场中精准制胜，也要在面对复杂的人性时理性抉择；他们不只需要算法思维，更需要人文视野；他们要在全球语境下书写本土答案，也要在时代的漩涡中锻造定力与风骨。

真正伟大的管理，不仅是驱动组织向前，更是引导文明前行。国际管理，终究是关于边界、信任与未来的深度叩问。愿本书成为未来的管理者走入这个时代风暴核心时的坐标系，愿它唤醒未来的管理者心中那股不甘平庸、敢于开疆拓土的力量。

愿未来的管理者在全球的广阔舞台上，以中国智慧，回应全球命题；以世界为考场，以时代为答卷，以担当落笔！

连智华

2025 年 4 月

于厦门大学漳州校区敬贤园区

目 录

第一章　全球化与数字命运共同体

学习目标

1.理解全球化的基本理论。

2.掌握数字时代全球化新特征。

3.了解数字经济内涵并分析其对全球各方面的影响。

4.理解数字时代全球企业中国化的挑战、机会及路径。

5.掌握数字时代中国企业全球化不同的地缘机会。

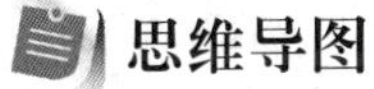

思维导图

第一节 什么是全球化

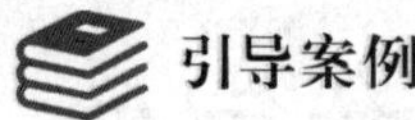

引导案例

从边陲小城到全球舞台:华为的全球化故事

1995年秋,华为的一批员工走出深圳,在非洲的旱土上搭起了第一座通信塔。没有五星级酒店,没有舒适的办公楼,只有尘土飞扬的道路、语言不通的沟通环境和一部部泛黄的技术手册。彼时,中国制造还未成为全球标签,技术服务还掌握在欧美巨头手中,对华为而言,走出国门更像是一场"孤岛突围"。然而,正是迈向非洲的这一步,让华为开启了通向世界的漫漫征途。

非洲——那个当时在全球通信地图上还显得模糊的大陆,成了华为扬帆起航的第一片"蓝海"。在这里,华为没有复制传统外企的傲慢姿态,而是埋头苦干,从最基层做起。华为人学当地语言、喝当地的水、搭建一个又一个信号塔,为成千上万的村落点亮了第一束连接世界的光。那不是一场扩张,而更像是一种扎根。

走进21世纪,华为站在全球舞台的聚光灯下,迈向欧洲的科技前沿,德国的制造之都、瑞典的研发高地、英国的大学实验室都出现了华为的标志。华为开始与世界一流科技公司合作,与最严苛的市场规则对话。华为在挪威建设5G(第5代移动通信技术)实验室,在芬兰开展AI(人工智能)联合研究,在西班牙设立技术培训中心,每一个布局,都是中国企业与世界深度融合的注脚。

但全球化不会永远是坦途。进入2018年以后,华为遭遇了前所未有的挑战——技术封锁、政治打压、市场排斥这"三座大山"同时压来。有人说华为会倒下,但事实是,它没有退缩,而是愈挫愈强。华为投资自研芯片、操作系统,构建自主供应链,像一个被逼入绝境却依然向前奔跑的登山者,书写了一段全球化逆风飞翔的故事。

华为的故事,是关于技术的,也是关于信念的。它不是仅靠"复制"走出去的企业,而是以本土文化为根,拥抱世界,用本地化的努力换来国际市场的尊重。它不止输出产品,更输出信任、服务与责任。

更重要的是,华为不是孤例,越来越多的中国企业正走出国门。我们每个人都是全球化的亲历者,当我们越来越多地接触不同国家、不同文化时,就意味着我们也正被这股全球化浪潮裹挟、塑造、改变。我们可以在北京的地铁里听见英法双语，在上海的星巴克遇见法国设计师，在TikTok的屏幕上看到来自马来西亚的点赞。这不是幻想，而是现实。

（资料来源：程东升，刘丽丽. 华为三十年：从“土狼”到“狮子”的生死蜕变[M]. 贵阳：贵州人民出版社，2016.）

引导问题：

1.华为如何在全球化过程中实现从跟跑者到挑战者的转变？你认为促成这种转变的关键因素有哪些？

2.面对技术封锁与外部压力，华为是如何坚持自主创新与开放合作并行的？这对中国其他企业有何启示？

党的二十大报告指出，当前世界百年未有之大变局加速演进，逆全球化思潮抬头，全球性问题加剧，世界进入新的动荡变革期。本节主要引导学生尊重全球化发展规律，理解全球化的复杂性和多样性，认识国际形势的变化及其对中国发展的影响；鼓励学生从全球视角出发，思考和探索新发展理念和思路，积极应对复杂的国际环境。同时，希望学生能够认识到，在新时代背景下，他们肩负着实现中国高质量发展和推动世界经济发展的双重责任。

一、什么是全球化

当世界进入全球化和数字时代，时间和空间的阻隔变得不再那么明显。这是当今青年在面对全球化浪潮时最真实的感受。无论是坐在宿舍里上跨国网课，还是手机一点即享各地美食，我们每个人都生活在一个更为紧密相连的世界之中。技术进步、资本流动、数据驱动，正悄然改写世界的逻辑。

从贸易互通到文化碰撞，从价值共享到地缘冲突，全球化是一场利益的重新洗牌，也是一场理念的深度博弈。在以ChatGPT、DeepSeek、量子计算和绿色能源为代表的新一轮科技革命的推动下，全球经济正在重构竞争格局，发展中国家崛起带来的“重心转移”正深刻改变传统强国的主导地位。与此同时，逆全球化、地缘政治分裂、产业链重塑等不确定性愈加凸显，“脱钩断链”一词频现国际舆论，“全球化还能走多远”成为当下世界的共同疑问。

在此背景下，我们有必要回到全球化的本质去重新思考：全球化究竟意味着什么，又将走向何方？它是帮助人类互联互通的桥梁，还是会导致分裂、竞争？

本章将以历史演进为脉络,以现实挑战为切口,带领读者厘清全球化的内涵、路径与未来,希望读者能在这场穿越国界的知识旅程中,不仅看见世界的联系与张力,也思考中国如何在大变局中坚守和平发展之道,推动构建人类命运共同体。

全球化是一个多维度、跨越国界的互动和融合过程,涵盖经济、技术、文化、信息、政治、社会和环境等多个领域,世界各地通过贸易、投资、信息交流、技术共享和人员流动等方式,形成更加紧密的联系和依存关系。全球化不仅促进资源的全球配置和经济的一体化发展,还推动文化的交流与融合,以及国际合作和治理机制的建立与完善。进入新时代,全球化最大的变化是数字技术的迅猛发展及其深远影响,具体表现为人工智能的发展、数字经济的崛起、信息传播的加速、远程工作和学习的普及、全球协同创新的增强、跨国问题解决的紧迫性以及新的数字鸿沟和网络安全挑战,这就要求全球各方更加紧密地合作和共同治理。

全球化可以解释为世界的压缩和视全球为一个整体的过程,涵盖生产全球化、市场全球化、经济全球化、政治全球化和科技全球化等多个方面。通常来说,全球化强调全球联系不断增强,主张全球范围内的资源、信息、技术和文化的流动与共享,以推动全球联系与合作的深化。

(一)生产全球化

生产全球化是指跨国公司的生产活动和生产要素在全球范围内的分布和配置,通过跨越国界的生产网络和供应链,实现资源的最优配置和成本的最低化。跨国公司在全球范围内设立工厂和分支机构,将生产环节分散到不同国家和地区,以利用各地的比较优势,如劳动力成本优势、技术优势、原材料供应和市场需求方面的优势。生产全球化本质如表 1-1 所示。

表 1-1　生产全球化本质

生产全球化要素	本　质
资源优化配置	通过将生产活动分散到全球范围内的最适宜地点,实现资源的最优配置,降低生产成本,提高生产效率
跨国供应链	形成复杂的全球供应链,生产的各个环节在不同国家和地区进行,原材料、半成品和成品在全球范围内流动
比较优势	各国根据自身的资源禀赋、技术水平和市场环境,专注于自己最有优势的生产环节,充分发挥比较优势
成本优势	跨国公司利用不同国家的劳动力、土地和其他生产要素的成本差异,通过全球布局来降低生产成本,增强竞争力
技术转移和扩散	通过全球生产网络,先进的生产技术和管理经验在全球范围内扩散,促进技术进步和生产力提升

续表

生产全球化要素	本 质
市场扩展	生产全球化使企业能够更容易进入和开拓国际市场,满足全球消费者的需求,增加市场份额
风险分散	通过在多个国家和地区进行生产布局,企业可以有效分散和降低生产风险,应对突发事件和市场波动

资料来源:编者整理。

生产全球化在全球资源优化配置方面发挥了重要作用,使企业能够跨越国界,寻找并利用全球各地的资源,包括原材料、劳动力和技术等,从而实现资源的最优配置和高效利用。这种优化配置不仅提升了企业的生产效率,还促进了全球资源的合理分配和可持续发展。跨国生产合作是生产全球化的重要组成部分,通过这种合作,企业可以充分利用不同国家的生产优势和比较优势,形成全球范围内的生产网络。这种生产网络不仅帮助企业降低生产成本、提高生产效率,还促进了全球的经济交流与合作,推动了全球经济的共同发展。

波音 787 梦想客机项目是 21 世纪前 10 年信息化技术应用的经典案例,通过信息化技术实现了全世界范围内 24 个国家、135 个地点、180 个供应商的协同工作。尽管供应商的管理问题导致了项目延期,但其仍是波音史上完工最快、造价最低的一次民机项目。据统计,波音 787 梦想客机的 400 多万个零部件中,主制造商只负责生产大约 10%,其余零件是由全球合作伙伴生产的。比如,锂电池是由日本的 GS YUASA 公司生产的,机翼和机身连接部件是由波音公司及其在中国天津市的工厂生产的,引擎是由美国的罗尔斯·罗伊斯公司和美国的通用电气公司生产的。

(二)市场全球化

市场全球化是指商品和服务在全球范围内的自由流动和市场整合。通过减少贸易壁垒、完善物流网络和发展信息技术,全球市场将实现统一。市场全球化使得企业能够在全球范围内销售和采购商品与服务,消费者也能够享受更丰富的产品和更具竞争力的价格。市场全球化的关键方面如表 1-2 所示。

表 1-2 市场全球化的关键方面

关键方面	描 述
贸易自由化	降低关税和非关税壁垒,促进国际贸易的自由化,使商品和服务能够更自由地跨国流通
国际市场整合	通过统一的市场规则和标准,减少不同国家和地区市场间的差异,实现市场的一体化

续表

关键方面	描　述
跨国公司	跨国公司在全球范围内运营,将生产、销售和服务网络扩展到世界各地,推动了市场全球化的进程
消费者选择	增加消费者的选择范围,使他们能够购买来自世界各地的商品和服务,同时促使企业提高产品质量和降低价格
物流和运输	现代物流和运输网络的改善,使商品能够更快速、低成本地在全球范围内流动,缩短供应链周期
信息技术	互联网和信息技术的发展,使企业和消费者能够更便捷地进行跨国交易和市场信息的获取,进一步推动市场全球化

资料来源:编者整理。

贸易自由化是市场全球化的重要体现,随着关税壁垒的减少和贸易协定的签署,各国之间的贸易往来变得更加频繁和紧密,商品和服务可以更加顺畅地流通,使消费者能够享受到更多样化、质优价廉的产品。同时,投资活动的全球化也将取得显著进展,企业不再局限于本国市场,而是积极寻求国际市场整合,通过跨国并购、绿地投资等方式进入新市场。随着全球供应链的构建和生产技术的进步,企业能够在全球范围内组织生产活动,实现资源的优化配置和成本降低,这不仅提高了企业的生产效率,也促进了全球经济的发展和繁荣。市场全球化是经济全球化的表现形式,习近平总书记指出,"历史地看,经济全球化是社会生产力发展的客观要求和科技进步的必然结果,不是哪些人、哪些国家人为造出来的"。当生产力发展到这样的程度——人们有能力在全球范围内进行商品生产和交换,寻求生产要素的优化配置,逐步拓展市场,经济全球化便不可遏制地出现了。而且,随着科技的进步、人们在全世界优化资源配置能力的增强,经济全球化将会不断发展。

总而言之,市场全球化是一个涉及多个层面的复杂过程,不仅为企业提供了更广阔的市场和更多的发展机会,也为消费者带来了更多的选择和更具竞争力的价格。

(三)政治全球化

政治全球化是指国家和非国家行为者在全球层面进行政治互动和合作的过程,旨在应对跨国问题、制定国际规则和规范,以及建立和维护全球治理机制。政治全球化强调各国在政治、法律和政策方面的相互依赖和合作,致力于解决全球性挑战,如气候变化、国际安全、公共卫生和人权等问题。

政治全球化的实现路径主要是通过国际组织、全球治理、多边外交和跨国非政府组织的共同作用,形成一个复杂、多层次的全球政治互动与合作体系,这个体系不仅有助于应对全球性挑战,也有助于推动国际规则和规范的制定与维护,促进全球和平、安全与可持续发展。首先，国际组织在政治全球化中发挥核心作用。联合国、世界贸易组织、国际货币基金组织和世界银行等机构，通过多边合作和国际协议，协调各国在维护和平、安全、贸易自由化、金融稳定和经济发展等方面的努力，尤其是联合国在推动国际和平与安全、人权保护和可持续发展方面的贡献不可忽视。其次，全球治理机制是政治全球化的重要组成部分。各国通过全球治理机制共同应对气候变化、公共卫生和国际安全等全球性挑战。例如，《巴黎协定》是各国合作应对气候变化的机制典范。多边合作和国际协议在打击跨国犯罪、恐怖主义等方面发挥了重要作用，推动了全球安全。再次，人权与法治是政治全球化的重要支柱。国际法和人权公约，如《联合国宪章》和《世界人权宣言》，推动各国遵守国际人权标准。最后，多边外交和区域合作也是政治全球化的显著特征。欧盟、东盟、非盟和亚太经济合作组织等区域组织，通过加强区域一体化和合作，提升区域政治稳定性，推动区域经济发展；G20 峰会等全球论坛和会议，通过高层对话和协商，解决全球经济和政治问题，促进国际合作；跨国非政府组织（No-Governmental Organizations，简称 NGOs）在环境保护、社会正义和人权等领域发挥着重要作用，维护全球公共利益。

（四）文化全球化

文化全球化是指在全球化进程中，通过跨国传播媒介、信息技术、经济互动和社会交流等多种途径，使不同国家和地区的文化相互影响、渗透和融合的过程。这一过程不仅促进了全球范围内文化的传播与交流，还引发了文化同质化和文化混合等现象。一般而言，文化全球化的含义包括两个方面：一方面是人类共同追求且世界各地都能接受的具有普遍性的文化，这种文化超越了国界、民族、地区、主体的界限；另一方面是各种文化在冲突、排斥、选择中不断博弈的过程。

文化全球化具有文化认同性和包容性。全球不同地区的文化存在冲突是必然的，并与文化认同交织在一起。需要注意的是，文化全球化并不等于文化同质化。文化全球化是“和而不同”之“和”，指的是因多向文化流动和融通而产生的多元文化组合形态，而不是各种文化趋于同一之“同”。人们在潜移默化中逐渐对异域文化的接纳和认同，但这一过程必将经历一个筛选的过程，筛选的原则是扬弃，即为国家和民族利益服务的文化才能被接受和发扬。

总的来说，文化全球化推动了全球范围内的文化互动和融合，提升了文化的多样性。但是，它也带来了文化同质化的挑战，可能导致本土文化的丧失和全球文化的趋同。应对这些挑战需要全球各国和地区共同努力，既要促进跨文化交流与融合，也要保护和传承本土文化。在全球化时代，理解和应对文化全球化的趋势，对于促进全球文化的和谐发展具有重要意义。跨国公司需要通过多元化管理团队、跨文化沟通、全球品牌与本地化平衡、创新灵活应变等策略,来适应不同市场的文化差异,提升自身对全球业务的适应性和竞争力,实现可持续发展。

(五)科技全球化

科技全球化是指技术在全球范围内的传播、交流、合作和应用,通过跨越国界的技术创新、研发合作、知识共享和技术转移,实现全球科技资源的优化配置和共同进步。当前,在信息技术和数字化进程的推动下,数字技术在全球范围内更加迅速和广泛地传播、交流和合作,这一过程不仅加速了全球化技术创新和经济发展,还深刻改变了全球社会的互动方式和治理模式。

科技全球化的核心在于资源的全球配置。随着信息技术的迅猛发展和全球贸易体系的不断完善,各国的科技资源得以在全球范围内进行优化配置。企业和研究机构可以通过跨国合作,利用全球各地的人才、设备、资金等资源优势,开展前沿的科技研究,加速科技创新进程。这种资源的全球配置不仅提高了科技研发的效率和水平,也促进了各国科技实力的均衡发展。科技全球化的主要特征如表 1-3 所示。

表 1-3　科技全球化的主要特征

主要特征	描　述
跨国研发合作	科技全球化强调全球科研机构、大学和企业之间的合作,形成联合实验室、国际研究项目和跨国研究联盟,旨在共同攻克技术难题和推动前沿科技发展。例如,国际空间站项目是多个国家合作进行太空探索的典型案例
技术转移和扩散	科技全球化通过国际贸易、跨国投资和技术合作,使先进技术在全球范围内扩散和应用。跨国公司在不同国家设立研发中心和生产基地,实现技术的跨国转移和本地化应用,从而推动全球技术进步
知识共享和交流	科学知识的全球共享是科技全球化的核心内容。国际学术会议、科技博览会、在线学术平台和开放获取的科学文献,使得全球科学家和工程师之间加强知识交流与合作。专利信息和技术标准的国际共享,也加速了技术的传播和应用
数字化技术标准	科技全球化推动国际组织和行业联盟制定全球统一的技术标准。这些标准促进技术的互联互通和兼容性,确保全球市场中技术应用的一致性和协调性。各国和国际组织共同制定数据治理和隐私保护标准,确保数据在全球范围内的安全和合法使用
信息技术的普及与应用	互联网、移动通信和云计算技术的普及,使得信息能够在全球范围内即时传递,推动科技信息的全球共享和协作。大数据和人工智能技术的发展,促进各领域的技术创新和应用,加速科技进步和产业升级
全球创新生态系统	科技企业、研究机构和政府通过跨国合作,形成全球创新网络。越来越多的初创企业和风险投资公司在全球范围内活跃,推动了创新技术的快速开发和商业化

资料来源:编者整理。

科技全球化使技术创新和知识传播加速，推动各国科技水平的提升和经济发展。通过推动国际合作和技术转移，科技全球化提高生产效率，促进社会显著进步，全面改善人类生活质量，促进各国协同合作与共同发展。

二、全球主要国际组织

（一）世界贸易组织

世界贸易组织（World Trade Organization，简称 WTO）是一个促进国际贸易和解决贸易争端的全球性国际组织，于 1995 年正式成立，总部设在瑞士日内瓦，基本目标是通过实施自由贸易、市场开放、非歧视和公平贸易等原则来实现世界贸易自由化。截至 2025 年 6 月，WTO 共有 166 个成员国。概括来说，WTO 的作用是通过协议与谈判的手段降低关税和减少其他贸易壁垒，以促进全球自由贸易。

1947 年 10 月，WTO 的前身《关税与贸易总协定》在瑞士日内瓦签订，中国是其 23 个创始缔约国之一。1995 年 1 月 1 日，WTO 代替《关税与贸易总协定》正式成立。2001 年 12 月 11 日，中国正式加入 WTO，这标志着中国对外开放进入了一个新的阶段。

（二）国际货币基金组织

国际货币基金组织（International Monetary Fund，简称 IMF）是一个促进国际货币合作、确保金融稳定、促进国际贸易、推动经济增长和减少贫困的全球性金融机构，主要宗旨是确保国际货币体系，即各国（及其公民）相互交易所依赖的汇率体系及国际支付体系的稳定。截至 2025 年 4 月，IMF 共有 19 个成员国。IMF 于 1944 年 7 月在布雷顿森林会议提出建立，参加此次会议的 44 个国家试图建立一个经济合作框架，以期避免使 20 世纪 30 年代大萧条加剧的那种竞争性货币贬值情况再次出现。1945 年 12 月 27 日，IMF 正式成立，总部设在华盛顿，其主要职责是监察货币汇率和各国贸易情况，提供技术和资金协助，确保全球金融制度运作正常。IMF 与世界银行同时成立，并列为世界两大金融机构，为二战后以美元为中心的国际货币体系的建立和发展奠定了组织基础，我们常听到的“特别提款权”就是 IMF 于 1969 年创设的。

（三）世界银行

世界银行（World Bank，简称 WB）是一个国际金融机构，总部位于美国华盛顿，成立于 1945 年，1946 年 6 月开始营业，由国际复兴开发银行（IBRD）、国际开发协会(IDA)、国际金融公司(IFC)、多边投资担保机构(MIGA)和国际投资争端解决中心(ICSID)五个成员机构组成,致力于减少贫困和促进全球发展。其中两个最主要的机构是IBRD和IDA,IBRD主要向中高收入国家提供贷款和金融服务,而IDA则向贫困国家提供低息贷款和赠款。

世界银行的使命是以可持续的方式消除极端贫困和促进共享繁荣;宗旨是向成员国提供贷款和投资,推进国际贸易均衡发展。目前,世界银行在全球130多个地方设立了办事处,共有189个成员国。中国是世界银行的创始国之一,在世界银行有投票权,而且,在世界银行的执行董事会中,中国单独派有一名董事。

尽管世界银行在推动全球发展和减贫方面取得了显著成就,但仍面临诸多挑战,如全球经济不平衡、气候变化等。为了应对这些挑战,世界银行不断调整其战略,增强与世界各国和其他国际组织的合作,努力实现可持续发展目标。

(四)联合国

联合国(United Nations,简称UN)是全球性国际组织,成立于1945年,总部设在美国纽约,致力于维护国际和平、安全,推动社会进步、人权和经济发展以及国际合作。如今,联合国汇聚全球大多数国家,是最具普遍性、权威性和代表性的政府间组织,凡爱好和平并接受《联合国宪章》所规定义务的国家均可成为会员国。

联合国的正式语文包括阿拉伯文、中文、英文、法文、俄文和西班牙文,但其秘书处的工作语文仅为英文和法文。截至2024年,联合国有193个会员国、2个观察员国,主要机构包括联合国大会、联合国安理会、联合国经济及社会理事会、托管理事会、国际法院及秘书处,在日内瓦、内罗毕、维也纳设有办事处。

近年来,联合国改革呼声高涨,焦点集中于安理会常任理事国调整。目前的五个常任理事国——中国、法国、俄罗斯、英国、美国,反映的是二战后的全球格局,但当今世界的发展格局已发生变化。2004年,日本、德国、印度、巴西申请"入常",但因各方存在分歧未能成功。联合国的改革难点在于权力再分配的复杂性以及新常任理事国是否享有否决权的争议。

IMF、WB虽为独立机构,但与联合国有紧密合作。此外,联合国专门机构还包括联合国教科文组织、世界卫生组织等。虽然联合国的核心使命涵盖维和、人权保护、提供人道主义援助、推动可持续发展与国际法治建设,但它并非世界政府,而是为各国提供讨论与协作的平台,以推动全球共同行动。

WTO、IMF、WB、UN的定位与职能对比见表1-4。

表 1-4 WTO、IMF、WB 与 UN 定位与职能对比

组织名称	全称	定位	主要职能
WTO	世界贸易组织	促进全球自由贸易	监督国际贸易协议的执行
			解决贸易争端
			提供贸易政策和援助
			提供贸易谈判平台
IMF	国际货币基金组织	促进国际金融合作与货币稳定	监测全球经济
			提供金融和技术援助
			提供贷款和资金支持
			促进国际货币合作
WB	世界银行	促进全球发展与减贫	提供金融和技术援助
			推动可持续发展
			促进知识共享和能力建设
			减贫和社会保障
UN	联合国	维护国际和平与安全，促进全球合作	维护国际和平与安全
			促进社会和经济发展
			保护人权
			提供人道主义援助
			推动国际法治建设

资料来源：编者整理。

三、全球化下的中国态度与实践

（一）中国已成为全球化的重要推动力

习近平主席在第二届中国国际进口博览会开幕式上发表主旨演讲时强调，“经济全球化是历史潮流。长江、尼罗河、亚马孙河、多瑙河昼夜不息、奔腾向前，尽管会出现一些回头浪，尽管会遇到很多险滩暗礁，但大江大河奔腾向前的势头是谁也阻挡不了的”。

中国是全球化的重要引擎与治理先锋。当前，世界经济正经历深刻变革。人口老龄化、产业空心化、收入差距扩大等挑战促使部分西方国家推行贸易保护主义，致使全球化压力加剧、多边贸易体制受阻、世贸组织功能受限、全球经济合作面临挑战。然而，中国坚定推进自由贸易、对外投资、科技创新和绿色发展，成为全球化的重要推动力。

中国引领全球化转型、推动经济增长。中国既是经济全球化的受益者，也是重要推动者。自2001年加入世界贸易组织以来，中国深度融入全球产业链和价值链，推动全球生产要素流动与经济融合。

中国是世界经济增长的最大引擎。中国庞大的中等收入群体和消费市场为全球企业提供新机遇；中国制造业连续14年全球领先，占全球制造业产值的比例超25%；根据中华人民共和国海关总署2025年1月13日发布的数据，2024年中国货物贸易进出口总值达43.85万亿元人民币，继续第8年保持货物贸易第一大国地位；中国创新能力亦显著提升，根据世界知识产权组织2024年发布的《2024年全球创新指数报告》，中国在全球的创新力排名较2023年上升1位至第11位，是10年来创新力上升最快的经济体之一，成为全球经济增长的主要驱动力。

中国积极推动全球治理体系改革。中国积极参与国际治理，推动国际关系民主化，增强全球发展动能，提升发展中国家话语权，提供国际公共产品，践行真正的多边主义。具体来说，在全球经济治理中，推动IMF、WB、WTO改革；在安全治理中，支持联合国维和行动；在减贫领域，对世界减贫贡献率超过70%；在气候治理中，助力《巴黎协定》达成；在公共卫生领域，积极援助全球抗疫，兑现"中国疫苗作为全球公共产品"的承诺。中国正在以高水平开放和高质量发展引领全球化进程，为构建更加公正合理的国际秩序提供中国方案。

（二）推动新型经济全球化的中国方案

党的二十大报告指出，中国始终坚持维护世界和平、促进共同发展的外交政策宗旨，致力于推动构建人类命运共同体。

当前，世界正以前所未有的方式加速变革。面对经济全球化的挑战，习近平总书记在党的二十大报告中，以构建人类命运共同体的战略高度，深刻回答了经济全球化的未来走向，提出了中国方案，深化了我们党对经济全球化规律的认识。他指出，全球经济已高度融合，资金、技术、产品、产业、人员的流动无法被人为切断，让世界经济倒退到孤立状态既不现实，也违背历史潮流。面对机遇与挑战，唯一正确的选择是充分利用机遇，合作应对挑战，引导经济全球化向更开放、包容、普惠、平衡、共赢的方向前行。构建人类命运共同体，正是中国基于中华民族伟大复兴与全球发展格局提出的重要战略，体现了中国对全人类共同福祉的关切。

在全球化进程中，人类共同面临和平赤字、发展赤字、安全赤字、治理赤字等挑战，世界迫切需要新的解决方案。习近平经济思想顺应历史潮流，把握发展逻辑，提出弘扬和平、发展、公平、正义、民主、自由的全人类共同价值。和平如空气与阳光，发展是增进福祉的前提，公平、正义是国际秩序的基石，民主与自由则是人类社会的共同追求。坚持这些价值，将为构建人类命运共同体奠定坚实基础，引领世界走向更美好的未来。

推动人类命运共同体建设，关键在于“共”“融”“合”。“共”意味着各国制度、文化、发展水平虽不同，但应利益共生、权利共享、责任共担；“融”强调全球交往自古有之，从丝绸之路到地理大发现，文明因交流而繁荣；“合”则呼吁所有国家在追求幸福的道路上携手同行，推动合作共赢，而非零和博弈。中国方案强调，坚持合作而非对抗、开放而非封闭、互利共赢而非损人利己，在谋求本国利益的同时兼顾全球福祉，推动各国共同发展。为此，我们应坚持普惠包容的经济全球化，缓解全球发展失衡，引导全球化合作方式转型。中国倡导真正的多边主义，以合作共赢代替对抗猜忌，让全球化成果惠及更多国家和人民，促进经济全球化向更公平合理的方向发展。与此同时，全球经济治理体系亟待改革，当前治理体系仍由西方发达国家主导，未能有效反映新兴市场和发展中国家的利益。中国积极推动 WTO、IMF、WB 等机构改革，提升发展中国家的代表性和话语权，使全球经济治理更具包容性和公正性。此外，数字经济崛起使全球化进程加速，但“数字鸿沟”正拉大国家间的经济差距，发达国家享受数字经济红利，基础设施落后的国家却被边缘化。中国倡导全球数字合作，推动数据要素有序流动，促进跨境数字经济发展，加快构建网络空间命运共同体，为全球经济转型注入新动能。

总之，构建人类命运共同体是顺应历史潮流的必然选择。以合作促发展，以包容促共赢，以创新促治理，将推动全球化迈向更高质量、更公平、更可持续的未来。

（三）中国推进新型经济全球化的实践路径

近年来，中国立足新发展阶段，贯彻新发展理念，加快构建新发展格局，深化制度型开放，推动高质量共建“一带一路”，积极参与全球治理体系改革，为新型经济全球化注入强劲动力。

第一，中国通过“一带一路”倡议和全球发展倡议，引领更加普惠、包容的经济全球化。“一带一路”倡议自 2013 年提出以来，已成为国际合作的重要平台，不受意识形态、经济制度、政治体制差异限制，旨在携手各国构建利益共同体，应对全球发展不均带来的挑战。同时，中国推动基础设施互联互通、拓展第三方市场合作，为全球经济增长创造新机遇。全球发展倡议则坚持发展优先、普惠包容、创新驱动、人与自然和谐共生等核心理念，为联合国 2030 年可持续发展议程提供新动力，已获得 100 多个国家和国际组织的支持。

第二，中国积极推动全球经济治理体系改革，提升发展中国家的话语权。主要举措有：推动 IMF、WB、WTO 改革，优化国际金融资源配置，提升全球经济治理能力；深化金砖国家和二十国集团合作机制，促进宏观政策协调，应对气候变化等全球性挑战；推动亚洲基础设施投资银行和金砖国家新开发银行的提质增效,为新兴市场和发展中国家的基础设施建设与可持续发展提供金融支持,助力全球包容性增长。

第三,中国推进高水平对外开放,促进与新型经济全球化的深度融合。通过加入《区域全面经济伙伴关系协定》(RCEP),以及申请加入《全面与进步跨太平洋伙伴关系协定》(CPTPP)和《数字经济伙伴关系协定》(DEPA),深化国际经贸合作,释放参与全球数字治理的积极信号;依托自贸区自贸港建设,构建东西南北中全覆盖的改革开放创新格局;打造中国国际进口博览会、中国国际服务贸易交易会、中国进出口商品交易会等国际合作平台,强化国内国际双循环,提升中国在全球经贸体系中的影响力。

第四,探索数字经济新规则新标准,培育新型经济全球化的新动能。数字经济正在成为全球经济发展的新动能,但相关国际规则体系仍在完善。为此,中国积极推进数字经济规则标准建设,推动制定数字经济促进法,加强跨境数据流动管理,促进全球数字经济合作。同时,优化数据要素流动规则,确保数据跨境流通安全高效,并与全球其他国家共同研究数字税,推动利润共享,让数字经济发展惠及世界各国。

当今世界正经历百年未有之大变局,单边主义和保护主义抬头,逆全球化趋势加剧,全球治理面临挑战。中国作为全球经济增长的重要引擎,正引领全球化向更加开放、包容、普惠、平衡、共赢的方向迈进,为世界经济发展提供新动力。

第二节 数字经济与全球化

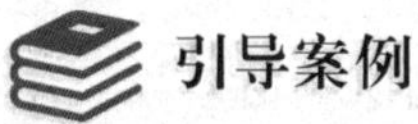

速卖通平台经济

速卖通(AliExpress)作为阿里巴巴集团旗下的国际电子商务平台,是数字经济全球化的一个典型案例，其成功依托于数字技术的应用，实现了全球市场的深度融合和资源优化配置。速卖通基于互联网的普及和电子商务技术的发展，利用复杂的数据算法和用户行为分析来优化用户体验及市场拓展策略，不仅连接了中国制造业与全球消费者，也促进了跨文化交流与经济活动的国际化。

速卖通平台起步于2010年4月，目前服务范围覆盖全球200多个国家和地区，有八大经营范围、18个经营大类，可交易商品数量达到1亿件，平均每日访客2000万，已成为全球最活跃的跨境平台之一。通过对重点国家的精细化运作，速卖通已经成为全球最大的跨境电子商务平台之一，在欧洲、北美和南美等地区均取得了优异的成绩。速卖通App在海外的下载量超过3亿次，是全球应用榜单排名前十的应用软件。

速卖通平台的最大特点就是大数据的应用。速卖通利用来自商务营销、物流信息、货物交易等方面以及制造企业、研究机构的流量数据、买卖身份信息数据、行为数据、售后信息数据等建立境外市场信息大数据库，可以帮助卖家准确掌握买家的兴趣所在，调整店铺售卖和营销计划，从而提升店铺曝光度和成交额。速卖通平台还有一个特点是金融支持。针对中小企业贷款难贷款慢等问题，速卖通提供了解决办法：速卖通平台卖家想要通过速卖通进行贷款时，不需要提供任何抵押物和担保人，仅由速卖通全方位评价店铺情况，再根据评估结果提供贷款即可，也就是说，卖家全凭信用获取贷款。而且，贷款申请全部在线操作，平台放款速度快，卖家还款便捷。

速卖通平台在支付方面也有自己的特色与优势。通过与兄弟公司合作，速卖通平台的支付清算更安全并且更有效率：不仅支持信用卡、西联汇款，还支持第三方支付方式；通过引入“蚂蚁金服”，使得卖家可以顺利从PayPal平台中取出货款。

速卖通平台还形成了独具特色的“无忧物流”。速卖通卖家多使用菜鸟平台为买家提供物流服务，卖家商品在进入菜鸟合作仓库时，会经过线下实物开箱检验，从而实现线上线下双重管控。同时，速卖通还开辟更多跨境物流合作渠道：通过与中国邮政建立战略合作，加入万国邮政联盟；在大量集货后通过商业专线直运到俄罗斯，配合电子清关技术，提升通关效率；在莫斯科火车站开速卖通展示店，提供现场扫码预定服务；联合香港邮政、新加坡邮政、全家便利店、CircleK便利店等，为中国港台地区及新加坡等地的消费者提供自提点。

速卖通平台的运作展现了数字技术如何驱动全球化：首先，平台通过数据分析预测各地市场的消费趋势和需求，依据这些数据调整供应链和物流方案，以减少运营成本并提高效率；其次，平台利用机器学习和人工智能优化搜索引擎和推荐系统，使消费者能更快找到所需商品，这不仅提升了用户体验，也加快了交易频率；最后，平台通过数字支付系统和在线交易机制，简化了国际购物的流程，使得全球消费者即使身处偏远地区也能享受到与城市同等的购物便利。

在推动全球化的过程中,速卖通特别强调了平台经济的优势,即通过数字化手段整合用户和供应商之间的信息,减少信息不对称,提升市场透明度。这种模式不仅提升了市场效率,也使得商品价格更为合理,市场竞争更为有序。

速卖通的发展体现了数字经济全球化的深层影响,尤其是在促进全球贸易和文化交流方面的影响。通过整合全球供应链资源和优化电子商务框架,速卖通不仅为消费者提供了多样化的商品,还为小型企业和发展中国家的商家打开了通往国际市场的大门。这种商业模式的成功体现了数字平台如何利用技术创新来跨越传统市场的地理和经济障碍,实现产品和资本的自由流动。

速卖通在数字经济全球化中还充当文化交流的桥梁。商品的跨国流通不仅是商品交换,更是文化意义的传递。从中国制造的工艺品到欧美设计的时尚商品,速卖通使得这些带有浓郁本地文化特色的商品能够被全世界的消费者接受和欣赏,从而拓展文化产品的国际市场。

(资料来源:郭慧贤.中国跨境电商平台建设探析:以全球速卖通为例[J]. 中国市场, 2022(2): 176-177.)

引导问题:

1.数字经济对速卖通发展产生了哪些影响?

2.从上述案例中你得到了什么启发?

当前,新一轮科技革命和产业变革加速演进,推动以数据资源为关键因素、以数字技术为核心支撑的数字经济规模不断扩大,中国高度重视实体经济与数字经济的深度融合。本节主要引导学生提升数据素养和数字技术应用能力,培育创新思维,综合应用跨学科知识,增强全球视野与社会责任感,努力成长为符合时代需求的复合型人才。

一、数字经济的定义与特征

(一)数字经济的定义

数字经济概念的提出最早可追溯至20世纪90年代。1996年,美国学者唐·泰普斯科特在《数字经济:网络智能时代的前景与风险》中系统阐述互联网和计算机技术对商业行为的深远影响，揭示数字技术如何塑造新的经济模式，引发全球广泛关注。

当前，国际上公认的数字经济定义源自 2016 年二十国集团领导人杭州峰会通过的《G20 数字经济发展与合作倡议》。该倡议指出，数字经济是指以数字化的知识和信息作为关键生产要素、以现代信息网络作为重要载体、以信息通信技术的有效使用作为效率提升和经济结构优化的重要推动力的一系列经济活动。这一定义强调了数字经济的三大核心要素：一是数据与信息，作为关键生产要素，推动经济活动发展；二是信息网络，作为基础设施，支撑数字经济运作；三是信息通信技术，作为驱动力，提升生产效率、优化经济结构。

早期的数字经济主要关注信息技术对商业流程的优化，但并未从根本上颠覆传统经济模式。随着技术突破与应用的深入，数字经济已成为全球经济增长的关键动力，以人工智能、大数据等技术为基础，广泛渗透至各行业，加速技术创新、产业升级，催生全新业态，推动商业模式变革。

数字经济的快速发展深刻影响全球贸易体系，降低交易成本，提高市场效率，使企业突破地域限制，将产品和服务拓展至全球。同时，数字技术的广泛应用推动商业模式升级，使信息流、资金流、物流更加顺畅，为各国企业创造更广阔的发展空间。

作为全球数字经济的先行者，中国在电子商务、智能支付、数字金融等领域取得了显著成就。在中国，数字技术的深入应用不仅重塑了商业模式，还极大地提升了消费者的消费体验；社交媒体、电商平台与数字营销的深度融合，使企业与消费者的互动更加紧密，推动市场需求与创新供给双向促进。中国企业通过数字化转型，不断优化商业模式，增强国际竞争力，为全球数字经济发展提供了宝贵经验。例如，阿里巴巴和腾讯等互联网巨头通过提供云计算、大数据和人工智能等技术服务，帮助传统企业实现数字化转型。

展望未来，数字经济将进一步推动全球经济结构优化与产业升级。首先，5G 和 6G（第 6 代移动通信技术）技术的普及将加速物联网、智能制造和智慧城市的发展，为数字经济注入新的活力。其次，人工智能、区块链、大数据等新兴技术将在更多行业得到广泛应用，推动产业智能化升级和商业模式创新。然而，数字经济的发展也伴随着数据安全、数字鸿沟等挑战，各国需加强合作，共同探索可持续发展路径，以构建更加公平、普惠、高效的全球数字经济生态。

（二）数字经济的特征

数字经济作为一种全新的经济形态，正在重塑全球的经济格局和商业模式。数字经济的特征主要体现在数据驱动决策、技术创新引领、网络化连接、信息高效流通、产业深度融合、强调用户的参与和体验、跨界融合发展等方面。这些特征共同构成了数字经济的独特魅力和发展潜力,使数字经济成为全球经济的未来方向。

1.数据驱动决策

在数字经济时代,数据成了关键的生产要素和战略资源。企业和组织通过收集、分析和挖掘海量的数据,实现科学决策和精准管理,从而提升运营效率和市场竞争力。数据不仅指导着企业的战略规划和业务运营,还助力政府决策和社会治理。

2.技术创新引领

数字经济依赖于云计算、大数据、人工智能、区块链等前沿技术的不断突破和融合。这些技术的创新发展不仅催生了新的产业和商业模式,还推动了传统产业的数字化转型,为经济增长提供了源源不断的动力。

3.网络化连接

数字经济以互联网为基础,通过物联网、移动互联网等网络技术实现设备、人、服务之间的广泛连接。这种连接不仅提高了经济活动的效率和便捷性,还促进了信息、资本、技术等要素的全球流动和共享,实现了资源优化配置和全球紧密连接。

4.信息高效流通

数字经济通过数字化手段实现了信息的高效流通和传播。高效的信息流通不仅提高了市场的透明度和公平性,还促进了知识的共享和创新,提升了经济活动的透明度和市场的反应程度。

5.产业深度融合

数字经济推动了不同产业之间的深度融合和协同发展。传统产业与数字技术的结合,催生了新的商业模式和服务形态,如智能制造、智慧医疗、智慧教育等。这不仅提高了产业的竞争力和效率,降低了成本,实现了创新,还为消费者带来了更加丰富和便捷的服务。

6.强调用户的参与和体验

数字经济强调用户的参与和互动。通过数字平台,用户可以更加便捷地获取信息、表达需求、参与互动。而且企业和组织也更加注重用户体验和满意度,通过不断优化产品和服务,提高用户的参与度和忠诚度。

7.跨界融合发展

在数字经济时代,不同行业、不同领域之间的界限变得越来越模糊,跨界融合成为塑造新的商业生态系统的方式。例如,金融科技将金融服务与数字技术相结合,使新的金融服务模式形成。

上述这些特征不仅展现了数字经济的独特魅力,还揭示了其巨大的发展潜力。数字经济通过技术创新和数据驱动,正在引领全球经济向更加开放、包容和可持续的方向发展，成为未来经济发展的主要驱动力。同时，数字经济也加速了全球经济一体化的进程，通过数字技术和网络平台，各国之间的经济联系更加紧密，资源、资本、技术等要素在全球范围内流动和配置，不仅推动了全球经济的协同发展，还促进了国际合作与交流。

二、数字经济在全球化中的作用

数字经济作为一种新型经济形态，在全球化进程中扮演着至关重要的角色。它不仅改变了传统的经济模式，还推动了全球经济的深度融合和协同发展。数字经济在全球化中的作用涉及以下多个层面。

（一）数字经济对贸易的影响

数字经济正以前所未有的速度重塑全球贸易，使其更便捷、智能、普惠。跨境电商的贸易门槛降低，让个体创业者和中小企业也能轻松进入国际市场，并让全球消费者可以随时随地购买商品和服务。在贸易过程中，智能供应链依托大数据和 AI 技术精准预测市场需求，区块链提升交易透明度，物联网优化物流管理，使贸易更加高效。与此同时，服务贸易快速增长，远程教育、在线医疗等行业打破地域限制，推动全球经济协同发展。数字技术还让消费体验更加个性化，AI 推荐、AR（增强现实）试穿、按需定制等模式兴起，满足消费者的多元需求。此外，数字货币、区块链支付使跨境交易加速，因为中间环节减少、资金流通效率提高。未来，智能物流将推动绿色贸易，区块链与 AI 结合将提升贸易安全性，全球数字规则的完善也将使得数据隐私保护增强。总之，数字经济让贸易更自由、透明、可持续，为全球经济增长注入新动能，正引领世界迈向更加开放、创新、包容的未来。

（二）数字经济对金融的影响

数字经济正在深刻改变金融业的运作模式，使支付更加便捷、融资更具包容性、风险管理更加精准，并推动全球金融市场的创新发展。

首先，金融科技的崛起让大数据、人工智能、区块链等技术深入金融服务领域，推动在线支付、智能投顾、数字货币等新产品或方式的普及，提高交易效率与安全性。特别是移动支付的普及，使现金交易逐步减少、“无现金”社会加速到来，消费者可随时随地完成支付，商家也能更快回笼资金，提高运营效率。

其次，数字经济拓宽了融资渠道，众筹、P2P（个人对个人，或称点对点）借贷、线上贷款等模式崛起，打破传统金融机构的融资壁垒，让中小企业、创业者和个人更容易获得资金支持，使资金流通更透明、效率更高。

再次,数字技术的应用推动普惠金融发展,互联网银行和微金融服务深入偏远地区,使低收入群体也能享受便捷的金融服务,促进社会公平与经济包容性增长。

最后,在金融安全与监管方面,数字技术优化了金融风险管理,金融机构使用大数据与人工智能技术能够精准预测市场趋势、分析用户信用、防范金融欺诈,进而提高风控能力。

然而,数字金融的快速发展也带来了监管方面的挑战。新技术的复杂性和跨国金融交易的增加,使得传统监管模式面临挑战,各国需要制定新的监管框架,平衡创新与风险管理。此外,加密货币、数字资产等新兴金融模式正在改变投资方式,在为市场注入活力的同时,也对金融秩序提出新的考验。

总体而言,数字经济正推动金融业向更智能、高效、普惠、全球化的方向演进,提升金融服务可及性,优化金融生态体系,并持续塑造未来金融市场的创新格局。

(三)数字经济对全球文化的影响

数字经济对全球文化的影响是深远而广泛的,它不仅促进了文化的传播和交流,推动了文化产业的发展和创新,也加速了全球社会基础设施建设的数字化和智能化。可以说,数字经济正在重塑全球文化生态,让文化传播更便捷、文化交流更深入、文化创意更繁荣。社交媒体、短视频和流媒体平台打破了地域限制,使全球观众能够同步欣赏来自不同文化背景的作品。例如,《哪吒之魔童降世》凭借高质量的数字制作和国际发行,成功向全球展示了中国动画的魅力,而备受瞩目的国产游戏《黑神话:悟空》则借助虚幻引擎等前沿技术,融合东方神话元素,以高水准的视觉表现力和沉浸式体验感吸引全球玩家,成为中国文化"出海"的新标杆。与此同时,数字技术推动文化产业升级,VR(虚拟现实)、AI 等新兴技术催生数字艺术、电竞、在线演出等新文化形态,使文化消费更加个性化和沉浸式,并使传统文化得到了更好的保护与传播。此外,社交平台和跨国合作让全球多元文化相互影响,塑造出全球化的文化潮流;数字经济降低了文化创业门槛,众筹、社交媒体营销和在线市场让独立艺术家和小型文化企业能够直接触达全球受众,推动文化创新与产业发展。然而,文化数字化的迅猛发展也带来了版权保护、文化同质化和安全监管等方面的问题,因此,在鼓励创新的同时,也需要维护文化多样性和市场秩序。总体而言,数字经济不仅让全球文化更加开放、融合,还为文化创意产业注入了前所未有的活力,推动世界文化走向更加智能、普惠和可持续的未来。

第三节 中国企业全球化现状与挑战

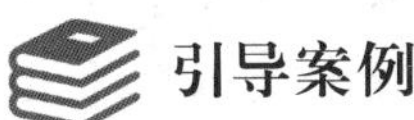

引导案例

Tik Tok 陷入禁停风波

TikTok 这一短视频社交平台自诞生以来，就凭借其独特的创意和互动性迅速赢得了全球用户的喜爱。然而，2020 年 8 月的一个消息震惊了全球科技圈和社交媒体领域——TikTok 在美国被封禁。这一事件不仅对 TikTok 产生了巨大的影响，也引发了全球的广泛关注和讨论。

2020 年 8 月，特朗普以所谓的“数据安全和国家安全”为由，宣布将禁止 TikTok 在美国运营。这一决定引发了广泛的争议和讨论。美国政府认为 TikTok 的数据收集和处理方式可能威胁到美国的国家安全。此外，还有一些声音指出 TikTok 平台上的部分内容可能违反了美国的法律法规和社会价值观，这也为封禁提供了口实。

面对这一突如其来的封禁决定，TikTok 迅速采取了应对策略。首先，TikTok 公司高层积极与美国政府和监管机构进行沟通，试图解释其数据收集和处理方式，并承诺遵守美国的法律法规。他们强调 TikTok 在美国的运营严格遵守当地的数据隐私和安全法规，并承诺加强数据安全保护。其次，TikTok 还加强了平台内容审核和管理，以确保平台上的内容符合美国的法律法规和社会价值观。TikTok 加大了对违规内容的清理力度，增加了人工审核团队，并加强了技术手段的运用，以确保平台内容的合法性和合规性。再次，TikTok 积极寻求与美国企业的合作，以寻求可能的解决方案和替代方案。TikTok 与一些美国科技公司进行了合作谈判，试图通过技术合作和数据共享等方式来缓解美国政府的担忧。最后，TikTok 还加大了对美国本土市场的投入，增加了就业机会,拓展了合作伙伴关系,以显示其对美国市场的重视和承诺。

尽管 TikTok 采取了种种措施,但最终仍然无法改变被封禁的命运。美国政府在最后期限前并未撤销禁令,而是让 TikTok 面临被全面封禁的风险。这一决定引发了广泛的不满和抗议,许多用户、创作者和企业都对封禁表示遗憾和担忧。

TikTok 被封禁的事件不仅仅是一个商业问题,更是一个涉及全球化、国家安全、数据隐私等多个方面的复杂议题,这反映了全球化时代不同国家和地区的法律法规、文化、意识形态等方面的差异和冲突。同时,这一事件也提醒中国企业在全球化过程中要更加谨慎和审慎,加强对相关国家和地区法律法规和文化价值观的理解和尊重。

TikTok 在美国被封禁不仅给 TikTok 带来了巨大的挑战和困境,也引发了全球范围内对社交媒体平台的监管和管理的讨论。人们开始重新审视社交媒体平台在数据安全、内容审核等方面的责任和角色。这也为各国政府和企业提供了一个重要的启示:在推动科技发展和全球化的同时,必须加强对社交媒体平台的监管和管理,确保其合法合规运营,保护用户权益和社会公共利益。

(资料来源:张怀岭. 数字经济下美国与外国对手 ICTS 交易监管及法律限度:基于 TikTok 案和微信被禁案的分析[EB/OL].[2025-04-18].https://law.uibe.edu.cn/docs/2023-10/5002797b3dc2403bbbdc135eb91437c2.pdf.)

引导问题:

1.谈谈你对中国企业全球化的理解。

2.从上述案例中你得到了什么启发?

本节着重引导学生建立全球化视野,培养全局观,树立正确的世界观、民族观、价值观,提升职业道德素养,同时注重培养学生的创新思维、品牌意识、可持续发展意识、政策与法规理解能力、团队合作精神。这不仅有助于学生适应和推动中国企业的全球化进程,也为其个人的职业发展和社会责任的履行打下了坚实基础。

一、中国企业全球化历程与现状

改革开放 40 多年来,中国经济发展取得的成就举世瞩目,中国企业也逐渐成长，走出国门并融入全球市场，从产业链的代加工环节转移到高附加值环节，不断向产业链上游迈进。中国企业的经营理念也在发生变化，在追求财务价值的同时，提升了对社会、环境等方面的关注度。可以说，中国企业的全球化经历了量与质的不断跃升，这是时代发展的必然、国家战略的需要和企业自身发展的需求。

中国企业全球化是指中国企业的经营范围逐步扩展至海外市场，不断加强全球化产业布局、资源配置以及运营管理能力的过程。企业全球化战略的选择必须考虑到企业全球化的动机和企业所处行业的特点。同时，建立适合当地商业环境的全球运营模式也是至关重要的，这涉及组织架构、人才、流程、技术以及绩效考核等多个方面的全球化战略部署、调整和执行。中国企业从改革开放之初就走上了全球化之路，尤其在金融危机以后，全球化的势头更加迅猛、趋势更加明显。但是，中国企业在全球化进程也面临一系列挑战，如文化差异、逆全球化、市场不确定性、政策风险等，这需要中国企业不断调整策略适应和应对。

近年来，随着中国经济增速换挡和中国企业国际竞争力的不断提升，中国企业的全球化进程正在开启新的篇章。2024 年《政府工作报告》提出将打造更多具有国际影响力的“中国制造”品牌列入重要工作任务，标志着中国企业全球化迈向了新的高度。同时，中国经济正从国内生产总值时代向国民总收入时代过渡，以国内大循环为主体、国内国际双循环相互促进的新发展格局正在加快形成，这一转变要求中国企业在深耕国内市场的同时还要放眼全球，通过调整国际战略布局、整合全球资源和技术、提升自主创新能力、优化产业结构，并应对税务合规、国际人才管理、信息安全及 ESG（环境、社会和公司治理）新规等挑战，实现更高水平的开放合作，提升国际话语权和综合竞争力。

图 1-1 所示的是 1948—2022 年中国、美国、日本出口份额变化趋势及中国企业两次全球化底层推力。

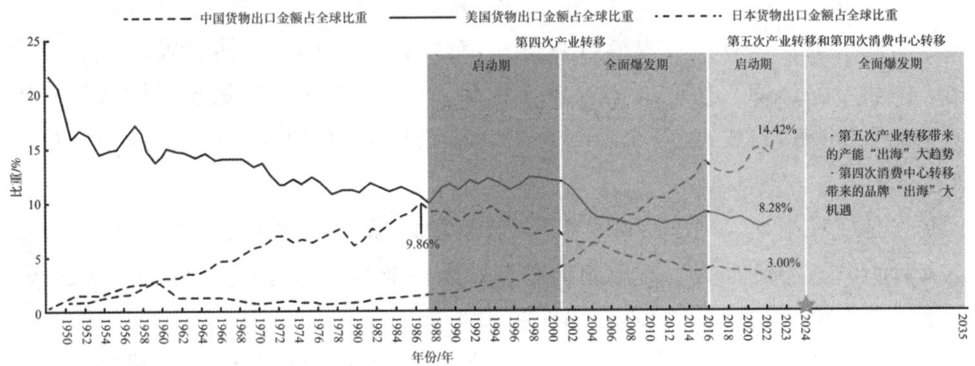

图 1-1　日本、美国、中国出口份额变化趋势及中国第二次全球化底层推力

资料来源：中国企业全球化深度洞察报告 · 产业篇[EB/OL].[2025-04-18]. https://www.ijiabin.com/info/1825/arc/0.

中国企业第一次全球化的底层推力是第四次产业转移带来的产品“出海”机遇。中国加入 WTO 标志着中国企业正式开启第一次全球化,也为中国企业带来黄金机遇,其背后的底层推动力来自第四次产业转移;1986 年,日本出口份额达到 9.86%这一峰值,比较优势丧失等迫使日本开始尝试产业转移,而随着中国 2001 年加入 WTO,“中国制造”开始在全球高歌猛进。

中国企业第二次全球化的底层推力是第五次产业转移带来的产能“出海”大趋势,以及第四次消费中心转移带来的品牌“出海”大机遇。

2015 年中国出口达到事实上的顶峰,新冠疫情使得中国出口份额再次攀升(2021 年达到 14.9%),但 2022 和 2023 年再次回落。

2024 年是第五次产业转移大爆发的元年,但此次产业转移为中国企业带来的全球化机遇要远小于第四次产业转移,更多的是挑战,在这次产业转移中,中国企业更多应借鉴日本等国的企业如何通过全球化实现产能“出海”。

在中国企业第二次全球化的过程中,中国企业面临的最大机遇是全球消费中心的第四次转移(第一次从欧洲转移至美国、第二次从美国转移至日韩、第三次从日韩回流至美国、第四次则是从美国转移至中国)。目前,中国已成为世界消费中心,中国品牌将像过去欧美、日韩品牌一样逐步实现品牌“出海”,因此,2024 年也是中国品牌“出海”元年。

概括来看,中国企业全球化发展过程与国家政策、企业“出海”能力与方式、对外投资金额等相关,具体经历如下几个发展阶段。

一是探索期(1979—1996 年)。该阶段国家基本政策是严格限制企业“出海”,因此中国企业对外投资规模小和流量均较小。这一阶段中国发展得较好的企业主要是新中国成立后发展起来的国有企业,如首钢、中信、中化等大型国有企业。

二是成长前期(1997—2017 年)。该阶段国家基本政策转变为鼓励企业“出海”,因此中国企业对投资规模急剧扩大,对外投资方式和主体也发生了一些变化。例如:1997—2003 年,绿地投资占主导。2004—2017 年,跨国并购成为中国企业主要“出海”方式;民营企业如海尔、海信、华为、联想等,开始占据一定市场地位。

三是成长中期(2018—2023 年)。该阶段国家基本政策是引导企业“理性”出海,而且行业导向明确,即限制地产和娱乐行业投资、偏向新能源和新基建等。对于民营企业,国家鼓励核心零部件制造业企业和高端制造业企业“出海”。

四是成长后期(2024 年开始)。国家基本政策是鼓励新能源、高端制造企业“出海”,鼓励跨境电商企业和品牌“出海”拓展新市场,鼓励文化企业“出海”,等等。

二、中国企业的全球化趋势

近年来，随着中国经济的不断发展和国家政策的引导，越来越多的中国企业积极走向海外，掀起了新一轮的全球化浪潮。企业“出海”已经成为企业提升国际竞争力、优化资源配置、拓展市场空间的重要战略手段。从行业分布、地区选择、战略动因等方面来看，中国企业的全球化布局呈现多元化与深入化并进的趋势。当前主要表现为以下几个方面。

1.“出海”的中国企业所在行业仍以制造业为主体

从“出海”的中国企业的行业分布来看，以制造业为主。数据显示，中国制造业“出海”企业的数量达 9201 家，占中国“出海”企业总数量的 31%。但这些企业“出海”并非全部是投资建厂，大多是在海外设立批发、售后、销售机构，仍以辅助出口为主。从“出海”的制造业特征来看，最需要或最先能够实现全球化的行业一般有两个特征：一是整体在世界上有领先地位，如锂电池、新能源汽车、光伏等领域；二是该行业上中国制造比较优势衰减严重，一些劳动密集型行业如纺织服装业及其他轻工业等将率先“出海”。

2.中国企业“出海”目的地从以北美、拉美为主到遍布全球

2024 年《中国企业全球化深度洞察报告——产业篇》数据显示：中国企业“出海”目的地从以北美、拉美为主到遍布全球。从主要经济体直接投资存量来看，中国企业“出海”目的地以发达国家为主。中国企业对外直接投资存量排名前 5 位的国家是美国、新加坡、澳大利亚、荷兰、印度尼西亚。

从主要经济体直接投资增量来看，东南亚国家、共建“一带一路”国家增长迅速。中国设立境外企业数量前 20 位的国家(地区)中，除了居于首位的中国香港，有 10 个为共建“一带一路”国家，即新加坡、越南、俄罗斯、印度尼西亚、马来西亚、韩国、泰国、柬埔寨、老挝、缅甸，其余 9 个国家(地区)为美国、英属维尔京群岛、开曼群岛、德国、日本、澳大利亚、加拿大、英国、印度。

3.投资并购占比下滑，绿地投资成主流

从中国企业“出海”方式来看，投资并购的占比下降，绿地投资成主流。在逆全球化的影响下，中国企业“出海”并购的交易规模和数量快速下降，绿地投资再次崛起成为中国企业“出海”的主要形式。这一变化反映了中国企业在全球化过程中更加注重长期战略布局和本地化运营，通过在海外建立新的生产设施、研发中心和销售网络，直接在海外各地市场进行投资和建设，以更好地适应当地环境，提升国际竞争力。绿地投资不仅有助于增强企业的自主创新能力和品牌影响力，还有助于企业在逆全球化背景下更有效地应对贸易保护主义和政策不确定性的挑战。值得一提的是，中国制造业海外绿地投资行业主要集中于汽车制造业。

4.民营企业在对外直接投资中的作用越来越大

近年来,中国企业对外投资形式日趋多样化,特别是民营企业更加活跃,成为中国企业全球化的重要力量。随着政策环境的优化和自身竞争力的提升,民营企业在海外市场中积极拓展,通过设立子公司、并购、绿地投资等方式,推动国际化战略的实施。这些企业不仅带动了资本、技术和管理经验的输出,还在促进国际经济合作、提升中国品牌影响力和提升中国在全球产业链中的地位方面发挥了关键作用。民营企业的国际化发展,反映了中国经济结构的优化和民营经济活力的增强,为全球经济的平衡与可持续发展注入了新的动力。

三、中国企业全球化的挑战

在迈向全球市场的过程中,中国企业不仅面临机遇,也面临诸多复杂的挑战,主要涵盖市场准入限制、文化融合障碍、法律制度差异、全球治理环境变化、本地化运营能力不足、技术安全壁垒和ESG合规压力等多个方面。

第一,贸易保护主义和地缘政治紧张加剧市场不确定性。随着全球力量对比的演变,部分国家出于本国安全和经济利益的考量,出台各种限制性措施,如提高关税、设置投资审查门槛、强化技术出口管制等,显著提高中国企业进入国际市场的门槛。

第二,法律合规与监管环境复杂多变。不同国家和地区在税收、知识产权保护、反垄断、数据安全等方面存在较大差异,中国企业在海外扩展过程中需要投入大量资源以适应当地法律环境,避免出现不合规的问题。特别是在欧洲、美洲等发达经济体,ESG监管愈加严格,企业需要在环保标准、劳工权益、信息披露等方面持续投入,才能建立良好的国际品牌形象。

第三,文化差异与本地化运营难题凸显。中国企业在全球布局过程中,往往在组织管理、品牌传播、市场沟通等方面受到文化认知差异的制约,难以深入本地市场。部分企业缺乏国际化人才和跨文化管理能力,导致“水土不服”现象频发,影响了品牌认同度和市场份额的提升。

第四,全球供应链重构与技术脱钩风险上升。面对日益复杂的国际环境,一些国家推动制造业回流、本土替代和关键技术“去中国化”政策,使得中国企业在全球产业链中的地位面临调整。这不仅使得中国企业供应链成本上升、合作路径受阻,也倒逼中国企业加快海外生产基地布局和全球价值链的再构建。

面对这些挑战,中国企业必须构建全球视野,提升风险预判能力和资源整合能力,通过加强战略协同、加快技术自主创新、深化本地化运营、提升全球品牌影响力等方式,增强自身在国际市场中的韧性和竞争力。

四、近代世界全球化发展历程以及未来中国面临的机遇和挑战

近代世界全球化发展历程见图 1-2。

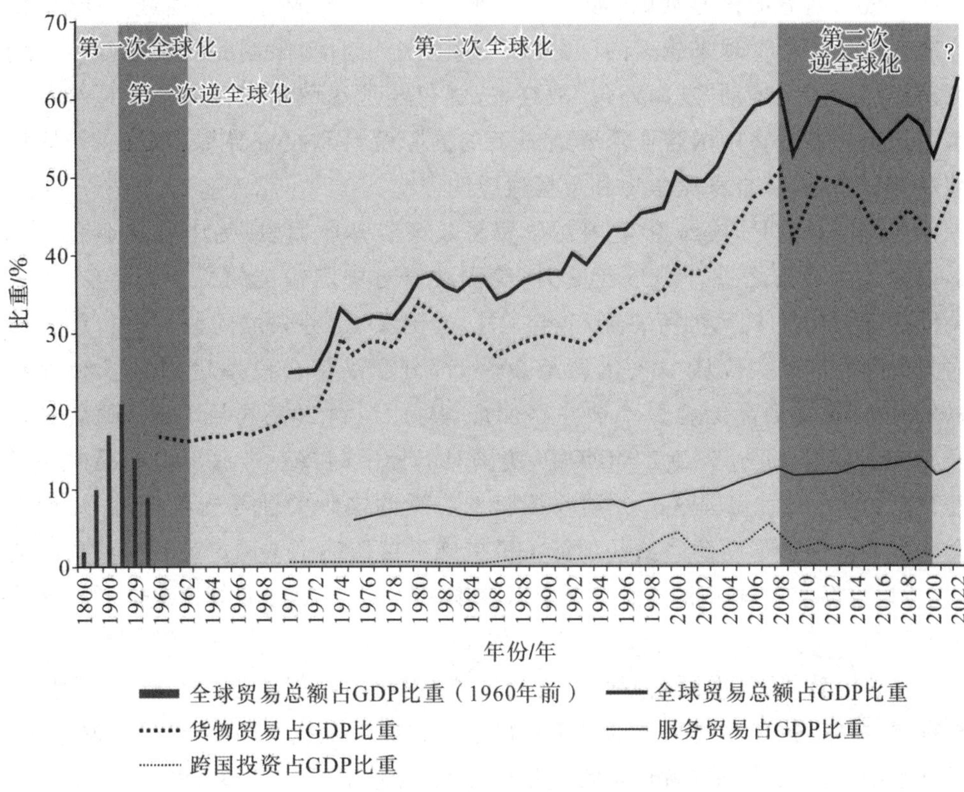

图 1-2　近代世界全球化发展历程

资料来源：中国企业全球化深度洞察报告・产业篇[EB/OL].[2025-04-18]. https://www.ijiabin.com/info/1825/arc/0.

1.国际金融危机后的逆全球化(2008—2020 年)

国际金融危机后，逆全球化趋势开始抬头。经济增长放缓、贸易保护主义抬头等，使得国际贸易和投资面临重重壁垒。英国脱欧、美国退出跨太平洋伙伴关系协定等事件，意味着全球化进程遭遇重大阻碍。在此背景下，中国企业在全球市场上遭遇更多的贸易壁垒和政策限制。

2.新冠疫情加剧逆全球化(2020—2023 年)

新冠疫情导致国际供应链中断和人员流动受限，加速了逆全球化的发展。美国、欧盟、日本等国纷纷出台政策，鼓励制造业回流本国，进一步强化逆全球化趋势。在此背景下，大量中国企业面临订单外迁、关税上调、营商门槛提高，全球运营网络的脆弱性显现；中国企业在国际供应链中的角色也受到冲击，面临供应

链重组和市场需求下降的双重挑战。

3.区域性全球化的新格局(2024 年及未来)

2024 年以来,全球化趋势呈现区域化、集团化和制度化分裂的新格局,技术与制度脱钩成为新常态。以中美为代表的科技体系正在割裂,“去中国化”与自主替代成为西方的核心战略,涉及半导体、AI、清洁能源等关键领域。同时,供应链政治化加剧。越来越多的国家以“国家安全”为由,限制关键资源与技术的流动。部分国家推动“友岸外包”战略,选择仅与地缘政治盟友合作。地缘经济集团化趋势显现。中国企业需要适应新的国际贸易和投资环境,积极参与区域性经济合作,提升自身竞争力和市场适应能力。

值得注意的是,2025 年美国对华贸易政策骤然收紧,成为中国企业全球化的重大外部冲击之一。2025 年 2 月,美国政府对中国输美的所有商品,在现有关税基础上加征 10%关税。2025 年 3 月,美国又以“芬太尼问题”为由,将中国输美商品的额外关税从 10%上调至 20%,部分商品综合税率超 40%。2025 年以来,中国输美商品综合税率被一路加征,从 10%到 20%再到 54%,随后又飙升至 104%、125%。至 2025 年年中,美国对部分中国核心产业出口商品的关税甚至高达 245%。美国这一极端政策引发广泛的国际关注与连锁反应,短期内全球金融市场加速动荡。这些加征关税措施不仅压缩了中国产品在美市场的竞争空间,也促使中国企业重新布局全球市场,寻求更稳固的海外供应链和本地化发展策略。

在这一背景下,中国企业开始通过产能“出海”,加强本地化经营,以及扩大在东盟、中东、拉美等新兴市场投资布局等方式应对挑战。同时,原产地调整(如通过东南亚国家转口贸易)、品牌国际化建设、绿色低碳转型和 ESG 合规也成为中国企业维持全球竞争力的重要路径。

4.未来中国面临的机遇与挑战

在短期内,逆全球化趋势可能持续,但中国将为世界经济注入新动力。历史上,每次逆全球化都会导致全球经济增长趋缓、就业压力增大等问题。中国企业凭借其独特的优势和能力,能够为世界提供优质产品和服务,促进全球经济合作与交流,推动全球经济的平衡和可持续发展,为世界经济增长注入新的动力和活力。尽管全球化遭遇挑战,但挑战中仍孕育机遇。中国企业凭借制造优势、数字能力、工程效率和创新潜力,仍在推动全球市场重塑中发挥关键作用。未来的全球化将更趋于区域化、数字化与规则化,中国企业应积极应变,构建具有全球战略视野和本地执行力的跨国运营体系。

文化差异仍然是中国企业在全球化过程中必须面对的重要挑战。在进入国际市场时,不同国家和地区的文化背景、商业习惯、管理方式和消费者行为都存在显著差异,这对中国企业全球化的经营策略、管理模式和品牌推广提出了挑战。为了成功应对这些文化差异,中国企业需要加强跨文化沟通能力,深入了解和尊重当地文化,通过本地化的经营策略和管理团队来适应当地市场。此外,中国企业还应注重培养员工的国际视野和跨文化能力,提升团队的全球化素质,以实现更有效的国际化运营和长远发展。

在全球化过程中,中国企业还面临着法律方面的重大挑战。不同国家和地区的法律体系、法规要求和司法实践存在显著差异,给企业的合规经营带来了很高的要求。具体而言,知识产权保护法、劳动法、税法、环境法以及反垄断法等方面的法律风险,都会影响企业在海外市场的运营和发展。在处理法律纠纷时,企业应采用有效的法律策略,通过谈判、仲裁和诉讼等方式维护合法权益。面对复杂多变的国际法律环境时,中国企业只有加强法律风险管理,才能在全球化进程中立于不败之地,不仅推动企业国际化发展,而且为全球经济的平衡和可持续发展贡献力量。

对于中国企业来说,本地市场洞察和营商风险评估也是全球化过程中需应对的挑战。中国企业由于相对缺乏国际化的经验,对海外市场的了解不够深入,在进入新市场时可能遇到各种困难,企业需要深入了解目标市场的经济环境、消费者行为、竞争态势以及政治和社会风险,从而制定有效的市场进入策略和风险管理方案。如果企业缺乏对本地市场的深刻洞察,就可能导致市场策略的失误;如果企业忽视营商风险评估,可能在法律合规、财务稳定和运营效率方面遇到重大问题。因此,中国企业在全球化过程中,必须加强市场调研和风险分析,通过收集和分析本地市场信息,制订全面的风险评估和管理计划,确保在国际市场上的成功运营和可持续发展。

国际人才管理在中国企业全球化过程中扮演着至关重要的角色,主要包括全球人才的吸引与管理以及外派员工的有效融入。在不同文化背景下,企业需要应对跨文化沟通、人才招聘与保留、劳动法规遵守以及薪酬福利差异等多方面的挑战。为了有效管理国际员工,中国企业需要制定科学的人才战略,注重跨文化培训,完善全球薪酬体系,确保人才的多样性和包容性;建立健全的外派员工管理体系,包括外派前的培训与准备、在外期间的支持与管理以及回国后的再安置与发展。通过这些措施,企业可以吸引和保留高素质的国际人才,确保外派员工顺利融入当地市场和文化,提升企业的国际竞争力,实现全球化战略目标。

当前"出海"的中国企业大致可分为产能"出海"型企业和品牌"出海"型企业,这两类企业全球化过程中面临的挑战见表 1-5。

表 1-5 产能"出海"型与品牌"出海"型企业全球化面临的挑战

	细分	面临的挑战与企业特征	全球化动机	现阶段更易取得成功的发展模式	代表企业
产能出海型	全球领先企业	1.当该企业开始跨国经营时,其行业内还没有或很少有跨国公司 2.技术自主,该企业的核心技术基本上是自己发明的,不是依靠引进	1.抢占全球主要市场 2.实现全球规模领先 3.建立全球标准等	保持技术等方面的领先优势,一般采用先拓展销售网络、后设立海外工厂,以及先拓展发达国家市场、后覆盖其他国家和地区等模式	宁德时代(率先在德国建厂,未来可能在匈牙利建厂)
	国内领先企业	1.行业的国际市场中已经有很多跨国公司 2.该类企业的核心技术依靠国外引进 3.在国内已取得领先地位	1.核心诉求是降成本 2.围绕客户的产业配套	成本优势策略,一般先在海外设厂获取成本优势,再从发展中国家到发达国家进行生产布局与市场扩张	玲珑轮胎(率先在泰国建厂,而后是塞尔维亚)
	国内后起之秀	1.在国内仍处于追赶者 2.海外缺乏经验	1.快速扩大销售规模 2.抢占海外新兴市场份额	聚焦国内,海外寻求技术层面的战略合作(发达市场为主)与销售网络建设(新兴市场为主)	宁波灏钻科技
品牌出海型	全球领先企业	在全球范围内取得领先地位	1.占领全球核心市场 2.持续保持行业领先地位	1.技术或模式领先 2.品牌打造 3.占领全球主要市场 4.打造独立站等	大疆希音
	国内领先企业	1.在国内领先,但在全球市场面临强劲的竞争对手 2.海外品牌影响力弱,国内优势难以向海外复制	1.抢占新兴市场 2.突破全球主要市场 3.不断提升品牌全球影响力等	1.利用供应链优势 2.主打中国特色 3.抢占新兴市场 4.用好品牌势能 5.收购海外品牌 6.整合海外渠道等资源	名创优品、金多多、张亮麻辣烫、华润啤酒等
	国内后起之秀	1.多属于新锐品牌,在国内取得了一定声量,但在行业内处于追赶者地位 2.完全以海外市场为主	1.快速扩大销售规模 2.抢占海外新兴市场份额	1.善用跨境电商 2.发力新型营销 3.聚焦新兴市场 4.寻求海外代理、渠道等资源	Aaad、每年轻

资料来源:中国企业全球化深度洞察报告·产业篇[EB/OL].[2025-04-18]. https://www.ijiabin.com/info/1825/arc/0.

第四节　数字时代中国企业全球化地缘机会

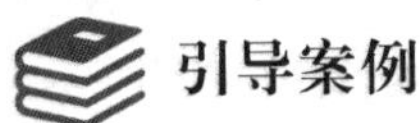

引导案例

森大集团如何扎根非洲

森大集团（以下简称森大）创始于2000年，总部设立在广州，是中国最早进入非洲、南美洲等海外市场的企业之一。森大多年来在对非出口百强企业中名列前茅，拥有海内外员工15000余人，多年复合增长率超过30%，2016年对外出口额超5.5亿美元，2023年总产值预估超50亿元人民币。

森大现有建材、快消、五金百货三大业务板块，目前已在加纳、坦桑尼亚、大科特迪瓦、秘鲁、肯尼亚、乌干达、肯尼亚、塞内加尔、赞比亚、喀麦隆等地建立了众多陶瓷、日化产品等快消品的生产、销售公司。

1.为什么选择非洲而不是东南亚？

首先，东南亚国家距离中国近，存在很多地缘政治冲突因素；其次，东南亚人口总体少于非洲，当地的用工用电也存在诸多问题；最后，东南亚发展程度比非洲要高，当地政府要求也高，很多中国企业在东南亚会面临红海市场的问题，而非洲现在还是一片蓝海，中资企业相对较少。

很多人认为非洲落后、政府效率低、距离中国远，但是森大却认为非洲遍地都是机会，其通过全球布局、深耕非洲、推动高质量共建"一带一路"使自身得到了快速发展。实际上，非洲政府如今对真正扎根本地、能吸引就业的投资是非常欢迎的，支持力度也很大，这与人们对非洲的传统印象相悖。比如，当地政府非常关注森大建设的项目，经常主动约见项目负责人或是上门询问工程进度。

2.为什么选择陶瓷、快消品？

一些劳动密集、资源密集但附加值并不太高的产业，在国内发展只能靠拼成本和价格,但是在非洲建设制造业工厂,就可以贴近消费群体定制化产品,激发非洲本地市场潜力,从而创造新的市场。2015 年,森大也进入快消品行业,开发如纸尿裤、洗衣粉、卫生巾等非洲急需的产品,这些优质商品的生产和销售,帮助当地人民创造着更美好的生活。

3.为什么选择本地建厂?

非洲本地建厂的好处有很多:免去了关税,物流成本降低,供货周期和产品研发周期缩短,在本地即可提供售后服务,等等。

“出海”非洲建厂资金投入大,而且建材行业为资金密集型行业,因此一般有很大风险。森大通过与上市公司科达制造合资建设工厂,充分利用其作为上市公司的融资优势,为非洲合资陶瓷企业提供资金支持。此外,还通过南非标准银行和世界银行集团旗下的国际金融公司(IFC)等的支持,有效解决了资金难题。IFC 于 2020 年与森大签订了长期贷款协议,为森大的非洲项目提供 7 年期低息贷款。这使得森大不受非洲地区高利率银行贷款的限制,具备较好的资金及财务成本优势。在资金使用上,森大通过快速建厂、快速投产、快速流入成熟渠道提高资金的使用效率。

非洲当地建筑陶瓷的主要原材料——坯土普遍品质不高,且品质稳定性不如中国的坯土,因此对设备和生产工艺提出了更高要求。森大充分发挥科达制造“陶机大王”的技术优势,破解在非洲的生产难题。非洲市场的一个主要特征就是各个国家经济发展水平、语言、文化的差异化、碎片化明显,要想在非洲市场生产和销售产品,就必须走差异化路线,不能试图用一个标准或一个产品打天下,应当根据不同国家和地区的实际情况生产和销售相应产品。森大选择了陶瓷、卫生巾、洗衣粉等当地市场急需的产品切入市场,迅速形成对原有强势的印度、欧美产品的替代。比如,欧美知名日化品牌生产的卫生巾在非洲当地销售的价格非常高,而森大本地化生产的卫生巾,价格只有欧美产品的 1/3 左右;森大在非洲建厂之前,很多非洲国家陶瓷卫浴产品依赖进口,价格昂贵且款式少,森大建厂之后,不仅产品款式众多,市场价格也大幅下降。

印度企业在非洲大陆耕耘已久,是中国企业的强劲对手。以肯尼亚为例,印度企业一度掌握了当地的经济命脉,还掌握了当地的建材分销渠道。森大采用渠道下沉的方法,绕开被印度企业所掌控的一级代理商,去社区、村庄寻找二级代理商,直接向他们供货。森大还为经销商提供更好的服务,例如,按照当地的规矩,经销商负责送货,在卸货时难免会出现破损,如果破损超过 5 箱,森大会为经销商承担成本。此外,森大与科达制造合资设立工厂并运营陶瓷、洁具及建筑玻璃业务,通过合资公司营销网络的广泛铺开,逐步获得非洲各国原有进口瓷砖、洁具及建筑玻璃的市场份额。目前,森大规划形成对撒哈拉沙漠以南地区建材市场的广泛覆盖,并将在非洲的成功经验逐步推广至南美洲及亚洲等新兴市场。

中国企业的海外公司要建立自己的国际营销网络，培育自有品牌。森大引导广大经销商抓住机遇，让经销商成为品牌建设的参与者，使内容传播走向精细化经营，以实现品牌价值的最大化。森大之所以能一次次转型成功，从只能做外贸到能建立深度销售网络、能发展制造业、能建设品牌，是因为森大在发展制造业之前，已经在非洲的陶瓷销售市场长期深耕，其在非洲各国的销售渠道历经多年的打造和完善，已经非常成熟。而且，森大对消费者需求的理解和把握非常到位，加上有成熟渠道和广为人知的品牌的加持，森大从价值链条"微笑曲线"的销售前端打到生产的中后端，提升产品力，这反过来又助力森大的品牌力和市场控制力建设。

森大对本地化生产、本地化渠道和品牌、中国先进的制造技术进行有效整合，帮助非洲当地政府创造就业岗位，推动当地的工业化进程。很多中资企业在非洲的项目合作不成功，就是因为没有实现利益相关者多赢，只是"单赢"或者"假多赢"。如果投资的项目符合当地政府和人民所需，能够提高当地工业化水平，带动当地民众就业和收入增长，也不破坏环境，就会得到大力支持。相反，那些只为了获取当地自然资源、破坏环境的项目，非洲政府和人民不会乐意支持。同时，如果企业能帮助当地社区、教育和医疗机构发展，甚至帮助培养当地的民族工商业，比如通过供应链的方式促进当地配套厂商的发展，就会获得政府和民众的真心支持。

（资料来源：许惠文. 森大集团：中国企业出海标杆，开辟非洲新市场[EB/OL].[2025-04-16].https://www.sohu.com/a/738162632_121742498.）

引导问题：

1.从森大集团的案例中你得到了什么启发？

2.分析森大集团在进入非洲时的地缘机会。

在党的二十大精神指引下，中国企业"走出去"是对构建人类命运共同体理念的践行。本节旨在引导学生树立全球视野，增强跨文化沟通能力与战略思维，提升品牌意识与实践能力，不仅服务于中国企业全球化发展，也助力中华文化在国际上的传播。

当前，中国企业的全球化模式正经历深刻变革，面临前所未有的复杂环境和多重挑战。地缘政治博弈加剧使得全球贸易规则重构，在此背景下，供应链安全成为各国关注的焦点，传统全球化模式遭遇阻力。然而，数字时代的到来正在打破旧有边界,为企业全球化带来全新机遇。技术进步推动信息流、资金流、商品流的加速流动,使企业能以前所未有的方式融入全球市场,并在地缘竞争中寻找新的增长空间。

全球化不再是单向度的市场扩张,而是数字赋能下的产业融合与区域协同。跨境电商、数字金融、智能制造、云计算等新模式、新业态、新技术降低了市场壁垒,使企业无须依赖传统投资模式便可迅速触达全球客户,重塑供应链布局。同时,区域经济合作与数字基础设施建设的加快推进,使东南亚、中东、拉美等新兴市场成为中国企业全球化的新支点。依托技术,中国企业不仅能在这些区域构建本地化运营能力,还能塑造新的竞争格局。但数字时代的全球化并非毫无挑战,数据安全、隐私保护、合规要求,以及地缘政治带来的不确定性,构成了企业全球化布局中的复杂变量。如何在数字技术推动的全球竞争中抢占先机,同时有效规避风险,成为中国企业必须直面的课题。本节将深入探讨数字时代下的中国企业如何重塑全球市场,剖析中国企业如何在复杂的地缘环境中捕捉全球化机遇,突破传统模式,实现可持续增长。

一、中国企业全球化的美洲机会

美洲作为全球经济的重要引擎,凭借庞大的市场规模、成熟的消费群体、领先的数字基础设施和活跃的创新生态,为中国企业提供了广阔的全球化机遇。然而,该地区复杂的地缘政治、严格的监管法规和激烈的市场竞争,也为企业带来了不小的挑战。本小节将探讨数字时代中国企业在美洲的全球化机会,分析美洲的市场特征、产业趋势、政策环境,以及中国企业应对挑战的有效战略。

首先,从宏观层面分析美洲市场的经济规模、消费潜力及产业结构,揭示其作为全球重要消费市场和投资目的地的独特吸引力。其次,梳理中国和美洲的经贸关系,重点分析贸易格局的演变、当前态势及未来趋势,并探讨各国投资政策及双边、多边贸易协定对中国企业的影响。最后,针对美洲在数据跨境流动、隐私保护、数字贸易监管等方面的政策演变,探讨中国企业如何合规运营、优化全球化战略。

总的来看,在行业层面,美洲在制造业、供应链、新能源、数字科技等领域展现出巨大潜力。中国企业可借助自身技术优势与产业链互补性,深化在智能制造、绿色能源、科技创新等方向的合作,实现技术输出、市场拓展和资本布局。面对地缘政治风险、贸易壁垒、文化差异与合规挑战,中国企业需灵活调整策略,提升本地化运营能力,以更稳健的步伐推进企业在美洲的战略布局。

(一)美洲市场概况与数字经济发展特征

美洲大陆包括北美洲、中美洲、南美洲三大地理区域,涵盖美国、加拿大及拉丁美洲等多个国家和地区。该区域占全球陆地面积近28%，人口约9.5亿，覆盖全球13.5%的人口，是世界经济的重要增长极。美国与加拿大以成熟的市场环境和强大的科技实力引领全球，而拉美地区则凭借快速增长的数字经济和新兴产业发展潜力，成为全球资本关注的热土。

1.市场规模与消费潜力

美洲经济总量庞大，市场需求多样，为不同类型的中国企业提供了发展空间。美国作为全球最大经济体，市场透明度高、竞争激烈，消费者对高科技、高品质产品需求旺盛，有利于中国企业创新升级、提升品牌价值。加拿大则凭借稳定的营商环境、高收入水平以及环保科技、清洁能源、高端制造等领域的合作机遇，吸引中国企业投资布局。拉美市场涵盖33个国家，总人口超6.5亿。近年来，中国与拉美经贸关系日益紧密，2024年双边贸易额达5184.7亿美元。巴西、墨西哥、智利、秘鲁等国已成为中国在拉美的重要贸易伙伴，尤其在新能源、矿产、农业、制造业等领域存在广泛合作机会。墨西哥凭借近岸外包模式成为制造业投资热门地，中墨双边贸易突破1000亿美元。此外，智利、秘鲁、厄瓜多尔等国已与中国签订自由贸易协定，进一步促进经贸往来。尽管市场潜力巨大，但美洲各国人口结构、消费习惯及文化背景各异，中国企业需精准分析细分市场，制定差异化策略。

2.数字基础设施与用户行为

美洲数字基础设施领先，互联网普及率高，移动通信网络发达。美国和加拿大已完成5G商用部署，并前瞻性布局6G，推动物联网、自动驾驶、远程医疗、AI等前沿技术发展。两国消费者数字化接受度高，移动支付、智能家居、在线教育等数字生活方式普及，为中国企业提供丰富的数字化应用场景。拉美地区虽整体数字化水平较北美略低，但正加速电信网络升级，推动5G建设。巴西、墨西哥、阿根廷等国的宽带覆盖正在加快，电子商务市场迅速崛起，本土电商平台如Mercado Libre与亚马逊、沃尔玛等国际巨头展开激烈竞争，为跨境电商提供机遇。此外，社交媒体在美洲的渗透率极高，Facebook、Instagram、TikTok、Twitter等成为品牌营销和用户互动的重要渠道，中国企业可借助社交平台优化营销策略，提高市场影响力。

3.数字产业生态与创新热点

美洲在人工智能、云计算、大数据、金融科技、电子商务等领域具有全球领先的创新生态。美国硅谷聚集顶级科技企业和创业资源，吸引全球资本和人才，为数字经济发展提供强大驱动力。中国科技企业如阿里巴巴、腾讯、华为等，已在硅谷设立研发中心，深度融入全球创新体系，并通过技术合作、投资并购等方式拓展国际市场。

中南美洲数字产业生态虽仍在发展，但增长潜力巨大。拉美国家在普惠金融、移动支付、区块链等领域积极探索,为中国金融科技企业带来新机遇。此外,中国与拉美在数字经济合作、技术转移、产业升级等方面互补性强,未来有望进一步深化共建“数字丝绸之路”,共享数字化红利。

总体而言,美洲市场以其庞大的规模、先进的数字基础设施和强劲的创新能力,为中国企业全球化布局提供了广阔空间。然而,面对多元文化、复杂法规和竞争压力,中国企业需精准定位市场,优化商业模式,提升本土化运营能力,才能在美洲这片充满机遇的土地上扎根,推动全球化战略的深化与突破。

(二)北美区域经济一体化组织的发展与影响

北美自由贸易协定(NAFTA)自1994年正式生效以来,推动了美、加、墨三国经济一体化,促进了区域贸易自由化。然而,面对全球经济格局的变化,NAFTA已难以满足新的贸易需求。2020年,《美国-墨西哥-加拿大协定》(USMCA)正式生效、取代NAFTA,在市场准入、供应链规则、投资保护、数字贸易等方面进行了现代化调整,旨在强化区域竞争力。这一变化不仅影响着北美经济格局,也对全球企业的供应链布局、市场准入规则带来了深远影响。USMCA既为企业带来了新的市场机遇,也使企业面临的合规挑战加大,对于中国企业而言,需要在贸易自由化、供应链调整、投资政策等方面作出战略应对。

1.贸易自由化与市场准入

USMCA继续推动区域内关税减免,并减少非关税壁垒,如简化海关程序、统一技术标准、优化贸易规则。这为希望进入北美市场的中国企业提供了更便利的贸易环境。然而,与此同时,USMCA对特定行业的原产地规则进行了严格调整,特别是在制造业领域,要求更高的区域价值含量,以加强北美内部生产链条建设。

2.原产地规则的强化

USMCA提高了原产地要求,尤其在汽车制造领域,要求整车及零部件75%以上的价值需来自北美。这一政策旨在促进北美制造业的发展,使北美减少对低人工成本地区(如亚洲)的生产依赖。对中国企业而言,这意味着传统的全球供应链模式受限,若希望继续享受北美贸易优惠,必须调整生产布局。一种策略是直接在北美投资建厂,例如部分中国汽车制造商已在墨西哥设厂,以利用USMCA的原产地优惠,将产品免关税出口至美国市场。另一种策略是深化与北美本地供应商的合作,提高区域价值含量,以符合新规要求。

3.开放中的监管挑战

USMCA扩大了金融、电信、专业服务等领域的市场准入,为中国企业在北美关于这些高附加值行业的业务拓展提供了机遇。同时,USMCA将数字贸易规则纳入,明确保障数据自由流动,禁止数据本地化要求,并加强消费者在线隐私保护。这为跨境电商、云计算、金融科技等行业的企业提供了更明确的运营规则。然而，随着北美国家对数字经济监管的加强，中国企业在数据合规、隐私保护、跨境数据流动等方面仍需格外注意，以确保符合当地法律要求，避免潜在的政策风险。

4.更高标准的市场准入

USMCA强化了对外国投资者的保护，确保公平竞争环境，并设立投资争端解决机制(ISDS)，允许企业在遭遇不公正对待时寻求国际仲裁。此外，USMCA明确要求国有企业必须遵循市场化运作，禁止利用政府补贴获得不公平竞争优势。这意味着中国国有企业在北美投资时，将面临更严格的监管审查，需要提升透明度，确保信息披露合规，以降低市场风险。同时，USMCA加强了竞争政策，打击垄断行为，要求所有投资者遵守公平竞争规则。中国企业在北美并购、市场扩张时，需注意当地反垄断法规，以防止交易受阻或遭遇监管限制。

5.劳工与环境标准

USMCA强化了劳工保护，要求成员国遵守国际劳工组织(ILO)核心标准，如禁止强迫劳动、保护工会权益，并设定最低工资标准。这对在北美设立工厂的中国企业提出了更高的合规要求:若未能满足劳工保护标准，可能面临贸易制裁或供应链审查。与此同时，USMCA加强了环保要求，推动绿色技术发展，促进可持续贸易。中国企业在北美投资时，需关注环保法规更新，确保符合低碳发展、可持续经营的市场趋势，以提升竞争力。

USMCA的实施加速了北美市场的规则调整，对中国企业全球化布局产生深远影响。一方面，贸易自由化和市场开放为中国企业提供了新的商业机会，尤其在制造业、服务贸易和数字经济领域;另一方面，更严格的原产地规则、竞争法规、劳工和环保标准，也对中国企业提出了更高的合规要求。若想在北美市场稳健发展，中国企业就需要灵活调整供应链布局，加强本地化运营，优化投资策略，同时确保合规经营，以更稳健的方式融入这一全球重要市场，实现长期可持续增长。

二、中国企业全球化的欧洲机会

在全球数字化浪潮中，欧洲凭借深厚的科技积淀、完善的法规体系和对可持续发展的高度关注，成为全球数字经济的重要推动力量。欧洲市场规模庞大，涵盖高科技创新、数字经济、智能制造、绿色技术和数字基础设施建设等领域，为中国企业提供了广阔的合作空间。通过技术合作、跨境电商、智能制造、绿色技术引进和数字基础设施建设，中国企业能够拓展市场、提升技术水平，并推动可持续发展，实现中欧互利共赢。本小节将围绕欧洲数字经济的发展现状、特点及欧盟在数字经济领域的政策环境,探讨中国企业在欧洲市场的机遇。

(一)欧洲市场概况与数字经济发展概述

欧洲作为现代工业革命的发源地,自17世纪以来奠定了其世界经济中心的地位。如今,欧洲由46个国家和地区组成,人口约7.4亿,其中,欧盟成员国有27个国家,人口约4.5亿。欧洲经济高度发达,并在工业革命及全球化进程中确立了标准化和法制化的经济体系,这一体系也促使其在数字经济时代仍旧保持竞争力。

根据最新统计数据,2024年欧洲数字经济总产值已超过4.2万亿欧元,占全球数字经济总量的近1/4,保持着5%~7%的年均增长率。德国、法国、英国、荷兰和瑞典等国家在数字经济发展中的表现尤为突出。德国依托制造业基础,大力推进"工业4.0"战略,实现制造业与数字技术的深度融合;法国则实施"新工业法国"计划,加大对人工智能和大数据等领域的投入;英国凭借金融科技和电子商务的强势发展,巩固其数字创新中心的地位;荷兰2024年第三季度数字经济附加值增长了1.7%,当地企业加大了对云技术和人工智能的投资,带动了数字经济领域就业岗位增长6%;瑞典在物联网和清洁能源技术方面的发展持续领先,展现出强劲的创新能力。

(二)欧洲数字经济发展特点与优势

1.注重科技创新与人才培养

欧洲的科技创新能力强是其数字经济发展保持领先的关键。德国马克斯·普朗克学会、英国剑桥大学、法国巴黎高等师范学院等世界顶尖科研机构在基础科学和前沿技术研究方面具有重要影响力。欧洲各国政府高度重视研发投入,鼓励企业特别是中小企业进行技术创新,并通过设立创新基金、孵化器和加速器等方式,培育人工智能、金融科技和清洁能源领域的创新企业。此外,欧洲实行双元制教育体系,高校与企业紧密合作,培养具备实践能力的数字人才,并通过终身学习体系确保劳动者能够不断提升数字技能,以适应技术变革。

2.不断推动绿色数字转型与可持续发展

欧洲在推动数字经济绿色转型方面处于全球领先地位。欧盟通过"欧洲绿色协议"等政策,将数字技术与可持续发展深度融合,推动能源互联网、智能电网和电动汽车充电网络建设,提升能源效率,加速可再生能源应用。同时,数字技术在环保监测、碳足迹追踪和气候预测等方面的应用也日益广泛,为精准决策和碳减排提供技术支持。欧洲的这一发展方式不仅使得自身的环境竞争力提升,也为全球绿色转型提供了可借鉴的经验。

总体而言,欧洲依托科技创新、严格的法规环境和绿色可持续发展战略,在全球数字经济版图中占据重要地位。其先进的数字产业体系、强大的研发能力和完善的市场体系，为中国企业提供了广阔的合作机会。面对数字化转型和可持续发展趋势，中国企业可以通过深化技术合作、拓展数字市场、推动智能制造升级，并借鉴欧洲企业在绿色数字经济方面的发展经验，在全球化竞争中实现更好的发展。

（三）欧洲区域经济一体化组织的发展与影响

欧盟是全球最具影响力的经济与政治联盟之一，总部位于比利时布鲁塞尔，前身可追溯至 1952 年成立的欧洲煤钢共同体（ECSC）及 1958 年建立的欧洲经济共同体（EEC），核心目标是通过经济合作推动欧洲一体化。1993 年，《欧洲联盟条约》生效，极大地促进了欧洲一体化进程，提高了欧洲各国的竞争力。如今，欧盟拥有 27 个成员国，人口约 4.5 亿，以欧元作为主要流通货币，尽管英国于 2020 年脱欧，但欧盟仍保持全球最大统一市场之一的地位。

欧盟的决策和管理机构包括欧洲议会、欧洲理事会、欧盟委员会、欧洲法院和欧洲中央银行。欧洲议会议员由公民直接选举，代表各成员国民意；欧洲理事会负责制定政策；欧盟委员会执行政策并监督法规的实施。欧盟在外交、安全、经济等领域发挥重要作用，并通过共同外交与安全政策（CFSP）在国际事务中协调立场。此外，欧盟财政资金主要依赖各成员国贡献的预算收入，增值税、关税等也是其重要资金来源。

1.欧盟市场准入与合规要求

中国企业进入欧盟市场时需应对关税、技术标准和监管要求等方面的挑战。欧盟对进口商品实施不同税率，同时设有严格的非关税壁垒，如食品安全标准、电器标准、环保认证等。产品如不符合欧盟市场准入要求，可能面临海关扣留或退货等情况。此外，欧盟的反倾销和反补贴调查可能增加企业贸易成本，影响企业市场竞争力。

在法规合规方面，《通用数据保护条例》（GDPR）对企业数据安全提出严格要求，违规企业将面临高额罚款。《化学品注册、评估、授权和限制》（REACH）对化学品进行全面监管，不符合标准的产品将被禁止销售。行业认证体系同样是企业进入市场的重要门槛，例如 CE 认证是多数产品在欧盟流通的必备标识。

2.可持续发展与社会责任

欧盟在推动可持续经济转型方面采取强制性措施，例如，《公司可持续发展尽职调查指令》（CSDDD）要求企业识别和评估实际或潜在的对人权和环境的不利影响，碳边境调节机制（CBAM）对进口高碳排放商品征收碳税。因此，企业需优化供应链管理，减少碳足迹，以符合欧盟绿色经济标准，提升市场竞争力。

3.技术创新与知识产权

欧盟鼓励科技创新，中国企业可通过“地平线欧洲”计划等，与欧盟企业及研究机构共同研发,获得技术支持,并提升国际市场影响力。同时,知识产权保护在欧盟市场至关重要,侵犯专利、商标或版权将面临高额罚款或诉讼风险。企业需提前注册商标与专利,并建立知识产权管理体系,以确保合法合规经营。

4.投资环境与并购监管

欧盟设立外资审查机制,对涉及关键基础设施和敏感技术的投资进行严格监管。跨国并购需符合欧盟反垄断规定,避免市场垄断或不公平竞争。企业在并购前需进行充分的法律尽职调查,合理规避监管风险,以确保交易顺利完成。

综上所述,欧盟市场规则严格、监管体系完善,企业在进入市场时需充分了解并适应相关政策。遵守法规、提升合规能力、优化可持续发展策略以及强化创新能力,是中国企业成功拓展欧盟市场的关键。面对不断变化的国际贸易环境,积极调整战略、寻求合作机遇,将有助于中国企业在欧盟市场中稳健发展。

三、中国企业全球化的亚洲机会

在全球经济一体化的大背景下,中国企业全球化步伐不断加快。亚洲是中国所在的区域,市场潜力巨大且发展势头强劲,在这里,中国企业具有天然的地理相邻、文化相通的优质,这无疑为中国企业在亚洲的发展提供了丰富的地缘机遇。本小节将详细剖析亚洲市场的特征、政策环境、区域合作机制以及地缘政治格局如何为中国企业的全球化战略提供支撑,并提出相应的战略建议,帮助读者理解和把握中国企业在全球化进程中利用亚洲地缘优势的具体途径和方法。

(一)亚洲市场概况与数字经济发展概况

亚洲是全球面积最大、人口最多的洲,拥有全球近60%的人口,经济发展充满活力,发展潜力巨大。因为亚洲有发达经济体(如日本、韩国、新加坡)和快速崛起的新兴市场(如中国、印度、东南亚),所以是世界经济增长的主要引擎。

1.亚洲经济规模与增长趋势

亚洲地域广阔,有48个国家和地区,气候类型多样,资源丰富。截至2024年,亚洲总人口超过45亿,约占世界总人口的60%,中国和印度分别以约14亿和14.5亿人口位居世界前列,庞大的人口基数推动了亚洲经济增长与消费市场扩张。

亚洲GDP总量占全球GDP的比例逼近50%,成为世界经济的重要支柱。中国、日本、印度、韩国等国是亚洲经济核心,同时,中国的经济总量位居全球第二,并在全球经济增长中扮演关键角色。此外,东南亚、南亚等地区经济保持高速增长,展现强劲发展动力。

2.产业结构与区域一体化

亚洲产业结构多元,既有制造业主导的国家(如中国、韩国),也有以服务业为核心的经济体(如新加坡)。科技创新、高端制造、信息技术和生物医药等行业成为新兴增长点,而农业和资源开采业在部分地区仍具有重要经济支撑作用。

同时,亚洲区域经济一体化进程不断推进,东南亚国家联盟(ASEAN)通过深化经济合作和实施《区域全面经济伙伴关系协定》(RCEP),降低关税壁垒,促进商品、服务、投资与技术的自由流通。同时,“一带一路”倡议强化了基础设施建设和国际产能合作,加速亚洲内部及与全球市场的互联互通。

3.消费市场升级与数字化发展

亚洲中产阶级崛起,城市化进程加快,推动消费市场升级。消费者对高品质商品、个性化服务的需求增多,在健康、教育、旅游、娱乐等行业的消费支出不断增长,越来越多地关注绿色消费与可持续生活方式。数字经济的普及加速了消费模式的变革。电子商务、移动支付、社交电商成为市场主流,中国、印度、印度尼西亚等国的网购用户数量全球领先。中国的支付宝、微信支付等移动支付平台已深度渗透日常生活,带动无现金社会发展。同时,数字营销、大数据、人工智能等技术的应用,使企业能够精准分析市场需求,提升个性化服务能力。

4.亚洲数字经济的增长与创新

亚洲数字经济规模持续扩张,截至 2024 年,突破 10 万亿美元,占全球数字经济规模的一半以上。中国、日本、韩国、印度等国家在全球数字经济版图中占据重要位置,成为全球科技创新的核心驱动力。根据《中国数字经济发展研究报告(2024 年)》,中国数字经济规模占 GDP 的比重达到 42.8%,展现强劲的内生动力。

亚洲在科技创新方面表现突出,专利申请数量、独角兽企业数量和研发投入均居全球前列。阿里巴巴、腾讯、字节跳动、软银、索尼、三星、Naver、Flipkart、Paytm 等企业在电子商务、金融科技、社交媒体、人工智能等领域引领行业发展,为全球数字经济的发展注入活力。

综上,亚洲凭借庞大的市场规模、多元的经济结构和强劲的数字化转型实力,成为全球经济增长和科技创新的重要引擎。不断深化的区域合作、升级的消费市场以及蓬勃发展的数字经济,将持续推动亚洲在全球经济体系中地位的提升,为企业提供广阔的机遇。

(二)亚洲数字经济发展特点与优势

1.巨大的市场潜力与庞大的用户基础

亚洲是全球最大的数字经济市场,拥有超过 20 亿互联网用户,占全球互联网用户数量的一半以上。中国、印度、印尼等国网民数量居全球前列,推动电子商务、社交网络、在线娱乐等行业的快速发展。年轻群体对数字产品需求旺盛,以及中产阶级的崛起,进一步助推亚洲高端数字服务消费市场的增长。

2.移动互联网驱动与社交电商崛起

亚洲市场呈现“移动优先”特征,移动互联网普及率非常高,手机成为主要数字服务载体。亚洲移动支付的高度发达促使直播电商、短视频购物等新型模式兴起,微信小程序、拼多多、Shopee 等平台依托社交网络形成强黏性用户生态,实现精准营销和高效转化,重塑消费者购物体验。

3.金融科技创新与普惠金融实践

亚洲在金融科技领域的发展处于全球前列,移动支付、区块链、大数据风控等技术得到广泛应用。支付宝、微信支付等平台不仅改变了人们的支付习惯,还为人们提供理财、保险、贷款等金融服务。普惠金融方面,数字技术降低传统金融门槛,为小微企业、农村居民提供便捷信贷服务,推动经济包容性增长。

4.平台经济与超级应用生态

亚洲数字经济以平台经济为核心,微信、Line、Kakao Talk 等超级应用整合社交、支付、资讯、娱乐、O2O(线上到线下)等多元功能,形成强大的用户生态。平台模式加速推动线上线下融合,并催生出一批全球领先的数字企业。

5.政策支持与监管创新

亚洲各国政府高度重视数字经济发展,推动基础设施建设,提供财政支持,优化监管体系。例如,中国的“数字中国”战略强调数据要素价值,旨在通过数字技术引领整个社会、文化乃至治理方式的变革;韩国、印度等国完善数据保护法案,加强隐私保护与反垄断监管,确保数字经济健康发展。

(三)亚洲区域经济一体化组织的发展与影响

亚洲的区域经济一体化是亚洲各国为促进区域内贸易自由化、投资便利化、生产要素流动以及宏观经济政策协调所开展的深度合作过程。在全球化与数字化背景下,亚洲区域经济一体化呈现加速推进的趋势,不仅为包括中国企业在内的全球参与者提供了丰富的合作机遇与战略选择,还为企业提供了更加开放和便利的市场环境。中国企业应紧跟政策导向,把握区域合作脉络,优化全球化布局,深化与亚洲市场的投资与合作,抓住发展新机遇,助力亚洲及全球经济的发展。亚洲区域经济一体化的主要机制与合作框架如下。

1.“一带一路”倡议

2013 年 9 月 7 日,中国国家主席习近平提出共同建设“丝绸之路经济带”。2013 年 10 月 3 日,中国国家主席习近平提出共同建设“21 世纪海上丝绸之路”。“丝绸之路经济带”和“21 世纪海上丝绸之路”简称“一带一路”倡议。

依靠中国与有关国家既有的双多边机制,借助既有的、行之有效的区域合作平台,“一带一路”倡议旨在借用古代丝绸之路的历史符号,高举和平发展的旗帜,积极发展与合作伙伴的经济合作关系,共同打造政治互信、经济融合、文化包容的利益共同体、命运共同体和责任共同体。“一带一路”倡议作为人类命运共同体文明框架的具体实践，标志着越来越多的发展中国家在漫长的现代化道路摸索中，逐渐从西方现代化的窠臼中走向中国式合作发展共赢的现代化道路。

“一带一路”倡议秉持共商、共建、共享原则，以政策沟通、设施联通、贸易畅通、资金融通、民心相通为主要内容，通过加强国际合作，实现互利共赢；涉及亚欧非大陆及附近海洋的广大区域，包括但不限于东亚、东南亚、南亚、西亚、中东欧、非洲东部和南部等地区，涵盖 60 多个国家，覆盖全球超 60% 的人口和 30% 的经济总量；主要合作领域包括基础设施建设、能源资源合作、贸易投资便利化、产业合作、金融合作、人文交流与合作等。

截至 2023 年 6 月，中国已与 150 多个国家和 30 多个国际组织签署了 200 多份共建“一带一路”合作文件。2023 年 10 月 17 日至 18 日，第三届“一带一路”国际合作高峰论坛在北京举行，主题为“高质量共建‘一带一路’，携手实现共同发展繁荣”，来自 140 多个国家和 30 多个国际组织的代表与会，彰显了“一带一路”倡议的全球影响力和吸引力。

2.《区域全面经济伙伴关系协定》

《区域全面经济伙伴关系协定》(RCEP)2012 年由东盟发起，历时 8 年，于 2020 年 11 月 15 日正式签署，由中国、日本、韩国、澳大利亚、新西兰和东盟十国共 15 方成员制定的协定。RCEP 的签署标志着当前世界上人口最多、经贸规模最大、更具发展潜力的自由贸易区正式起航。RCEP 通过削减关税、消除非关税壁垒、提升贸易便利化水平、强化知识产权保护、促进投资自由化和数字贸易合作，构建现代、全面、高质量的区域经济伙伴关系。

RCEP 的实施为中国企业的发展提供了更广阔的市场，尤其是在电信、计算机、物流等领域降低了准入门槛，简化了服务资格认定与审批流程，使中国企业更容易进入日本、韩国等高壁垒市场。RCEP 通过统一原产地规则、降低关税成本、推动电子口岸与无纸化贸易，使企业能够更灵活地配置资源，提升跨境物流与生产效率。

在数字贸易方面，RCEP 明确跨境数据流动、电子签名、消费者保护等方面的规则，为中国企业拓展云计算、大数据、人工智能等服务提供法律保障，并增强跨境交易的安全性与便利性。在知识产权保护方面，RCEP 提高了版权、专利、商标等的保护标准，加强国际合作机制，有助于企业维护创新成果，增强国际竞争力。

RCEP 不仅推动区域经济合作，还在科技创新、标准化、人力资源开发等方面促进成员国协同发展。中国企业可借此深化数字经济合作、推动技术交流，并在全球化竞争中抢占先机。同时，RCEP 提供了稳定、开放的贸易规则，有助于中国企业应对全球贸易环境变化，减少政策不确定性，提升全球运营效率。

总的来说,RCEP为中国企业带来广泛机遇,中国企业需主动把握市场开放红利,优化全球布局,强化技术创新和品牌影响力,以实现可持续的国际化发展。

3.《全面与进步跨太平洋伙伴关系协定》

《全面与进步跨太平洋伙伴关系协定》(Comprehensive and Progressive Agreement for Trans-Pacific Partnership,CPTPP)是亚太地区高标准自由贸易协定,其前身为《跨太平洋伙伴关系协定》(TPP)。该协定涵盖货物与服务贸易、投资、知识产权、数字经济等领域,旨在推动区域经济一体化,提高贸易自由化水平。目前,该协定成员国包括日本、加拿大、澳大利亚、新西兰、新加坡、文莱、马来西亚、越南、墨西哥、秘鲁、智利以及2024年加入的英国。

(1)市场准入与贸易自由化

CPTPP对成员国大部分商品的关税大幅削减甚至取消,简化海关流程,提高通关效率,并统一原产地规则,增强区域供应链灵活性。对中国出口企业而言,这将降低其进入CPTPP成员国市场的成本,提升产品竞争力,特别是在制造业、农产品和高附加值产业方面。同时,CPTPP的服务贸易开放力度远超传统自贸协定,涵盖金融、电信、物流、电子商务、环保等行业,减少市场准入限制,为中国企业拓展海外市场创造更大机遇。

(2)投资保护与便利化

CPTPP确立高标准投资保护规则,涵盖公平待遇、禁止间接征收、国民待遇等核心原则,确保外资企业享受公平待遇,并设立投资者—国家争端解决机制(ISDS),使投资者能够直接向东道国政府提起仲裁诉讼,减少政策不确定性,保障投资安全。同时,简化投资审批流程,提高透明度,为企业在成员国设立分支机构、并购或开展基础设施建设提供更便捷的投资环境。

(3)知识产权与数字经济

CPTPP强化知识产权保护,覆盖专利、商标、版权、商业秘密等领域,并加强数字版权管理,以适应数字经济发展需求。这一高标准保护体系有助于中国企业提升核心技术和品牌价值,特别是在医药、生物科技、软件开发等行业。此外,CPTPP支持数据自由流动,禁止强制数据本地化存储,推动电子认证与签名互认,降低跨境交易成本,促进跨境电商、云计算、人工智能等产业发展,助力中国企业的全球数字经济布局。

综上,CPTPP以高标准规则推动区域经济一体化,为中国企业提供更广阔的市场准入和投资机会。面对这一全球影响力日益扩大的协定,中国企业需提前适应规则,优化供应链布局,提升技术创新能力,以更好地融入国际市场,抓住全球化发展新机遇。

(4)亚太经济合作组织

亚太经济合作组织(APEC)成立于1989年,现有21个成员,是亚太地区层级最高、领域最广、最具影响力的经济合作机制,致力于推动区域经济一体化,促进贸易与投资自由化,推动经济增长、技术创新和社会福祉的提升。

APEC覆盖美国、中国、日本、澳大利亚、韩国、东盟国家等全球最具经济活力的市场,为中国企业提供广阔的国际合作机遇。这些市场的规模庞大、产业结构多样,既能为高端制造、数字经济等行业提供高附加值市场,也能为基础设施、消费品制造等行业创造增长空间。此外,紧密的区域供应链使中国企业能更高效地融入全球生产网络,提高国际竞争力。

APEC推动成员降低关税、减少非关税壁垒、简化通关手续、提高贸易便利性,这将有利于企业降低出口成本、拓展海外市场。同时,APEC的投资便利化政策涉及优化审批流程、强化投资者权益保护,这将为中国企业在设立工厂、收购并购、投资合作方面提供更友好的营商环境。

作为国际规则制定的重要平台,APEC在贸易、投资、环境、食品安全等方面的政策,能帮助企业适应国际标准,降低规则碎片化带来的经营风险。中国企业可借此积极参与国际规则对接,获取政策动态,提升合规能力。

APEC还通过领导人会议、部长级会议、工商理事会、专题研讨会等形式,为企业搭建跨国对话与合作平台,促进国际商务交流,拓展国际合作机会。APEC设立的合作基金、技术援助、能力建设项目,可提供技术支持、培训和融资渠道,助力企业提升国际化运营能力。这为中国企业开发国际市场提供了极大的便利。

总体来看,APEC作为亚太地区最重要的经济合作机制,通过市场开放、规则协调、贸易便利化等,为中国企业提供全方位支持。企业应充分利用APEC提供的平台,优化国际布局,增强竞争力,把握全球化机遇,实现可持续发展。

四、中国企业全球化的非洲机会

非洲凭借丰富的资源、庞大的人口基础和快速增长的市场,成为中国企业全球化布局的重要战略区域。随着非洲大陆自由贸易区(African Continental Free Trade Area,简称AfCFTA)的落地和中部非洲国家经济共同体(CEEAC)的建立,非洲区域经济一体化加速,为中国企业在基础设施、资源开发、制造业、农业、信息通信、金融、医疗、绿色能源等领域提供前所未有的机遇。

中国企业积极参与非洲发展,不仅助力中国企业拓展国际市场,还有助于深化中非经济合作,推动中非共同发展。通过贸易自由化、投资便利化及产业合作深化,非洲市场正重塑全球价值链格局,中国企业应抓住这一窗口期,结合技术、资金与市场优势,融入非洲经济发展进程,实现互利共赢。本小节将探讨非洲大陆自由贸易区的落地如何塑造非洲市场的新格局,并分析其为中国企业在非洲的市场拓展所带来的挑战与机遇。

(一)非洲市场规模与数字经济发展概况

非洲作为世界第二大洲,有54个国家,人口超过14亿,并保持快速增长,预计2050年将增至25亿,占全球总人口的1/4。其人口结构的年轻化特点(60%人口低于25岁)为消费市场开拓、数字技能教育及创新发展提供了巨大潜力。非洲尽管整体经济体量较小,但经济增速领先全球,其中,尼日利亚、南非、埃及、肯尼亚等国家已成为区域经济增长引擎,在金融业、科技业、制造业等领域具备竞争力。

非洲数字化进程也在加速,移动互联网成为主要驱动力。根据国际电信联盟的报告,截至2024年,非洲互联网用户数量超过6亿。目前,非洲的4G网络覆盖率超50%,部分国家已部署5G网络。同时,非洲的社交媒体、电商、金融科技等行业快速崛起,Jumia(电商类)、M-Pesa(移动支付类)、SWVL(出行类)等本土科技独角兽企业吸引着全球投资者的目光。非洲各国政府正积极推动数字经济发展,出台《国家数字经济发展战略》《2030数字愿景》等文件,并借助非洲大陆自由贸易区打造统一市场,促进数字经济一体化。

(二)非洲数字经济发展特点与优势

1.移动优先与互联网普及加速

非洲移动设备普及率非常高,社交媒体、即时通信、在线视频、移动支付等类型的应用广受欢迎,为数字广告、移动电商等行业提供稳定的用户基础。

2.本土创新与市场适应性强

非洲本土企业创新能力强,充分适应市场需求。非洲科技企业深挖本地需求,如开发适应电力短缺情况的太阳能充电设备、离线应用等,快速迭代优化产品。Jumia、M-Pesa等已成为区域龙头企业,在竞争中占据有利位置。

3.公私合作与国际援助驱动

政府与企业通过公私合作模式联合投资数字基础设施、培训项目及技术推广项目,提升市场活力。国际金融机构和发达国家积极为非洲提供资金支持,助力非洲互联网覆盖、技术创新和政策优化,为非洲数字经济发展创造更优环境。

总的来说,非洲正成为全球数字经济新兴热土,中国企业可借助技术优势和市场经验,通过投资、合作、创新等方式深入布局,抓住市场机遇,实现互利共赢。

（三）非洲区域经济一体化组织的发展与影响

2019年7月，AfCFTA非洲大陆自由贸易区正式成立。AfCFTA是非洲40多个国家签署成立的自由贸易区，旨在通过加强人员、资本、货物和服务的自由流动，深化非洲经济一体化，为全球企业创造新的增长空间。

1.优化全球市场布局

AfCFTA的货物贸易自由化为中国企业拓展市场提供了战略契机。90%的货物贸易关税逐步取消，使非洲成为更具吸引力的出口目的地和生产基地。中国企业可借助这一政策，调整全球供应链布局，将部分制造或组装环节转移至非洲，利用当地资源、劳动力和优惠政策，降低生产成本，提升竞争力。同时，非洲丰富的矿产和农产品资源有助于中国企业构建稳定的供应链，增强全球抗风险能力。

2.推动服务贸易与产业合作

AfCFTA推动金融、电信、物流、医疗等服务业的开放式发展，为中国企业带来新的国际化机遇。企业可通过设立分支机构、合资合作或跨境服务进入非洲市场，拓展金融科技、智慧物流、在线教育和医疗健康等领域的布局，提升品牌国际影响力。此外，服务贸易发展还将带动相关基础设施建设、技术支持和人才培养，深化中国企业与非洲市场的融合。

3.创新海外投资模式

AfCFTA鼓励区域内投资，并提供政策保障，中国企业可通过直接投资、BOT（建设—运营—转让）等模式，深度参与基础设施、能源、制造业升级等项目，推动技术和产业标准输出。同时，中国企业可与非洲当地企业、科研机构合作，在绿色能源、数字科技等领域开展研发合作，提升创新能力，实现互利共赢。

4.提升合规管理与市场适应能力

AfCFTA实行知识产权保护和竞争政策，这对企业提出更高要求。中国企业需完善知识产权布局，加强技术研发，确保商业活动合规，并严格遵守反垄断法规，维护公平竞争，避免法律风险。此外，通过合规经营，中国企业可在全球市场树立品牌声誉，提高长期竞争力。

5.优化全球供应链与风险管理

AfCFTA简化海关程序、统一原产地规则、加强市场信息透明度，为企业提升供应链效率和降低运营风险提供便利。中国企业可借此优化物流路径，降低成本，提高市场响应速度。同时，AfCFTA设立的争端解决机制，为企业在非洲市场的投资与贸易提供法律保障，有利于企业增强全球运营稳定性。

AfCFTA为中国企业带来广阔的发展机遇。通过优化市场布局、拓展服务贸易、创新投资模式、强化合规管理及优化供应链，中国企业可更高效地融入非洲市场,把握区域经济一体化带来的增长红利,实现全球化发展的新突破。

五、中国企业全球化的发展中国家市场机会

(一)发展中国家市场的吸引力与合作潜力

1.发展中国家市场特征与合作机遇

美、日等发达经济体在2008年国际金融危机中遭遇重创,凸显其经济繁荣背后的巨大风险和不确定性,使其不得不寻求加强同大中型新兴经济体的合作,以管控国际治理碎片化风险。尽管目前国际贸易网络、金融市场和货币体系仍由发达经济体所主导,但以中国、印度、东盟国家等发展中经济体为代表的“全球南方”(Global South)将拥有更大的话语权,这有利于构建更加平等的全球经贸合作关系,以对冲和平衡少数发达经济体“脱钩断链”所带来的风险。

发展中国家市场正处于快速工业化和城镇化进程中,其人口基数庞大,消费需求与日俱增,呈现显著的消费升级趋势。以东南亚、南亚、拉丁美洲、非洲等地区为例,其在基础设施建设方面的需求尤为迫切,无论是道路、桥梁、港口、电站等传统基础设施,还是互联网、通信、清洁能源等新型基础设施,都为中国企业提供了诸多投资与合作机遇。此外,随着经济结构的转型升级,发展中国家在装备制造、信息技术、现代农业等领域同样显示出巨大的市场潜力,这与中国企业拥有的成熟技术、丰富经验以及全产业链优势相辅相成,有利于中国企业发挥竞争优势,实现共赢发展。

2.发展中国家资源禀赋与产业互补性

发展中国家通常拥有丰富的自然资源,包括矿产资源、土地资源和生物资源等,这些资源为中国企业在原材料获取、能源供应、农产品深加工等方面提供了广阔的合作空间。同时,发展中国家的劳动力成本相对较低,为劳动密集型产业的转移和产能合作提供了适宜的土壤。中国企业通过与当地企业合作,既可以降低成本,又可以利用对方的资源优势,弥补国内某些资源的不足,实现资源在全球范围内的最优配置。

(二)金砖国家合作机制的积极作用

金砖国家(BRICS)包括中国、巴西、俄罗斯、印度和南非五个主要新兴经济体,这一合作机制为我国企业进入其他发展中国家市场提供了重要的示范和参考。我国企业通过与金砖国家成员的合作,不仅能够享受到市场扩容带来的机遇,还能在更广泛的新兴市场中建立起良好的品牌形象和市场信誉,进而在全球范围内获得更多的商业机会。

1.经济合作与一体化对中国企业的推动作用

金砖国家在经济合作与一体化方面的努力，为中国企业提供了丰富的市场机会和优化资源配置的平台。首先，成员国之间积极推行贸易自由化与便利化政策，通过降低关税、简化通关手续、消除非关税壁垒等措施，大幅降低了交易成本，提升了贸易效率。中国企业借此良机，可以更便捷地进入金砖国家市场，拓宽产品和服务的销售渠道，尤其是针对金砖国家庞大的消费群体，开发符合当地需求的产品，提升市场份额。其次，金砖国家成员国间的投资合作日益紧密，特别是在基础设施建设、能源、制造业、科技创新等领域，为中国企业提供了大量投资机会。新开发银行等金融机构提供的项目融资、信贷支持等金融工具，有效缓解了中国企业在海外投资初期的资金压力，降低了投资风险。此外，金砖国家间的投资保护协定、优惠政策等也为中国企业创造了稳定的经营环境。通过参与金砖国家框架下的大型合作项目，中国企业不仅能够分享经济增长红利，还能积累跨国经营经验，提升国际业务能力。

2.政治对话与协调对中国企业的引导与保护

金砖国家在政治对话与协调方面的努力，对中国企业起到了重要的引导和保护作用。

一方面，成员国在联合国、G20、WTO等国际组织和重要外交场合中协调立场，共同推动国际秩序民主化，维护多边主义，这为中国企业在国际上争取了更多话语权。这种集体发声增强了中国企业在国际贸易争端、知识产权保护、反倾销等问题上的抗风险能力，为中国企业在全球市场上的公平竞争提供了有力保障。

另一方面，金砖国家在地区安全与稳定方面的合作，为中国企业在海外投资和运营方面的安全提供了支持。成员国通过信息共享、联合执法、能力建设等方式，共同应对跨国犯罪、恐怖主义、网络安全等非传统安全威胁，降低了中资企业在相关地区的安全风险。此外，金砖国家在危机管理和应急响应方面的合作，如应急储备安排，能够在成员国遭遇经济危机时提供必要的流动性支持，减轻中国企业在危机期间面临的财务压力。

3.社会文化交流与科技创新对中国企业的赋能与提升

金砖国家在社会文化交流与科技创新方面的合作，赋予了中国企业新的发展动能。在人文交流方面，金砖国家通过举办文化节、教育论坛、青年交流活动等活动，搭建了跨文化的沟通桥梁，增进了成员国人民之间的理解和友谊。中国企业积极参与此类活动，不仅能够展示自身的企业文化和价值观，提升品牌形象，还可以深入了解金砖国家成员国的文化习俗、消费习惯，为产品研发、市场推广提供精准导向。同时，通过与金砖国家成员国在教育、旅游、体育等领域的合作，中国企业可以拓宽业务领域，发掘新的增长点。

在科技创新合作方面，金砖国家成员国间的科技交流与合作项目为中国企业提供了与国际顶尖科研机构、企业合作的宝贵机会。中国企业可以借此引进先进技术,提升自主研发能力,推动产业升级。同时,金砖国家在气候变化、数字经济、公共卫生等全球性挑战上的协同创新,为中国企业提供了参与全球科技治理、引领行业标准制定的契机,有助于提升中国企业的国际科技影响力。此外,金砖国家在科技创新政策、知识产权保护等方面的协调,也为中国企业在海外的创新活动提供了更为公平、透明的环境。

综上所述,金砖国家与中国企业的发展密切相关。中国企业不仅能充分利用金砖国家提供的广阔市场、优质资源和稳定投资环境,还能在政策沟通、风险预警、人文交流、科技创新等方面获得重要支持,提升自身在全球市场中的竞争力与影响力。因此,中国企业应积极融入金砖国家合作体系,把握合作机遇,应对挑战,深度融入全球市场。

本章小结

本章旨在深入探讨全球化概念以及数字经济的本质,并在此基础上阐述数字时代和全球化背景下企业管理的新模式,揭示数字经济对全球市场环境的重塑力量,特别强调中国企业的全球布局与战略选择。本章通过分析全球各地域市场特征,指出企业需灵活应对文化差异、法规环境与地缘政治风险,把握机遇,参与国际合作,实现可持续发展。本章的学习重点在于了解企业如何在数字时代利用技术创新与国际合作,增强全球竞争力,同时参与构建开放、合作的国际经济新秩序。

参考文献

[1]邓宇. 再全球化与中国企业“出海”新机遇[J]. 银行家，2024(7)：62-66.

[2]童予靖. 中资企业出海过程中信息技术全球化策略的研究[J]. 上海管理科学，2024,46(2)：44-48.

[3]张夏恒，马妍. 新质生产力驱动数字经济高质量发展的机理、困境与路径[J]. 西北工业大学学报(社会科学版)，2024(3)：115-122.

[4]何其. 全球化视角下国家数字经济竞争力指标体系构建研究[J]. 时代经贸，2024，21(2)：15-19.

[5]靳涛琪. 中国对外直接投资:中国企业全球化的趋势与挑战[J]. 国际公关，2024(4)：5-7.

[6]朱岩，李晓东. 2024 年中国数字经济发展的十个趋势[J]. 上海质量，2024

(2)：8-12.

[7]王景越.后全球化时代中国企业供应链风险管理研究与展望[J].老字号品牌营销，2024(4)：143-146.

[8]卢铁玲.双循环格局下数字经济驱动消费升级的机制和路径[J].商场现代化，2024(4)：19-21.

[9]黄益平.数字经济与经济高质量发展[J].新金融，2024(1)：4-9.

[10]祁欣乐.全球化时代数字贸易驱动经济高质量发展[N].新华日报，2024-01-12(016).

[11]丁亚菲.中国企业出海未来是大势所趋[N].河南商报，2024-01-10(A02).

[12]戚聿东，杜博.数字经济、高质量发展与推进中国式现代化[J].山东大学学报(哲学社会科学版)，2024(1)：108-124.

[13]郑宏越，董楠楠.数字经济背景下FDI对地区劳动力市场就业的影响研究：基于空间视角的考察[J].科技与经济，2023，36(6)：71-75.

[14]唐丽琳.数字经济背景下我国数字贸易发展路径研究[J].上海商业，2023(12)：53-55.

[15]傅京桂.经济全球化下中国企业的治理理念[J].上海企业，2023(8)：46.

[16]何黎明.充分把握经济全球化发展大势提升我国产业链供应链现代化水平[J].中国物流与采购，2023(14)：13-14.

[17]倪雨晴.中国企业要适应新的全球化[N].21世纪经济报道，2023-06-30(012).

[18]毛雯.合规人才“掌舵扬帆”护航中国企业全球化行稳致远[N].中国贸易报，2023-05-23(004).

[19]朱燕，纪飞峰.大变局中的全球化发展与我国对策[J].宏观经济管理，2023(2)：25-34.

[20]李阳.数字经济对跨境贸易金融发展的影响分析[J].科技经济市场，2023(2)：25-27.

[21]黎峰.逆全球化浪潮：内在逻辑、发展前景与中国方略[J].经济学家，2022(11)：52-61.

[22]井润田.“双循环”新发展格局下的中国企业全球化战略[J].社会科学辑刊，2022(4)：126-135,2.

[23]李东生.中国企业全球化正当时[J].企业观察家，2019(11)：56-57.

[24]熊会兵，邓新明.中国企业国际化扩张驱动因素研究[J].经济管理，2010，32(7)：63-69.

[25]中国企业全球化深度洞察报告·产业篇[EB/OL].[2025-04-18].https://www.ijiabin.com/info/1825/arc/0.

第二章　转折点上的创新：未来企业的挑战

学习目标

1.理解企业是全球企业发展的动力。

2.明白激活员工创造力的重要性。

3.了解创新的社会价值。

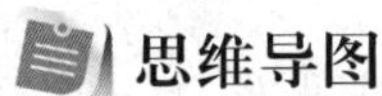

思维导图

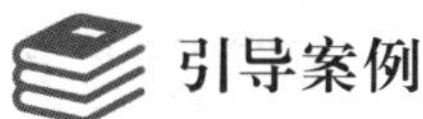

引导案例

DeepSeek 崛起,由技术追随走向创新引领

DeepSeek 是 2025 年春节期间最火热的话题之一,成了继 ChatGPT 后又一现象级大模型。DeepSeek 的出现对国内科技创新起到了振兴的作用,击碎了"AIGC 初创企业难超车"的论调,也是以算法突破"算力霸权"的重大胜利。DeepSeek 之所以能够突出重围进入大众视线,主要在于其创新能力。

1.技术创新:DeepSeek 如何超越?

DeepSeek 起步于国内"百模大战"之后,面对众多竞品,依靠技术突破突围。2024 年,DeepSeek-V2 和 DeepSeek-V3 连续推出,这两个版本通过新型 MoE(混合专家模型)架构、FP8(8 位浮点数)混合精度训练框架和 MTP(多路径传输)机制,降低计算成本,减少显存占用,同时提升计算效率。2025 年初推出的 DeepSeek-R1 系列采用 GRPO(群体相对策略优化),在降低内存使用的同时增强推理能力,由此在多个国际测评中跻身前列。

目前,DeepSeek 已在多个云计算平台(华为云、百度智能云、AWS 等)开放调用,并被广泛应用于智能座舱、金融科技、企业级 AI 智能体等多个领域。国内外企业、高校和研究机构也在基于 DeepSeek 探索更多应用可能性,如北京大学联合香港科技大学团队开发的 Align-DS-V 多模态模型,进一步增强了交互能力。

2.用户画像:年轻男性为主,消费能力强

DeepSeek 的用户群体增长迅猛。截至 2025 年 2 月 7 日,其安装量突破 2 亿,渗透率超过 16%,有望成为行业第一。其用户主要特征如下:68%为男性;偏年轻,46 岁以上用户尚未大规模进入;主要集中在一线及新一线城市;85%以上为中高消费群体。

值得注意的是,DeepSeek 用户与豆包、Kimi 这两个 AI 模型用户的重合度高达 77%,因此,如何在技术和应用场景上进一步差异化,将是 DeepSeek 未来发展的关键。

3.应用场景:占卜、数学、写作成热门

DeepSeek 在多个应用场景表现亮眼,尤其在数学推理、写作与办公等方面深受用户喜爱。在数学推理方面,DeepSeek 关于代数、逻辑题型表现优异,但解题时间较长,而且对几何题泛化能力有待提升;在写作与办公,DeepSeek 的文本内容情感充沛、逻辑清晰,但在规范化和细节充实度上仍有提升空间。

DeepSeek 凭借实力一跃成为全国甚至全球最受瞩目的大模型,正在诉说着"创新才能重塑行业竞争版图、跻身前列"的逆袭故事。只有不断打破旧有的框架,才能在新的技术浪潮中占据主动地位,引领行业的发展方向。DeepSeek 的成功与卓越的创新将引领中国企业从技术追随走向自主创新之路。

(资料来源:极光月狐数据研究院. 开年大吉,DeepSeek 崛起,打破技术追随走向创新引领[EB/OL].[2025-04-18]. https://baijiahao.baidu.com/s? id=1825103400972783634.)

引导问题:

1.你认为 DeepSeek 在中国市场的成功,能否为其他科技企业提供借鉴?如果能,DeepSeek 的哪些经验值得学习?

2.DeepSeek 目前的用户以年轻男性为主,你觉得它未来应该如何拓展女性用户和中老年用户市场?

实施创新驱动发展战略,是以习近平同志为核心的党中央综合分析国内外大势、立足国家发展全局作出的重大战略抉择。本章将围绕新时代创新的重大意义展开论述,培养学生的创新意识,让学生拥有把创新贯穿到中国式现代化建设的各个方面、各个环节的能力。

第一节　创新是全球企业发展的动力

一、创新对企业发展的意义

当今时代,世界正处于技术跃迁与秩序重构的双重转折中。从生成式 AI 颠覆认知方式,到平台经济重塑商业模式;从碳中和催生绿色转型,到数字孪生掀起新一轮价值创造,企业早已不再仅仅比拼成本与规模,而是站在了“谁能更快看见明天”的赛道上。创新,已不再是技术实验室的专利,也不只是某位天才灵光一闪的成果。它是企业应对动荡的生存之道,是企业面对全球市场不确定性时的确定选择。

本章将从“微笑曲线”谈起,分析价值链结构,探讨为什么制造环节在“微笑曲线”中处于低处,而创新却能让企业站在价值链顶端。同时,还将剖析苹果、小米、特斯拉等企业如何借由技术、商业模式与管理机制的系统创新持续领先,并聚焦以DeepSeek、ChatGPT、Kimi为代表的新一代AI大模型如何在数据浪潮中推动全新生态的崛起。此外,还将探讨AI、零工经济、远程办公等如何将人重新带回创新的核心。

创新从来都不只是能力,更是信仰。它要求我们不断拆解常规、重构未来,把"不能"变成"可能"。当世界的惯例失效,我们终将意识到:真正的领导力,不在于坚守过往,而在于率先创造未来。创新是推动企业持续成长和经济社会进步的核心动力。经济学家熊彼特在1912年提出创新的概念,强调创新不仅是新产品或新技术的发明,还包括市场开拓、生产方式优化以及组织结构的重新设计。他认为,创新的本质在于资源的重新组合,从而创造新的价值。随着时间推移,学者进一步拓展了创新的内涵,认为它不仅涉及技术突破,还涵盖商业模式变革、管理方法优化以及企业文化塑造。在全球化竞争日益加剧的当下,企业利用创新变挑战为机遇,成为商业发展的关键。

施振荣的"微笑曲线"理论有助于我们直观理解创新的价值链。根据"微笑曲线",企业在产品研发、品牌管理和市场营销等高附加值环节往往能获得更高利润,而制造环节因标准化和劳动力密集的特性,利润率相对较低。因此,企业若要提升竞争力,必须在价值链两端持续创新。例如,苹果公司通过技术创新和品牌塑造,使其智能设备在全球市场中占据领先地位,而小米则通过互联网营销和"粉丝经济"模式,实现商业模式的突破。

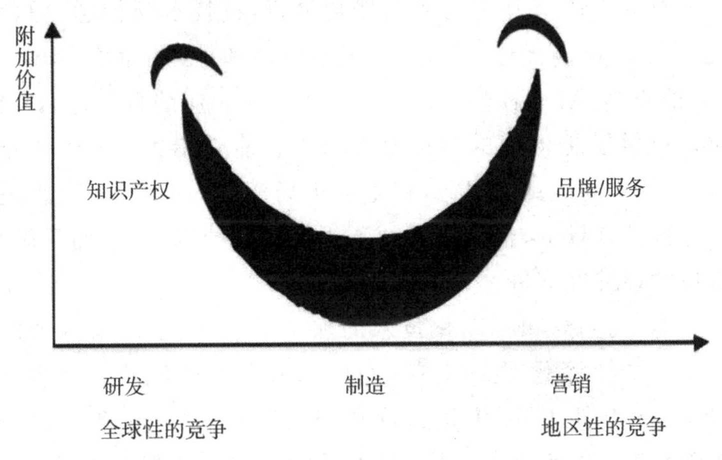

图 2-1 微笑曲线

资料来源:施振荣. 微笑曲线:缔造永续企业的王道[M]. 上海:复旦大学出版社,2014.

当前,以人工智能、物联网和大数据为代表的新兴技术正在重塑企业的创新模式。AI不仅提高了生产和运营效率,还推动了全新的商业生态。例如,DeepSeek、ChatGPT、Kimi等大模型的崛起,改变了内容创作、智能交互和数据分析方式,为企业提供了更强大的智能支持。DeepSeek凭借新型MoE架构和FP8

混合精度训练优化计算资源,使AI应用更具成本效益,成为国内AI创新的重要代表。而ChatGPT和Kimi则通过强化自然语言理解和多轮对话能力,在写作、编程、客服等领域创造出新的应用场景。在企业创新过程中,AI技术的应用已成为重要趋势。例如,金融行业正利用AI优化风控模型,提高信用评估精准度;制造业采用AI赋能智能生产,提高自动化水平;零售行业通过AI个性化推荐,提升用户体验。DeepSeek等AI大模型的成功,进一步证明了技术创新对企业竞争力的巨大影响。

面对快速变化的商业环境,企业需要采取多维度的创新策略以保持竞争力。产品创新成为企业拓展市场的关键:特斯拉不断优化电动汽车性能,提升用户体验;DeepSeek则持续迭代AI模型,提高推理能力。技术创新决定企业的核心竞争力。例如,苹果自主研发"M系列"芯片,提升计算性能和生态整合能力;华为推出鸿蒙系统,实现了对操作系统核心技术的掌控,减少对外部供应链的依赖。商业模式创新正在颠覆传统市场格局。例如,小米凭借"粉丝经济"和互联网直销模式迅速占领市场;Kimi等AI大模型也在探索订阅制服务,为企业提供定制化的AI解决方案。管理创新则在优化企业内部运作、提高组织效率的同时,也推动了企业文化的变革。远程协作、智能办公、数据驱动决策等新型管理方式正在帮助企业更敏捷地应对市场变化,同时提升员工满意度和整体运营效率。

在零工经济和AI智能助手崛起的背景下,企业正在逐步探索以人为本的创新。这种创新范式强调人文关怀和社会价值,将技术与情感、用户体验相结合,不仅关注产品功能的优化,更加注重其对社会和个体生活的影响。以人工智能为例,DeepSeek等AI大模型的应用不仅提升了企业的智能化运营能力,同时也为个人用户提供了更便捷的智能交互方式。企业借助AI精准分析用户需求,提供更加个性化的产品和服务,在增强市场竞争力的同时,也促进了用户体验的优化。在这种背景下,企业的创新不再仅仅是技术演进,而是融合科技、人文和商业价值的多维度演进。

在人工智能、大数据和自动化技术的加持下,企业正迎来创新发展的新拐点。未来,AI将持续深化对商业模式的重塑,企业若能灵活运用DeepSeek、ChatGPT、Kimi等智能工具,优化运营和产品体验,便能在全球竞争中抢占先机。如何将创新真正融入企业战略,在技术升级、市场拓展和管理优化等方面形成核心竞争力,决定了企业在未来市场中的发展空间。

总而言之,创新对于企业发展具有重要意义,同时也是经济社会可持续发展、国家富强、民族复兴的关键驱动力。当前,全球经济一体化和区域一体化趋势显著,国家和企业之间的相互联系不断加强,这为企业带来了机遇与挑战。在激烈的竞争环境下,如何将挑战转化为机遇、保持竞争优势并在竞争中脱颖而出对企业至关重要。创新型决策有助于企业发掘更多机遇,打造竞争优势,提高市场竞争力。不同维度的创新，如产品技术创新、商业模式创新和管理创新，均在企业经营中扮演着至关重要的角色，直接影响企业的生存和发展。

二、产品技术创新

产品技术创新是全球企业发展的核心动力，指的是在产品的设计、功能、材料或制造过程中引入新技术或显著改进现有技术的过程，这种创新通常旨在提高产品性能、降低成本、提升用户体验或解决特定的环境或社会问题。产品技术创新可以是全新的创造，也可以是对现有产品的重大改进。在全球经济竞争中，产品技术创新是企业增长、扩展市场份额并维持竞争优势的关键影响因素。它不仅关系到企业的生存与发展，更是驱动全球经济前行的重要力量。

通常来说，产品技术创新主要表现为以下几个方面：一是功能创新，即通过引入新的技术或改进现有技术，增强产品的功能和性能，以更好地满足用户需求。例如，智能手机的多功能系统集成就是功能创新的典型案例。二是设计创新，重点在于提升产品的外观和用户体验，使其在视觉和操作上更具吸引力和便捷性，如新型家电的智能化界面设计。三是工艺创新，涉及改进生产工艺和技术，以提高产品的制造效率和质量，比如采用先进的材料和生产技术来提升产品的性能。这些技术创新的形态推动了产品的持续发展和行业的进步，不仅有助于企业在激烈的市场竞争中保持领先地位，也有助于企业适应和引领市场变化，有效应对全球化带来的复杂挑战和机遇。通过创新，企业不仅能满足消费者不断变化的需求，还能开辟新的业务领域，实现持续成长。以下为产品技术创新的几个实例。

1.苹果的创新模式

苹果公司以其创新的产品设计和技术应用而闻名。每一代新产品的发布，如 iPhone 和 iPad，都以用户体验为核心，通过垂直整合、自主设计硬件和软件，实现技术的深度融合和优化。苹果公司注重设计美学和功能性的平衡，确保每款产品不仅在外观上精美，还能提供直观、高效的使用体验。此外，苹果公司构建了一个无缝集成的生态系统，通过跨设备的技术互联增强用户黏性，并在技术上如 Face ID 和无线充电等方面不断推进前沿创新，这使得苹果公司始终在市场中保持强大的吸引力和竞争力。

2.特斯拉的颠覆性创新

特斯拉的创新不仅体现在电动汽车的电动化技术上，还体现在汽车自动驾驶技术、电池技术和整个能源生态系统的构建上。从产品技术创新来看，特斯拉主要在电动汽车技术的全面革新、能源解决方案的整合以及制造模式的优化上发力。特斯拉通过设计和应用高性能的电动驱动系统和大容量电池，显著提高了电动车的续航里程和性能,挑战了传统燃油车的市场地位。此外,特斯拉在自动驾驶技术方面也处于行业前沿,通过自研的人工智能和传感器技术,特斯拉不断推进自动驾驶功能的成熟。特斯拉还通过垂直整合的生产模式,建立从电池生产到整车制造的完整供应链,降低生产成本,并通过直接销售模式绕过传统经销商,提升了消费者的购买体验和售后服务。特斯拉的这些创新不仅推动了电动汽车行业的发展,还在能源存储、太阳能等领域开拓了新市场,树立了颠覆传统的典范。

3.华为的5G技术创新

华为的5G技术创新标志着其在全球通信领域的领先地位。作为5G技术的先行者,华为在多个关键方面进行突破。首先,华为研发高性能的5G基站设备,利用其自主设计的芯片和先进的天线技术,大幅提升数据传输速率和网络覆盖能力。其次,华为在5G网络架构上创新,通过引入网络切片技术,实现不同应用场景下的网络资源动态分配,提高了网络的灵活性和效率。最后,华为还在边缘计算、超密集网络和大规模MIMO(多输入多输出)技术等领域取得重要进展,这些技术有效支持了低延迟、高带宽和高连接密度的需求,为智能城市、自动驾驶、工业互联网等新兴应用场景提供强大的技术支撑。华为的5G技术创新不仅推动了全球5G网络的建设进程,也在提升全球通信网络的整体性能和可靠性方面发挥了重要作用。

4.大疆创新便携式无人机引领智能航拍

大疆创新作为全球领先的无人机制造商,推出了一系列便携式无人机,以其轻巧的设计、智能功能和卓越的影像性能受到市场的广泛认可。其中,Mavic Air系列和Mini系列是大疆创新便携式无人机的代表性产品,专为航拍爱好者、旅行者和内容创作者设计。

Mavic Air系列以强劲的性能和可折叠设计著称。例如,Mavic Air 2系列配备4K 60fps(每秒帧数)摄像头,支持智能HDR(高动态范围成像)和8K移动延时摄影,并具备APAS(高级辅助飞行系统)3.0避障系统,使飞行更加智能安全;Mavic Air 3系列更进一步,搭载双摄系统,支持更长续航和O4图传,确保在复杂环境下也能稳定拍摄高质量视频。

Mini系列则专注于超轻便携性,DJI Mini 3 Pro系列产品重量不足249克,无须额外注册即可合法飞行,并配备1/1.3英寸传感器、4K HDR视频和三向避障功能,为用户提供专业级航拍体验。最新的Mini 4 Pro系列产品进一步优化了智能飞行模式和夜景拍摄能力,使用户能够轻松捕捉高质量影像。

大疆创新的便携式无人机不仅提升了消费者的航拍体验,也推动了无人机技术的发展,使专业航拍设备更加亲民化,为内容创作者和旅行摄影师提供了更多创意可能。

三、商业模式创新

商业模式创新是企业重塑发展的核心。在当今快速变化的商业环境中,企业仅依靠产品和技术创新已不足以保持竞争优势,商业模式创新成为推动企业持续成长、实现市场领先的关键因素。一个创新的商业模式能够有效地整合企业的核心资源和能力,帮助企业开辟新的收入来源,同时使企业持久的竞争优势。

商业模式创新是指企业在其商业活动中引入新的方式、战略或操作模式,以创造额外价值和竞争优势。这种创新可能涉及重新市场定位、改进价值主张、变革渠道策略、建立新的合作伙伴关系、优化运营流程、采用创新定价策略和提升用户体验等方面。通过这些变革,企业不仅能够适应市场变化,还能够引领行业趋势、吸引客户并提升整体竞争力。

商业模式创新的要素包括价值主张、客户细分、渠道策略、客户关系、收入模型、成本结构、关键资源与合作伙伴。价值主张的内容主要是企业如何满足客户需求并创造独特价值;客户细分涉及企业目标市场的确定;渠道策略涉及产品或服务的交付方式;客户关系管理涉及企业客户互动和维护;收入模型描述了收入来源和定价策略;成本结构包括运营成本和投入;关键资源与合作伙伴能支持企业业务运作并增强企业竞争优势。通过有效地整合和创新这些要素,企业能够实现可持续增长和保持市场领先地位。商业模式的创新不仅涉及产品或服务本身的改变,更涉及企业营业、盈利以及与客户建立和维持关系的新方法。

山姆依靠会员制仓储零售模式颠覆传统零售业

山姆通过“付费会员制+大包装高性价比+精选SKU”的商业模式创新,成功颠覆传统超市的零售模式,建立独特的市场竞争优势。

不同于传统超市向所有消费者开放,山姆采用付费会员制,即消费者必须支付年费成为会员才能进入商店购物。这种模式不仅可以创造稳定的现金流,还通过会员身份设定形成消费门槛,吸引中高端消费人群,提高顾客忠诚度。山姆的会员续费率长期维持在较高水平,表明这种模式有效增强用户黏性,使会员在缴费后更倾向于长期消费,从而形成强大的“锁客”效应。

在商品策略上,山姆采用大包装、高性价比和精选SKU的方式,减少SKU数量,严格挑选供应商,并通过规模采购降低成本,确保商品在同等品质下比传统超市更具价格优势。例如,山姆的自有品牌 Member's Mark 系列商品,涵盖食品、日用品、家居用品等多个品类,以高质量和独特性吸引消费者,大大提升山姆的利润率。此外,山姆还推出瑞士卷、烤鸡等明星单品,通过口碑传播和社交媒体营销,带动整体销售额增长。

山姆的创新商业模式不仅体现在实体店运营上,还体现在数字化转型和全渠道布局上。近年来,山姆积极拓展线上业务,提供"App 下单+门店自提/配送"服务,并通过与电商平台合作扩大影响力。例如,在中国市场,山姆与京东深度合作,优化物流配送体系,确保消费者的购物体验。

这种会员制仓储零售模式在全球范围内影响深远,中国的盒马 X 会员店、Costco 和家乐福会员店等,均借鉴了山姆的模式。山姆凭借会员制的稳定收益、精选商品的成本控制以及数字化渠道的拓展,成功在零售行业建立了难以撼动的竞争优势,成为商业模式创新的典范。

(资料来源:黄泽鹏,李旭东. 山姆、Costco 加码布局,付费会员制超市方兴未艾[EB/OL].[2025-04-18]. https://pdf.dfcfw.com/pdf/H3_AP202005061379304279l.pdf.)

商业模式创新在当今动态发展且竞争激烈的市场环境中至关重要,它不仅关乎企业的生存,更决定其长期发展的可持续性。首先,商业模式创新使企业能够快速适应市场变化,应对消费者需求的转变。通过持续优化和调整,企业可以保持与市场趋势的一致性,提升核心竞争力。其次,创新能够创造新价值,通过重新设计产品或服务的交付方式、收入模式及客户互动方式,企业能够满足未被充分开发的市场需求,吸引更多客户,拓展市场份额。再次,商业模式创新还能增强企业的竞争优势,使企业在激烈的市场竞争中脱颖而出。例如,采用新的收入模型或提高运营效率,企业可以降低成本、提升盈利能力,进而稳固市场地位。最后,创新也有助于企业实现长期可持续增长。企业不断探索新的业务机会和增长领域,有助于减少自身对单一收入来源的依赖,构建多元化的收入结构,增强抗风险能力。

在提升客户体验方面,商业模式创新同样发挥着关键作用。借助数字化渠道或个性化服务,企业能够提供更加高效、便捷的服务,从而提升客户满意度与忠诚度。此外,商业模式创新不仅影响单个企业,还能推动整个行业变革。在市场中具有领先地位的企业的创新往往能引领行业发展趋势,促使其他企业调整战略,以适应新的市场格局。

总体而言,商业模式创新是企业实现可持续发展的重要途径。通过不断创新和优化,企业不仅能够提升市场竞争力,还能开辟新的增长渠道,增强对市场变化的适应能力。因此,企业应将商业模式创新作为战略规划的核心,确保在全球竞争中保持领先地位。

四、管理创新

管理创新是企业在管理实践和体系方面引入新理念、新方法或新工具,以提高组织效率、效能和适应能力的关键举措。它涵盖企业的战略、结构、流程、文化、领导力和人员管理等多个层面,旨在优化运营、增强竞争力并实现长期发展目标。在全球化竞争加剧的时代,管理创新不仅是企业提升竞争力和实现可持续发展的重要路径,更是企业推动组织目标实现和优化绩效的关键杠杆。通过创造性思维和新型管理模式,企业能够将创新转化为高效的产品、服务或运营方法,从而持续优化管理流程。

在数字全球化的背景下,管理创新可以帮助企业适应快速变化的市场环境,提升管理水平,增强核心竞争力。管理创新主要包括以下几个方面:一是战略创新,通过重新确定战略方向、业务模式或市场定位,企业能够适应市场环境和技术发展的变革,如企业向数字化战略转型。二是组织结构创新,通过调整组织架构、优化职能分配,企业可提高灵活性和响应速度,如企业采用扁平化结构以缩短决策链条。三是流程优化,侧重于改进业务流程和操作方法,以提高效率并降低成本,如企业实施精益生产或自动化流程管理。

此外,管理创新还包括:领导与管理风格的创新,如引入变革型领导方式和跨部门协作机制,激发员工创造力和积极性;文化创新,塑造开放、创新的企业文化,推动员工知识共享与深度参与,如建立鼓励试错和学习的环境;人力资源管理创新,通过灵活的工作安排、完善的绩效管理和员工培训制度,提升人才吸引力和留存率。

总体而言,管理创新是企业保持市场领先地位的必由之路。通过持续优化管理体系,企业不仅能提升运营效能,还能在竞争激烈的商业环境中构建长期优势,确保可持续发展。

在全球经济一体化的今天,创新已成为企业不可或缺的发展动力。无论是产品技术创新、商业模式创新还是管理创新,都是企业构建持续竞争力、实现可持续发展的关键。管理创新不仅关乎工具和技术的改进,更关乎思维方式和组织行为的根本转变,这就要求企业领导层具备前瞻性视角和创新精神,愿意不断探索新的管理方法。随着全球化和数字技术革新的深入发展,管理创新将继续作为推动企业持续成长和成功的关键动力。

第二节　激活员工创造活力

党的二十大报告强调，科技是第一生产力、人才是第一资源、创新是第一动力。本节引导学生理解新质生产力的核心在于创新与质优，培养科技创新精神与个人责任意识，提升将个人发展融入国家现代化建设的能力与使命感。

一、员工创新能力的影响因素

在知识更新速度极快的时代，企业的成功取决于创新的投入与产出。当下，信息呈指数级增长，突破性创新不断涌现，知识的半衰期急剧缩短，在这样的背景下，员工创造力成为企业持续成长的关键驱动力。企业要想保持竞争优势、适应市场变化并实现长期发展，必须激活员工的创造力。尽管多数企业认可创新的重要性，但真正能推动创新落地的企业却寥寥无几，根本原因在于组织环境和管理方式在一定程度上抑制了创造力。而全球领先的企业如苹果、华为、谷歌、亚马逊等，正是依靠员工的创造力才能不断突破创新边界，在全球市场中保持领先地位。

创造力不仅是企业推出新产品和服务的源泉，更是企业优化流程、提升效率和提升生产力的关键。研究表明，在创造力得分较高的企业中，有 2/3 收入增长超过行业平均水平。传统观点认为，人创造力的产生离不开创造性人格，但研究证实，只要具备合适的环境和机会，任何人都能展现创造力。创造力不仅涉及知识和技能,还与态度、直觉、经验、兴趣、热情、领导力和团队协作密切相关。因此,创造力应被视为企业文化和组织能力的重要组成部分。

激活员工创造力,首先需要构建支持创新的企业文化。企业应鼓励员工勇于尝试,接受试错,并从失败中总结经验。例如,谷歌的"20%时间"制度允许员工投入部分时间探索个人创新项目,这不仅培养了员工创新思维,还催生了谷歌一系列成功的产品。企业创新文化的塑造不仅需要高层领导的坚定支持,还需要企业各层级予以落实,使创新成为日常工作的一部分。多样化与包容性同样是激发员工创造力的关键:不同背景的员工能带来多元视角,提供更丰富的问题解决方案,提升团队整体创新能力;包容性的工作环境能够确保所有员工的声音被倾听,让他们在开放的氛围中自由进行创意碰撞,从而推动企业持续创新。

在技术和市场需求不断变化的环境下,企业应推动员工持续学习和发展,帮助员工掌握最新技能,以保持竞争力。内部培训、在线课程、行业研讨会等多种学习方式,都能为员工提供知识更新的机会。例如,亚马逊的学习与发展计划为员工提供了广泛的技能提升资源,确保他们始终能够应对业务的变化和挑战。此外,创新需要得到认可和激励,只有当创造力获得回报时,员工才会更积极地投入创新。企业应设立合理的激励机制,如绩效奖金、晋升机会、股权激励或公开表扬,以增强员工的创新动力,并推动创新文化的长期发展。赋予员工更大的自主权也是提升员工创造力的重要方式。当员工对自己的工作拥有更多决策权,能够自主探索和尝试新的方法时,他们更容易被激发潜能。员工自主权的提升应与明确的目标和责任感相结合,以确保员工创新方向与企业战略一致。企业应通过优化组织架构、减少层级审批流程,为员工提供更自由的创新空间,使他们能够更加专注于探索创造性解决方案并加以实践。

激活员工创造力不仅关乎企业的短期绩效,更是企业实现长期竞争优势的核心策略。通过营造支持创新的文化、倡导多样性、推动持续学习、建立有效激励机制以及赋予员工更大的自主权,企业能够更加灵活,并具有前瞻性和高适应性,确保在快速变化的市场环境中持续领先。创造力不是企业发展的附属品,而是推动企业持续创新、成长和变革的核心动力。

二、营造创新氛围,培养创新型员工

在竞争激烈的商业环境中,创新不仅是企业成长的动力,更是企业维持竞争优势的关键。创造力不会凭空产生,营造一个鼓励创新的环境,是企业持续发展的核心。美国管理学家惠特曼和彼得斯的研究显示,美国历史最悠久且业绩卓越的公司成功的秘诀就在于,始终致力于打造吸引并留住人才的工作氛围。同样,IESE 商学院教授帕蒂·米勒指出,领导者的职责不是改变员工,而是优化工作环境,使创新自然而然地发生。然而,现实中许多企业的办公空间却充满冷漠与压抑,无这在形中扼杀了员工的创造力。工作空间的设计对创新至关重要。一项来自埃克塞特大学心理学院的研究表明,能够自主设计和布置办公空间的员工,不仅更快乐、健康,而且工作效率还有显著提升。因此,企业可以鼓励员工在办公桌上摆放个人物品,利用绿植营造自然氛围,甚至提供坐立两用办公桌,以减少身体不适对思维的影响。全球领先的企业如思科、宝洁和谷歌,更是购置了专为短暂休息设计的EnergyPods,以提升员工的创造性思考能力。*Nature* 的一项研究显示,短暂的快波睡眠能促使个人的创造性问题解决能力提升40%。此外,企业还可以尝试徒步会议、户外讨论,甚至在咖啡馆进行头脑风暴,以打破传统会议的沉闷氛围,让创新灵感自然而然地涌现。

创新不仅关乎技术和产品,而且涉及市场策略、服务模式乃至企业内部流程的优化。因此,企业领导层首先要明确创新的重要性,并将其融入企业文化之中。塑造创新文化的关键在于鼓励尝试和容忍失败,管理者不仅要口头支持,更应通过行动示范,创造安全、包容的环境,让员工敢于表达想法,并勇于实践。此外,企业可以简化审批流程、设立创新基金,以制度化的方式减少创新的阻力。

资源投入是创新的基础。企业不仅需要提供资金支持,还应提供时间资源,例如谷歌的"20%时间"政策,让员工有自由探索创新点子的时间。同时,企业还可以建立创新实验室或研发中心,引入先进技术,为创新活动提供充足的物质支撑。定期的创新培训同样必不可少,通过系统课程、研讨会和行业专家分享,员工能够掌握创新方法、培养批判性思维,并在实践中提高解决问题的能力。

有效的激励机制可以将创新转化为企业的内生动力。除了奖金、股权等物质奖励,企业还可以通过晋升机会、参与重大项目等方式,增强员工的创新积极性。同时,还可以公开表彰创新成果,让员工的创造力获得应有的认可,并在企业内部形成积极的创新氛围。

构建开放的沟通环境,也是激发创新灵感的关键。企业应鼓励跨部门合作,打破"信息孤岛",让不同专业背景的员工在交流碰撞中产生新想法。领导者也应倾听和尊重每一个声音,即便是看似天马行空的想法,也可能成为未来的创新突破口。

创新不是一蹴而就的,而是企业长期投入、系统打造的成果。通过优化工作环境、塑造创新文化、提供资源支持、强化培训、建立激励机制,并鼓励自由交流,企业可以构建一个充满活力的创新生态,让创新成为组织的内生动力。

第三节　创新的价值

一、兼具经济价值与社会价值的创新

在全球化和新技术飞速发展的今天，创新已成为推动经济增长和社会进步的关键驱动力，不仅在企业层面产生经济价值，更在广泛的社会层面上产生深远的影响。本节旨在探讨创新在创造经济价值的同时，如何同步推动社会价值的形成，实现经济与社会的和谐发展。

"现代管理学之父"彼得·德鲁克在《管理：使命、责任、实务》中指出，判断一个企业是否优秀，不能仅看其经济维度，还必须考虑其社会维度。在早期的商业环境中，企业成功的评判标准主要围绕经济效益展开，利润最大化是企业追求的目标。但随着时代的发展，企业已不仅是经济体，更是社会的重要组成部分，肩负着促进社会发展的责任。

虽然企业创造了财富、促进了就业、推动了科技创新，但也带来了贫富差距扩大、劳资矛盾、环境破坏等社会问题。人们逐渐认识到，对于企业是否成功的衡量标准不能仅停留在其利润层面，而应包含其社会贡献。一个真正优秀的企业，除了创造经济价值，还应顺应时代趋势，承担社会责任，成为社会可持续发展的推动者。

企业与社会是相互依存的有机系统。从社会经济学的角度看，企业并非孤立存在，而是社会文化和市场环境的有机组成部分。企业的发展与社会、文化紧密相连，它不仅受社会环境影响，也在塑造社会生态。因此，未来企业的核心竞争力不仅取决于市场策略，还取决于其人文关怀和社会责任担当。

正如彼德·德鲁克所言，没有一个组织能独立存在并仅以自身利益为目的。企业需要关注自身在社会中的角色，思考如何与利益相关方共同成长。企业的真正价值在于创造社会福祉,而不仅是盈利。只有那些兼顾经济价值和社会价值的企业,才能在竞争激烈的市场环境中保持活力,走得更远。

创新是经济增长与社会进步的桥梁。面对资源紧缺、环境污染等全球性挑战,创新已成为实现可持续发展的关键。例如,企业在绿色技术和可再生能源方面的创新可有效降低企业对环境产生的负面影响,促进生态平衡,同时为企业创造新市场、新机遇。传统的创新模式往往以企业内部效率和市场需求为导向,尽管其在短期内促进了企业业绩增长,但缺乏对社会长期发展的深度思考。相比之下,具有社会公益性的创新不仅关注商业回报,更致力于解决社会痛点,从而实现企业与社会的双赢。

经济价值与社会价值是相辅相成的,而非对立关系。例如,技术创新带来的产业升级可以创造更多就业机会,提高人民生活质量,甚至推动全球可持续发展目标的实现。

过去,企业的经济效益与社会责任常被视为对立的,但事实证明,二者可以互相促进。企业若能妥善平衡经济增长与社会责任,便能实现长期可持续发展。吉姆·柯林斯和杰里·波勒斯在《基业长青》中提到,高瞻远瞩的企业,都拥有超越利润的长远目标和坚定的核心价值观。这表明,企业若要基业长青,必须跳脱短期利益思维,积极承担社会责任。未来,如何在创新中平衡经济效益与社会责任,将成为企业管理者和社会治理者共同面对的重要课题。唯有在获得显著经济效益的同时,积极承担社会责任,创造积极的社会影响,企业才能真正实现经济与社会的共同发展,在竞争激烈的市场环境中立于不败之地。

二、有意义的创新

创新是引领发展的第一动力。党的二十大报告指出,培育创新文化,弘扬科学家精神,涵养优良学风,营造创新氛围。2024 年,党的二十届三中全会指出,坚持守正创新,坚持中国特色社会主义不动摇,紧跟时代步伐,顺应实践发展,突出问题导向,在新的起点上推进理论创新、实践创新、制度创新、文化创新以及其他各方面创新。在全球化发展的背景之下,中国不断进行理论和实践的探索,在科技创新上取得了惊人成就,并逐渐迈向全面发展的道路。中国的创新发展经验,值得科技创新工作者进行细致、系统的回顾和反思,发掘其中独特的中国智慧。

在快速变化的世界中,创新是推动社会进步和经济发展的主要驱动力。然而,并非所有的创新都能产生长远的影响。有意义的创新不仅仅关注技术的进步或市场的即时需求,更关注解决现实世界中的问题,提升人类的生活质量,实现可持续发展。本节将探讨有意义的创新的内涵,它如何影响社会和企业,以及如何培养能够驱动这种创新的思维。

有意义的创新指的是那些能够解决核心社会问题、改善人们生活、促进环境可持续发展并为企业带来长期价值的创新。这种创新不再只是单纯追求技术突破或经济利益最大化,而是更加注重创新的社会影响和伦理责任。

小米的智能家居生态创新

小米的智能家居创新以“米家”品牌为核心,涵盖从智能灯泡、空气净化器到智能门锁、家居摄像头等多种设备。基于统一的生态平台,这些设备可以通过小米的手机应用进行集中控制,实现智能家居的互联互通。例如,用户可以通过手机应用远程控制家中的灯光、调整空调温度,或是查看家庭安全摄像头的实时画面。这种集中控制的方式大大提升了家庭生活的便捷性和舒适度。

小米注重与第三方设备的兼容性,推动了智能家居设备的广泛应用,小米的智能家居平台支持与其他品牌的智能设备进行连接,使用户能够在一个平台上管理各种智能设备,避免了不同品牌设备之间的兼容性问题。

小米还利用AI技术提升了智能家居设备的智能化水平。例如,小米的语音助手可以识别自然语言指令,控制各种智能设备,实现由语音控制的智能家居体验。此外,小米的智能家居设备还能基于AI技术,通过学习用户的习惯和偏好,自动调整设备设置,为用户提供个性化的服务。

小米通过开放的硬件接口和软件开发工具,鼓励开发者和合作伙伴加入其智能家居生态系统,这种开放性不仅推动了技术创新,还扩大了产品的应用场景,使小米能够在智能家居领域建立起一个强大的生态网络。

(资料来源:国金证券研究所. 通信行业:从小米生态链看物联网投资机遇[R]. 国金证券, 2021.)

从经济价值的角度看,小米的智能家居系统推动了智能家居市场的快速发展,为相关产业链带来了巨大的商业机会。随着越来越多的家庭采用智能家居系统,相关设备的销售和服务需求也不断增长,为经济增长提供了新的动力。在社会价值方面,智能家居系统的创新为人们的生活带来了极大的便利和舒适。通过智能化管理,用户可以更加高效地控制家电设备、节约能源、提高家居安全性。此外,智能家居系统还可以根据用户的习惯和需求进行个性化设置,提升居家体验和生活质量。因此,小米的智能家居系统作为一个有意义的创新,不仅在经济上推动了智能家居市场的发展,也为人们的生活带来了实质性的改善和提升,实现了经济价值和社会价值的结合。

有意义的创新的社会影响主要包括:可以解决全球性问题,提供解决如气候变化、资源短缺、贫困等全球性问题的方案。通过改善医疗、教育、交通等领域,直接提高人们的生活水平。促进经济的可持续增长,通过开发绿色技术和促进资源高效利用,为经济增长提供新的动力。通过社会责任的履行和创新解决方案的提供,建立强大的品牌影响力和市场竞争力。

如何培养有意义的创新思维?第一,开放视野,鼓励跨学科学习和国际交流,帮助创新者理解全球性挑战和多元化需求。第二,深入理解问题,研究社会问题的根源和背景,以确保创新解决方案的针对性和有效性。第三,持续学习,持续学习和探索新知识、新技术,不断提高创新的技术基础。第四,合作与分享,倡导开放式创新,通过与其他组织和个人的合作,共享知识和资源,共同推进有意义的创新项目。第五,注重伦理和责任,在创新过程中秉持高标准的伦理原则和社会责任感,确保创新成果能够促进社会的公平与可持续发展。

有意义的创新是现代社会发展的必然要求,这就要求我们不仅仅是技术的开发者和应用者,更是社会进步的推动者和责任的承担者。通过培养有意义的创新思维,可以确保创新活动既能促进经济发展,又能带来社会价值,实现人类社会的长期和谐与可持续发展。

宜家的可持续创新:在赚钱的同时还能造福社会

宜家(IKEA)是全球家居零售巨头,但它不仅仅卖家具,而是通过一系列创新,既做大了生意,又推动了环保和社会责任。它的成功秘诀在于:把赚钱和做好事结合起来,让可持续发展成为企业增长的动力。

1.让废旧家具"重获新生",既环保又赚钱

过去,很多人买完宜家的家具,几年后淘汰了就直接扔掉,造成大量浪费。为了解决这个问题,宜家推出了"家具回购和翻新"计划:消费者可以把旧家具带回宜家,换取购物抵用券,宜家则对这些家具进行修复、翻新,然后以更低的价格卖给其他人。这不仅减少了浪费,还开拓了二手市场,让更多人能买到便宜又环保的家具。这样一来,宜家不仅省下了原材料采购成本,还提升了品牌的环保形象,吸引了一批注重可持续消费的年轻消费者,可谓一举多得。

2.让边缘人群也能找到工作,品牌口碑更上一层楼

宜家不仅关心环境问题,还关心社会公平。宜家在全球多个国家开展社会责任就业项目,为难民和弱势群体提供工作机会。例如,在约旦,宜家和当地的社会企业 Jordan River Foundation 合作,为女性难民提供手工编织工作,让她们能够通过劳动获得收入,改善家庭生活。这不仅帮助了这些女性独立自主,也让消费者对宜家的社会责任感产生更强的认同。相比于单纯的捐款,这种方式既能让弱势群体真正融入社会,又能为宜家带来更丰富的手工艺产品,形成双赢。

3."智能家居+绿色能源",让环保变成"省钱好生意"

宜家深知,现代消费者越来越关心环保,但很多人担心绿色产品太贵。因此,宜家推出了一系列智能家居和绿色能源解决方案,既环保又省钱。例如,宜家的 TRÅDFRI 智能灯泡,可以根据光照自动调节亮度,减少不必要的电力消耗,省电又省钱。此外,宜家还在多个国家推出了"太阳能板+储能电池"套餐,帮助消费者降低电费。通过这些技术创新,宜家不仅满足了市场需求,还凭借绿色科技产品赢得了新的商业机会。

4.未来趋势:宜家还会怎么创新?

宜家的成功证明,可持续发展不仅仅是道德责任,更是一种商业机会。未来,宜家可能会进一步推出家具租赁模式,让消费者按月租家具,降低一次性消费成本,同时提高家具的循环利用率。此外,宜家还可能通过 AI 优化供应链,减少运输和库存成本,提高运营效率。

宜家的案例表明,企业只要找到正确的方法,就能在赚钱的同时为社会和环境带来正面影响。它的成功经验值得其他企业学习:把环保和社会责任转化为商业优势,让可持续发展成为增长动力,而不是成本负担。这样,消费者愿意买单,企业也能持续盈利,最终形成一个良性循环。

(资料来源:新浪财经. 宜家中国 CEO:以可持续发展理念,点亮中国家庭美好生活[N/OL]. [2025-04-21]. https://baijiahao.baidu.com/s?id=1826536690961124663&wfr=spider&for=pc.)

第四节　全球创新公司分类

本节通过分析创新公司的成功经验,引导学生培养敢于尝试和实践新思路、新方法的创新精神,以及在实际工作中积极探索和解决问题的能力。同时,引导学生理解创新公司如何通过跨领域合作和国际化战略实现全球布局,从而增强全球视野,提升跨界思维能力,能够在多元化的环境中识别和抓住机会。

一、创新公司的概念

创新公司是指那些在产品、服务、技术、商业模式或内部流程上实施创新的企业,这类企业的目标是提供创新的解决方案或显著改善现有市场条件。这类企业的特点是高度的创造性,因为他们常通过独特的视角解决市场上未被满足的需求。创新公司不仅专注于研发和应用新技术,还致力于创造和引领新的市场趋势,以应对不断变化的市场需求和竞争环境。例如:ChatGPT 作为一个典型的创新公司,在人工智能领域有着突破性进展。ChatGPT 通过独特的自然语言处理技术,重新定义了人机交互的方式,解决了用户在信息获取和交流方面未被充分满足的需求,不仅专注于研发先进的技术,还积极推动人工智能应用的市场趋势,显著提升语言模型的能力,并广泛应用于教育、客服、创作等多个领域,体现了应对市场变化和满足多样需求的创新精神。

创新公司通过跨领域合作、联合研发、技术许可与转让、资本投资、市场合作、创新联盟和战略合作等多种方式进行合作。这些合作形式不仅促进了企业技术和产品的快速开发,还扩大了企业市场覆盖范围,提高了企业的竞争力。与此同时,创新公司还通过与研究机构、大学、行业领军企业及其他合作伙伴的紧密合作,整合资源,加快创新进程,并在全球竞争中保持领先地位,同时推动行业和社会的长远发展。

在全球化的商业环境中,创新公司通过在多个市场投入运营来测试和改进产品,不仅增加了市场覆盖面,也增强了公司适应不同市场需求的能力。通过这些综合策略,创新公司不仅能够推动技术和产品的进步,还能在激烈的全球竞争中保持领先地位,促进行业和社会的长远发展。这种持续的创新精神和实践,是创新公司得以在不断变化的市场环境中生存和繁荣的关键。

二、全球创新公司的分类

在当今快速变化的商业环境中,创新是公司持续竞争和发展的关键。全球创新公司通常在技术发展、产品设计、商业模式和市场策略上有着显著的创新。本小节将探讨全球主要的创新公司分类,并介绍每个分类典型的创新企业案例。

(一)行业领域分类

通常来说,创新公司可以根据其主要的业务领域(即所处的行业)进行分类。主要行业包括科技行业、生物科技行业、能源行业、环保行业、元宇宙行业。

1.科技行业

科技行业的创新是推动现代化社会发展的主要力量之一,其创新活动不仅推动了经济增长,还极大地改变了人类的生活方式和工作方式。同时,科技行业的持续创新正在引领数字化转型,对社会各个层面产生深远的影响。通过这些技术进步,科技企业不仅提高了操作效率,还在全球范围内推动了创新的融合和发展。

在科技行业中,谷歌是一个突出的例子,展现了如何通过技术创新在多个领域内确立和维持行业领先地位。谷歌的核心产品是搜索引擎,这一创新不仅改变了信息检索方式,还重塑了网络广告的生态系统。通过开发复杂的算法,谷歌优化了搜索结果的相关性和准确性,显著提升了用户体验。同时,谷歌的 AdWords(关键字广告)和 AdSense(相关广告)服务通过基于关键词的广告创新,允许企业根据用户搜索查询精确定位广告,提高了广告效果和效率。在人工智能领域,谷歌通过收购 DeepMind 等公司,推动了机器学习和神经网络的发展,其 AI 技术被广泛应用于搜索算法优化、智能助手(如 Google Assistant)及自动驾驶项目 Waymo。Waymo 专注于开发自动驾驶技术,利用先进的传感器、雷达和 AI 系统进行无人驾驶操作,预计将对交通行业和城市规划产生深远影响。谷歌通过这些技术突破展示了如何利用先进研发能力和技术基础引领市场,证明了持续投资对于研究和开发的重要性,这是在竞争激烈的科技行业中保持领先地位的关键。

ChatGPT 也是一个经典案例,展示了技术创新如何帮助企业在多个领域确立和维持行业领先地位。首先,ChatGPT 在自然语言处理(NLP)技术方面取得了显著进展,其核心产品基于大规模语言模型技术,这种技术不仅改变了机器与人类的交流方式,也极大地提升了机器对自然语言的理解和生成能力。通过不断优化算法,ChatGPT 显著提升了对话的相关性和准确性,改善了用户体验。其次,在交互式人工智能领域,ChatGPT 通过模拟人类对话的方式,提供了更自然、个性化的对话体验。它能够分析用户的语言模式和需求,从而提供更具针对性和个性化的回答,突破了传统对话系统的局限。再次,ChatGPT 在教育技术领域也表现突出,被广泛用于辅助学习和教学,如帮助学生理解复杂概念和提升语言能力,以及支持编程教育,帮助学生和开发者理解编程概念。最后,在商业领域,ChatGPT 通过自动化客户服务、内容生成和数据分析等功能,提高企业效率并优化企业运营,如自动回答客户咨询、生成市场报告等。此外,ChatGPT 还支持多语言功能,使全球用户受益,从而扩大市场影响力。ChatGPT 的成功展示了科技公司如何利用先进的研发能力和技术基础引领市场,同时证明了持续投资和研发对维持竞争优势的重要性。

2.生物科技行业

生物科技行业是一个高度集成科学研究和技术应用的行业,旨在利用生物学知识和方法解决医疗、农业、环境和工业等多个行业的问题。该行业的创新不仅对疾病治疗和预防产生积极影响,还在生物材料的改良、食品生产和环境保护中起着至关重要的作用。此外,生物科技行业通过生物学知识和先进技术的应用,不仅极大地推动了科学研究的边界,还在实际应用中展现出解决全球关键问题的巨大潜力。

在生物科技领域,mRNA(信使核糖核酸)技术的创新应用已成为一个重要里程碑,特别是在全球健康危机中的显著表现。Moderna(莫德纳)作为这一技术突破的领军者,其开发的 mRNA 疫苗在新冠疫情期间发挥了关键作用。Moderna 的疫苗不仅在美国获得了紧急使用授权,还被多个国家批准使用,展示了其广泛的全球影响力。这标志着生物科技在全球健康管理中的应用迎来全新时代。未来,mRNA 技术有望被应用到其他传染病疫苗的开发中,以及癌症和遗传疾病的治疗中。Moderna 展示了生物科技公司应对全球卫生挑战的巨大潜力,也为未来流行病预防和控制提供了新的可能性,体现了生物科技行业在全球健康领域中的关键作用和广阔前景。

3.能源行业

能源行业是影响全球经济和环境可持续性的关键行业,正在经历一系列变革式创新。这些创新不仅旨在提高能源效率和安全性,还致力于减少对化石燃料的依赖,增加可再生能源的利用,以及开发更为环保的能源技术。通过整合新技术、改善政策和增强消费者意识,能源行业不仅在助力减少全球温室气体排放中发挥着关键作用,还在提升全球能源安全和经济效率方面起到重要作用。

特斯拉(Tesla)作为能源行业的典型创新企业,通过其电动汽车和可再生能源解决方案,在全球范围内彻底改变了汽车产业和能源消费模式。特斯拉最初凭借其高性能电动汽车在市场上脱颖而出,这些汽车在续航能力上与传统汽油车竞争,并在加速和性能方面表现卓越。通过自主研发的电池技术和电动驱动系统,特斯拉推出了包括 Model S、Model X、Model 3 和 Model Y 在内的多款电动车型,广受市场欢迎。为了解决电动汽车长途旅行中的充电问题,特斯拉建立了广泛的超级充电站网络,大大提高了电动汽车的实用性和吸引力。除了电动汽车,特斯拉还涉足能源存储领域,其 Powerwall 家庭电池和 Powerpack 工业级电池系统能够通过储存太阳能并将其转化为电能,提高能源自给自足率,并减少对传统电网的依赖。此外,特斯拉还推出了太阳能屋顶瓦和太阳能面板,这些产品不仅生成清洁能源,还与家庭设计美学相融合。虽然自动驾驶技术与能源的直接关联较小,但它也是特斯拉创新策略的一部分,通过不断的软件更新和硬件改进,特斯拉致力于实现全自动驾驶,这将进一步推动电动汽车的普及。特斯拉的这些创新不仅改变汽车行业的格局,也推动全球汽车行业向电动化和可持续化的转型,为减少全球碳排放作出重要贡献。

4.环保行业

环保行业的技术创新正在为全球环境可持续发展提供动力,这些创新不仅体现在改善现有技术上,还体现在开发全新的解决方案以应对环境问题上。环保行业的发展不仅是为了应对环境挑战,也是为了推动全球经济向更可持续的方向转型,确保环境和经济的双赢发展。

绿网科技(GreenNet Tech)作为环保领域的创新公司,通过一系列前沿的环保解决方案革新全球环境治理方式。绿网科技开发了先进的废物回收技术,如机械和化学回收技术,有效分离和处理塑料、金属等废物,将其转化为可再生资源,使这些材料能够重新进入生产链。在水资源管理方面,绿网科技设计了智能水处理系统,该系统能够高效净化和再利用工业及居民废水,减少对自然水源的依赖并防止水体污染。针对空气污染问题,绿网科技也推出了一系列空气净化产品,包括大型工业过滤系统和家用空气净化器,这些产品能有效去除空气中的有害物质和细颗粒物,提升环境质量。此外,该公司还积极参与生态恢复项目,如植树造林和湿地恢复,以保护生物多样性并增强生态系统的自然恢复能力。在智能监控系统方面,绿网科技的传感器和数据分析平台能实时监控环境质量,帮助政府和企业及时响应环境风险。通过这些创新,绿网科技不仅推动了环保技术的发展,还在全球范围内推动了环保领域的实践,展现了创新如何引领行业向可持续发展转型。

5.元宇宙行业

元宇宙行业是全球科技发展的前沿领域,正在通过一系列创新技术重塑互联网体验和虚拟互动方式,这些技术不仅旨在提升虚拟现实(VR)和增强现实(AR)的沉浸感和互动性,还致力于打造一个多层次、高度集成的虚拟世界。通过技术进步、政策完善和消费者意识提升,元宇宙行业不仅在推动新的社交和商业模式中发挥关键作用,还在全球数字经济的增长和技术普及方面起到重要作用。

Meta Platforms 作为元宇宙行业的先锋,通过推动 VR 和 AR 技术的发展,正在全球范围内引领社交媒体和互动娱乐的新潮流。该公司以其推出的 Oculus 虚拟现实头盔著称,该设备提供了前所未有的沉浸式体验,使用者能够在完全虚拟的环境中进行游戏、工作和社交。该公司不断优化其 VR 设备,推出更轻便、更高分辨率的产品,大幅提升用户体验;开发了多款增强现实产品,增强了使用者日常生活和工作的互动性。该公司还创建了名为 Horizon 的虚拟社区平台,用户可以在其中自由探索和互动。尽管自动化和 AI 与元宇宙的直接关联较少,但该公司的 AI 技术在其产品的虚拟互动中发挥了重要作用,改进了其产品的用户界面和自然语言处理能力。该公司通过创新不仅重塑了人们的交流和娱乐方式,还推动了全球娱乐和社交行业的虚拟化和数字化进程,为全球数字文化的发展作出重要贡献。

(二)按创新类型分类

创新通常可以按照其性质被分为产品创新、过程创新和商业模式创新。产品创新涉及开发新的产品或改进产品,以满足市场需求并提升竞争力;过程创新关注优化生产流程或服务交付方式,以提高效率和降低成本;商业模式创新则通过重新设计商业运作模式或收入结构,以创造新的价值和市场机会。这些创新类型可以在同一家公司中结合使用,产生复合效应,推动公司的持续发展和行业领先地位。

1.产品创新

产品创新是企业保持竞争力和市场领导地位的关键。在不断变化的市场和技术环境中,企业通过产品创新,即通过设计、功能、技术、材料和生产过程的不断改进,能够开拓新市场、夯实消费者基础并重塑行业格局。设计创新提升用户体验,功能创新增强产品效用,技术创新引领行业发展,材料创新优化性能和环保特性,而生产过程创新则提高效率和降低成本。这些创新共同驱动企业成长和行业进步。

戴森(Dyson)是一家以技术创新闻名的公司,其在家电行业中的突破性产品展示了如何通过创新解决传统产品中的实际问题。戴森的产品创新不仅体现在对先进技术的引入,还体现在运用这些技术有效解决了传统家电中的实际问题。例如,戴森无叶风扇通过独特的无外部叶片设计,提升了使用的安全性和清洁的便利性;同时,利用气流倍增技术提供平滑、连续的气流,显著提高能效并降低噪声。又如,戴森的无线吸尘器通过无线设计解决了电源线限制问题,提高了使用灵活性;配备高效数字马达和特制电池组,实现了长时间的清洁能力。可见,戴森的这些创新不仅增强了产品功能性,还改善了用户体验,使得产品日常使用和清洁变得更高效和便捷,这反映了戴森对技术研发和设计创新的持续投入。

2.过程创新

过程创新指的是企业在生产或服务提供流程中实施的创新,目的是提高效率、降低成本、提升产品或服务质量、改善客户体验。这类创新涉及引入新技术、优化现有流程或重新设计工作流程,以实现更高的操作效率和更好的业绩表现。

过程创新主要包括以下几个方面。首先是流程优化,通过引入精益生产、Kaizen(持续改善)和六西格玛等方法,简化操作步骤、减少浪费、提高生产效率。这些方法帮助企业在保持产品质量的前提下,不断提升操作流程的效率。其次是供应链优化,通过改进物流管理、加强供应商关系、优化库存控制,提升供应链的整体效率。这包括利用先进的物流技术和软件实现实时跟踪、优化运输路线,以及建立更紧密的供应商合作关系。再次是客户交互改进,运用客户关系管理系统和数字化工具来提升客户服务,提供个性化服务,增强客户关系。这些工具帮助企业储存和分析客户数据,从而改善客户体验和满意度。最后是环境和可持续性措施,在生产和服务过程中引入环保技术和措施,如节能技术、废物回收和再利用,以减少对环境的不良影响,体现企业的社会责任感。

亚马逊公司在过程创新方面表现突出,特别是在优化物流和分发系统上。亚马逊的物流创新显著提升了业务效率,并对全球零售和分发行业产生了深远的影响,主要包括:自动化仓库系统,亚马逊广泛应用机器人和先进的仓储技术,如 Kiva 机器人系统,显著提高商品存储和检索的效率,同时降低错误率和劳动成本;高度优化的供应链管理,利用复杂算法和大数据分析,亚马逊优化了库存管理和物流路线,实现了对市场变化的快速响应并降低了库存成本;"一日达"和即时配送服务,亚马逊通过建立全球配送中心网络,确保了快速交付,优化了消费者的购物体验;"最后一公里"配送创新,亚马逊探索无人机和自主配送车辆等技术,以提高"最后一公里"的配送效率。这些创新不仅推动了整个零售行业的发展,还形成了更可持续的运营模式。亚马逊的这些过程创新表明,通过优化内部流程,企业不仅能提升自身效率,还能在市场中建立竞争优势,推动行业向更高效和客户友好的方向发展。

3.商业模式创新

商业模式创新是企业通过改变其价值创造、价值传递和价值获取的方式,寻找新的成功路径的过程。这种创新可能包括开发新的产品或服务,重新定义市场关系,或改变收入流的结构。有效的商业模式创新能为企业带来市场领先优势,增强顾客参与度,并提高企业的长期盈利能力。为了支持这一创新过程,企业可以利用商业模式画布(见图 2-2)阐明商业模式,通过假设、检验和理解客户需求,评估自身的价值主张。通过商业画布,企业能清晰地看到各部分如何相互关联,更好地理解自己的商业模式,识别潜在的风险和机会,并制定相应的战略决策。而且,商业模式画布是一个动态的工具,企业可以利用它定期审视和调整商业模式,以应对市场和技术的快速变化。这种系统化的方法不仅能帮助企业适应市场变化,还能让企业在竞争激烈的市场中保持领先。

阿里巴巴通过其电子商务平台进行商业模式创新,深刻重塑了全球电子商务行业,特别是在促进中小企业市场拓展方面。阿里巴巴的商业模式创新包括:开放和平台化的商业模型,阿里巴巴最初通过 B2B 平台将中国中小企业与全球买家直接连接,打破传统供应链限制,实现高效、低成本交易;多元化电子商务生态系统,阿里巴巴将业务从 B2B 拓展到 B2C(天猫)和 C2C(淘宝网),构建了一个庞大的电商生态系统,其中包括支付(支付宝)、物流(菜鸟网络)和云计算(阿里云);数据驱动和个性化营销,阿里巴巴通过大数据和 AI 技术分析用户行为,提供个性化购物体验,优化营销策略,提高用户满意度和商家销售效率;支持中

图 2-2　商业模式画布

资料来源:马小琪.商业画布视角下图书开放获取商业模式研究:以 Open Book Publishers 为例[J].图书情报工作，2021，65(22)：56-64.

小企业成长,阿里巴巴为中小企业提供营销工具、客户管理和金融服务等,帮助它们建立和拓展业务。阿里巴巴的商业模式创新不仅改变了传统零售业结构,还推动了全球经济发展和社会进步。

（三)按技术驱动力分类

技术驱动公司可以根据其是由什么技术驱动的进行分类。主要的技术驱动类别包括:硬件驱动,侧重于物理设备和组件的开发,如计算机、手机和家用电器;软件驱动,依赖于开发和销售软件应用和平台,如操作系统、应用程序和数据库管理系统;网络效应驱动,通过平台和网络的用户互动来提升价值,如社交媒体和市场平台;数据驱动,利用数据分析和人工智能来驱动决策和业务优化,如大数据分析和机器学习。通过这种分类,可以更清晰地理解公司如何通过特定技术优势构建和维持市场地位,并洞察这些技术如何影响公司业务模型和行业格局。

1.硬件驱动

硬件驱动的公司专注于物理设备的创新,以实现业务增长和产品差异化。这些公司在硬件的制造、设计和技术创新方面进行重大投资,以确保其产品在市场上的竞争优势。产品设计和开发是关键,这类型的公司不仅投入资源进行工业设计和用户界面优化,还关注功能和性能的提升,确保产品既美观又实用。技术创新是硬件驱动类型公司的核心,这些公司在新材料、新制造技术和电子工程方面进行开发,如使用更轻耐用的材料或开发高效低功耗的芯片,以提高产品的效率和吸引力。制造和质量控制也是重要方面,这类型的公司可能拥有自主制造设施或与第三方制造商合作,通过精益生产和自动化技术优化生产过程,确保产品符合安全和性能标准。硬件驱动类型公司通过在设计、技术和制造领域的创新,维持市场竞争力,满足不断增长的消费者和商业客户需求,并在激烈的市场竞争中脱颖而出。

索尼公司的硬件驱动创新,特别是在PlayStation游戏控制台系列中的突破性创新,深刻影响了电子和娱乐行业。自初代PlayStation问世以来,索尼持续推动硬件技术的边界,每一代PlayStation游戏控制台都在处理速度、图形显示和用户交互方面有显著提升。这些创新不仅推动了游戏行业的发展,还对娱乐消费的未来趋势产生了深远的影响。通过不断提升硬件性能并整合新技术,索尼成功吸引了包括硬核和休闲玩家在内的广泛消费者群体,并促使其他公司探索互动电影和社交虚拟现实等新型娱乐形式。随着技术进步和消费者期望的提高,索尼及其竞争对手将继续在提供高质量娱乐体验方面进行创新。索尼的硬件创新巩固了其在全球电子和娱乐市场中的领先地位,并推动了整个行业技术,展示了硬件驱动的创新对行业发展的关键作用。

2.软件驱动

软件驱动的公司通过开发创新的软件解决方案、平台和应用程序来赢得市场地位和推动业务增长,其核心竞争力在于编程技术、软件架构设计和互联网服务的开发管理。这些公司大力投入资源进行软件设计、编程和测试,利用最新的编程语言和框架开发高效、可扩展、安全的应用,开发新的算法或技术来解决特定问题,如数据分析和机器学习应用。这些公司还专注于平台开发,如服务型软件(SaaS)、平台型服务(PaaS)和基础设施型服务(IaaS),提供多租户架构来简化用户的硬件和维护成本。此外,这些公司利用互联网服务和云计算技术,使用户能够随时随地访问应用,支持数据即时同步和备份,并提供高度可扩展和灵活的解决方案。通过不断的技术创新和对用户体验的优化,软件驱动类型的公司能够在激烈的市场竞争中保持领先地位。

微软公司在软件驱动领域展现了深远的影响力,自成立以来通过软件开发和技术创新确立了全球技术市场的领导地位。微软的Windows操作系统自1985年推出以来,已成为全球最广泛使用的操作系统,并推动了个人电脑的普及。同时,微软的Office工具套件,如Word和Excel,已成为全球标准办公软件,提升了办公效率;微软的云服务平台Azure提供了计算、分析、存储和网络服务,支持企业全球业务扩展。在开发工具方面,微软的Visual Studio支持多种编程语言,强化了微软在开发者社区的影响力。通过这些创新的软件产品和服务,微软不仅巩固了市场地位,也推动了技术行业的发展。

3.网络效应驱动

依靠网络效应驱动的公司通常运营在线平台、社交网络或其他数字服务,其价值随着用户数量的增加而提升。网络效应指的是产品或服务的价值会因用户数的增加而增强，这对许多互联网公司尤为关键，因为他们的商业模式依赖于大规模和活跃的用户。通过提升用户规模和参与度，这些公司能够提升产品或服务的价值，再通过策略性市场行动和持续技术创新来吸引更多用户，保持在竞争激烈的市场中的领先地位。

TikTok是一个典型的社交网络效应驱动公司，其核心驱动力在于全球用户基础和内容生成机制。TikTok通过独特的短视频形式和算法驱动的内容推荐，极大地增强了用户参与度和平台的吸引力。用户生成的内容不断推动TikTok的发展，因为随着用户数量的增加，平台的内容多样性和互动性也随之增强，形成了强大的网络效应。TikTok的关键创新包括对用户友好的视频编辑工具和高度个性化的推荐算法。在TikTok上，用户可以轻松创建和编辑短视频，因此，用户更有动力成为内容的生产者和传播者。而TikTok强大的算法推荐系统，则可以个性化地推送用户可能感兴趣的内容，这不仅增加了用户的停留时间和互动频率，也推动了平台内容的广泛传播和用户黏性。

此外，TikTok通过增加创作者激励和互动功能，激励用户生成更多优质内容，并通过挑战活动，进一步增强用户的参与感和平台的社交氛围；通过与品牌合作和广告投放，扩大商业版图。TikTok的创新策略使其在全球范围内迅速崛起，吸引了大量用户和创作者，显著提高了平台的用户黏性和商业价值。通过不断优化用户体验和推动内容创新，TikTok不仅维持了其在社交媒体领域的竞争力，还引领了整个行业的内容消费和创作趋势。

（四）地理位置分类

地理位置分类在全球创新格局中扮演着核心角色，因为它能够揭示各个国家或地区如何凭借其独特的经济政策、技术专长、文化特征和市场需求，形成特有的创新生态系统。这种分类不仅关注单个国家或地区的创新能力，还从宏观角度考察不同地域的多样性如何推动全球技术和经济的发展。通过分析区域特性，我们可以更好地理解全球创新的分布模式，以及各地如何利用本地优势推动经济和技术进步。

1.北美

如表2-1所示，美国的硅谷、波士顿、纽约以及加拿大的多伦多和温哥华，都是全球科技和创新的重要中心。这些地区或城市不仅为各自国家的科技和经济发展作出重大贡献，也在全球范围内推动科技创新，因为他们有高质量的教育机构、强大的企业生态、政策支持以及对外来人才的开放态度。

表 2-1 北美创新特点

地区或城市	主要领域	特点
硅谷	科技	全球科技创新的先锋,是苹果、谷歌、Facebook 等科技巨头的发源地以及初创企业的孵化器
波士顿	学术资源、生物科技、医疗健康	尤其在基因编辑、药物研发和数字健康领域有突出贡献
纽约	金融科技	全球金融中心,近年来发展成为金融科技和媒体技术的创新地
多伦多、温哥华	人工智能、清洁技术、数字媒体	尤其在人工智能研究和应用方面走在全球前列

资料来源:编者整理。

(1)创新亮点

北美在创新领域有显著的亮点。例如,硅谷在软件开发、云计算和移动技术方面持续引领潮流,加速各行各业的数字化转型。波士顿则在生物科技领域领先,专注于基因疗法和定制化医疗解决方案的研发,推动全球医疗健康的进步。纽约在金融科技方面取得了显著成就,通过区块链技术、支付系统优化和智能投资管理,推动金融行业的现代化。这些地区或城市的创新不仅推动了自身和区域内企业的发展,还对全球科技和经济格局产生深远影响。

(2)全球影响

北美的创新活动对全球产生深远的影响。该地区的科技公司不断推出前沿产品和服务,推动全球技术标准的更新和发展。首先,该地区活跃的创业和风险投资生态系统为初创企业提供资金、技术和市场支持,催生一系列颠覆性技术和商业模式。其次,该地区通过创造就业机会、增加税收和促进产业升级,不仅推动本地经济增长,也对全球经济发展发挥重要作用。总体而言,北美的创新文化、技术实力和创业精神持续引领着全球科技进步和经济发展趋势。

2.欧洲

如表 2-2 所示,欧洲在科技和工程领域的实力雄厚,尤其在汽车技术、可再生能源、电信、金融科技和生物科学等关键行业表现出色。这些行业的发展不仅促进了欧洲经济增长,还对全球技术创新和标准制定产生显著影响。如表 2-2 所示,欧洲这些国家的企业在各自领域的突出表现,不仅体现了欧洲的科技实力,也展示了其在全球科技舞台上的重要影响力和领导者角色。

表 2-2 欧洲创新特点

国家	主要领域	描述
德国	汽车技术、工程	宝马、奔驰和大众以其创新的工程设计和制造质量赢得声誉,在机械工程和自动化技术方面处于全球领先地位
瑞典	可再生能源、电信	为全球环境可持续发展和高科技通信提供解决方案。电信巨头爱立信推动全球移动通信技术的发展,特别是 5G 技术
英国	金融科技、生物科学	伦敦是全球金融科技的热点,孵化了许多创新的金融科技初创企业如 Revolut 和 TransferWise。在生物科学领域,英国的研究机构和公司在药物开发、基因疗法和生物技术方面取得了突破性进展

资料来源:编者整理。

(1)创新亮点

欧洲企业的创新不仅体现在技术进步上,还体现在对环保和可持续发展标准的严格要求上。欧盟通过碳排放交易体系和绿色新政(涵盖汽车碳排放、化学品管理、空气质量和水质等领域的严格法规),推动全球环保技术的发展,并对国际环保法规的制定产生深远影响。这些政策和技术进步使欧洲在环保和可持续发展方面成为全球标杆,并在全球环境治理中发挥领导作用。

(2)全球影响

欧洲在全球技术创新和新兴技术标准的制定中扮演着关键角色。无论是在汽车电气化、金融服务数字化,还是可持续能源开发应用方面,欧洲的技术和政策都对全球产生了深远影响,不仅推动了区域经济发展,也为全球其他国家和地区提供了可持续和高质量的技术解决方案,深刻影响了全球技术发展趋势和经济结构。

3.亚洲

如表 2-3 所示,亚洲在全球科技和创新领域中扮演着至关重要的角色,尤其在电子商务、人工智能、机器人技术、汽车制造以及半导体和消费电子产品等方面的表现尤为突出。亚洲的国家和地区不仅在这些领域内实现了技术突破,还通过其广泛的市场和丰富的资源推动了全球科技的进步。中国和印度等国在电子商务的迅猛发展和人工智能的创新应用方面取得显著成就,而日本和韩国则在机器人技术和汽车制造领域处于领先地位。此外,中国台湾地区和韩国在半导体生产和消费电子产品的研发上也具有全球影响力。这些技术进步和创新能力使得亚洲在全球科技格局中占据了重要的位置,对全球科技发展趋势和市场需求产生深远影响。

表 2-3　亚洲创新特点

国家	主要领域	描述
中国	电子商务、人工智能	在电子商务方面，阿里巴巴、京东和拼多多等电子商务企业的创新（如移动支付和在线零售模式）正在重塑全球电子商务产业格局和业态。在人工智能方面，科技创新投资巨大，特别是在面部识别、语音识别和自动驾驶技术上；百度、阿里巴巴、腾讯和字节跳动在全球具有竞争力
日本	机器人技术、汽车	日本是全球机器人技术发展的先驱者，特别是在服务机器人和工业自动化领域。日本汽车制造商如丰田、本田和日产以其高质量、耐用性和创新环保技术（如混合动力和氢燃料电池车）而闻名
韩国	半导体和电子产品、互联网服务	三星和 SK 海力士在全球内存芯片市场上占据领先地位。三星和 LG 在智能手机和其他消费电子产品领域的创新是领先的。韩国拥有全球最快的互联网连接速度，著名的在线服务和电子商务平台有 Naver、Kakao 等

资料来源：编者整理。

(1)创新亮点

亚洲公司不仅在本地市场取得创新突破，还通过全球供应链的整合，对全球制造业和技术发展产生广泛影响。无论是手机、电脑，还是汽车和智能家居设备，众多亚洲制造的高科技产品在全球市场上占据重要位置。中国、日本和韩国等国家在研发投入上也全球领先，不仅推动技术创新和产业升级，还显著提升这些国家在全球市场上的竞争力。

(2)全球影响

亚洲的技术创新对全球产生深远影响，主要体现在促进经济增长和推动技术输出两个方面。亚洲的技术进步不仅推动区域经济的快速发展，还通过技术输出促进全球经济的互联互通和互利共赢，对全球技术发展趋势和经济格局产生深刻影响。

综上所述，地理位置分类有助于我们理解不同地区的创新特点和竞争力，通过对不同地区的深入了解和学习，我们可以更有效地利用全球资源，推动科技进步和经济增长。

第五节　中国式现代化的专精特新之路

习近平总书记在致2022全国专精特新中小企业发展大会的贺信中提到,希望专精特新中小企业聚焦主业,精耕细作,在提升产业链供应链定性、推动经济社会发展中发挥更加重要的作用。本节主要引导学生关注国家对中小企业的支持政策和经济高质量发展目标,激发学生的爱国情怀,增强学生的使命感,引导学生把"小我"融入"大我",从而认识到自身在推动国家经济发展和科技创新中的角色和责任。

一、专精特新的内涵

专精特新发展战略是中国政府为推进经济高质量发展、科技创新和产业升级而提出的一项全面策略。该策略的核心在于通过专业化、精细化、特色化、新型化(简称"专精特新")的路径,优化产业结构,加强科技创新,提升产品质量及其附加值,并培育具有核心竞争力的产业群体。当前,中国经济正处在转型升级关键期,必须加快推进科技创新,培育壮大新质生产力。在此背景下,专精特新战略旨在促进企业专业化经营,从而推动传统产业向高技术、高附加值产业转型,实现经济结构的优化和产业的高级化。专精特新战略包括四个核心维度:专业化,鼓励企业深耕细分市场,形成专业化竞争优势;精细化,提高产品和服务的精细化水平,提升品质和效率;特色化,发展具有独特价值和文化内涵的产业,增强市场识别度;新型化,推动新技术、新模式、新业态的创新,引领产业变革。

专精特新企业是推动我国经济高质量发展的关键力量。这类企业虽规模较小,却在其擅长的细分市场内实现创新发展,开辟新的发展道路,推动产业升级并促进新旧动能的转换。而且,这类企业能有效补充国内大循环经济体系中的不足,通过自主创新填补产业链和供应链中的空白,提升产品的本土化率和市场份额,增强经济循环的自给自足能力。此外,这类企业通过深耕细分市场,增强创新和研发能力,对解决产业中的关键技术难题和增强供应链的弹性起到关键作用,并有望推动中国更多中小企业向产业链、创新链、价值链高端攀升。

二、专精特新理论基础

专精特新战略强调企业需深耕核心能力,通过持续创新提升在特定行业的竞争地位。该战略不仅涵盖技术创新,还涉及管理创新、市场定位优化及资源配置调整,以实现企业的可持续发展和行业的长期繁荣。通过技术升级和市场细分,企业能够塑造独特的竞争优势,增强在全球市场中的吸引力和竞争力。借助这一战略布局,企业不仅能有效应对国际竞争,还能把握技术进步与市场变革带来的新机遇。

1.创新发展理论对专精特新战略的支撑

创新发展理论广泛探讨了技术、市场和制度创新对经济增长和企业竞争力的核心作用,为专精特新战略提供了重要理论支撑。从实践角度来看,创新不仅能够推动产业升级、拓展市场边界,还能优化资源配置,进而提升企业的长期竞争力和经济活力。

(1) 技术创新:提升核心竞争力

技术创新是企业保持市场竞争优势的关键。通过研发突破性技术、改进生产工艺,企业能够提高生产效率、降低成本,并推出更具竞争力的产品或服务。根据专精特新战略的内容,技术创新不仅有助于企业在细分市场中建立技术壁垒,还有助于企业塑造独特竞争优势,从而在全球化市场竞争中占据有利地位。

(2)市场创新:精准定位细分市场

市场创新主要体现在企业如何通过新的商业模式、营销策略和用户体验优化策略,实现市场拓展和客户价值创造。根据专精特新战略的内容,企业需要精准聚焦于特定行业或细分市场,通过产品差异化和品牌建设,提升市场认知度和用户忠诚度。例如,借助数字化技术,企业可以精准分析客户需求,推出定制化产品,提高市场渗透率。

(3) 制度创新:优化创新环境

制度创新主要指政策、法律、行业规范等方面的优化,以支持企业的创新活动。政府通过制定激励政策,如研发补贴、知识产权保护、融资支持等,为企业提供良好的创新生态环境。根据专精特新战略的内容,制度创新能够为企业提供必要的外部保障,使其在特定领域实现持续创新和高质量发展。

2.专精特新战略的理论基础

专精特新战略的理论基础包括熊彼特创新理论、产业链细分理论、资源基础理论和生态创新理论,强调企业在特定领域的深耕与持续创新是构建长期竞争优势的关键,不仅要求企业在核心技术和市场领域保持高度专注,还要求企业在这些领域内不断推动技术与管理创新。

(1)熊彼特创新理论:企业家精神与“创造性毁灭”

熊彼特提出,经济增长的核心动力来自创新,尤其是由企业家推动的技术、市场和组织创新。他认为,企业通过创新活动打破市场均衡,并通过“创造性毁灭”推动市场和技术的演进。在这一理论框架下,企业应在某一细分市场或技术领域保持深耕,并持续进行产品和服务创新,以适应快速变化的市场需求和技术迭代趋势。

(2)产业链细分理论:专注细分市场

专精特新战略与产业链细分理论密切相关。根据产业链细分理论,企业可通过专注于某一特定领域,在产业链中形成不可替代的竞争地位。例如,一些高科技企业在芯片制造、智能装备、新材料等细分市场深耕,通过精细化生产和提升高端制造能力,形成核心竞争力,在全球供应链中占据关键位置。

(3)资源基础理论:构筑企业独特能力

资源基础理论认为,企业的竞争优势来源于其独特资源和能力的积累。专精特新战略要求企业在核心领域不断强化自身资源和能力,包括技术、人才、品牌、供应链整合能力等。通过资源优化配置和能力升级,企业能够在竞争激烈的市场中建立壁垒,提升市场竞争力。

(4) 生态创新理论:打造产业生态优势

在数字化和绿色发展的背景下,企业不能仅关注单一创新,而是需要构建一个完整的产业生态系统。生态创新理论强调,企业需与上下游合作伙伴、科研机构、政府部门等建立良性互动关系,形成创新合力。因此,企业可通过产业链协同创新,强化自身在产业生态中的核心地位,实现可持续发展。

3.专精特新战略的现实意义

(1)促进中小企业高质量发展

专精特新战略特别适用于中小企业的发展。相比于大企业,中小企业在资源、资本等方面面临一些限制,但如果能够专注于细分市场并进行持续创新,就能够在某些领域形成不可替代的竞争优势,进而推动企业高质量发展。

(2) 提高全球竞争力

面对国际竞争压力,中国企业需要通过提升技术含量、优化产业结构来增强竞争力。专精特新战略鼓励企业深耕特定领域,打造世界级产品与服务,提升在全球市场中的影响力。例如,中国的一些专精特新“小巨人”企业已在高端制造、新材料、生物医药等领域取得突破,在全球产业链中占据重要位置。

(3)推动产业升级与经济增长

通过鼓励企业在高端制造、新兴技术等领域进行深耕,专精特新战略有助于推动整个产业链的升级和优化,从而促进经济增长。在政府政策支持下,越来越多的企业开始向专精特新方向转型,这将有利于进一步增强中国经济的创新驱动力。

三、中国式现代化的专精特新之路

（一）基于国情的策略调整

习近平总书记在纪念毛泽东同志诞辰130周年座谈会上的重要讲话中指出："中国式现代化为党的理论创新开辟了广阔前景，提出了新的更加艰巨繁重的任务。"以中国式现代化全面推进强国建设、民族复兴伟业，是新时代新征程党和国家的中心任务。完成好这一中心任务，必须坚持把马克思主义基本原理同中国具体实际相结合、同中华优秀传统文化相结合，深入探索中国式现代化建设规律，不断解答实践遇到的新课题，以理论创新引领实践创新。习近平总书记指出，创新是民族进步的灵魂，是一个国家兴旺发达的不竭源泉，也是中华民族最深沉的民族禀赋。中国式现代化需要以创新为第一动力，因为中国式现代化是人口规模巨大的现代化，是全体人民共同富裕的现代化，是物质文明和精神文明相协调的现代化，是人与自然和谐共生的现代化，是走和平发展道路的现代化。

党的二十大报告提出："中国式现代化的本质需求是：坚持中国共产党的领导，坚持中国特色社会主义，实现高质量发展，发展全过程人民民主，丰富人民精神世界，实现全体人民共同富裕，促进人与自然和谐共生，推动构建人类命运共同体，创造人类文明新形态。"专精特新战略作为一种推动科技创新和产业升级的关键战略，与中国式现代化的本质要求高度契合。专精特新战略强调在特定领域内深耕细作，利用中国的产业基础和人才优势，进行科技创新和产业升级。这不仅聚焦于加强新质生产力，而且注重推动产业向高技术和高附加值方向发展。可见，专精特新战略有助于塑造产业的独特优势，提升产品和服务的国际竞争力。此外，通过专精特新战略的实施，中国能够在全球价值链中更有效地定位自身的角色，提升自身在国际市场中的竞争地位；专精特新战略通过促进经济结构的优化和升级，加强环境保护和资源管理，在确保经济发展的同时不牺牲生态和社会福祉，这有助于中国实现长期繁荣和稳定。同时，专精特新战略为中国式现代化提供了一种具体、有效的路径，即通过科技创新和产业优化推动国家的全面现代化。这不仅响应了国家的发展需求，也符合全球经济发展的趋势，展现了中国在全球舞台上的活力和影响力。

（二）促进可持续发展

中国式现代化的本质要求之一是促进人与自然和谐共生。专精特新战略与中国式现代化的本质要求高度契合，因为其核心是通过优化经济结构和促进环境友好型发展，实现长期可持续发展。首先，专精特新战略通过促进产业向高技术和高附加值方向转型,有助于推动中国经济发展的比较优势从劳动密集型向资本和技术密集型转变。这种转变是提升经济发展质量的关键步骤,它不仅能增强中国在全球经济中的竞争力,也有助于解决传统工业化模式带来的环境和资源压力问题。其次,专精特新战略中的“特”“新”元素强调创新和专业化的重要性,这不仅体现在产品和服务的创新上,更体现在生产过程和管理方式的创新上。这种创新有助于提高资源使用效率,减少环境污染,推动经济发展方式的绿色转型。例如,通过采用更先进的生产技术和更高效的能源解决方案,企业能够在提升产出的同时,降低对自然资源的依赖和对环境的负面影响。最后,根据专精特新战略的内容,可持续发展的另一个方面是通过改进和创新企业的业务模式,促进社会包容性和经济多样性。这鼓励企业不仅要追求经济效益,还要考虑社会责任和环境责任,通过合作与共享的方式,促进地区经济的平衡发展和社会的整体福祉。由此可见,专精特新战略不仅是一种经济战略,更是一种全面推动社会和环境可持续发展的战略,需要不断对其调整和优化,以确保专精特新战略能够在不断变化的全球经济环境中持续发挥其对可持续发展的促进作用。

(三)服务国家治理现代化

专精特新战略不仅是中国经济发展的一项重要策略,还在国家治理现代化和全球治理中扮演着至关重要的角色。通过强化科技创新和产业升级,这一战略有助于提升中国在国际舞台上的话语权和影响力,同时促进全球科技创新网络的构建,进而服务于国家治理现代化的广泛需求。首先,专精特新战略通过推动关键科技的突破和产业创新,增强了中国在全球科技治理中的参与和引领能力。例如,在人工智能、量子计算、生物技术等前沿科技领域,中国的研究和应用不断取得进展,这不仅提升了中国在相关领域的国际地位,也为全球科技治理提供了中国的视角和方案,增强了在国际科技规则制定中的话语权。其次,专精特新战略满足了国家治理现代化的内部需求,包括通过技术创新优化公共服务、提升政府决策效率及透明度。例如,大数据和云计算技术的应用可以改进公共资源的分配和管理,提高政府服务的效率和精确性。这种技术驱动的治理现代化,不仅提高了政府的行政能力,也增强了政府与人民之间的互动,推动政府治理向更加开放、透明和高效的方向发展。最后,专精特新战略在全球层面上有助于构建更加紧密的全球科技创新网络。通过国际合作项目、跨国研究平台的建立及科技成果的共享,中国能够与世界各国共同推进科技创新,处理全球性挑战如气候变化、疫情防控和能源安全等。这种国际协作不仅加速了科技进步,也促进了全球治理体系的完善。通过科技和产业的高度专精与创新,中国不仅能够在国际舞台上展现出更大的影响力,还能够推动国内外治理能力的全面提升,实现国家长期发展的战略目标。这表明,专精特新战略是中国式现代化不可或缺的组成部分,是中国实现国家治理现代化和提升国际地位的关键路径。

四、专精特新企业的认定标准

近年来,中央和地方政府出台了一系列政策措施,从财政、税收、金融等多方面支持专精特新企业的高质量发展。通过专精特新认定的企业既可以申报项目补贴,又能享受配套奖励。想要申报成为专精特新企业的企业,需要满足一定的条件,包括但不限于企业规模、专业化程度、创新能力等,并需要通过相关部门的审核和认定。申报过程中,企业需如实填报相关材料,并提供相应的佐证文件,如财务审计报告、知识产权证明等。通常来说,企业要被认定为专精特新需同时满足多个标准,且全国各地的标准可能有细微差别。以福建省为例,福建省对专精特新中小企业的认定标准为:(1)主导产品细分市场占有率居全国前10%或全省3%;(2)近两年研发费用占比不低于3%;(3)拥有2项以上发明专利或5项以上实用新型专利。

五、专精特新企业与高新技术企业的区别

专精特新企业和高新技术企业都是国家鼓励和支持的重点对象,但它们在定位、标准和目标上有明显的区别,理解这些差异有助于企业根据自身条件和发展方向选择合适的路径。高新技术企业一般是指在《国家重点支持的高新技术领域》内,持续进行研究开发与技术成果转化,形成企业核心自主知识产权,并以此为基础开展经营活动,在中国境内注册的居民企业。可以说,高新技术企业是知识密集、技术密集的经济实体。专精特新企业普遍规模不大,但都拥有各自的"独门绝技",在细分领域建立了竞争优势,具备一定话语权,一般精耕于新一代信息技术、高档数控机床和机器人、先进轨道交通装备、节能与新能源汽车、海洋工程装备及高技术船舶、生物医药及高性能医疗器械、农业装备、新材料、航空航天装备和电力装备等十大领域。具体如表2-4所示。

表2-4　专精特新企业与高新技术企业的区别

特　性	专精特新企业	高新技术企业
定义与重点	针对中小企业,强调在特定领域或细分市场中深入发展	从事国家认定的高新技术领域的研发和应用工作,如信息技术、生物技术等
核心要求	高度的专业化、精细化生产或服务、明显的市场特色、持续的创新能力	有核心知识产权、高产品技术含量、大市场潜力,促进技术进步和产业升级

续表

特　性	专精特新企业	高新技术企业
关注点	特定技术的深度研发与运用	技术创新性和应用性
收入规模要求	需符合《中小企业划型标准规定》的条件,主要支持中小企业	无特定总额要求,只需高薪收入占比符合要求
政策支持	一企一策	一定的政府补助、税率减免、研发费用加计扣除
价值取向	企业是解决"卡脖子"问题的一把"尖刀",要求能在"缝隙市场"中精确定位	提升企业的科技含量以及企业的品牌和形象,增加企业的市场价值
发展策略	垂直深入,寻求在细分行业或产品类别中的技术突破	横向拓展,推动广泛的技术进步和产业升级

资料来源:编者整理。

六、专精特新企业的培育模式

(一)自力更生模式

自力更生模式是一种以资源基础理论和动态能力理论为基础的发展模式,主要强调企业依赖其内部资源和能力实现持续创新和优化以推动可持续发展,即使在资源受限的环境下,企业也可以通过战略性地整合其内部资源,如技术、知识、人才和资本,来提升市场竞争力和适应性。在自力更生模式中,企业不仅致力于最大化利用内部资源,还注重外部资源的战略整合,包括与其他企业、研究机构或行业联盟的合作,以获得新技术或市场信息。此模式下的企业特别强调核心竞争力的维持与创新引入的平衡,以在市场环境的持续变化中保持领先。此外,这种模式赋予企业较强的自我调整能力,使其能够迅速适应外部环境的变化,这种自适应能力是企业在经济波动或行业变革中有效调整战略方向和业务焦点、实现长期生存和发展的关键。在操作层面,自力更生模式要求企业内部培育一种创新文化,激励员工积极思考并提出创新解决方案,内部知识共享和团队协作是此模式下推动且以持续创新和业务改进的重要机制。此外,自力更生模式不仅是一种资源管理策略,更是一种深植于企业文化和经营哲学中的实践,要求企业在充分认识到自身优势和局限的基础上,积极探索和开发新机会,以实现长期发展目标。

(二)政府支持模式

政府支持模式强调政府直接参与促进特定企业及科研机构的发展,特别是在关键行业中的领军企业。政府支持通常体现为政策补贴、税收减免以及奖励机制等方式,目的在于推动这些企业成长,并保障产业链及供应链的稳定。在此模式下,政府与企业之间建立起资源共享的合作框架,政府通过政策导向和资金补贴帮助企业应对市场挑战并保持竞争优势;政府的支持主要面向能显著推动经济增长、市场影响深远的企业,这些企业由于在产业中扮演关键角色,常获得较多的政策资源和优先支持。然而,此模式也存在限制,对于那些成长速度缓慢但在技术或战略上具有关键价值的企业,政府的支持可能不充分,这要求这些企业依赖自身的创新和资源整合能力寻求发展。此外,政府支持模式还要求政府与企业之间的合作关系保持灵活性和动态调整性,以适应经济与技术快速变化的环境。在这一过程中,政府不仅是资源的供应者,更充当战略的协调者,通过制定和调整政策帮助企业捕捉发展机遇,应对市场风险。政府支持模式通过一系列政策工具和直接介入措施,旨在激发企业的创新活力和市场潜力,从而推动产业升级和国家经济的整体健康发展。

(三)大企业赋能模式

大企业赋能模式是一种企业间合作与互动的模式,其中大型企业在推动整个产业链发展中扮演核心角色。在此模式中,大企业不仅作为产品或服务的提供者,更充当平台与生态系统的构建者,促进供应链各参与者间的协作与共同成长。此模式使大企业利用其资本、技术和市场渠道等资源优势,创建一个支持性环境,使包括专精特新企业在内的链上各方可以共享资源,如技术、数据和客户基础。通过这种平台化的合作方式,中小企业能与大企业紧密合作,共同开发新产品,优化生产流程或探索新市场。此外,大企业通过赋能较小的合作伙伴,能够加速创新的实施和新技术的应用,推动产业技术的进步和经济效率的提高。这种赋能为小企业提供了成长和拓展的机会,如通过参与大企业的研发项目,小企业可实现技术转移和管理经验的学习,从而增强竞争力。在构建生态系统的过程中,大企业还会整合上下游企业的创新资源,解决产业链中的核心痛点,如优化供应链管理、减少运营成本或通过集成创新解决方案提高整体产业的可持续性。因此,大企业赋能模式并非仅仅是单向的资源流动,而是建立在互惠互利基础上的复杂生态系统的构建,大企业与链上其他企业共同创造价值,推动产业的整体发展与创新。这种模式最终形成的新生态系统,有助于构建更加稳定和高效的产业环境,为所有参与者带来持续的利益。

(四)专业孵化模式

专业孵化模式是一种系统性方法,旨在通过为中小企业提供专门化支持与资源,促进其创新和成长,这种模式下的孵化器不仅为企业发展提供物理空间,更为企业构建了一个资源丰富的支持生态系统,使企业能够获取必要的工具、技术、资金及网络资源,从而加速其发展和创新进程。孵化器通常向企业提供一系列定制服务,包括创业咨询、市场分析、技术转移、资本融资以及法律和会计支持等,以降低企业创业初期风险并提高企业存活率。此外,孵化器还会定期举办工作坊、讲座和网络活动,这些活动不仅为企业员工提供知识和技能培训,也为企业家之间的交流与合作搭建平台。通过与高等教育机构、研究组织及行业领袖的合作,孵化器能够将先进的研究成果和行业最佳实践带给孵化中的企业,确保企业能够接触到最前沿的科技和商业模式,有效促进跨领域的合作,并激发新的商业模式与产品创意。在生态系统构建方面,专业孵化器特别强调形成松散耦合的网络结构,使企业能够根据市场需求和自身发展阶段,灵活地连接或断开与其他组织的合作关系,调整资源和战略。这种结构不仅提升了企业适应市场变化的灵活性,也使其能够更有效地利用外部资源,实现快速发展。总体而言,专业孵化模式通过提供一个结构化的支持网络,帮助新兴企业实现商业潜能,推动产品与服务的创新,为整个经济体系注入活力。

本章小结

本章阐述了创新对企业发展的重要意义及其在全球企业中的应用,强调了创新在推动企业和社会进步中的核心作用;探讨了企业创新面临的技术、市场和政策等方面的挑战,并从技术创新、管理创新等多维度分析了创新对企业可持续发展和全球竞争力提升的影响;强调了创新的社会价值,即创新通过提高人们的生活质量、促进社会公平和推动环境保护,为人类社会创造更美好的未来。此外,本章还提到如下内容:培养和提升员工的创新能力,营造支持创新的企业文化,是企业实现长远发展的关键;创新公司在科技、生物科技、能源、环保和元宇宙等多个行业中不断探索和突破,持续引领市场;根据创新类型、技术驱动因素和地理位置的不同分类,可以更好地理解全球创新公司的多样性和分布特点;专精特新战略是中国企业发展的重要路径,该战略强调专注细分市场、精细化管理、技术创新和差异化竞争,以提升企业的市场竞争力和全球影响力;中国式现代化的专精特新之路符合中国国情,将推动中国的可持续发展和国家治理现代化;专精特新企业的培育和发展,不仅为中国经济带来了新的增长点,也为全球经济注入了新的活力。

参考文献

[1]艾树,汤超颖.情绪对创造力影响的研究综述[J].管理学报,2011,8(8):1256-1262.

[2]范雪文.商业模式创新对企业财务绩效的影响研究:以通威股份为例[D].广州:暨南大学,2023.

[3]国金证券研究所.通信行业:从小米生态链看物联网投资机遇[R].国金证券,2021.

[4]黄泽鹏,李旭东.山姆、Costco加码布局,付费会员制超市方兴未艾[EB/OL].[2025-04-18].https://pdf.dfcfw.com/pdf/H3_AP202005061379304279_1.pdf.

[5]极光月狐数据研究院.开年大吉,DeepSeek崛起,打破技术追随走向创新引领[EB/OL].[2025-04-18].https://baijiahao.baidu.com/s?id=1825103400972783634.

[6]冷民.创新社会及其政策导向[J].中国科学院院刊,2015,30(5):638-644.

[7]李雪莹,王晓玲.数字赋能对企业创新的影响机制文献综述[J].现代管理,2022,12(9):1297-1305.

[8]马小琪.商业画布视角下图书开放获取商业模式研究:以Open Book Publishers为例[J].图书情报工作,2021,65(22):56-64.

[9]施振荣.微笑曲线:缔造永续企业的王道[M].上海:复旦大学出版社,2014.

[10]数英DIGITALING.《Fast Company快公司》全球最具创新力企业,TOP10都有谁![EB/OL].[2025-04-21].https://www.digitaling.com/articles/1058203.html?utm_source=chatgpt.com.

[11]新浪财经.宜家中国CEO:以可持续发展理念,点亮中国家庭美好生活[N/OL].[2025-04-21].https://baijiahao.baidu.com/s?id=1826536690961124663&wfr=spider&for=pc.

[12]杨金花,黄茜,谭慧慧,等.基于"互联网+"的现代企业经济管理创新模式分析:以阿里巴巴集团为例[J].商场现代化,2024(1):142-144.

[13]张延平,王满四,黄敬伟,等.专精特新企业成长与培育的研究回顾与未来研究展望[J].科学决策,2024(2):155-175.

[14]周直,臧雷振.社会创新:价值与其实现路径[J].南京社会科学,2009(9):59-64.

第三章　数字时代下的全球规则博弈

学习目标

1.了解全球主要法律体系和特点。

2.正确区分大陆法系和英美法系。

3.了解国际争端的解决机制。

4.了解知识产权和“长臂管辖”制度。

思维导图

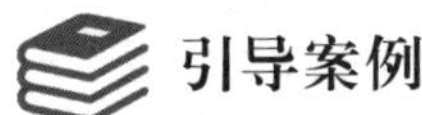

引导案例

如果信念有颜色，那一定是中国红！

2018年12月1日，加拿大警方根据美国政府的要求，在温哥华国际机场拘捕了华为公司副董事长兼首席财务官孟晚舟。美国司法部指控孟晚舟"涉嫌误导汇丰银行，违反美国对伊朗的经济制裁"，并提出了引渡请求，由此拉开了一场历时近三年的国际法律和外交角力。

孟晚舟事件的实质，是美国政府利用"长臂管辖"来达到其经济与战略利益的典型体现。"长臂管辖"指一国基于本国法律，以域外行为对本国利益构成影响为理由，对非本国主体实施域外司法管辖权的制度。在孟晚舟案件中，美国依据国内法《反海外腐败法》及经济制裁相关法律，声称只要涉事企业使用美元进行交易，或其业务涉及美国的银行、电邮服务器等基础设施，美方即可据此实施域外法律干预。

在法律体系上，加拿大与美国均属英美法系（普通法系），法律渊源主要包括判例法和衡平法原则，以往的法院判例具有重要指导意义，这一共同法律传统也客观上便利了美国向加拿大提出引渡申请并展开司法互助程序。相比之下，大陆法系国家（如中国、德国）则更多依赖法典和成文法律体系，对法院判例依赖性较低，具有明确的法条规范和更严格的域外管辖限制。

孟晚舟事件历经1028天，中国政府始终以外交、法律等多种渠道维护孟晚舟合法权益，进行坚决而持久的斗争。其间，中方推出了多项法律应对措施，包括出台《不可靠实体清单规定》《阻断外国法律与措施不当域外适用办法》《反外国制裁法》等，以法律武器有效反制"长臂管辖"和单边制裁等不公正做法。最终，2021年9月24日，美方与孟晚舟达成延期起诉协议，加拿大法院终止引渡程序。2021年9月26日，孟晚舟搭乘中国政府包机返回祖国，并发表讲话："如果信念有颜色，那一定是中国红！"

通过孟晚舟事件，我们认识到，国际法规则博弈的背后既是法律的较量，更涉及政治经济的深刻博弈。近年来，越来越多国家和企业注意到"长臂管辖"的潜在风险，美国以法律工具达到战略遏制的意图日趋明显。法国阿尔斯通公司、巴黎银行等多家跨国企业也曾被美国类似手段针对并处罚，支付巨额罚金，甚至不得不出让关键战略业务和资产。这种国际规则滥用，严重破坏了国际商业秩序，也引发了全球企业的警惕。

面对复杂的全球规则博弈，中国提出并积极参与国际规则建设，推出"一带一路"倡议，推动亚投行、新开发银行等国际机构的建立，在全球气候治理、国际反腐败、国际贸易规则改革等领域，积极贡献"中国智慧"和"中国方案"，推动构建更加公平、公正、合理的国际新秩序。

（资料来源：央广网.“如果信念有颜色，那一定是中国红！”晚舟，欢迎回家！[EB/OL]. [2024-09-26]. https://baijiahao.baidu.com/s?id=1711928829084591529&wfr=spider&for=pc.）

引导问题：

1. 如何从国际法的视角认识孟晚舟事件的本质及其影响？

2. 为什么美国能够通过加拿大实施对孟晚舟的引渡程序？背后的法律基础是什么？

3. 面对美国“长臂管辖”的风险，中国企业应该如何加强合规管理、有效防范法律风险？

第一节　全球主要法律体系

习近平总书记指出，我国古代法制蕴含着十分丰富的智慧和资源，中华法系在世界几大法系中独树一帜。本节在介绍全球主要法律体系的同时，引导学生认识中华法系的独特价值与深厚底蕴，增强对中华优秀传统法律文化的认同与自信，从而培养学生的全球视野、法治意识与文化自觉，使学生理解不同法律体系背后的制度逻辑与文化差异。

一、全球主要法律体系历史探源

法律制度对国家的管理体制和国际经营活动具有深远影响。在全球商业一体化的背景下，世界逐渐变为一个“地球村”，但各国的法律制度依然存在显著差异。在企业国际管理过程中，法律体系的认知与适应能力成为企业“走出去”的关键能力之一。随着日益深入全球市场，中国企业不仅面临着贸易、技术、文化等多方面的挑战，更必须在经营过程中准确理解和遵守目标国家或地区的法律制度，因为不同国家或地区的法律环境直接影响企业的市场准入、合同履约、知识产权保护、税务合规及争议解决等重要事项，如果不了解当地法律或忽视法律风险,中国企业的国际化战略可能遭遇严重阻碍,甚至面临高额赔偿与声誉损失。因此,构建对全球法律体系的基础认知,是每一个涉外企业管理者的重要课题。

法系是由西方法学家提出的概念,是比较法学研究的重要工具。一般而言,法系指的是具有共同法律传统和制度特征的一组国家或地区的法律集合。当前,世界各国的法律体系主要包括英美法系、大陆法系、伊斯兰法系等。需要指出的是,大多数国家的法律体系并非单一构成,而是多种法系的融合体。这些法律体系不仅反映了各国的历史进程,还承载着其伦理规范、政治理念和文化传统等。本教材介绍世界范围内的主要法律体系:

(1)民法法系(大陆法系),以罗马法为基础发展而来,强调成文法与法典化,广泛影响了欧洲大陆、拉丁美洲等地区。

(2)普通法系(英美法系),源于英国中世纪的普通法传统,强调判例法的重要性,适用于英国、美国、加拿大等。

(3)中华法系,以中国古代法律制度为基础,特别强调儒家思想对法律的深刻影响,主张德法结合、礼治与法治并重,突出家族伦理与社会秩序的维系,体现出中华文化的道德价值与传统规范。

(4)中国特色社会主义法律体系,是在中国共产党领导下形成的现代法律体系,以宪法为核心,科学统筹国家法治建设。该法律体系融合了民法法系的制度优势、中华法系的文化传统与当代社会主义法治理念,体现了制度自信、法治精神和以人民为中心的治理理念,是实现国家治理体系和治理能力现代化的根本法律保障。

(一)大陆法系

大陆法系是历史演进的产物,经历了漫长的发展过程。它起源于古代罗马法,具有体系完备的成文法传统,强调通过法典对法律规范进行全面、详尽的规定,力求涵盖每一个法律领域和细节。

中世纪中期,随着罗马法在欧洲大陆的复兴,大陆法系逐渐形成,并在与教会法、习惯法和商法的互动中不断发展。17—18 世纪,特别是在法国大革命及古典自然法理性思潮的推动下,大陆法系获得进一步发展。19 世纪,法典编纂运动在欧洲大陆广泛展开,使大陆法系的制度框架日趋成熟,并逐步影响到欧洲以外的广大地区,最终成为当今世界最主要的法律体系之一。

大陆法系强调法律的逻辑体系和理性推理,司法实践以法典为裁判依据,注重形式上的一致性和理论上的系统性。目前,全球有 70 多个国家属于大陆法系,包括欧洲大陆大多数国家,以及日本、韩国、部分拉丁美洲和非洲国家,法国和德国是该法系的典型代表。

（二）英美法系

与大陆法系相似，英美法系也经历了漫长的发展过程。它最早起源于12世纪的英国，随后随着英国殖民扩张传播至多个国家和地区，包括美国、加拿大、印度、巴基斯坦、新加坡、澳大利亚、新西兰及部分非洲国家和地区。

英美法系的基础是普通法。中世纪末期，衡平法迅速兴起，与普通法相辅相成。同时，制定法逐渐增多。自17世纪起，普通法与衡平法之间经历了冲突与融合的过程。在英国革命及古典自然法理性思潮的推动下，英国法律逐步从封建法过渡到资本主义法律体系。18—19世纪，英国进行了大规模的法律改革，其法律制度的影响也扩展至全球多个国家，特别是美国。

英美法系包括两大主要分支：英国法与美国法。两者在法律分类、宪法体制、法院权限等方面存在一定差异。英美法系的突出特点是高度重视判例法的延续性。判例法是以法院过去的裁判作为后续案件裁决依据的一种法律形式，体现了先例拘束的基本原则，通俗来讲即“以前怎么判，现在仍按此判”。

（三）中华法系

中华法系是中国古代发展起来的世俗法系，既不同于现代法系，也不同于宗教法系。它以儒家思想为核心，强调德礼与法律并重，体现出鲜明的传统文化特色。

中华法系的形成以唐朝为标志性时期，代表法律是《唐律》。《唐律》不仅继承了先秦、汉、魏晋南北朝以来的法律制度与思想，还在体例、原则和内容上实现了系统整合与升华。此后，历朝历代大多以《唐律》为蓝本制定法律，中华法系因此在中国历史上延续了上千年，成为典型的古代法系。

1.中华法系是古代法系

早在西周时期，中国就提出了“德刑并用”“明德慎罚”的法律理念。汉代则进一步发展出“德主刑辅”的思想，主张以道德教化为主、法律惩戒为辅。《唐律》明确总结并表达了这一思想：“德礼为政教之本，刑罚为政教之用，犹昏晓阳秋相须而成者也。”这成为中华法系中德法结合理念的经典表述。

中华法系在法律原则上不断发展。例如，恤刑制度在西周已有雏形（如对高龄老人与幼童免于处罚），至唐代则发展为系统的老幼残疾恤刑制度，在《唐律疏议》中得到明确规范，体现了人道主义关怀与分层适用的立法精神。

尽管中华法系在封建时代延续繁盛，但进入近代以后，随着西方法律体系的传入，中国传统法律逐步退出历史舞台，中华法系也随之解体。与当今仍广泛应用的英美法系、大陆法系不同，中华法系已不再作为现代法律实践的基础存在。

2.中华法系是世俗法系

中华法系具有鲜明的世俗性，无论在立法还是司法方面，均未依附于宗教，体现了中国古代法律文化的独立性。

(1)立法的世俗性:中国古代的法律渊源,如誓、诰、律、令、格、式、会典等,均由皇权政体主导,宗教力量未曾介入。法律规范独立于宗教文献,法律内容亦未借助宗教经典确立。

(2)司法的世俗性:司法权力由国家世俗官员掌握,实行如“五听”制度、秋冬行刑制度、刑讯制度等,这些制度均属于世俗法制。宗教人士不参与司法审判,司法过程与宗教无关。

这种世俗性的形成,源于中国古代社会的多元宗教格局与强大的世俗政权体系。中国历史上并未形成一教独大的局面,宗教无法左右国家政权和立法进程,法律只作为统治工具,由皇权掌控,从而发展出独立于宗教的法律体系。中华法系的世俗性,也反映了中国优秀传统法律文化的本质特点。例如,“礼法并用”“援法断罪”“恤刑”等原则,都是从现实社会治理与伦理实践出发形成的,体现出人本主义精神。

(四)中国特色社会主义法律体系

中国特色社会主义法律体系是在中国共产党领导下,以宪法为核心、以中国特色社会主义制度为根本,以人民为中心、以实现国家治理体系和治理能力现代化为目标建立起来的法律体系。它的历史渊源可以追溯到新中国成立后的法制建设,特别是改革开放以来的制度探索和立法积累。进入新时代,在习近平新时代中国特色社会主义思想特别是习近平法治思想指引下,中国特色社会主义法律体系不断完善。中国特色社会主义法律体系坚持党的领导、人民当家作主、依法治国的有机统一,强调法治国家、法治政府、法治社会一体建设,注重法律的系统性、科学性和实践导向。以《中华人民共和国宪法》为统领,《中华人民共和国民法典》《中华人民共和国刑法》《中华人民共和国监察法》等为代表性法律,内容协调、程序严密、实施有效的中国特色社会主义法律体系得以构建,为全面依法治国提供制度保障,并成为新时代推进国家治理现代化的重要基石。

二、英美法系与大陆法系的联系与区别

(一)英美法系和大陆法系的联系

尽管在法律形式和运作机制上存在显著差异,但英美法系与大陆法系在本质属性上是高度一致的。二者同为资本主义社会发展阶段的产物,在形成与发展过程中,都深刻反映并服务于资本主义社会的经济基础和政治结构。

第一,从阶级本质与制度目标来看,两大法系均以维护资本主义私有制为核

心，保障市场经济秩序的稳定运行，体现资产阶级的根本利益。无论是成文法还是判例法，在根本上都是为资本积累和自由契约提供法律保障。

第二，从政治制度和意识形态角度来看，英美法系和大陆法系都以代议制民主政府为前提，强调法治原则、个人自由、平等权利与人权保障。两大法系的基本法律价值观高度重合，体现了资产阶级自由主义法治理念。

第三，从历史渊源来看，二者在传统法律资源上有一定共通性，如都受到古代罗马法、日耳曼法与中世纪教会法的影响，尽管各自吸收和发展的路径不同，但法律思想基础相近。

随着全球化和法治现代化的推进，英美法系与大陆法系之间的差异日趋缩小，在立法技术、司法理念、程序规则等方面相互借鉴、不断融合，呈现越来越多的趋同化发展趋势。因此，英美法系与大陆法系虽然在表现形式上不同（如成文法与判例法、法官角色差异等），但在法律本质、经济制度依托及价值理念方面，体现出一致的资产阶级法律体系特征。

（二）英美法系和大陆法系的本质区别

英美法系与大陆法系代表了世界两大主要法律传统，其本质区别体现在以下几个方面。

1.法律渊源与体系构建

英美法系以判例法为主要法律渊源，强调法官在裁判实践中不断发展和完善法律规则。这种以先例为基础的法律体系使得司法判决具有高度的灵活性和适应性，同时也体现了法官在司法解释中较大的主动权。相比之下，大陆法系则以成文法为核心，强调法典化、系统化和逻辑性，注重通过明文规定确保法律的确定性和可预测性。这一差异反映出两种法系在法律稳定性与创新性之间平衡取向上的不同。

2.司法程序与论证方法

在司法程序上，英美法系采用对抗制诉讼模式，法官在审判过程中主要为裁判者和调解者的角色，而控辩双方则通过充分辩论推动案件事实的认定。在这种模式下，归纳推理和实证逻辑常被用以总结案件共性，为后续案件提供参考。而大陆法系则偏好以调查式诉讼为主，法官在审理过程中需要以逻辑严密的演绎推理，从总体法典中抽象出适用于具体案件的法律原则。

3.法律解释与适用的理论基础

英美法系注重法律实践中的灵活性和经验主义精神，常依赖于对过往判例的综合评析，从而形成具有适应性的判例体系。而大陆法系则强调对法律文本本身的系统性解读，注重通过法理学理论与法条精神的内在统一来实现法律的正确适用。两种模式的根本差异不仅决定了两种法系法律解释的路径，更深层次地反映了两种法系对法治理念、司法公正以及社会治理结构的不同认识。

4.社会文化与历史传统的影响

英美法系的发展深受英国历史和英联邦国家传统的影响,其法律演变过程中既体现了对个人权利保护的重视,也表现出对司法独立和程序公正的追求。而大陆法系则根植于欧洲大陆深厚的法理传统,受罗马法及启蒙运动理念的熏陶,其法典化和制度化的法律体系展现出一种系统性与整体性,力图通过严密的法条逻辑保障社会秩序和国家治理。

综上所述,英美法系与大陆法系在法律渊源、司法程序、论证方法及其背后深厚的文化传统和历史脉络上存在显著差异。这些差异不仅决定了两大法系在具体司法实践中的运作方式,也构成了当代法治建设中多元法律文化共存的理论基础与实践路径。

(三)跨国经营中英美法系和大陆法系的区别

在跨国经营实践中,英美法系与大陆法系在多个法律制度层面存在明显差异,特别是在代理权、知识产权、合同履行、合伙责任、公司制度以及董事会职责等方面。了解这些差异对于企业在不同法系国家开展经营活动、规避法律风险具有重要意义。

第一,代理权。在大陆法系国家,代理权的设立通常必须经过正式书面授权,且往往需要经过公证程序方可生效,法律形式性较强。因此,公证员在这些国家的法律活动中扮演关键角色,几乎所有重要法律文书(如婚姻协议、商业代理等)均需公证。而在英美法系国家,虽然公证制度也存在,但仅适用于特定正式文件,如遗嘱、财产转让契约等。普通商业代理关系可由当事人自由设定,形式更灵活,实务操作更具效率。

第二,工业产权。在英美法系中,工业产权(如商标、专利等)通常采用“先使用原则”,即谁最早在市场上使用,谁享有法律保护。而在大陆法系中,工业产权则强调“注册优先原则”,即谁先向国家机关注册,谁拥有权利。企业必须重视这样的制度差异。

第三,契约。在英美法系中,双方或多方签订了合同,就得按合同条款办事。无论出于什么原因都不能不履行合同,除非是发生地震、洪水等不可预见的天灾。相比之下,大陆法系在不可抗力的认定上更为宽泛,除自然灾害外,如罢工、骚乱、政府行为等人为不可抗力因素也可构成免责事由,展现出更强的社会现实考量。

第四,合伙关系。在英美法系中,普通合伙关系下每位合伙人均被视为独立法律主体,彼此可作为诉讼当事人存在,且合伙人对合伙债务要以个人财产承担连带责任。而在大陆法系中,普通合伙人被视为一个独立法律主体,合伙人之间的关系更多体现为对外统一、对内协作的法人式治理结构。

第五,公司设立与法人地位。在英美法系中,公司自注册成立之日起即具有独立法人地位,股东以出资额为限承担有限责任。而在部分大陆法系国家,公司设立被视为一种合同关系,往往对设立人数有法定下限,一旦股东人数低于法定标准,公司将被视为解散,股东需承担连带责任,法律对股东责任的追究更严苛。

第六,董事会与股东的关系。在英美法系中,董事会对股东有明确的信托义务,主要包括忠诚义务与勤勉义务,即董事须以股东利益最大化为中心。而在大陆法系中,董事会的主要职责是对公司整体负责,而非对个别股东承担信托义务。这反映出两种法系在公司治理理念上的根本差异:一个以股东为中心,一个以公司为本位。

第二节　国际争端解决机制

随着全球经济一体化的加速,跨国投资活动日益频繁,知识产权作为核心无形资产,在国际投资中的地位日益凸显。为吸引外资,各国不断提升知识产权保护水平,然而,投资规模的扩大也带来了越来越多的跨境纠纷,尤其是在外国投资者与东道国之间的知识产权争议方面。如何在不同法律制度下妥善解决此类争端,已成为国际社会普遍关注的重要课题。近年来,众多国际投资协定和自由贸易协定逐步将知识产权纳入投资保护范畴,使知识产权保护从与贸易有关向与投资相关转变,推动争端解决机制不断演进和拓展。本节将从国际法和投资法的视角出发,系统介绍当前国际争端解决机制的主要形式与运作逻辑,分析其在处理知识产权争议中的适用情况与实际挑战,为理解国际知识产权治理提供基础。

一、国际争端解决的三种主要方式

在人类社会的发展进程中,国际争端的解决方式大致可归纳为三种基本路径:诉诸武力、运用外交手段和运用法律。随着国际社会对和平、秩序与人权的重视不断增强,外交与法律途径在国际争端解决中的地位日益提升。本节将依照时间顺序,系统梳理国际争端解决的三种主要方式。

(一)诉诸武力,战争与和平的演进

在人类早期历史中,战争长期被视为解决部落、族群、王朝乃至国家之间矛

盾与冲突的终极方式。尽管在实践中也存在通过谈判、调解等和平方式化解争端的尝试，但战争在相当长的时期内被认为是合法且常态化的争端解决手段。

1648年《威斯特伐利亚和约》的签订标志着近代主权国家体系的诞生，并标志着不诉诸武力、通过和平方式解决国际争端的基本原则初步确立。然而，在传统国际法时期，特别是在一战前，战争仍被视为国家行使主权、维护利益的一种合法方式。该时期的国际法主要通过诉诸战争权和战时法来规范战争行为，前者关注战争的合法性，后者则强调战争过程中的人道主义约束。

正如耶鲁大学教授詹姆斯·Q.惠特曼所言，直到19世纪，战争仍被部分法学家视为一种"契约性的争端解决程序"，带有裁判色彩，这与欧洲中世纪"上帝审判"传统有深刻渊源。从中国传统文化中崇尚和平、反对战争的价值观来看，这种将战争视为法律工具的理念显然已不合时宜，并随着时代发展逐步被国际社会所摒弃。

（二）外交途径，以协商与调解实现和平

外交手段在国际争端解决中长期扮演着核心角色。从早期王朝间的使节制度，到现代国际关系中的多边外交体制，外交在缓解冲突、维护和平方面发挥着不可替代的作用。随着近代国际法体系的逐步建立，专业化的外交官和国际法律人才成为国家间沟通的重要桥梁。

自19世纪起，从1848年《剑桥规则》到1961年《维也纳外交关系公约》的相继出台，国际社会对外交制度和外交人员的法律保护逐渐制度化。外交手段不仅是国际法的执行方式之一，也是国际法实践的重要组成部分。在实际操作中，斡旋、调停、善意劝解、磋商等方式被广泛用于预防、控制甚至解决争端，是和平解决国际争端的首选途径。

（三）法律路径，以裁决与司法实现制度化解决

随着国际法的发展和全球治理体系的演进，法律手段日益成为解决国际争端的重要机制，比如有约束力的第三方调解、仲裁机制和国际司法裁决等。其中，有代表性的机构包括：1900年成立的海牙常设仲裁法院（PCA）；1922年国际联盟设立的常设国际法院（PCIJ）；1945年联合国设立的国际法院（ICJ）；1995年WTO设立的争端解决机制（DSM），采用专家组与上诉机构两级审理方式。

法律路径强调以客观、中立的裁决程序解决国家间的争端，提升了解决过程的公正性、权威性与稳定性，特别适用于主权国家之间的重大法律冲突。

二、WTO争端解决机制

WTO争端解决机制是世界贸易组织为解决成员之间贸易争端而建立的制

度化法律程序,被称为“WTO皇冠上的明珠”,具有程序明确、时限严格、执行力强等特点。当一个成员采取贸易政策措施或行动时,其他一个或多个成员认为该成员违反WTO协定或未能履行义务,则会发生争端。WTO各成员一致认为,如果有成员违反贸易规则,应采用多边解决争端的制度,而不是单方面采取行动,且必须遵守商定的程序并尊重裁决,裁决主要由负责裁决争端的WTO机构争端解决委员会负责。该机制被认为是全球最有效的国际争端解决机制之一,其目的是确保贸易流通的顺畅和预测性,并确保贸易规则得到一致和公正的应用。

WTO争端解决机制流程(标准程序)如下。

(一)磋商

一方成员提交磋商请求,争端开始启动。在60天内由当事方通过对话尝试解决问题。如磋商未果,可申请成立专家组。

(二)专家组审理

争端当事方可请求成立专家组。专家组听取各方陈述,查阅相关证据并出具报告草案。专家组通常在30天内组成,并在成立后6个月(复杂案件可延长至9个月)内作出裁决。

(三)上诉

不认可专家组报告的当事方可在60天内向上诉机构提起上诉。上诉机构审查法律适用问题,并在90天内提交裁决结果。裁决结果经争端解决机构(DSB)通过后即为最终裁决结果。

(四)执行与监督

被裁决违反WTO规则的一方应在合理时间内修改或撤销违规措施。若不执行,原告方可申请采取报复性措施(如提高关税),经DSB批准后实施。

美国钢铁保障措施案

1.案例背景

2002年,美国政府以本国钢铁产业受到严重冲击为由,宣布对来自欧盟、日本、中国、韩国等多个国家和地区的钢铁产品加征高达30%的临时进口关税,实施为期三年的保障措施。美国称该举措合法，目的是在WTO《保障措施协定》允许范围内保护本国产业。但多国认为，美国未能证明产业遭受严重损害，且征税措施具有保护主义倾向，违反WTO规则。为此，欧盟、日本、韩国、中国等八个WTO成员方先后向世贸组织提出申诉，认为美国的措施违反了多项保障措施义务，并请求启动争端解决程序。

2.争议焦点

本案的核心法律问题主要包括：美国是否依法证明其本国钢铁产业遭受严重损害；所采取的措施是否具有歧视性和保护主义性质；美国在实施保障措施过程中是否遵循了WTO规定的程序；相关关税措施是否构成对其他成员的不公正待遇。

这些问题涉及WTO《保障措施协定》和《争端解决规则》的多个条款，反映出保障措施作为合法贸易救济工具的适用边界问题。

3.争端解决机制流程

本案严格遵循了WTO争端解决机制的完整程序。首先，申诉国依据WTO程序向美方提出磋商请求，但未能达成共识，磋商失败；其次，多国联合请求世贸组织设立专家组。专家组在审理后认为，美国未能提供足够证据证明国内产业面临严重损害，其措施违反了WTO保障措施规则。

美国对该裁决不服，随后提请WTO上诉机构复审。上诉机构最终维持专家组的大部分结论，裁定美国措施不符合WTO规则，必须撤销。2003年，世贸组织争端解决机构通过该裁决，并正式要求美国执行。面对欧盟等国提出的报复措施，美国最终取消了钢铁关税措施。

4.案例启示

本案充分体现了WTO争端解决机制的严密程序与强执行力，展示了多边贸易体制在约束单边主义、维护公平竞争中的关键作用。同时，本案也表明，保障措施虽在特定条件下被允许使用，但必须符合法定条件和程序，不能成为变相的贸易保护工具。

对于发展中国家而言，该案具有重要示范意义：即便面临大型经济体，也可以依靠多边机制捍卫自身合法权益。对中国而言，积极参与本案，也提升了其在多边贸易体系中的话语权与实战经验。

（资料来源：World Trade Organization. United States ：definitive safeguard measures on imports of certain steel products：reports of the panel and appellate body[EB/OL].[2025-04-30]. https://www.wto.org/english/tratop_e/dispu_e/cases_e/ds252_e.htm.）

【课堂讨论】

通过回答以下问题深入分析本案的法律与制度意义。

1.美国在本案中是否滥用“保障措施”？

2.多国联合应诉是否对争端结果产生关键影响?

3.报复机制在推动裁决执行中发挥了哪些作用?

4.本案是否反映出 WTO 争端解决机制的局限?

5.如果此案发生在当前上诉机构瘫痪的背景下,会出现哪些新挑战?

三、投资者—国家争端解决机制

“投资者—国家争端解决机制”(Investor-State Dispute Settlement,简称 ISDS)是国际投资法体系中为解决外国投资者与东道国之间因直接投资产生的法律争端而设立的重要制度。该机制具有国际公法性质,主要功能在于解释和适用双边或多边投资条约,并确定东道国在特定投资情境下的法律责任,为投资者提供一种独立于东道国国内司法系统的救济途径。

ISDS 机制的核心法律基础之一是《解决国家与他国国民之间投资争议公约》(即《华盛顿公约》,1965 年通过),该公约设立了国际投资争端解决中心(ICSID),旨在为投资者与国家之间的争议提供中立、高效、具有约束力的仲裁平台,避免因投资纠纷引发国家间政治冲突。

ISDS 机制的突出优势在于:其一,投资者可自主发起仲裁程序,无须通过本国政府进行外交交涉;其二,仲裁裁决具有国际执行力,且可直接获得金钱赔偿,这是如 WTO 争端解决机制等多边平台难以提供的。正因如此,国际投资仲裁已成为跨国投资领域中最具影响力的争端解决路径之一。

从全球发展趋势来看,ISDS 机制日益受到投资者的青睐。除了个别国家(如斯洛伐克、罗马尼亚、泰国、土库曼斯坦)外,中国与大多数缔约国的双边投资协定(BITs)中均设有 ISDS 条款。在 20 世纪 90 年代以前,ICSID 仅受理 26 起案件;而进入 21 世纪后,ICSID 受理案件数量显著上升——2000—2009 年达 250 起,2010—2020 年达 472 起。截至 2023 年 3 月 1 日,ICSID 已累计受理 938 起案件。根据联合国贸发会议(UNCTAD)的统计,全球范围内已知的 ISDS 案件总数已达到 1229 起。案件数量的持续上升表明,ISDS 机制,尤其是以 ICSID 为代表的仲裁机构,在解决东道国与外国投资者之间的纠纷中发挥着越来越关键的作用。

四、中国—东盟投资争端解决机制

中国与东盟自建立对话伙伴关系以来,双边经贸与投资合作持续深化。截至目前,双向投资累计已超过 3400 亿美元,双方互为最活跃的投资合作伙伴之一。在逆全球化趋势、新冠疫情以及俄乌冲突等国际不确定因素交织背景下,中国与东盟的投资关系依然保持稳定发展态势。

《区域全面经济伙伴关系协定》(RCEP)是中国与东盟深化投资关系的重要制度平台。该协定的投资章节及相关条款在投资准入与自由化、促进与便利化、投资保护及东道国规制权等方面体现出当前全球高水平投资协定的普遍趋势，同时也展现出显著的亚洲特色，尤其是东盟国家的制度偏好与实践基础。

(一)RCEP 国家间争端解决机制及其选择

RCEP 包含了国家间争端解决机制，中国和东盟投资争端可以诉诸 RCEP 国家间争端解决机制。RCEP 第 19 章明确设立了国家间争端解决机制，为成员国间的投资争议提供正式解决路径。根据相关内容，该机制主要采取专家组裁决模式，适用于协定下任何条款的违反争议；专家组依据国际法习惯规则解释并适用协定条文，判断一国是否履行或违反了相关义务，并发布具有约束力的裁决报告；如被诉方未履行义务，申诉方可通过协商寻求补偿协议，协商失败时则可采取中止关税减让等对等报复措施。

RCEP 还设有争端解决路径选择条款，即允许争端一方在多个可能适用的争端解决机制(例如 RCEP 争端机制、中国—东盟争端解决机制协议等)之间作出选择，一旦作出选择，即排除其他路径的适用。这一选择权的设定增强了成员国处理投资争端的灵活性，也反映出多边、区域与双边争端解决机制之间的交织互动。

(二)RCEP 国家间争端解决机制的限度

尽管 RCEP 提供了国家间争端解决机制，但从投资者视角出发，该机制仍存在明显的限制。最关键的问题在于：RCEP 并未设立投资者—国家争端解决机制(ISDS)，而仅赋予投资者母国通过国家间争端机制对东道国提出申诉。这意味着，投资者本身无法直接提起国际仲裁，仅能通过外交途径请求母国采取行动。

此外，即便母国决定发起争端解决程序，该机制所采取的救济手段也主要集中于东道国撤销或修改违约措施，以符合协定义务，而非直接给予投资者金钱赔偿。这与独立双边投资协定(BIT)或专门设立的 ISDS 机制形成鲜明对比：在 BIT 或专门设立的 ISDS 机制中，仲裁裁决通常直接面向投资者，且以金钱赔偿为主要形式。而在 RCEP 框架下，即使最终作出裁决或补偿，赔偿对象仍为母国而非投资者个人。因此，RCEP 的争端解决机制在功能定位上更接近传统自由贸易协定的国家间争端解决路径，适用于关税、非关税壁垒、市场准入等宏观层面问题，对涉及外国投资者具体权利救济的效力有限。这种设计既反映了地区政治妥协的现实，也凸显出在全球范围内关于是否引入 ISDS 机制的持续争议。

第三节 “长臂管辖”与国际知识产权争端

进入新时代以来，全球科技创新进入前所未有的活跃期，科技实力日益成为衡量国家综合竞争力的关键指标。在此背景下，国际知识产权争端日益频发，逐渐演化为国家间科技竞争的一大焦点。知识产权的司法保护已成为国际交往和全球竞争中备受关注的核心领域。

在国际民事诉讼中，法院的管辖权确立是其审理涉外案件的前提。不同国家法院对同一纠纷主张管辖，往往导致适用不同的实体法律，从而可能产生不同的裁判结果。而知识产权纠纷通常涉及巨额经济利益，影响企业产品的存续、市场份额甚至企业的生死。在新技术背景下，某些具有国际影响力的裁判结果，不仅可能确立一国法院在前沿知识产权问题上的司法立场，还可能在国际层面引发连锁反应，甚至影响国际规则的形成，提升一国在全球知识产权治理中的话语权与影响力。

正因如此，涉外知识产权民事诉讼中的司法管辖权争夺愈加激烈。按照国际民事司法中的礼让原则（comity），各国法院通常会避免干预他国法院已受理的平行诉讼。然而，随着中国科技创新的快速崛起及全球制造业版图的调整，一些欧美国家的法院，特别是美国，开始试图在特定知识产权案件中主张“长臂管辖”，扩大其法院权力的适用范围，对中国企业提出管辖要求。尽管这类尝试目前尚属个别司法实践，尚未形成普遍惯例或国际共识，但其所引发的问题值得高度关注。这种司法扩张可能会对中国企业的海外发展和知识产权权益保护构成实质性挑战，并使中国在涉外知识产权诉讼中面临更复杂的司法环境。

因此，深入研究“长臂管辖”在知识产权领域的法律基础、适用边界及应对策略，对于完善中国涉外知识产权司法体系、维护中国科技安全和企业海外利益，具有重要的现实意义和战略价值。

一、“长臂管辖”概述

“长臂管辖”(long-arm jurisdiction)原意是指当被告住所不在法院所在的州,但与该州有某种最低联系,而且所提权利要求的产生与这种联系有关时,就该项权利要求而言,即使他的住所不在该州,该州对于该被告仍然具有属人管辖权。学界使用的“长臂管辖”概念一般是指国际民事诉讼中,对作为非法院地居民且不在法院地,但与法院地有某种联系同时原告提起的诉讼又产生于这种联系时,法院对于被告所主张的管辖权,是一种用于解决“法律冲突”的管辖制度。相对于一般管辖权,长臂管辖又被称为“特别管辖权”。

除美国外,英国则通过对属地管辖权的扩张达到行使长臂管辖权的目的。传统的属地管辖是基于一国领土主权而言,一国对于自己领土内的人与发生的事应当享有管辖权。英国则依据实际支配理论扩张属地管辖,以实现“长臂管辖”,即管辖国如果不能就特定案件的判决给予有效的执行,就不得对该案件行使管辖权。该理论不要求该诉因与英国有一定的联系,也不要求被告在英国具有住所或居所,而仅仅要求其“出现”于法院地。

二、“长臂管辖”制度在跨国知识产权诉讼中的适用

随着中国实施创新驱动发展战略,中国的科技实力持续跃升,在通信、计算机、新材料等前沿技术领域已实现全球并跑甚至领跑。中国发明专利申请量已连续多年位居世界第一,打破了西方国家在部分关键技术领域的垄断格局。在此背景下,以美国为代表的部分发达国家,在宏观层面,通过高技术出口限制、审查外资并购等手段遏制我国科技企业发展;在微观层面,更加频繁地利用司法手段,尤其是“长臂管辖”制度,扩大本国法院在国际知识产权诉讼中的影响力,争夺话语权,维护本国企业利益,强化本国企业在全球知识产权规则制定中的主导地位。

“长臂管辖”制度以往适用于海事、合同、婚姻等领域,近年来逐渐向知识产权领域延伸,特别是在跨境电商和标准必要专利(SEP)纠纷中应用得更多。

(一)“长臂管辖”在跨境电子商务知识产权纠纷中的适用

随着中国跨境电商快速发展,平台企业日益面临域外司法“扩张性”管辖的挑战。美国密苏里州法院审理的“CEPIA 诉阿里巴巴案”是典型案例。该法院认为,原告主张阿里巴巴子公司对密苏里州消费者定向推送涉嫌侵权商品链接,构成系统性商业接触,并据此确立了对阿里巴巴子公司的管辖权,尽管排除了对

母公司阿里巴巴集团的管辖。这一判决表明,美国法院日益将算法推荐与用户定位视为新型管辖连接点。

该案反映出跨境电商知识产权诉讼中的双重困境:一是法院将电商技术特征转化为最低接触要件,显著扩展管辖范围;二是母公司通过境外架构规避连带责任,形成“子公司接触、母公司隔离”的防御机制。据统计,2024年,全球83%的跨境电商知识产权诉讼采用了类似技术性要件作为确立管辖的依据。

面对这一趋势,我国出台了《阻断外国法律与措施不当域外适用办法》,明确算法推送不应构成正当管辖连接点。同时,区域层面也在推动国际规则标准必要专利,如上海合作组织提出“服务器所在地+主要损害发生地”双重标准,在多国立法中得到采纳。

(二)“长臂管辖”在跨境标准必要专利纠纷中的适用

标准必要专利作为高新技术领域的重要资产,其许可费率、侵权认定与禁令发布直接影响企业市场空间和全球战略布局。近年来,以英国为代表的法院,在相关案件中频繁适用“长臂管辖”制度,超越属地原则,对全球标准必要专利许可问题作出判决,引发国际关注。

在“Unwired Planet(UP)诉华为案”中,英国法院不仅审理UP公司在英国的专利,还裁定华为需接受全球标准必要专利许可费率,否则将面临禁令。这意味着法院在未审理中国及其他国家专利有效性和侵权事实的情况下,强行制定全球许可条款,突破了知识产权地域性原则。

类似做法亦见于“Conversant诉华为案”,虽然华为在中国法院提起确认不侵权之诉,但英国法院依然坚持其对全球FRAND(公平、合理、无歧视)费率的裁定权,认为自身具备处理全球争议的管辖权。英国法院的这些裁决正推动一种不合理趋势:即专利权人(包括专利运营公司)可在任意一国法院提起诉讼,即便没有有效专利也能主张全球许可。这种滥用“长臂管辖”的做法,对中国企业的全球业务布局构成威胁,可能严重损害其创新能力和商业安全。

三、“长臂管辖”的应对

如前所述,“长臂管辖”本质上是对一般属地管辖和属人管辖原则的突破,一定程度上有助于缓解一般管辖原则的机械性,为当事人诉权提供更多样的保障。

实践中,“长臂管辖”的适用也并非没有限制,而是要受到正当程序原则、不方便法院管辖原则、效果原则、自愿承认原则等的限制。然而,必须看到,“长臂管辖”的实践不仅是制度本身使然,更来源于强大的司法自信以及对于本国利益保护的目的,是一国综合国力的体现。当前,虽然“长臂管辖”在跨国知识产权诉讼中的适用尚未普遍，但已对我国企业甚至是司法主权产生了重大影响，值得我们深入研究，及时采取妥善应对措施。

当前，欧美法院在中国知识产权诉讼中对“长臂管辖”的适用呈现扩张之势，直接导致了中国知识产权司法保护的困境，突出表现在如下方面：一是违反地域性原则，损害我国司法主权。欧美法院不顾“正当法律程序原则”“不方便法院原则”等的限制，肆意依照“效果原则”等扩大适用“长臂管辖”，这既是对 WTO 关于知识产权国际保护的地域性原则的违反，更是对我国司法主权的僭越，是对我国司法权威的损害。二是损害我国司法公信力，降低我国司法权威。

第四节　数字经济规制

数字经济的发展给国际规则带来了全新挑战。不同国家和地区通过自由贸易协定建立起数字经济规制框架，反映了各自的技术实力、产业结构和价值观偏好。RCEP（区域全面经济伙伴关系协定）、CPTPP（全面与进步跨太平洋伙伴关系协定）和 DEPA（数字经济伙伴关系协定）是当前最具代表性的三个国际数字经济规则体系，展现出不同的发展路径和治理理念。

一、RCEP 与 CPTPP 数字规则的对比

RCEP 和 CPTPP 都包含数字贸易的相关内容，但规则设计存在以下差异。

（一）数字关税

两者都提出对电子传输的内容免征关税。CPTPP 明确规定永久免征；RCEP 虽然表明现阶段不征收，但未来有调整的可能。

（二）电子交易和签名

两者都承认电子交易和电子签名的法律效力。RCEP 对部分成员国（如柬埔寨、老挝）给予宽限期，体现包容性。CPTPP 则标准更高，无例外条款。

（三）互联网基础设施

CPTPP 鼓励互联网服务商就网络互通费用进行协商，加强数字基础设施合作。RCEP 对此未作规定。

（四）数据与消费者保护

两者均要求加强在线消费者和个人信息保护。CPTPP进一步提出防止歧视性数据处理，并鼓励成员间兼容规则设计。

二、DEPA

DEPA是由新加坡、智利、新西兰于2020年签署的全球首个数字经济专门协定，旨在推动数据流动、电子支付、网络安全和人工智能伦理治理等领域的国际合作。其特点是：规则灵活，可根据技术发展调整；开放性强，欢迎新成员加入；前沿议题广，关注AI、数据安全与平台责任；具有全球吸引力。

三、不同路径下的数字经济治理模式

当前，全球在数字经济规则的制定上大致形成了两种典型模式：一是以美国为代表的开放型模式，二是以欧盟为代表的保护型模式。这两种模式体现了各方在数据流动、信息保护与技术发展方面的不同战略重点。

以美国主导的CPTPP、USMCA等协定为代表的开放型模式，强调数据跨境自由流动，反对强制数据本地化，主张禁止强制披露源代码或算法，并推动数字服务在全球市场的自由流通。这一模式有利于跨国平台和大型科技企业的扩张，体现出高标准、强开放、技术驱动的特点。

相对而言，欧盟推动的保护型模式则更注重个人信息和隐私权的保护。《通用数据保护条例》（GDPR）对数据跨境流动设立严格限制，要求“充分性决定”等法律前提，以保障欧盟用户数据安全。此外，欧盟—日本经济伙伴关系协定也延续了这一模式，规避对数据自由流动的明确承诺，突出数据主权与人权保障。

这两种模式分别代表了对技术开放与监管审慎的不同理解，既体现了数字经济发展的多元化，也反映出国际规则博弈中日益凸显的价值差异。中国在参与全球数字经济治理过程中，需要充分理解各方立场，在推动数字贸易便利化的同时，也要注重数据安全与个人信息保护的平衡。

本章小结

本章概述了数字时代下的全球规则博弈，主要讨论了跨国经营中不同法系之间的冲突。全球主要法律体系包括英美法系、大陆法系、伊斯兰法系、中华法系以及中国特色社会主义法律体系。本章主要分析了英美法系和大陆法系的联系和区别，以及两者在国际经营中的实际运用。本章还帮助学生了解如下内容："长臂管辖"的内涵与外延，"长臂管辖"在跨国知识产权诉讼中的适用，以及该如何应对"长臂管辖"，知识产权保护成为全球经济竞争的重要组成部分，尤其是在数字经济迅速发展的背景下，企业的国际化进程面临着更高的法律风险，中国企业需要不断加强法律合规管理，理解和遵循目标国家或地区的法律法规，以确保在全球市场中的稳定发展。

参考文献

[1]娄卫阳. RCEP争端解决机制中特殊与差别待遇条款：意义、挑战与路径[J]. 太平洋学报，2021，29(11)：26-39.

[2]彭德雷，周围欢，胡加祥. 国际经贸争端解决路径的新实践及其时代价值：基于WTO上诉仲裁第一案的考察[J]. 国际贸易，2023(5)：38-47.

[3]王立民. 论中华法系的创新发展[J]. 东方法学，2022(5)：4-14.

[4]王立民. 传承中华优秀传统法律文化视野下的中华法系[J]. 政治与法律，2023(3)：2-17.

[5]伍穗龙，陈子雷. 从NAFTA到USMCA：投资争端解决机制的变化、成因及启示[J]. 国际展望，2021，13(3)：58-75,154-155.

[7]杨利华，王诗童. 科技创新的法律之治：科技法律体系的构建研究[J]. 科学管理研究，2022，40(5)：2-12.

[8]张惠彬，何易平. WTO上诉机构停摆背景下国际知识产权纠纷解决的出路：基于ISDS实践的分析[J]. 国际经济法学刊，2023(3)：127-142.

第四章　价值观塑造和企业社会责任

学习目标

1.理解并掌握企业价值观塑造的缘由与方法。

2.认识商业伦理的基本内容。

3.了解如何注重商业伦理。

4.认识企业社会责任。

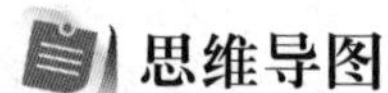

思维导图

第一节 企业数字价值观塑造

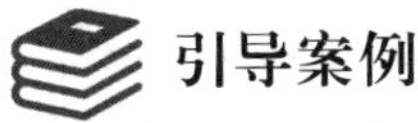

引导案例

特朗普被起诉

2023年3月30日，美国纽约曼哈顿大陪审团投票决定起诉美国前总统特朗普。在特朗普总统任期结束后，他因一系列与竞选活动相关的财务问题而面临法律纠纷。随着调查的深入，多个州和联邦机构开始对他的行为进行审查，并最终决定起诉。这将使特朗普成为美国历史上第一位面临刑事指控的前总统。这一事件在美国引起广泛的关注和讨论。

特朗普被起诉的主要内容包括财务欺诈、税务逃避和干预选举等。检方指控他在竞选期间通过其家族企业和律师团队采取了一系列不当行为，包括虚构财务记录、逃避税务以及试图通过非法手段影响选举结果。检方在起诉过程中提供了一系列证据，包括文件、电子邮件、银行转账记录等，以支持对特朗普的指控。调查还发现，特朗普可能与多名证人存在串谋行为，以掩盖真相。这些证据和调查结果成为起诉的关键内容。

（资料来源：岳川.特朗普被起诉或引发三重后果[EB/OL].[2025-04-21]. https://www.chinanews.com.cn/gj/2023/04-03/9983203.shtml.）

引导问题：

1.根据特朗普被起诉事件，你认为企业应如何反思并调整自己的价值观和行为准则？

2.你从这个事件中得到哪些重要的启示？

企业在现代社会中扮演着多重角色，除了承担经济责任和法律责任外，更应当积极履行社会责任和道德责任。这一精神对于正在成长的青年学子而言，具有重要的指导意义。作为学生，不仅要关注个人的学业发展，还要培养自身的社会责任感和道德观念。

一、企业价值观的塑造

企业价值观是指企业在长期的经营实践中形成和遵循的,关于企业行为、员工行为以及企业与社会、环境之间关系的根本信念和原则。它反映了企业的文化核心,决定了企业的决策方向、管理风格以及员工的行为准则。企业价值观不仅仅是企业的一种信仰,更是一种行为的指导原则,它引导着企业在面对各种挑战和机遇时作出符合其信念和原则的决策。

从广义的角度来看,企业价值观是一个企业在社会、环境、经济等多个维度上所持的基本信念和原则。它不仅涵盖了企业在经营过程中对经济利益的追求,更体现了企业在社会责任、环境保护、公众福祉等方面的承诺和贡献。广义的企业价值观是一个综合性的概念,它要求企业在追求经济利益的同时,也要考虑到社会和环境的长远影响,实现经济、社会和环境的协调发展。

从狭义的角度来看,企业价值观主要关注企业在内部管理和运营过程中所遵循的基本信念和行为准则。它主要是指企业的使命、愿景和核心价值观,为企业的日常决策、员工行为、团队协作等方面提供指导。狭义的企业价值观更加注重企业内部的一致性和效率,以确保企业能够在竞争激烈的市场环境中保持稳健的发展。

企业价值观是指导企业决策和行为的根本原则,反映了企业的核心信仰和追求,不仅仅是企业文化的基石,也是塑造企业愿景和使命的重要基石。在确立企业价值观的基础上,可以进一步明确企业的愿景和使命。

企业愿景反映了企业对自身未来发展的远大抱负和期望。它通常描述了一个理想的状态或目标,代表企业想要在未来达成的成果或状态。愿景通常涉及企业在市场中的地位、技术创新、社会影响以及对环境的影响等方面,是企业战略规划的起点,为企业提供清晰的方向和目标,引导企业决策和行动。愿景通常表达企业对社会、客户和员工的责任和承诺,以及企业对自身发展的期望。通过传达愿景,企业能够激发员工的热情,增强员工的凝聚力和向心力,使所有成员朝着共同的目标努力。

企业使命是企业存在的根本理由和目的,它阐述了企业为什么要存在、为谁服务以及如何实现其价值。企业使命是企业行为的指导原则,定义了企业的核心竞争力和市场定位,以及企业如何为社会和利益相关者创造价值;体现了企业的核心价值观和原则,是企业决策和行动的基础;指导企业在市场竞争中如何定位自己,如何满足客户的需求和期望,如何与合作伙伴和利益相关者建立关系;反映了企业的社会责任和道德标准。通过明确企业的使命,企业能够建立清晰的品牌形象,吸引和保留优秀的员工,建立稳固的客户关系,为社会和利益相关者带来积极的影响，在市场竞争中保持竞争力并持续发展。

在当今高度竞争和快速发展的商业环境中，企业价值观是企业成功的核心影响因素，主要包括以下几个方面。

1.诚信与道德

诚信与道德是企业价值观的基础，它们在构建企业信誉和使企业维持长期成功中扮演着至关重要的角色。诚信不仅意味着信守承诺、坦诚相待，还意味着企业在所有业务活动中都秉持诚实、公正和透明的原则。道德则要求企业在追求经济利益的同时，始终坚守社会公德和伦理原则，维护公共利益，避免损害社会和他人的权益。诚信与道德的建立需要企业领导层的示范和引导，通过制度建设和文化培育，使其成为企业员工的共同信仰和行为准则。

2.创新与进取

在快速变化的市场环境中，创新与进取是企业保持竞争力的关键。创新意味着企业勇于尝试新的技术、新的管理模式和新的商业模式，推动产品和服务的不断升级。这种创新精神要求企业具备敏锐的市场洞察力，能够捕捉市场趋势和消费者需求的变化，并快速作出响应。进取则要求企业不满足于现状，始终保持对更高目标、更大成就的追求。企业需要鼓励员工勇于挑战自我、追求卓越，通过不断的努力和创新，实现企业的持续发展和进步。

3.团队协作与合作

团队协作与合作是企业实现目标的重要保障。一个团结、协作的团队能够产生强大的凝聚力和创造力，有效应对各种挑战。在团队中，每个成员都能够发挥自己的优势，相互支持、相互配合，共同推动企业的进步。同时，企业也要与合作伙伴、行业内的其他企业合作，通过资源共享、优势互补，实现共同发展。这种要求企业建立开放、包容的企业文化，鼓励员工之间的交流和合作，促进不同部门和团队之间的协同工作，以共同实现企业的战略目标。

4.责任与担当

责任与担当是企业对社会、对员工的承诺和期望。企业不仅要追求经济效益，还要积极履行社会责任，为社会的繁荣和进步作出贡献。这种责任感要求企业在决策和行动中充分考虑社会和环境的影响，避免对环境和社会造成负面影响。同时，企业也应要求员工勇于担当，敢于面对挑战和困难，勇于承担责任。企业需要建立明确的责任体系和激励机制，鼓励员工在工作中积极承担责任、主动解决问题，为企业的发展和进步贡献力量。

5.客户满意度

客户满意度是衡量企业服务质量的重要标准，也是企业持续发展的基石。在竞争激烈的市场环境中，客户满意度直接关系到企业的生存和发展。企业需要深入了解客户需求和期望，提供高质量的产品和服务，不断提升客户体验。同时,企业还需要建立有效的客户反馈机制,及时收集和分析客户反馈,不断改进和优化产品和服务,以满足客户不断变化的需求。通过不断提升客户满意度,企业可以建立长期的客户关系,增强客户忠诚度,从而实现可持续发展。

6.持续学习

在知识经济时代,持续学习已经成为企业保持竞争力的必要条件。企业需要不断学习新知识、新技能、新思维,以适应快速变化的市场环境。这种持续学习的精神要求企业建立学习文化,鼓励员工进行自我提升和知识更新。同时,企业也需要为员工提供丰富的学习资源和培训机会,帮助他们不断提升自己的能力和素质。通过持续学习,企业可以保持对新技术和新趋势的敏感性,及时把握市场机遇,从而实现持续的创新和发展。

7.质量至上

质量是企业的生命线,也是企业赢得客户和市场的基础。在产品和服务同质化竞争激烈的今天,质量成为企业竞争的核心要点。企业需要建立完善的质量管理体系,从产品设计、生产、销售到售后服务的每一个环节都严格把控质量。同时,企业还需要培养员工的质量意识,让他们明白质量对于企业的重要性,并在工作中始终坚持质量至上的原则。通过不断提升产品和服务的质量,企业可以赢得客户的信任和忠诚,从而在市场中获得更大的竞争优势。

8.环境保护

随着全球环境保护意识的提升,环境保护已经成为企业不可忽视的重要议题。企业需要积极采取环保措施,降低生产过程中的环境污染和资源消耗,推动绿色、可持续发展。这种环保精神要求企业在决策和行动中充分考虑环境保护的因素,避免对环境造成负面影响。同时,企业也需要倡导员工积极参与环保活动,提高环保意识,共同为保护环境、建设美好家园贡献力量。通过积极履行环保责任,企业可以树立良好的社会形象,赢得社会的认可和尊重,从而为企业的长期发展创造有利条件。

总而言之,企业价值观是一个复杂、丰富的体系,涵盖了诚信与道德、创新与进取、团队与合作、责任与担当、客户满意度、持续学习、质量至上、环境保护等多个方面。这些价值观相互关联、相互促进,共同构成企业文化的核心。一个拥有清晰、积极向上价值观的企业将更有可能在激烈的市场竞争中脱颖而出,实现持续的发展和创新。因此,企业在发展过程中应不断检视和完善自己的价值观体系,确保其能够引导企业走向更加美好的未来。

沃尔玛企业价值观：正能量之光照亮零售巨擘

沃尔玛作为全球零售业的佼佼者，其成功的秘诀之一便是其深入人心的企业价值观。沃尔玛的企业价值观是尊重个人、服务顾客、追求卓越和诚信行事。这些价值观共同构成了沃尔玛企业文化的核心，为公司的长期稳定发展提供了坚实的支撑。这些价值观不仅为沃尔玛在全球零售业的成功奠定了基石，为员工提供了明确的行为准则和价值取向，也为顾客创造了无与伦比的购物体验，让沃尔玛散发着正能量的光芒。

在沃尔玛，尊重每一位员工被视为核心价值观之一。公司始终相信，只有当员工受到尊重时，他们才会全身心地投入工作中，为顾客提供更好的服务。因此，沃尔玛不仅为员工提供具有竞争力的薪酬和福利，还为他们创造了一个充满关爱和支持的工作环境。在这样的氛围中，员工们自豪地穿着沃尔玛的制服，以热情、专业和真诚的态度服务每一位顾客。

同时，沃尔玛始终秉持着顾客至上的原则。公司深知，只有满足顾客的需求，才能在激烈的市场竞争中立于不败之地。因此，沃尔玛不断倾听顾客的声音，通过优化商品结构、提升购物环境、完善售后服务等方式，为顾客提供一站式购物的便利和舒适。这种以顾客为中心的服务理念，让沃尔玛赢得了广大顾客的信赖和喜爱。

此外，沃尔玛还积极践行社会责任，致力于环保和公益事业。公司倡导绿色采购和低碳运营，推动可持续发展；同时，通过捐款、捐物、志愿服务等方式，为社区和弱势群体提供帮助和支持。这些行动不仅展示了沃尔玛的社会责任感，也为沃尔玛的员工和顾客树立了良好的道德榜样。

正是这些正能量的企业价值观，让沃尔玛成为一个充满活力和吸引力的企业。在这样的企业文化熏陶下，员工们更加团结、奋进，为顾客创造更多价值；顾客们也能感受到沃尔玛的真诚和热情，成为忠诚的拥趸。在沃尔玛的每一个角落，正能量都在传递着温暖和力量，照亮着企业和员工的前行之路。

（资料来源：桓睿天泽.连续11年位居世界第一，沃尔玛凭什么？[EB/OL].[2025-04-30]. https://caifuhao.eastmoney.com/news/20241206104729279121260.）

二、企业价值观的作用

企业价值观，作为企业文化的灵魂和精髓，不仅承载着企业的精神追求和价值取向,更是构筑其长期竞争力和实现可持续发展的坚实基础。企业价值观如同企业的灵魂指南针,引领着企业在复杂的商业环境中坚定前行,使企业无论遇到何种挑战和诱惑,都能坚守初心、不改其志。企业价值观不仅仅是一个简单的口号或标语,而是深植于企业内部的信仰和准则,它渗透到企业的每一个决策中,影响着每一个员工的行为准则,同时也塑造着企业在市场中的独特定位和品牌形象。清晰深刻的企业价值观,如同一面鲜明的旗帜,能够吸引志同道合的伙伴,激发员工的归属感和使命感,形成强大的凝聚力和向心力。

在日益激烈的市场竞争中,企业价值观的独特性和积极性显得尤为重要,它不仅是企业与外界沟通的桥梁和纽带,更是企业在市场竞争中脱颖而出的关键所在。一个积极向上、符合时代潮流的企业价值观,能够让企业在变革中抓住机遇,乘势而上,实现持续创新和发展。因此,确立并坚守正确的企业价值观,对于企业的长远发展而言,是一种精神追求,更是一种战略选择。这要求企业不仅在商业活动中追求经济效益,更在社会责任、道德伦理等方面积极作为,实现经济、社会、环境等多方面的和谐共生。只有这样,企业才能在激烈的市场竞争中立于不败之地,赢得社会的广泛认可和尊重,实现真正的可持续发展。

(一)指导决策与行为规范

企业价值观如同企业的道德罗盘和行为准则,它为所有企业员工提供了判断是非、权衡得失的标准。在面临复杂商业决策时,价值观可以作为决策依据,帮助企业在追求利润的同时坚守道德底线,作出符合社会公德、法律法规的选择。对于员工个体而言,价值观明确了他们在日常工作中的行为规范,帮助他们知晓在处理内部关系、服务客户、应对挑战时,应遵循哪些原则、弘扬哪些精神,从而确保行为的一致性和道德性。

(二)塑造独特企业文化

企业价值观是企业文化的核心组成部分,它塑造了企业的精神风貌和个性特征。独特且积极的企业价值观能够吸引志同道合的员工,有助于形成凝聚力强的团队,提升员工对企业的归属感和忠诚度。同时,企业鲜明的价值观还有助于企业向外界传达经营理念和品牌承诺,有利于企业塑造良好的公众形象,提升客户、合作伙伴及社会各界对企业的认可度和信任度。

(三)提升组织效能

共享的价值观能够促进企业内部沟通与协作,减少因观念冲突导致的内耗。当所有员工都明确知道企业的优先事项、工作原则和期待的行为模式时,他们能更高效地协同工作,达成共识,提高执行力。此外,价值观驱动的管理方式可以激发员工的内在动机，促使他们超越单纯的职责履行，主动创新、追求卓越，从而提升整个组织的创新能力和绩效水平。

(四)保障战略一致性

企业价值观与企业的战略方向紧密关联，为企业战略规划和执行提供了理念支撑。清晰的价值观有助于确保企业各项决策、行动计划与长远战略目标保持一致，防止短期利益与长期愿景之间的脱节。当企业面临转型、扩张或其他重大变革时，强大的价值观体系能够帮助企业平稳过渡，确保变革过程中各方利益的协调与平衡，减少变革阻力。

(五)应对危机与变化

在面对市场波动、行业变革、突发危机等不确定情境时，坚定的企业价值观犹如灯塔，能为全体员工指明方向，以及提供应对挑战的精神力量。价值观可以帮助企业在困境中坚守原则，作出负责任的决策，保护利益相关者的权益。同时，适应性强的价值观能够在变化中自我更新，引领企业顺应趋势，抓住机遇，实现持续发展。

(六)吸引与保留人才

在当今竞争激烈的人才市场中，企业价值观已成为求职者和企业现有员工评价企业的重要依据。与个体价值观相符，企业就能吸引优秀人才的加入，并激发他们长久的敬业精神和工作热情。反之，如果企业价值观与个体价值观严重冲突，就可能导致人才流失，增加企业招聘和培养成本。因此，关注并积极传播符合时代精神与员工期待的企业价值观，是构建优质人才队伍、维持企业竞争力的关键。

三、塑造企业数字价值观

企业数字价值观指的是在数字化转型和运营过程中，企业遵循和强调的核心价值观和行为准则。随着数字技术的发展和应用，企业越来越多地依赖于数据驱动的决策、云计算、人工智能、物联网等技术来提升效率、创新产品和服务，以及优化客户体验。在这一背景下，企业数字价值观成为引领和塑造企业数字化转型过程中的关键因素，确保技术应用与企业的长远目标和伦理标准一致。

(一)为什么要塑造企业数字价值观

在人工智能、大数据、云计算等技术重塑产业格局的当下，数字化已不再只是工具层面的变革,而是深入企业战略、组织文化、员工行为与客户关系的全过程。在这一背景下,企业塑造明确的数字价值观,不只是对发展趋势的回应,更是为了构建未来在市场上的竞争力。

第一,数字价值观为企业提供战略方向和判断标准。它决定了企业如何看待技术、如何运用数据、如何与社会互动。在数字技术快速演进、商业模式不断变化的环境中,企业需要一套稳定、清晰的价值指引,来确定是选择效率优先,还是兼顾安全与责任,是追逐流量红利,还是以用户长期信任为本。这种价值观不仅影响产品设计和服务交付,更深刻塑造企业的战略逻辑与长期目标。

第二,数字价值观是企业内部凝聚力的驱动器。在数字时代,员工不仅需要技能,更需要认同感。尊重数据伦理、重视技术人文、强调协作共享的数字价值观,能够增强员工的使命感与归属感。尤其是面对远程办公、弹性组织、跨地域协作等新型工作形态时,统一的价值观能为员工提供方向感与稳定感,提升组织韧性。

第三,数字价值观是赢得客户信任的关键。在一个数据就是信用、体验就是品牌的时代,客户不再只看产品质量,而是更看重企业的数字行为。例如,企业如何处理个人数据、是否公开算法逻辑、是否保护用户隐私等,已成为客户选择和信任企业时的重要参考。明确的数字价值观,能够向客户传达企业的责任意识与信任承诺,提升企业的客户黏性和品牌忠诚度。

第四,在面对技术带来的不确定性时,数字价值观也是企业应对风险的“压舱石”。数字技术本身具有快速演化和风险并存的双重属性,数据泄露、技术滥用、算法偏见等问题频发。企业如果缺乏数字价值观,就难以在危机中作出稳健判断。而一套成熟的数字价值观,能帮助企业在面对监管、社会舆论和道德考验时,站稳立场、主动应对。

第五,数字价值观正逐步成为企业软实力的一部分,是企业文化的重要延伸。它不仅影响企业内部运营,也决定企业在公众面前的品牌形象和社会评价。在 ESG 理念日益被重视的今天,企业在数字伦理、技术透明、社会责任等方面的表现,也在被投资人、合作伙伴、消费者持续评估。

综上所述,塑造数字价值观不仅是技术落地的基础,更是组织进化的保障。未来的优秀企业,必将是那些既拥有先进技术也拥有正确价值观的企业。

(二)企业数字价值观塑造路径

在生成式人工智能、数据智能与平台经济加速重塑商业模式的背景下,企业不仅要“用数字”,更要“有方向地用”。数字价值观作为企业在数字时代的行为准则与文化核心,决定了技术如何被用、数据如何被处理、创新如何被引导,直接影响组织的可持续性与信任基础。

企业数字价值观的塑造，关键不在于“写在口号里”，而在于是否真正内化为企业的战略逻辑、员工行为和日常决策。本小节从八个方面，勾勒塑造数字价值观的核心路径。

1.以战略性思维定位数字角色

企业必须先回答一个核心问题：我们为什么数字化，是提升效率，是打造新增长曲线，还是构建平台能力？明确数字化在企业战略中的地位，是塑造企业数字价值观的起点。数字价值观不是附属，而是企业未来战略思维的一部分。

2.以文化引导激活数字意识

数字化转型不是纯技术工程，更是认知升级。企业应推动从上至下的数字文化建设，让“用数据说话、以用户为本、对技术负责”成为企业默认的思维方式。高层领导必须率先垂范，将数字伦理、安全、创新纳入企业文化核心。

3.以真实业务检验技术导向

企业不能为了技术而技术，数字工具必须服务于企业真实业务问题。每一个引入的系统、平台、算法，都要回答两个问题：解决了哪个关键痛点？是否放大了用户价值？也就是说，企业数字价值观必须体现在选择什么、不选择什么上。

4.以责任优先建设数据伦理

数据是资产，更是责任。企业应制定数据最小化原则、公平算法规则和用户隐私保障机制，明确什么数据可以用、谁能用、如何用。在人工智能时代，企业不能只谈效率，还必须思考“这是否合伦理”。

5.以机制设计鼓励创新行为

创新不是靠号召，而是靠制度。企业可设立数字创新基金、失败容忍条款，或开放内部应用程序编程接口和沙盒环境，营造一种可以试错、值得试错的氛围。真正的数字价值观体现在对探索者的善意回应上。

6.以绩效复盘建立数据闭环

数字价值观不只是愿景，也要纳入考核。企业应定期评估数字投入带来的效率提升、客户满意度变化、员工参与度等，形成“目标—实践—反馈—优化”的闭环，推动数字文化从理念变为日常。

7.以人才战略夯实数字底座

没有数字人才，就没有数字价值。企业要将会数据、懂业务、有责任感的复合型人才纳入培养重点，通过跨部门项目、导师制度、开放式学习等方式提升全员数字素养，真正打造数字驱动的组织能力。

8.以生态思维共建数字信任

在平台化、协同化趋势下，企业的数字价值观不应只针对内部，更应面向外部。通过与客户、供应商、政府、高校的合作，推动共同的数据治理、技术准则、伦理标准，共建可信赖的数字生态，是塑造价值观的外延表达。

企业塑造数字价值观是一个系统性、长期性的过程。企业需要明确数字战略定位、培养数字思维文化、优化数字技术应用、强化数据安全治理、激励数字创新实践、评估数字绩效成果、深化数字人才培养和拓展数字合作生态等多方面的举措。只有这样,企业才能在数字化浪潮中立于不败之地,实现持续稳健的发展。

第二节 为什么要关心商业伦理

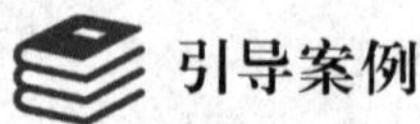

引导案例

长安福特因低俗广告引发争议

2021年5月18日,长安福特在官方微博平台上发布了一段宣传视频,旨在吸引公众目光,突出其新款汽车的特色。然而,这则广告却因文案中的不当内容引发了广泛的争议和批评。

这段宣传视频的文案中有这样一句话:"日本动漫中男生高速奔跑掀起女生的裙子,是真的吗?"随后,还附带了"带你一饱眼福"等话题词。这样的表述被许多网友认为不尊重女性、内容低俗且缺乏品位。

尽管《广告法》中确实允许广告中使用"夸张的表现手法",但长安福特此次的广告明显超越了公众对于"夸张"的合理认知。广告作为传递品牌价值和信息的媒介,应该遵循社会公序良俗,尊重公众的感受。然而,长安福特的这则广告却未能做到这一点,因此引发了广泛的质疑和不满。

在受到众多网友的指责和批评后,长安福特迅速作出反应,删除了原先的微博内容,并通过其官方微博平台就此次事件进行了道歉。在道歉声明中,长安福特承认了在广告创意上的不当之处,表示深刻反思,并向所有受到影响的公众表示诚挚的歉意。

(资料来源:青平:"低俗营销"只会自毁企业形象[EB/OL].[2025-04-30].中国青年网. https://baijiahao.baidu.com/s? id=1700500732739931506.)

引导问题:

1.根据该案例,你对商业伦理的重要性和实践价值有何认识?

2.从该案例中你获得哪些关于商业伦理的启示?

一、何为商业伦理

在全球化与数字化深度融合的商业环境中，企业不再只是盈利工具，更是社会责任的承担者与价值体系的传播者。商业伦理作为连接企业行为与社会规范的桥梁，正日益成为企业可持续发展的关键因素。从数据隐私到环境责任，从公平竞争到员工权益，商业伦理不仅关乎企业的形象与声誉，更直接影响其生存与成长的边界。本节将引导学生理解商业伦理的基本理念，分析现实中的道德冲突，思考如何在快速变化的商业世界中坚持正确的价值判断与行为选择。

（一）商业伦理的定义

商业伦理（Business Ethic，简称 BE）也称商业道德，是指商业活动中所涉及的道德原则、规范和价值观。商业伦理是商业与社会关系的基础，它关注商业活动中人与人的伦理关系及其规律，旨在建立有利于商业发展和社会和谐的伦理秩序，主要包括商业主体应该遵守的商业行为原则和规范，以及应当树立的商业精神等。

商业伦理的核心在于商业活动中的价值观、道德原则和行为规范，涉及商界中人与人、企业与企业之间的相互关系，特别是商业活动中的利益分配和道德责任问题。

商业伦理不仅仅是一种道德规范，也是企业成功的关键影响因素。在商业实践中，企业应遵循负责任、公平、尊重他人以及保护私人信息的道德准则。这些准则具体涵盖消费者权利和利益、企业社会责任、合规管理等多个维度。遵循商业伦理的企业能够赢得消费者的信任，建立良好的品牌形象，并与合作伙伴建立稳固的关系，从而实现商业上的成功。

商业伦理的范畴广泛，涉及多个方面，这些方面共同构成商业活动中应遵守的道德规范和原则。本书中提到的商业伦理主要包括诚信经营、社会责任、法律法规、员工关怀、公平竞争与可持续发展这几个方面。

1.诚信经营

诚信经营是商业伦理的核心范畴之一，它要求企业在所有商业活动中保持诚实、真实和透明。它不仅是建立企业声誉和客户信任的基础，更是维持健康商业环境的基石。

诚信经营涵盖了企业的所有行为和交流，包括广告宣传、产品或服务的质量保证、价格设定、合同履行等。企业必须以诚信为本，不做虚假宣传，不隐瞒或误导消费者，确保所提供的信息准确无误。同时，企业还需信守承诺，对消费者、合作伙伴和员工负责，维护商业关系的稳定和持久。诚信经营还意味着企业在追求经济利益的同时,不损害社会的整体利益和公共秩序。此外,诚信经营还要求企业在商业活动中展现公正和公平,尊重竞争规则,不进行不正当竞争或损害竞争对手的合法权益。

诚信经营不仅是企业短期发展的保障,更是其长期可持续发展的基石。一个诚信的企业能够赢得客户的信任和支持,建立良好的品牌形象,为企业的长远发展奠定坚实的基础。同时,企业诚信经营也有助于提升整个社会的商业道德水平,促进经济的健康发展和社会进步。

2.社会责任

首先,企业的社会责任体现在企业在追求经济效益的同时,注重可持续发展,不追求短期利益而损害长期利益。其次,随着环境问题日益严重,企业有责任采取环保措施,减少对环境的影响,促进资源的合理利用和环境的保护。这不仅可以提升企业的形象,还可以为企业的可持续发展奠定基础。最后,企业的社会责任还体现在对社会的贡献上。企业应当积极参与公益事业,为社会发展作出积极贡献。同时,企业还应关注员工福利和社区发展,维护社会和谐稳定。企业积极履行社会责任,有利于树立正面的形象,以及提升长期竞争力和社会的整体福祉。

3.法律法规

法律法规是商业伦理的重要组成部分,它为商业活动提供了明确的指导和规范。商业活动必须严格遵循国家法律法规,确保商业行为的合法性和合规性。法律法规为商业活动提供明确的行为准则,它规定商业活动中可以做什么、不可以做什么,以及应该怎么做。这些规定有助于保障商业活动的有序进行,维护公平竞争的市场环境。法律法规对商业行为进行规范和制约,商业活动涉及众多利益关系和权益保障问题,法律法规通过制定明确的权利和义务规范,保护了各方的合法权益,防止商业活动中出现不正当行为和违法行为。法律法规对商业伦理的建设起到推动作用,法律法规的制定和执行,有助于培养和弘扬商业伦理观念,引导企业树立诚信经营等核心价值观。法律法规中明确的处罚条款,也为企业的行为设置了明确的红线,促进了商业活动的健康发展。

商业伦理中的法律法规是商业活动不可或缺的重要组成部分。它提供了明确的行为准则,规范和制约了商业行为,推动了商业伦理的建设,为商业活动的健康发展提供了有力保障。

4.员工关怀

员工关怀是商业伦理中不可忽视的一部分,它强调企业在追求经济利益的同时,应当关注员工的权益和福祉,营造和谐、公正的工作环境。

员工关怀的核心在于认可员工的价值,给予员工尊重,确保他们在工作中得到公正对待,包括为员工提供合理的工作安排、保障他们的安全和健康、确保他们获得应有的报酬和福利。企业还应该关注员工的成长和发展,为他们提供培训和教育机会,帮助他们提升技能和能力,实现个人和职业的双重成长。此外,员工关怀还体现在企业营造积极的工作氛围上。企业应当倡导团队合作、互相支持的企业文化,鼓励员工积极参与决策和管理,发挥他们的创造力和潜能。同时,企业还应该关注员工的心理健康和工作压力,为他们提供必要的心理支持和帮助,确保他们能够以积极、健康的心态投入工作中。

5.公平竞争

在商业活动中,所有参与者都应遵循一定的规则和原则,以公正、透明和诚实的态度进行竞争。公平竞争意味着每个企业都有平等的机会参与市场竞争,不受任何不公平的限制或偏见。它要求企业在商业活动中遵循同样的规则和标准,不通过不正当手段获取优势地位。同时,公平竞争也要求企业在商业决策和行动上保持透明,公开披露相关信息,以便其他企业和消费者能够作出明智的决策。

为了实现公平竞争,企业应遵循诚信原则,不进行虚假宣传、价格欺诈等不正当竞争行为。此外,企业还应尊重知识产权和商业秘密,不进行侵权行为。同时,公平竞争也要求企业在面对竞争压力和商业利益时,保持理性和克制,不进行恶意竞争或损害竞争对手合法权益的行为。

公平竞争不仅有助于维护市场秩序和消费者利益,还能促进企业的长期可持续发展。在公平竞争的环境下,企业只能通过提高产品质量、创新服务和降低成本等正当手段来获得竞争优势,这将推动整个行业的进步和繁荣。

6.可持续发展

商业伦理中的可持续发展,指的是企业在追求经济效益的同时,积极关注环境保护、社会责任和长期价值追求,以实现经济、社会和环境的协调发展。可持续发展不仅是企业社会责任的体现,更是企业长远发展的基石。它要求企业在经营活动中不仅要考虑自身的利益,更要兼顾生态环境、社会公正和未来发展。通过采用环保技术、履行社会责任、坚持公平交易、合理利用资源、保障员工权益、维护消费者权益、构建和谐社区以及追求长期价值,企业可以在创造经济价值的同时,为社会的可持续发展作出积极贡献。这种商业伦理观念的实现,不仅有利于企业的长远发展,也有利于整个社会的和谐与进步。

综上所述,商业伦理的范畴涉及多个方面,包括诚信经营、社会责任、法律法规遵守、员工关怀与权益保障以及公平竞争与市场秩序等。这些方面共同构成了商业活动中应遵守的道德规范和原则,对于维护企业声誉、促进长期发展具有重要意义。同时,遵循商业伦理也是企业应对各种挑战和风险的重要保障,是企业走向成功的关键路径之一。

(二)商业伦理的兴起及发展

商业伦理并非现代产物,其历史几乎与商业本身一样悠久。在中国,商业伦理的思想源远流长,早在先秦时期,儒家、道家等思想体系就为商业活动赋予了道德内涵。其中,儒家思想对中国古代商业伦理的影响最为深远。《论语》中的"君子喻于义,小人喻于利"强调应以道义为先、不唯利是图,"君子信而后劳其民"则明确提出诚信为本。儒家还倡导承担社会责任、做善事回馈社会,如"勿以恶小而为之,勿以善小而不为"等,至今仍是商业道德的价值支撑。儒家的中庸之道也深刻影响了商业决策理念。它强调平衡与和谐,主张在逐利之外兼顾长远发展与社会影响,为现代企业如何处理股东利益与社会责任之间的关系提供了东方智慧。

除儒家外,道家思想中的"无为而治"、法家对契约与规制的重视,也在一定程度上参与塑造了古代中国的商业伦理观。古代商人普遍注重声誉、诚信和义利并重,形成了重义守信、敬天利人、取利有道的商业风尚。

进入现代,商业伦理作为一门学科的系统发展始于工业革命时期。随着企业规模的扩大和市场力量的增强,商业活动对社会的影响日益加深。20 世纪中叶以后,一系列公司丑闻和环境危机引发公众关注,催生了企业社会责任和可持续发展的理念,推动商业伦理成为一门交叉性、应用性强的现代课程。

今天,随着全球商业环境的复杂化与数字经济的兴起,商业伦理不仅聚焦于传统的诚信、公平、责任等范畴,还延伸至数据伦理、算法透明、绿色发展与社会影响等新议题。中国企业在全球化过程中,也正从传统文化中汲取精神力量,将义利兼顾、以信立业的古老智慧与当代伦理原则相融合,形成具有中国特色的商业伦理框架。

(三)商业伦理的地域指南

在任何地方,诚实、公平和守信都是人际交往和商业活动中最基本的道德原则。但是,商业伦理在不同地区还是会受到不同商业标准的影响,这些标准反映了各地独特的文化、历史和法律体系。表 4-1 详细呈现了亚洲、非洲、欧洲、北美洲和南美洲的商业伦理禁止性行为及特点。

表 4-1　不同地区商业伦理禁止性行为及负面影响

地区	商业伦理禁止性行为	负面影响
亚洲	欺诈行为	欺骗投资者、客户和合作伙伴
	不公平竞争	扭曲市场竞争，损害其他竞争者利益
	贪污腐败	破坏市场公平性和透明度
	泄露机密	损害企业核心竞争力和声誉
	利益输送	损害企业整体利益
	滥用职权	损害企业治理结构和运营效率
	歧视行为	违反平等原则，损害多元文化
	违反法律	导致法律制裁和声誉损失
非洲	腐败与贿赂	破坏市场公平性和透明度
	资源掠夺	过度开采自然资源，忽视可持续发展
	劳工权益侵害	忽视劳工权益，违反劳动法规
	不公平竞争	损害市场竞争秩序
	环境保护违规	破坏生态平衡，威胁可持续发展
	财务欺诈	损害企业信誉和市场形象
	税收逃避	损害国家财政收入和税收公平性
欧洲	数据保护与隐私侵犯	严格的数据保护和隐私法规
	反竞争行为	损害市场竞争和消费者利益
	消费者保护违规	忽视消费者权益，如误导性广告
	财务透明度不足	不充分披露财务信息，损害投资者利益
	反托拉斯行为	限制竞争，提高市场份额
	劳工权益保护	重视劳工权益，遵守劳动法规
	环境保护法规严格	促进可持续发展，限制环境污染
北美洲	贪污腐败	破坏市场公平性和透明度
	财务欺诈	损害企业信誉和市场形象
	反竞争行为	扭曲市场竞争，损害消费者权益
	数据保护与隐私侵犯	重视个人信息保护，加强隐私监管
	劳工权益保护	遵守劳动法规，保障员工权益
	环境保护与可持续性	注重环保，促进可持续发展

续表

地区	商业伦理禁止性行为	负面影响
南美洲	腐败与贿赂	破坏市场竞争和透明度
	资源掠夺与过度开采	忽视可持续发展,破坏生态环境
	不正当竞争与欺诈行为	损害市场秩序和消费者权益
	劳工权益侵害	忽视劳工权益,违反劳动法规
	环境保护违规	破坏生态平衡,威胁可持续发展
	财务欺诈与税收逃避	损害企业信誉和国家财政收入
	未保护消费者权益	损害消费者利益,破坏市场公平竞争

资料来源:编者整理。

1.北美洲(以美国为例)

在美国,商业伦理的核心在于透明度、诚信以及个人隐私的保护。《萨班斯-奥克斯利法案》是一个典型的例子,它要求企业为股东和公众提供准确的财务信息,避免出现欺诈行为。此外,随着技术的发展,个人隐私保护日益受到重视,《加州消费者隐私法案》(CCPA)等法律法规的实施强调企业在处理个人数据时的责任。Facebook因剑桥分析数据泄露事件遭到广泛批评,这突显了社会对企业在数据使用伦理上的高期待和严格要求,同时也促使企业更加重视用户数据的安全和隐私保护。

2.欧洲

欧洲在商业伦理方面特别强调数据保护、隐私权以及环境保护。《通用数据保护条例》(GDPR)是一个标志性的法律,为个人数据提供了前所未有的保护水平,对企业处理欧洲公民数据的方式提出了严格要求。在环境保护方面,欧盟的绿色协议展示了对可持续发展的承诺,旨在通过一系列政策和法律措施,推动欧洲经济的绿色转型。德国大众汽车"尾气作弊"丑闻则是企业道德失范的一个例证,该事件不仅损害了大众汽车的品牌声誉,也引起了全球对汽车行业环保标准执行的关注和讨论。

3.亚洲(以中国为例)

在亚洲,尤其是中国,商业伦理的一个突出特点是关系导向,即所谓的"关系"文化对商业活动有着深刻影响。在这种文化背景下,建立和维护良好的人际关系被视为成功的关键。但是"关系"文化也可能导致某些不正当的行为。比如,过度依赖人际关系进行商业决策,可能会忽视公平竞争和能力的考量,导致资源和机会的不均衡分配。此外,利用关系网络获取内部信息或偏好,可能会破坏市场的公正性。同时,亚洲具有显著的高背景文化特点。高背景文化使商业沟通变得含蓄且复杂。如果商业信息不被清晰地传达,或者利用这种文化特点进行欺诈或操纵,将会导致误解和冲突,损害商业伙伴之间的信任。

4.非洲

在非洲的商业领域中,存在着一系列严格的伦理准则和法律条例,旨在维护公平竞争、诚信交易和透明管理。然而,在这片充满多元文化和复杂社会背景的大陆上,商业伦理的实践面临着突出的问题。

腐败是非洲商业领域的一个显著问题,它如同一股暗流般侵蚀着商业活动的根基。无论是政府官员还是商业精英的腐败行为,都严重破坏了公平竞争的市场环境,削弱了人们对商业体系的信任。为了应对这一难题,非洲各国纷纷制定反腐败法律,加强对腐败行为的打击力度。例如《非洲联盟反腐败公约》,这是一个区域性的反腐败条约,要求成员国制定反腐败政策,加强反腐败机构和法律框架的建设,推动反腐败国际合作,采取必要措施打击贪污、受贿、挪用公款等行为。

除了腐败问题,非洲还强调诚信和公平交易的重要性。商业活动应该建立在诚信的基础上,任何形式的欺诈和不公平竞争行为都不被容忍。商家应该遵守承诺,提供真实准确的信息,避免误导消费者。同时,商业活动也应该遵循公平竞争的原则,避免价格歧视、垄断等不公平行为的发生。

当前,非洲商业伦理的实践仍然面临着诸多挑战。一方面,由于文化、宗教和传统的差异,商业伦理的标准在不同国家和地区之间存在差异。另一方面,法律环境的不完善和执法力度的不足也使得商业活动存在一定的风险。

5.南美洲

南美洲强调诚信、透明度和遵守法律,严禁腐败、贿赂、不正当竞争、劳动权益侵犯、环境破坏以及洗钱和非法金融活动。例如,巴西的《反腐败法》明确规定,无论是公共还是私人部门,任何形式的贪污、受贿和行贿都构成犯罪,会受到严厉的刑事处罚。又如:阿根廷的《竞争法》禁止不公平竞争行为,保护消费者和中小企业的利益;秘鲁的《环境保护法》规定,任何可能对环境造成负面影响的商业活动都需要经过严格的评估。

二、企业为什么要重视商业伦理

自古以来,商业活动就是社会发展的重要推动力。然而,在古代,商贩们常常采用缺斤少两、以次充好等不正当手段来获取利润,这种行为严重损害了消费者的权益,也破坏了市场的公平与诚信。幸运的是,随着时代的进步,商业伦理的建设越来越得到重视。

在现代社会中,商业伦理已经超越了简单的商业规则和道德标准,成为一种企业文化和社会文明的象征。商业伦理的重要性不仅在于它维护了市场的公平和消费者的权益,更在于它为企业和社会提供了一种价值导向和精神支撑。每年的"3·15"晚会提醒着我们商业伦理的重要性,它不仅是对商业欺诈行为的打击,更是对商业伦理精神的传承和弘扬。只有全社会共同致力于构建诚信、公正、透明的商业环境,才能推动社会的进步和发展,为人类的未来注入更多的正能量和希望。

商业伦理在企业运营中发挥着至关重要的作用。它不仅是道德和法律要求的体现,更是企业赢得公众信任、建立持久品牌形象和确保长期成功的关键。企业需要重视商业伦理的原因包括以下几方面。

1.提升品牌形象与声誉

商业伦理的核心是诚信和公正。当企业坚守这些原则时,其品牌形象和声誉自然得到提升。消费者更倾向于支持那些他们信任的品牌,而商业伦理正是建立这种信任的基础。一个遵守商业伦理的企业,其产品和服务往往更受市场欢迎,进而能够赢得更多的客户和业务合作机会。

2.增强客户信任度与忠诚度

在现代商业环境中,客户信任是企业最宝贵的资产之一。企业如果能够通过公平交易、诚信经营和负责任的行为来展现其商业伦理,将更容易获得客户的信任。这种信任将进一步转化为客户的忠诚度,为企业带来稳定的客户基础和持续增长的市场份额。

3.遵守法律法规,规避法律风险

商业伦理要求企业在商业活动中严格遵守国家的法律法规。这不仅可以使企业避免陷入法律纠纷和罚款,还能确保企业在稳定的法律环境中稳健发展。遵守法律法规是企业持续运营和长期发展的基础,也是企业社会责任的体现。

4.防范商业风险,保障企业稳健发展

商业伦理的缺失往往会导致一系列商业风险,如欺诈行为、不正当竞争、道德风险等。这些风险不仅可能损害企业的声誉和财务健康,还可能给企业带来法律和财务上的损失。因此,企业重视商业伦理有助于识别和防范这些风险,从而在复杂的商业环境中稳健发展。

5.促进可持续发展承担社会责任

商业伦理强调企业在追求经济利益的同时,也要关注社会和环境的影响。企业遵循商业伦理,可以更好地平衡经济效益与社会责任,实现可持续发展。企业促进可持续发展、承担社会责任的表现包括减少环境污染、保护消费者权益、关注员工福利等。通过承担社会责任,企业可以赢得社会的认可和尊重,为企业的长期发展创造有利的环境。

6.培养积极健康的企业文化

商业伦理是企业文化的重要组成部分。当企业注重商业伦理时,将培养出一种积极向上、诚实守信的企业文化。这种文化将激发员工的归属感和创造力,提高员工的满意度和忠诚度，进而提升企业的整体绩效和竞争力。

7.吸引和留住优秀人才

优秀的员工往往更加注重企业的价值观和文化氛围。一个坚守商业伦理的企业，更容易吸引那些有着高尚职业道德和责任感的人才加入。同时，这样的企业也能为员工提供一个更加公正、诚信的工作环境，从而留住人才，减少员工流失率。

8.提高运营效率与长期竞争力

商业伦理强调诚信和公平交易，这有助于简化交易流程、减少不必要的摩擦和纠纷，从而提高企业的运营效率。此外，商业伦理还鼓励企业注重长远利益，避免短视行为。这种战略眼光将使企业在激烈的市场竞争中保持领先地位，实现长期的成功和可持续发展。

第三节　企业社会责任

阿里巴巴的数字公益与企业责任实践

阿里巴巴率先提出数字公益理念，探索将平台、数据和技术能力用于解决社会问题。自 2016 年起，阿里巴巴推出“蚂蚁森林”项目，用户通过低碳行为（如步行、乘公交）积累“绿色能量”，平台则与公益组织合作，在荒漠地区种树造林。截至目前，蚂蚁森林用户已累计种下超 4 亿棵树，减碳效果显著。此外，阿里巴巴设立“公益宝贝”机制，商家可自愿捐出商品收入的一部分支持公益项目。这种“小额透明捐赠＋全民参与”的机制，拓展了商业参与公益的新模式。同时，阿里巴巴还在扶贫、助农、乡村教育、抗疫救灾等多个方向持续投入。

通过将技术力与平台资源转化为社会影响力，阿里巴巴正在重新定义企业的责任边界——不仅仅是做慈善,更是将责任内嵌于商业模式之中。

总之,阿里巴巴作为一家世界知名的企业,在公益事业上的投入和贡献令人瞩目。它以实际行动践行了企业的社会责任,为社会的和谐与进步注入了强大的正能量。

(资料来源:阿里巴巴集团.阿里巴巴发布2024年ESG报告:持续推进减碳与数字化普惠[EB/OL].[2025-04-30]. https://www.alibabagroup.com/en-US/document-175212787067 6762624.)

引导问题:

1. 你认为"蚂蚁森林"项目体现了怎样的企业社会责任理念?它是否只是企业的营销手段?
2. 与传统捐款相比,数字公益有哪些优势和局限?
3. 企业在追求利润的同时承担社会责任,会不会影响其竞争力?
4. 阿里巴巴如何将社会责任融入其核心商业逻辑中?其他企业是否可以借鉴?
5. 在数字时代,企业社会责任的边界是否应当重新定义?

一、企业有哪些社会责任

在数字技术深刻改变商业模式的今天,企业社会责任的内涵也在不断延伸。它不仅包括环保、公益、员工权益等传统领域,也涉及数据保护、算法公平、技术伦理等新领域。企业在创新与盈利的同时,如何回应社会关切、履行责任、建立信任,成为数字时代企业能否持续发展的关键命题。本小节将探讨企业社会责任的演变路径与当代实践案例,帮助学生培养正确的商业思维。

(一)企业社会责任的定义

企业社会责任(Corporate Social Responsibility,简称CSR)是指企业在谋求利润、履行对股东和员工的法定义务的同时,所承担的对消费者、社区和环境的责任。这一概念强调了企业不仅应关注盈利,还应考虑人的尊严和环境保护等因素,实现经济效益、社会效益和环境效益的统一。

企业社会责任代表了企业关于自身行为对社会和环境所产生的影响的认知和回应。企业的社会责任非常广泛,主要包括对环境的责任、对社会大众的责任、对政府的责任、对员工的责任、对消费者的责任、对数字社会的责任等方面。企业应该在生产经营中积极履行这些责任,通过减少废弃物排放、提供良好的工作环境、提供安全可靠的产品、回馈社会、加强安全管理、维护市场秩序、诚实守信经营等方式,为社会和经济的可持续发展作出积极贡献,实现经济、社会和环境效益的统一，推动企业和社会的共同进步。

美体小铺：社会责任感助力品牌可持续发展

美体小铺（The Body Shop），这一深受年轻女性喜爱的品牌，自1976年在英国诞生首家店铺以来，如今已在全球54个市场扎根，拥有超过2045家店铺的庞大市场网络。从最初的25种纯手工护肤品起步，经过34年的稳健发展，美体小铺的产品线已扩充至600多种头发和皮肤护理品，以及400多款附属产品，展现出其深厚的市场影响力和创新实力。

令人瞩目的是，尽管美体小铺在全球市场上的知名度与日俱增，但其广告投入却相对保守。相较于其他知名化妆护肤品牌，美体小铺在杂志彩页、大街广告以及顶级模特和影星代言方面的支出可谓微乎其微。然而，正是这样的低调，让美体小铺赢得了无数忠实的拥趸。

这一成就的背后，源于美体小铺坚定的社会营销与绿色营销理念。这一理念不仅贯穿于产品研发、生产、销售等各个环节，更成为品牌文化的核心。美体小铺坚信，真正的价值不仅仅体现在产品本身，更在于品牌对社会和环境的责任与贡献。

正是这种对社会责任的执着追求，让美体小铺在全球市场上独树一帜。通过环保产品研发、社区支持与发展、公平贸易实践、员工福利政策、公益慈善捐赠、消费者教育、绿色包装推广以及定期发布社会责任报告等多元化的举措，美体小铺积极履行其社会责任，不仅推动了企业的可持续发展，更为社会的进步和繁荣作出了积极贡献。

因此，美体小铺的成功不仅仅是一个商业奇迹，更是一个关于责任、创新和可持续发展的故事。这样的品牌，无疑值得我们深入研究和学习。

美体小铺的创始人叫安妮塔·罗迪克，一位狂热的环保主义者。安妮塔在创业前和创业后都是位旅行家，她从世界各地的游历中了解了独特的美容方法，回到英国后开创了美体小铺，并用标新立异的墨绿色来体现品牌的理念：崇尚天然护理、自然美容和绿色环境。安妮塔一直坚持五个信念：唤醒自尊、保护地球、反对动物实验、捍卫人权和支持社区公平交易。打造出美体小铺这个绿色品牌后，她始终把这五个信念贯彻在美体小铺的经营之道上面。

从创立至今，美体小铺始终注重对社会环境的贡献以及对动物和自然资源的保护，具体体现为坚持和反对用动物进行任何产品实验，所有的产品原料来源都取之于大自然。例如，美体小铺开发的苦瓜洗面奶、海菜洗发露等都是纯天然制品，而且包装都很朴实无华，全是可再生的材料，连商品标签都强调简单环保。人们在消费时已经不仅仅是购买护肤品或者化妆品，还表达了对人类与地球的关怀。可见，美体小铺在不以牺牲未来和社会利益的前提条件下，满足现在的需求，以确保企业经营的持久有效。

虽然在一般人看来，像美体小铺这样的企业是企业的另类，因为它考虑的不是企业自身的投资回报率，而是将承担社会责任作为品牌的核心诉求，并统筹兼顾企业利润、消费者需求和社会效益。在社会营销理念的指导下，美体小铺致力于以保护或者提高消费者和社会利益的方式，更有效地向目标市场提供能够满足其需要、欲望和利益的物品和服务。

正因如此，美体小铺进行的一系列社会活动不仅为它赢得了较高的知名度，而且也树立了品牌与众不同的绿色形象。广泛的媒体报道和大众的口头传播，使得这个很少利用广告传播产品的品牌迅速获得社会的认知。如今的美体小铺通过全球销售网与超 7700 万顾客进行交易，每 0.4 秒就售出一件产品，已经是世界上成长最快的化妆品品牌之一。

（资料来源：徐家佳. 美体小铺：社会责任感不是公益营销[EB/OL].[2025-04-30]. 界面新闻. https://www.jiemian.com/article/2034915.html.）

（二）企业对环境的责任

从商业伦理的角度看，企业在环境保护方面义不容辞：企业的生产行为是影响环境的重要因素——谁污染、谁负责；企业股东和消费者从影响环境的生产行为中获益——谁受益、谁负责；企业在资金、专业能力方面更有优势——谁有能力、谁负责；环境问题是全人类面临的紧迫问题——人人有责、概莫能外，每个人、每个组织都有责任为环境保护作贡献，企业也不例外。

企业承担环境保护的责任，不仅对人类社会的长远发展具有现实意义和战略意义，而且对企业自身的发展也具有长远意义。首先，环境保护是法律的基本要求。目前世界各国越来越重视环境保护，并出台系列法律法规，来规范和约束企业的行为。因此，企业承担环境保护的责任很大程度上是法律的要求，企业只有遵守这些法律要求，才能获得长期发展。其次，环境保护是企业实现可持续发展的必然要求。可持续发展既是联合国的重要议程和行动方向，也是未来企业发展的必然趋势，企业要获得可持续发展，必须自觉适应全球可持续发展的要求。最后，环境保护是企业获得利益相关者支持的重要途径。企业只有严格履行环境保护责任，才能得到政府认同、公众信任、同行支持、社会赞许，从而树立良好的企业形象，提升企业声誉，实现可持续发展。

企业对环境的社会责任主要是遵守相关法律法规、减少环境污染、节约资源与能源、加快节能减排步伐。下面从生产前、生产中和生产后三个环节，介绍企业对环境在法律、经济、道德和自愿方面的社会责任。

1.企业对环境的法律责任

企业必须遵守《中华人民共和国环境保护法》《中华人民共和国清洁生产促进法》《中华人民共和国大气污染防治法》《中华人民共和国节约能源法》等法律，在生产前，大力发展清洁生产技术，在产品设计、原料选择等方面采用资源利用率高、污染物排放量少的设备和工艺技术；在生产中，将环境保护纳入生产计划，建立环境保护责任制度，通过工艺改革、技术管理，进行清洁生产，提高资源利用效率，采取有效措施减少污染物排放量，避免对环境产生较大危害；在生产后，在回收、加工、再生利用等方面，实现企业的“废物不废”。

2.企业对环境的经济责任

首先，企业应当在生产前为环境保护提供充足预算和资金。企业需要事先对相关生产环节可能对环境的影响进行评估，制定环保控制标准，设立环评预算和设施预算。其次，企业应当为生产中环节设立环保设施运行预算，确保环保设施有效运行，推进绿色技术和工艺的使用，提高能源使用效率。最后，企业应该为生产后环节设立废旧产品处理预算，为建立企业内部的循环经济体系提供预算。

3.企业对环境的道德责任和自愿责任

在道德责任层面，企业既要在生产前环节资助政府、科研机构、社会团体和个人的环境保护活动，以及可再生资源和技术的研究等，也要在生产中环节主动建立环境管理体系，高标准要求企业生产行为，还要在生产后环节重视废旧产品的回收和综合利用。在自愿责任层面，企业要尽可能地选择和使用可再生原材料与能源，自觉发展循环经济，努力实现碳中和，自觉回收废旧产品，资助循环利用技术研究等。

需要指出的是，为应对气候变化，世界各国正在开展一场史无前例的碳中和国际合作行动，碳达峰、碳中和目标也成为我国新时期高质量发展的战略目标，企业在实现这一伟大战略目标的过程中具有重要地位，承担着不可替代的责任。企业既是碳排放主体，又是实现碳中和愿景、发展碳中和技术的行动主体，这一双重角色赋予了企业在我国低碳转型中的中坚地位。在愈发激烈的低碳转型浪潮中，企业应采取更加积极的态度，主动承担起低碳减排任务，同时搭乘能源转型快车，顺势获取更大的发展空间。

(三)企业对社会大众的责任

企业对社会大众的责任是企业在经营过程中应当对社会承担的责任。这些责任与企业所处社会的全面利益息息相关。在当代社会，企业应当积极为社会的发展、进步和改善作出贡献。

企业对社会大众的责任体现在其产品和服务的质量和安全上。企业应当确保所生产的产品符合相关质量标准,保障消费者的合法权益和健康安全。为了实现这一目标,企业需要严格遵守相关法律法规,建立健全的产品质量管理体系,加强产品监管和质量检测,以保障消费者的权益和安全。

企业应当为社会创造更多就业机会,提供良好的工作条件和发展空间,尊重和保护员工的权益。作为社会的一分子,企业不仅要关注自身利益,更应当关心员工的生活状况和发展需求。通过提供良好的薪资福利、职业培训和晋升机会,企业可以激发员工的工作积极性和创造力,实现员工与企业共同发展。

企业还应当积极履行社会责任,参与社会公益事业,回馈社会。通过开展各类公益活动,支持教育、环保、扶贫、灾害救助等领域的发展,企业可以为社会作出更多的贡献,促进社会的和谐稳定和可持续发展。

在环境保护方面,企业应当遵守环境保护法律法规,加强环保方面的投入,减少污染物排放,推动绿色生产和循环经济发展。通过采用清洁生产技术、节能减排措施和循环利用资源,企业可以减少对环境的不利影响,促进生态环境的改善和保护。

另外,企业还应当诚信经营,遵守商业道德和诚信原则,维护市场秩序和公平竞争环境。通过建立良好的企业形象,企业可以赢得消费者的信任和支持,提升市场竞争力和影响力,实现可持续发展。

企业应当积极投入科技创新,提高产品和服务的质量和竞争力,促进科技进步和经济发展。通过不断创新和发展,企业可以推动产业升级和经济增长,为社会的进步和发展作出更大的贡献。

(四)企业对政府的责任

良好的企业公民不仅是对社会而言的,也是对政府而言的。这就是说,企业不仅要对社会承担其公民责任,也要向政府承担其公民责任。政企关系是政府和企业互动的结果,合乎伦理的政企关系不仅意味着企业向政府尽责,也意味着政府向企业尽责。政府在企业公民的塑造中扮演着规制者、推进者、监督者、服务者和合作者的角色。企业对政府主要承担四方面的责任:首先是法律责任,企业必须严格遵守国家的法律法规和各项政策,这是企业对政府最基本的责任。其次是经济责任,企业应积极创造就业岗位,提供就业机会;按时主动纳税,税收是国家经济的命脉、财政收入的重要来源、国家稳定的基础,企业应恪守商业准则,坚决抵制偷税漏税的行为。再次是道德责任,企业应积极响应政府倡导的产业投资活动,支持政府推出的新兴政策,积极投身于新政策,如在产业扶贫、建设基础设施等方面积极行动。最后是自愿责任,企业应积极为国家宏观政策的制定与修正献言献策,积极参与政府发起和号召的慈善公益活动,主动将企业的命运融入民族的命运。

（五）企业对员工的责任

企业与员工之间是既矛盾又统一的关系：员工给企业带来巨大的人力成本，企业想在尽可能降低人力成本的同时获得员工更多的劳动产出，员工想在尽可能多赚钱的前提下减少工作的付出。与此同时，员工与企业风雨同舟，是利益共同体，企业提供给员工安身立命的根本，提供更多的教育资源和职位晋升空间，给予其个人发展的机遇和工作成就的喜悦，而员工是企业最重要的资产，对企业的发展起到至关重要的作用。员工用他们的辛勤汗水和艰苦劳动为企业添砖加瓦，虽然没有资本投入，但是他们用体力、思想创造了财富，这是不可忽略的，没有员工就没有企业的发展。

企业对员工的责任涵盖人力资源管理选、用、育、留各个环节。从伦理角度来分析人力资源管理系统和模式，可以形成人力资源管理伦理的相关思想和观点，主要有两方面：一方面，从微观层面考察与个体相关的人力资源管理实务是否合乎伦理；另一方面，从宏观层面分析作为一个整体的人力资源，探讨人力资源管理模式的合伦理性及其应遵守的伦理原则。概而言之，在个体层面，人力资源管理伦理主要从公平角度关注人力资源管理实践对个体的影响；在组织层面，人力资源管理伦理聚焦于正义与权利、行为正当性之目的论与结果论等，来审查人力资源管理实践的合伦理性。下面主要从招聘、薪酬管理、员工工作生活质量、员工职业发展这四个方面来描述和分析企业对员工的伦理与责任。

1.招聘中的伦理与责任

（1）招聘中的伦理

招聘是企业履行社会责任、选拔人才的重要环节。企业拥有根据自身发展需要设定岗位条件、选择人才的自主权，员工则享有平等就业权和劳动自由，理应在招聘过程中获得公正对待，并有权反对歧视和强迫劳动。

然而在现实中，由于劳动力市场供大于求，企业与求职者之间的信息和权力关系往往不对等，企业凭借资源、平台和话语权优势掌握招聘主动权，容易引发一系列伦理问题。这些问题主要包括：发布虚假招聘信息以吸引应聘者，或借招聘之名无偿获取求职者的智力成果；在未充分了解岗位的基础上夸大宣传、轻率承诺，给消费者带来与实际相符的求职预期；设置不合理的就业门槛，造成基于性别、年龄、学历、户籍、外貌等因素的歧视；通过不签正式合同、设计不规范条款或隐瞒重要信息等方式损害员工权益。

此外，一些企业为降低用人成本，将员工区分为正式工、合同工、临时工、派遣工等群体，签订不同合同，提供不同待遇，形成“同工不同酬”的现象，本质上也是一种就业歧视。这些不正当做法不仅侵害了求职者的合法权利，也削弱了企业的社会信任与责任形象，亟须通过制度规范和伦理引导加以改善。

(2)招聘中的责任

人力资源伦理的核心原则是公平,即平等、互惠和公正。企业在招聘中的责任主要有两方面:一是不得有招聘歧视行为;二是在招聘过程中保证公平性。

其一,不得有招聘歧视行为。在招聘中,歧视分为直接歧视与间接歧视。如果非出于工作内在需要,在相似条件下,用人单位给予一人相比其他人较为不利的对待则构成直接歧视,这是一种个体歧视。如果一群人具有某种典型特征,如种族、肤色、性别、年龄、宗教、户籍、健康情况、毕业学校等,用人单位在明知结果不利于该人群的前提下,对这群人和其他无该特征的人群适用相同的招聘、选拔、考核等涉及劳动权利的程序与条件,则构成间接歧视,这是一种群体歧视。学历歧视是也是招聘歧视的一种形式,指的是企业在招聘过程中,对求职者的学历背景进行不合理或不公平的评判和选择。这种歧视通常表现为对学历高低、学习方式(如全日制与非全日制)、学校知名度或排名的过分强调或偏见,从而排斥那些学历不符合特定要求但具备实际工作能力和技能的求职者。学历歧视的影响是多方面的,不仅影响求职者个人的就业机会和职业发展,也影响企业的招聘效率和人才的质量,同时还对整个社会的教育、经济和社会发展产生负面影响。

无论是个体层面的直接歧视,还是群体层面的间接歧视,都涉嫌侵犯劳动者的基本人权,包括劳动自由权、隐私权、受尊重的权利等。这种歧视关注工作本身所需条件之外的其他因素,不以能力和资历为根本条件,导致劳动力配置失当和社会人力资源的浪费,甚至导致社会收益与负担的不公正分配,加剧社会矛盾。

其二,在招聘过程中保证公平性。企业应设置合理的人才考核选拔标准,尽力为应聘者提供公平竞争的上岗机会。

首先,确保招聘条件公平。①招聘岗位的关键条件必须是与岗位紧密相关的,能反映该岗位职责的内在要求,必须是坚持成就取向的,遵循能力、经验、业绩等选人用人标准;②非关键性的条件不能成为决定报考资格的关键因素,那些与工作岗位没有必然关系的先赋因素,不应成为“一票否决”的条件;③除非法律明确规定,应尽量减少先赋因素出现在报名条件中,如果必须有,也需尽量放宽要求,避免因条件设置不合理而使招聘成为“定向选拔”“萝卜选拔”。

其次,招聘前的信息公开,包括招聘的职位、岗位要求、招聘流程、考试要求、录取原则等。公开是最好的“防腐剂”,不仅有利于企业广泛吸引人才,还能使企业受到社会各界的监督,防止招聘过程中出现以权谋私、假公济私等情况。

再次,确保招聘过程中的公平。在简历筛选时,必须有明确标准,根据招聘岗位,有针对性地选拔有利于企业发展的人才,特别需要注意有突出特长或发展潜质的应聘者。根据岗位需要,设计出完善的考核内容和准则,对专业技术知识和技能、职业道德、个人品质、心理健康等进行全方位、多层次的考察。充分运用多种考试考核方法，利用在线测试、线下笔试、人力部门面试、部门经理面试等，多角度筛选人才。在整个招聘过程中，凡是可能影响公正的情况都应该避免，实行回避原则。

最后，确保招聘结果的公正。结果是否公正是招聘是否公正的最终衡量尺度。在确定招聘结果时，既要以招聘过程的考察结果为依据，也要结合部门、员工的意见；既要破除唯分数论，也要综合考察思想素养和职业道德。一旦确定招聘结果，应该及时公示。对于落选的应聘者，提供正式的反馈意见不失为一个好的做法。

2.薪酬管理中的伦理与责任

(1)薪酬管理中的伦理问题

薪酬是企业对员工劳动价值的认可，是员工工作积极性的重要驱动力。合理、公正的薪酬管理不仅关乎企业的稳定发展，也涉及企业的伦理。现实中，薪酬方面的伦理问题主要有：①薪酬不公平，同工不同酬；②拖欠工资，尤其是拖欠农民工工资；③低于最低工资标准；④随意克扣员工工资。

(2)合理设计岗位和薪酬体系

薪酬与岗位密不可分，公平的薪酬有赖于合理的岗位设计。近些年，时常有工厂员工因无法忍受工作压力而结束自己生命的悲剧发生，究其原因，与工作岗位设计有一定关系。与机器不同，人在劳动时需要有高昂的积极性、一定的成就感、有限的重复性和一定的趣味性。企业在进行岗位设计时，除了考虑企业需求、降低成本、组织效率等，还需要把员工的个人发展、精神压力、最大负荷、协调配合、职业趣味及成就感等考虑其中。

简言之，企业进行工作岗位设计时，既要满足工作效率与质量的要求，也要注重工作人员的安全性、激励性、可持续性。除此之外，企业在进行工作岗位设计时还需要关注员工的心理健康，使员工获得精神满足感和自我实现感。优质的岗位设计能够在提高生产质量与效率、降低成本、缩短生产周期的同时，给员工带来强烈的归属感和自我满足感。

基于岗位设计的薪酬体系建设，必须尊重员工拥有取得合理报酬的权利。科学合理的报酬与社会保险是员工付出劳动所应得的回报，是工作价值的体现，也是员工自我满足感的首要来源。这是因为，对于大多数员工来说，薪酬是支持其生活的主要经济来源，稳定、公平的薪酬是幸福生活的基础保障。一个合理公平的薪酬体系，需要综合考虑劳动者所承担的风险与付出、责任能力与业绩表现、企业政策与行业水平等。

(3)确保同工同酬

《中华人民共和国劳动法》(以下简称《劳动法》)规定，工资分配应当遵循按劳分配原则,实行同工同酬。一般认为,同工同酬是指用人单位对于从事相同工作,付出等量劳动且取得相同劳动业绩的劳动者,支付同等的劳动报酬。

现实中,同工不同酬的现象主要表现为正式工与临时工、合同工与劳务工、新老职工之间的薪酬差别。此外,企业高管与普通员工、外籍员工与本地员工之间的薪酬差别也是同工不同酬的表现。虽然同工不同酬既是劳动力市场供大于求的必然后果,也是城乡差别在用人单位体制上的反映,还有可能是某些地方政府为招商引资、降低企业用人成本使然,但是同工同酬是社会发展的必然趋势。

同工同酬体现了两个价值取向。一是确保按劳分配原则的实施,即付出了同等的劳动应得到同等的劳动报酬。二是防止工资分配中的歧视行为,即在同一单位,对同样劳动岗位、在同样劳动条件下,不同性别、不同身份、不同户籍或不同用工形式的劳动者之间,只要提供的劳动数量和劳动质量相同,就应给予同等的劳动报酬。各种用人单位,无论是国有企业、事业单位,还是外资企业、民营企业、小微企业等,都应该严格遵循同工同酬原则,进一步完善、规范用工制度,科学确定岗位职责,制定与岗责相匹配的、公平的薪酬制度,从制度上减少或缓解同工不同酬的问题。

3.员工工作生活质量方面的伦理与责任

确保工作条件利于员工的健康与安全,既是一项法律义务,也是一项道德义务。《劳动法》规定:用人单位必须建立健全劳动安全卫生制度,严格执行国家劳动安全卫生规程和标准,对劳动者进行劳动安全卫生教育,防止劳动过程中出现事故,减少职业危害;劳动安全卫生设施必须符合国家规定的标准;用人单位必须为劳动者提供符合国家规定的劳动安全卫生条件和必要的劳动防护用品,对从事有职业危害作业的劳动者应当提供定期的健康检查。

劳动者在劳动过程中必须严格遵守安全操作规程,对用人单位管理人员违章指挥、强令冒险作业,有权拒绝执行;对危害生命安全和身体健康的行为,有权提出批评、检举和控告。从事特种作业的劳动者必须经过专门培训并取得特种作业资格。

(六)企业对消费者的责任

在现代市场经济中,消费者早已不仅仅是商品的购买者,更是企业持续发展中不可忽视的核心利益相关者。随着社会文明水平提升、消费者维权意识增强,以及数字经济的快速演进,企业对消费者的责任也在不断拓展,从传统意义上的安全保障,走向了全方位的信任建立和价值共创。

消费者保护最早起源于欧美国家。早在19世纪末,美国就通过反垄断法和食品药品法,初步确立了对消费者利益的基本保障。20世纪60年代,美国总统肯尼迪提出消费者的四项基本权利,包括安全权、知情权、选择权和申诉权,为现代消费者权益体系奠定了基础。随后，多国政府陆续出台法律规范保护消费者权益。1983 年，国际消费者联盟组织将每年 3 月 15 日定为“国际消费者权益日”，消费者权利保护正式成为全球共识。

《中华人民共和国消费者权益保护法》(以下简称《消保法》)自 1994 年起施行，历经 2009 年与 2013 年两次重要修订，在内容上不断丰富与完善。当前，该法律明确赋予消费者九项基本权利，涵盖安全保障、信息透明、公平交易、隐私保护、受尊重等多个维度。面对数字经济的新业态，《消保法》也增加了关于网络购物、平台责任、个人数据使用等规定，强化了对新型消费场景下消费者权益的系统性保护。尤其是对电商平台的规范，标志着企业不能以技术中立为借口回避责任，必须对消费者体验负起连带责任。

在这一背景下，企业对消费者履行责任是企业积极回应公众期待与社会信任的体现。高质量的产品与服务依然是核心基础，但企业的责任已不止于此。今天的消费者在意的是透明、尊重、公平、参与感，他们希望被听见、被尊重、被诚实对待。企业不仅要保护消费者的生命财产安全，更要保障其数据安全、知情权和消费选择权，为其提供清晰的服务流程、公平的算法规则和便捷的维权通道。这些都构成新时代企业社会责任不可或缺的一部分。

反之，如果企业对消费者权益缺乏尊重或忽视风险管控，极易引发信任危机，损害品牌声誉，甚至引发舆情风暴与监管介入。在移动互联网高度发达、信息传播极快的当下，一个小小的客服失误、一次虚假宣传、一次个人数据泄露，都可能让企业多年积累的用户信任顷刻瓦解。消费者不再是弱势群体，而是拥有话语权和行动力的监督者。

因此，真正具备可持续发展力的企业，必须把消费者放在价值链的核心位置，以消费者为导向构建产品逻辑与服务体系，秉持诚信、透明、负责的商业伦理。在日益透明、去中心化的商业环境中，对消费者负责不仅是法律要求，也是社会道德要求。只有与消费者建立起信任关系、实现共赢，企业才能在快速变化的时代背景下保持稳定成长，并赢得社会的尊重与长期的发展空间。

(七)企业对数字社会的责任

在数字技术深度嵌入社会生活的今天，数字社会正逐步成为人类社会的新形态。以人工智能、大数据、云计算等为代表的新兴技术，极大提升了社会效率和便利性，但也带来了隐私泄露、数据滥用、信息操控等前所未有的伦理挑战。企业作为数字社会的重要参与者与塑造者，在享受技术红利的同时，也应承担起相应的社会责任与伦理义务。

数字社会的运行逻辑不同于传统社会，匿名性、去中心化、全球互联等特征既促进了开放包容，也加剧了道德约束的弱化。个人隐私频繁遭遇侵犯，算法推荐构筑“信息茧房”,信息垄断与虚假内容泛滥,技术异化风险逐渐显现。面对这些问题,企业必须将技术中立的观念升级为技术向善的主动实践。

第一,企业应合法合规收集和使用数据,尊重用户的知情权、选择权与“被遗忘权”。在数据处理过程中,应明确使用目的,保障数据最小化原则,强化信息安全防护,防止滥用和泄露。

第二,企业要平衡商业利益与社会公共利益,避免利用技术优势形成信息垄断或“数字霸凌”。平台企业应特别防范算法歧视、价格歧视等问题,保障用户获得公正、透明的服务。

第三,企业应成为知识产权保护的引领者。在数字内容快速复制和传播的时代背景下,企业不仅要自觉抵制侵权行为,还应推动建立公平有序的数字内容生态。

第四,企业要积极参与网络空间治理,传播正向价值观。利用自身影响力弘扬诚信、公平等核心价值观,抵制网络暴力、恶意炒作等不良行为,营造健康清朗的数字舆论环境。

第五,企业还应重视技术伦理建设。通过设立技术伦理委员会、加强员工伦理培训、制定道德审核机制等方式,将伦理责任融入产品设计与业务流程,推动构建有温度、有底线、有担当的数字社会。

总之,数字社会的发展不仅需要技术驱动,更需要伦理护航。企业作为数字社会的核心力量,应将责任融入创新,把价值导向融入产品,让以人为本、科技向善成为数字时代最牢固的底色。

本章小结

本章围绕企业价值观与社会责任展开,系统探讨了企业价值观的内涵、功能及其与企业战略、企业社会责任的互动关系。企业价值观是企业文化的核心,是企业战略制定、组织运转和员工行为的重要精神指引。塑造积极、清晰、有凝聚力的价值观，有助于企业构建内在统一、外在可信的品牌形象，增强员工认同感与企业凝聚力。

与此同时，企业社会责任作为企业对经济、社会与环境所承担的系统性责任，已成为衡量企业综合竞争力与可持续发展的重要标尺。现代企业不仅要遵守法律、保障权益，更要在环保、公益、数字伦理等方面展现担当。价值观与社会责任并非各自独立，而是相互支撑、相互验证的关系：价值观是责任的根本驱动力，责任则是价值观的具体体现。

企业价值观的构建与社会责任的履行都不是一次性的工作，而是一个持续优化、动态更新的过程。企业应根据时代变化、技术进步与社会需求，不断评估、调整并完善相关战略与实践，以实现经济效益与社会价值的双赢。

在数字时代，构建有温度、有担当的企业价值观，并积极履行社会责任，是企业实现持续发展与获得社会认可的关键路径。

参考文献

[1]侯月月，罗文春. 浅论中国民营企业社会责任存在的问题及其对策[J]. 经济研究导刊，2021(2)：1-3.

[2]戒聿东，肖旭. 数字经济时代的企业管理变革[J]. 管理世界，2020(6)：135-152.

[3]李明，徐雅琴. 企业社会责任缺失风险的形成机理研究[J]. 财会月刊，2020(1)：110-117.

[4]李伟阳，肖红军. 全面社会责任管理：新的企业管理模式[J]. 中国工业经济，2010(1)：114-123.

[5]肖红军，李平. 平台型企业社会责任的生态化治理[J]. 管理世界，2019(4)：120-144.

[6]徐鹏，徐向艺. 人工智能时代企业管理变革的逻辑与分析框架[J]. 管理世界，2020(1)：122-129.

[7]阳镇，陈劲. 数字化时代下企业社会责任的创新与治理[J]. 上海财经大学学报，2020(6)：33-51.

第五章　数字时代的全球企业跨文化应对

学习目标

1.理解跨文化管理的发展历程。

2.掌握国际管理中文化的意义。

3.掌握不同理论下文化维度的划分及意义。

4.了解数字时代企业跨文化管理的内涵与特征。

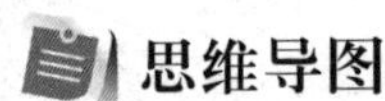

思维导图

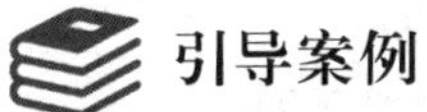

引导案例

文化多元,美美与共:伊利的跨文化管理实践

2023年12月,伊利集团凭借《文化多元 美美与共》荣获第十九届中国公共关系行业最佳案例大赛企业文化与内部传播类金奖,成为唯一获奖的健康食品企业。这展示了伊利在全球化进程中,通过系统的跨文化管理实现本土融合与价值观共识。

随着"伊利文化5.0"的提出,尊重被正式纳入企业核心价值观,与卓越、担当、创新、共赢共同构成文化基石。伊利成立跨文化整合项目组,协同推进全球文化落地,不断优化员工体验与组织协同。

在泰国、印尼等地,伊利不仅投资改善基础设施,还结合当地节日与文化开展多元文化交流活动,如宋干节洒水祈福、中国春节书法体验、印尼姜黄饭分享等,增强员工归属感与文化认同。通过"文化认可卡"、"文化大使"评选、多元文化周等形式,伊利在全球6万余名员工中建立起尊重差异、沟通互信、共建共享的文化氛围。

伊利的实践表明,中国企业在"走出去"的过程中,不仅要输出产品与技术,更要主动适应和融入多元文化,构建具有全球适应力的组织文化。

(资料来源:文化多元 美美与共!伊利跨文化管理创新实践斩获最佳案例金奖[EB/OL].[2025-02-25].https://www.sohu.com/a/742796756_121117455。)

引导问题:

1.从伊利文化多元管理案例中,你得到了什么启发?

2.为什么说跨文化管理是企业全球化成功的关键?结合案例谈谈你的理解。

课程思政

跨文化管理不仅是企业走向国际的重要能力,也体现了中华文化中"和而不同、美美与共"的智慧。企业应在尊重多元文化的基础上,坚定文化自信,兼容并包,守住价值底线,展现中国企业的责任与风范。本节引导学生树立全球视野,增强文化沟通力与国家认同感,在国际交往中讲好中国故事、彰显中国精神。

第一节　跨文化管理的思想汇聚与发展沿革

一、文化的定义

文化在人类学、社会学、管理学和心理学等多个学科领域中有着不同的定义,总体上可以从广义和狭义两个角度来界定。从广义上看,文化是一切由人类创造的环境,包括软件环境(信念、价值观、组织和社会规范)、硬件环境(组织外部形象、成员的服饰等)和行为方式。持广义观点的学者有泰勒、赫斯科维茨和川普纳斯等。泰勒将文化视为一个包括知识、信仰、艺术、道德、法律、习俗,以及任何其他可以由作为社会成员的个人所表现出的能力和习惯的综合整体。泰勒还认为人们在学习、工作、生活中的每一个举动和言行都体现了文化的内涵。赫斯科维茨在《文化人类学》一书中提出,文化是除了自然原生态之外的一切人工创造的环境。川普纳斯在《文化踏浪》一书中提出:文化不仅仅是某个群体价值观念系统,还是某个群体解决问题和应对困境所采用的途径和手段;群体中的人们对时间的共同理解和感知,以及对外界自然环境的态度和行动方式构成了该群体独特的文化模式。狭义的观点认为,文化主要是人类创造的软件环境,包括信念、价值观、组织和社会规范,以及在这种软件环境下人们的行为方式。例如:施恩将文化概括为群体在适应外部环境并进行内部整合的过程中创造和发展的基本假设的模式。蔡安迪斯则认为,文化是已经被认同并且内化的标准运作程序和做事方式。

总而言之,文化是社会或群体中以价值观、信念、行为规范等为核心的观念体系,对个体行为产生影响。社会和群体的具体行为方式和群体外部形象是群体核心观念的延续和外在表现,核心观念体系和外在表现相辅相成,共同构成文化。

可以运用美国著名心理学家麦克利兰提出的“文化冰山模型”(见图 5-1)来解释文化。根据前述的文化定义,文化结构具有与冰山模型相似的特征。文化体系如同一座冰山,水面部分是文化的物质层,是使文化得以区别的行为、手工艺品、制度、传统、风俗和习惯等,如组织的名称、徽标、产品或服务的标识、办公区域装修特点、员工的服装服饰和精神风貌等。良好的器物和符号系统在文化中发挥着重要作用,它们代表着特定组织或群体的身份和特征,有助于准确传递组织核心观念,展现组织和群体的个性和价值。冰山水面以下部分是群体共享的核心观念体系,包括社会规范、价值观、隐含信念和基本假设等,它们无法直接观察到，需要人们用心感悟和体会。其中：社会规范是群体所遵守的行为规则，包括社会或群体内部的规章制度等行为准则；价值观决定人们对好与坏、对与错、重要与不重要的一般看法；隐含信念和基本假设是文化体系中最深层的部分，根植于个体的内心意识，体现了个体对工作、生活和人生意义的理解与感悟。相较价值观，隐含信念和基本假设对人们行为的影响更为深远和持久。

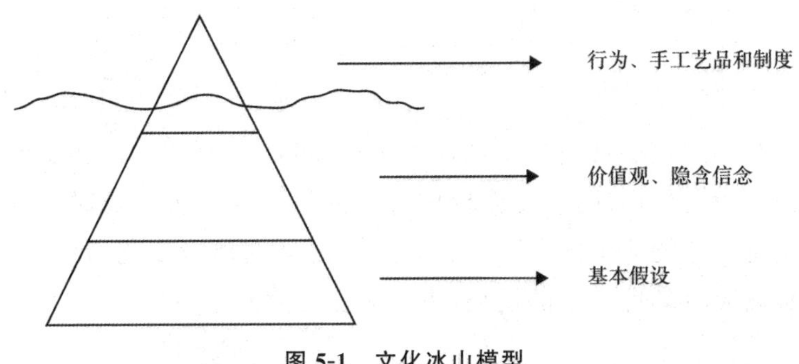

图 5-1 文化冰山模型

资料来源：FRENCH W L，BELL C H. Organization development behavior science in interventions for organization improvement[M]. New Jersey：Prentice-Hall，1923.

在管理中，深入理解冰山水面以下部分中个体共享的社会规范、价值观、隐含信念和基本假设等观念体系至关重要。通过对这些观念体系的洞察和理解，企业可以更好地预测和把握组织中的个体和群体可能存在的行为倾向，进而推测可能发生的结果。深入了解这些潜在的文化层面，不仅是有效管理的关键，也有助于塑造组织的核心价值观，促进组织文化发展，促使员工达成一致的行为。

步入 21 世纪以来，全球经济化使得国家间商务往来日趋频繁，与之相关的跨文化管理成为国际商务活动中不可或缺的重要环节。国际商务活动不仅包括经济交流，也包括文化交融。而国际商务管理可以被视为跨越国界的商务管理既涉及经济管理，也涉及文化管理。因此，制定行之有效的策略和管理办法，最大程度减少国际商务活动中的文化冲突，确保在参加国际经济的竞争时适应各地经济环境，融入各地文化环境，保持竞争优势和获取主动权，是企业在全球经济化的大趋势下必须关注和研究的重点问题。

因此，本章接下来将重点详细阐述对国际商务观念产生影响的主要文化观点，并以此为基础分析中国与其他主要大国的文化观念。

二、文化的特征

根据对文化含义和层次的分析，可以归纳出文化的几个特征。

(一)共享性

共享性是文化的基本特征。文化本质上是由群体成员的认知和行为所构建的交叉集合的观念体系,涵盖了群体成员的认知和行为。因此,这些观念体系具有共享性。群体成员中共享信息体系的比例越大,该群体中观念体系所构成的文化就越呈强势形态。

(二)稳定性

群体中共享的核心观念体系如同群体的基因,具有相对的稳定性。文化的稳定性又被称为文化惯性,它使得群体成员的认知和行为在长时间内保持相对稳定。文化稳定性能使个体和群体有效适应内外部环境变化所带来的挑战,也导致群体难以应对环境变革的挑战,进而失去活力。

(三)独特性

每个群体都具有独特的文化,这些文化反映了不同群体的历史、现状以及应对未来挑战的基本态度和观念。文化的独特性使得不同群体具有各自丰富多彩的文化形态,并导致不同群体面对各种市场环境时表现出不同的认知和反应,从而产生不同的行为结果。

(四)预测性

虽然文化具有独特性,但这并不妨碍人们在理解的基础上预测和把握不同文化背景下群体和个体的行为。由于文化是群体中个体认知和行为的反映,人们可以从群体文化的线索中联想到个体的认知模式和行动方向。通过了解和把握不同群体、组织、地区和国家文化层面上的差异,有利于企业在日常管理和交往中应对各种问题,化解各种矛盾,使跨文化管理更加顺畅。

(五)隐蔽性

正如文化冰山模型中所阐述的,文化作为个体之间共享的价值观体系,具有隐蔽性。文化对人的影响是无形的、潜移默化的。隐含的、无形的文化价值观体系不同于一般的、可以直接感知的器物和符号体系,只有在关键场合、离开组织或深刻理解和思考后,个体才能感受到它们的存在。文化的隐蔽性强化了文化的独特性,并使得这种独特性能有效地融入组织成员的认知和行为中。因此,无论是从内部还是外部来观察群体或者组织文化的特性都具有一定的难度,只有那些主动沟通、用心领悟并具有特定跨文化管理经验的人,才能真正感受到不同文化的内涵和隐蔽特征。

三、跨文化的内涵

跨文化是指一种跨越不同的行为规范、价值观、隐含信念和基本假设的现象和过程。根据对文化的含义和结构层次的分析，我们可以将跨文化定义为一种动态过程，通过强调文化差异来描述不同行为规范、价值观、隐含信念和基本假设的交融和碰撞。跨文化的基本前提是存在文化差异，主要表现为：国家层面的文化差异、公司层面的文化差异和个体层面的文化差异。

（一）国家层面的文化差异

跨国经营管理中往往会遇到国家层面的文化差异，这是一种宏观层面的文化差异。不同国家之间天然存在差异，会有不同的文化表现及对应的文化维度，并且国家文化差异具有一定的稳定性、典型性和分明性。

（二）公司层面的文化差异

公司层面的文化差异是跨文化差异的中观层次，这在重组和并购的人力资源管理中十分普遍。如果涉及跨国并购，必须考虑到公司间存在的国家或者民族文化差异所带来的影响。在跨国并购或者跨国公司重组等经营活动中，存在双重的文化差异：国家或民族文化带来的差异，以及双方母公司带来的差异。无论受到文化的何种影响，并购企业之间都需要进行文化的整合融通，这需要双方相互信任和尊重，以营造双方都接受的公开、公平、公正、竞争的文化氛围。

（三）个体层面的文化差异

个体层面的文化差异是跨文化差异的微观层次。不同地域、年龄、性别、级别以及部门的员工之间都可能存在价值观和行为方式上的差异。虽然个体的价值观受个体经历的影响而具备某些独特烙印，但由于社会化和群体影响，这些个体层面的价值观在不同程度上会受到所在国家（民族）价值观和公司价值观的影响，并带有所在国家（民族）和公司的价值观的痕迹。

本书所讨论的文化维度主要基于国家（民族）文化层次，重点围绕国家（民族）之间典型的文化差异，来探讨跨文化管理的问题，不将国家（民族）层面上的典型文化维度简单地类推到个体微观层面，以致发生层次谬误。对于不同的文化差异，有学者认为一个国家之内存在着基于特定地域、社会阶层、职业、民族甚至性别的亚文化差异。这些差异都具有一定的意义，研究者无法简单地将已经发现的以一个国家（民族）为典型单位的文化维度概括地应用于特定地域的人群研究中，因为所研究的文化单元将影响其文化维度的性质和类型。

四、跨文化管理的发展沿革

(一)美国等跨国公司的挫折带给管理者的启示

二战后,美国跨国公司曾试图将其本土化成功经验在全球范围内复制推广。但到了20世纪70年代,这种"文化移植式管理"频频受挫,引发了广泛反思。美国学者坎特指出,真正的全球化不仅在于组织结构的复杂性,更关键的是管理者要拥有全球化的思维方式。研究表明,美国跨国公司失败的主要原因在于忽视文化差异,缺乏本地化理解与沟通机制。这种"唯我独尊"的管理模式,反映出当时美国跨国公司对跨文化复杂性的认知严重不足,直接推动了跨文化管理研究的兴起与发展。

(二)管理知识供给的滞后与现实需求的矛盾

现有管理知识长期受美式范式主导,难以满足企业全球化实践的需要。阿德勒研究发现,在逾万篇管理文献中,专门探讨跨文化协作的文章比例不到1%。这意味着,尽管文化差异对企业运营至关重要,但系统化的理论指导仍显匮乏。尤其对那些即将承担跨国管理任务的经理人而言,如何在异质文化中有效激励、沟通与合作,缺乏实务层面的应对指南。这种供需不平衡成为全球管理实践中的一大痛点。

(三)文化多样性给管理带来的挑战

在全球化背景下,企业面临的文化多样性挑战日益突出。跨国企业中,员工来自不同国家、拥有不同文化背景,使得管理的复杂性显著提升。无论是国际子公司,还是由多文化背景员工组成的本土企业,跨文化沟通与团队协作都成为管理者必须面对的核心课题。尤其对发展中国家企业而言,跨文化管理知识和能力仍相对薄弱。为解决这一问题,近年来,学界在跨文化组织行为、沟通、谈判、团队协作、人力资源与领导力等方面形成了丰富成果,推动全球跨文化管理理论的系统构建,也为企业应对文化多元化提供实践路径。

第二节　文化差异对国际管理的影响

在理解了文化定义的基础上,第二节将讨论文化在国际管理中的重要性。

文化差异作为进行国际管理时跨文化管理的核心理念，影响着管理过程中的每个环节和步骤，产生这种影响的因素往往包括多个方面，如空间的概念、思维的方式和价值的观念等。

跨文化管理是一种重要的手段，能够帮助跨国组织在不同的文化环境中建立和规划可行的国际管理战略、国际组织结构和跨国管理机制。在管理过程中，寻求超越文化差异和冲突的组织目标是关键，因为这有助于促使组织高效地使来自不同文化背景的员工遵循共同的行为准则，从而最大限度地利用国际市场和国外资源的潜力与价值。只有成功实施跨文化管理，跨国公司才能顺利运营，增强竞争力，扩大市场占有率，并实现持续发展。

每种文化在传承中都会有着较为独立的价值体系，而人们在进行问题的分析和理解时选用的方式会受价值观念的影响，因此，可以说价值观方面存在的差异对国际商务活动所产生的影响是巨大的。例如，西方人特别是美国人，通常客观性较强，提倡公事公办且不会徇私情，会依据事实作出评价与决策；而中国人更加知礼、谦虚，不是很乐意争强好胜，更强调集体主义；日本人更注重办事效率，强调每天第一件事是开会商讨公事。由此可见，国际商务管理中存在不同文化或价值观的碰撞是不可避免的。

一、思维差异影响国际管理

思维方式在一定程度上影响人们认识外界事物、使用话语的规则及相关的管理行为。通常情况下，有西方文化背景的管理人员更多注重逻辑方面的分析，即更多采用线性思维，而有东方文化背景的管理人员体现出的思维方式更多的是在直觉上的整体性，也就是综合性更强的思维。由于受到中国几千年传统文化的影响，中国人会更多地倾向于从总体上去了解事物的特征。不同的思维方式还会体现在管理策略的差异上，比如：在商务活动中，中方代表遵循“先谈原则再谈细节”的管理策略，首先会从各方面共同承诺、遵守的原则及利益开始讨论；而以线性思维为主的西方代表大多一开始就从整体出发来谈，对相关的细节也更加重视。

二、风俗习惯差异影响国际管理

不同国家和地区的人在风俗习惯上会有诸多差异。例如，泰国人认为左手是不洁的象征，在与泰国人初次相见需要交换名片时一定不能用左手递出名片；美国人则认为一些数字不吉利，在礼拜五通常不举行商务活动，会关注酒店房号、楼层号、门牌号、餐桌号；柠檬在菲律宾表示与疾病相关，而在美国却表示活泼、清新；等等。

三、时空利用方式差异影响国际管理

有学者将时间利用方式分成单一时间利用和多种时间利用两种方式。低语境国家和地区的人,如德国人、瑞士人及北美人的时间利用特点是单一利用,注重专时专用,善于将时间按小段进行规划。高语境国家与地区的人会采用多种时间利用方式,强调多人参与、一时多用,做事并不严格按照时间表来进行。由于时间利用方式不同,管理者的管理风格也会不同。比方说,美国人竞争意识相对较强,注重效益和效率,因此美国商人做事雷厉风行,会在每个环节上予以重视,将管理时间尽量缩短,速战速决。而在某些存在浓厚传统观念的国家中,人们会不太重视时间,甚至有时会有意识地拖延时间,期望显示出自己尊贵的地位,比如南美商人有时会在商务管理活动中迟到。

总之,国际管理中跨文化的交际是不可避免的,对此问题进行研究,无论对跨文化交流还是对商务管理的实践都具有积极、重要的意义。管理人员只有得体处理在国际管理中存在的文化差异,才可实现高效常务沟通。

第三节　文化维度的相关理论

在讨论过文化差异对国际管理的影响之后,本节将继续深入探讨文化维度,主要介绍如表 5-1 所示的三种文化维度理论及其局限性,给管理者打下理解文化差异的理论基础。

表 5-1　文化维度理论

研究者	理论或理论包含的维度
罗南和申卡尔	国家集群理论
霍夫斯泰德	个人主义、集体主义 男性主义、女性主义 权力距离 不确定性规避 长期取向与短期取向 自身放纵与约束

续表

研究者	理论或理论包含的维度
卓皮纳斯	普遍主义、特定主义 中立型、情感型 明确型、扩散型 成就型、归因型 个人主义、社群主义 内控型、外控型

资料来源:编者整理。

一、罗南和申卡尔的国家集群理论

在跨文化管理中,仅以国家为单位进行文化区分已难以满足实际需要。为了更有效理解不同文化之间的共性与差异,罗南与申卡尔于 1985 年提出了国家集群理论,通过对工作价值观的比较研究,将文化相近、行为模式相似的国家归为一类,构建跨国文化集群的概念。

该理论突破了传统的国家为单位的文化研究范式,为企业在国际化经营中设计更具适配性的管理模式提供了理论依据。该理论强调,文化的相似性不仅能提高管理效率,还能减少跨国协作中的沟通障碍。通过学习本理论,我们不仅可以更系统地理解文化分布格局,还能进一步提升在多文化背景下的跨国管理判断力和适应力。

(一)罗南和申卡尔的国家(地区)集群图

为了更深入地理解罗南和申卡尔国家集群理论中的文化划分逻辑,我们需要先明确他们所采用的划分基础。在该理论中,对各国的分类并非单纯基于文化特征,还基于政治地理视角。所谓政治区域,是指地球表面上任何按照政治标准划分的地区,它既包括一个国家或国家之下的行政区,也包括数国结成的区域。政治区域作为一个基本范畴,由三个要素组成:政治组织、一定数量的人口、地理区域。缺少其中任何一个要素,都不能成为政治区域。相对应的,政治组织既指各个有主权的国家,也包括各国国内的地方政治组织,如各级地方政府,还包括数国联合起来的国际组织和地方群体。

罗南和申卡尔的国家(地区)集群图如图 5-2 所示。

首先看东欧区域。东欧作为政治地理概念,是指位于欧洲东南部和中部地区、苏联西侧的 8 个国家,它们是保加利亚、罗马尼亚、波兰、匈牙利、捷克斯洛伐克、阿尔巴尼亚、德意志民主共和国和南斯拉夫。这些国家在第二次世界大战后曾经按照苏联模式建立起社会主义制度,并与苏联结盟,成为社会主义阵营的成员。

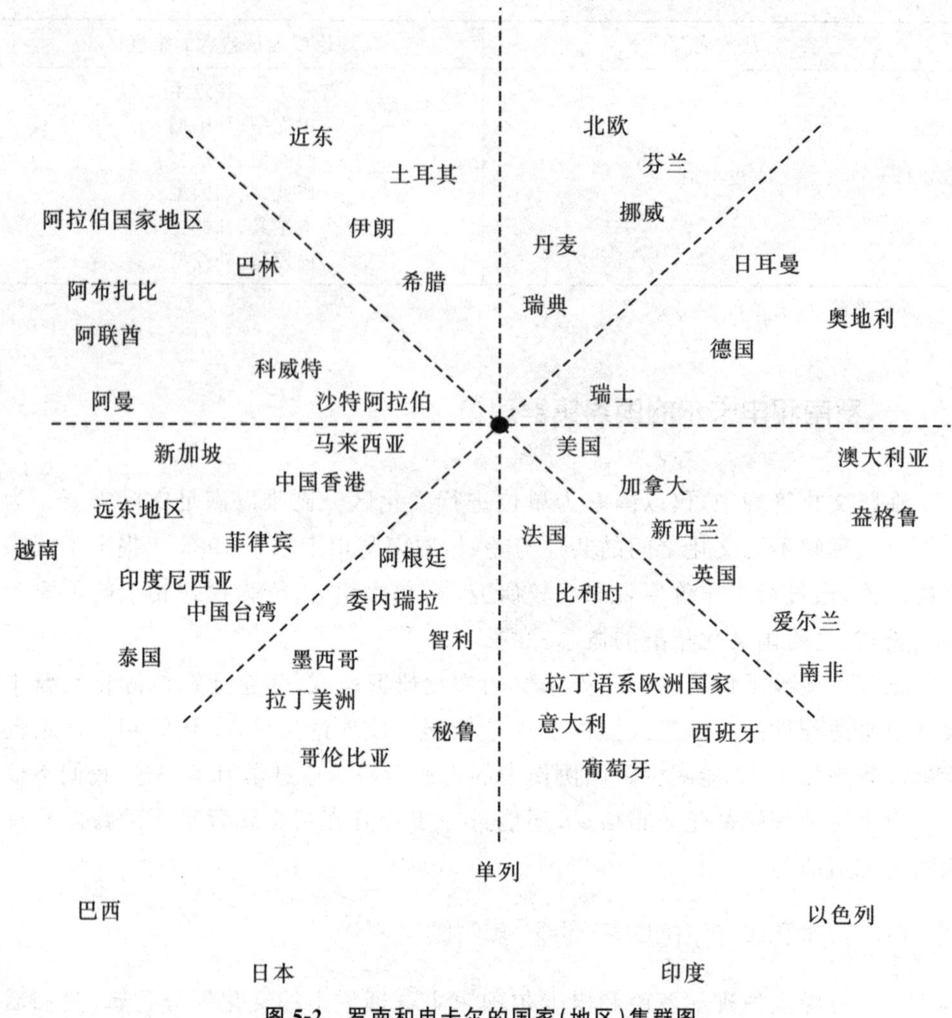

图 5-2　罗南和申卡尔的国家(地区)集群图

资料来源：RONEN S，SHENKAR O.Clustering counuries on atitudinal dimensions：a review and synthesis[J].Academy of management review,1985,10(3):435-454.

其次是北欧区域，此处特指北欧理事会的五个主权国家瑞典、挪威、芬兰、丹麦、冰岛以及实行内部自治的法罗群岛。

在了解了该图的划分方式之后，接下来将讨论为什么会有此划分方式。属于一个集群的国家，地理位置通常比较接近，并且拥有基本的共同价值观。这反映了一个观点：文化价值观通常首先在靠近文化发源地的地区发展起来。此外，比较富裕、发达的国家靠近中心。例如，在北欧集群中，瑞典被看成是最发达的国家；而在拉丁语系国家集群中，法国是最发达的国家。

集群内国家的另一共通点是语言。例如：拉丁美洲集群包含讲西班牙语的国家；盎格鲁集群中包含讲英语的国家；拉丁语系欧洲国家集群中的国家则讲几种不同的语言，这些语言被认为是从拉丁语系或拉丁语中衍生出来的。不同国家、集群中人们的价值观、目标和态度都是受语言的语义和解释的影响而形成的。

此外，集群内国家的宗教信仰也具有相似性，而且会通过价值观和目标反映出来。比如，远东国家集群信仰佛教和儒教。这些宗教的价值观强调人们应该有家庭观念并承担责任，否则将受到谴责。另外，单列出来的国家（巴西、日本、印度和以色列）一般拥有独特的宗教、语言和历史。

总体而言，罗南和申卡尔的国家集群理论给有兴趣了解国家间文化价值观和态度异同点的国际管理者提供了简要的参考，掌握这些文化知识的管理者能更有效地进行国际商务管理。

（二）罗南和申卡尔理论的局限

集群中遗漏了许多国家。例如，如果界定一个亚洲集群，应该包括日本、中国和韩国这三个国家。三个国家都强调人际关系的和谐，其原因可以追溯到某些共同的儒家价值观。但是，和谐在这三个国家中却有不同的含义。在日本，和谐经常用来描述团体活动或者成员关系，而在中国和韩国，和谐经常被用来描述个体间的关系。

二、霍夫斯泰德文化维度理论

20 世纪 70 年代，吉尔特·霍夫斯泰德在著名的跨国公司 IBM 进行了一项大规模的文化价值观调查。他和团队对 IBM 公司来自 40 个国家和地区的 11.6 万名员工（大部分为工程师）进行了文化价值观调查并获取了大量的数据。霍夫斯泰德于 1980 年在《文化的后果》一书中呈现了该研究成果，总结出衡量价值观的四个维度（即文化的四个维度）：个人主义与集体主义、男性主义与女性主义、权力距离、不确定性规避。

随后，霍夫斯泰德在加拿大社会心理学家迈克尔·哈里斯·邦德的帮助下，于 20 世纪 80 年代将长期取向与短期取向进行了对比，作为文化维度的第五维度。2010 年，霍夫斯泰德又与保加利亚的语言学家迈克尔·米诺维奇合作，增加了第六个文化维度，即自身放纵与约束。

本小节将从霍夫斯泰德的六个文化维度展开讨论，并且重点分析中国在各文化维度下的表现。

（一）霍夫斯泰德提出的文化维度

1.个人主义与集体主义

霍夫斯泰德将个人主义与集体主义定义为一个社会对个人成就和人际关系

的认同程度。高个人主义文化强调个性和个人权利的重要性，重视个人成就，倾向于建立一种松散的组织关系架构；低个人主义（集体主义）文化强调集体的利益和组织的统一性，重视社会关系，主张家族式的组织治理理念，讲求个体对集体的责任和奉献。

根据霍夫斯泰德的研究，中国更倾向于集体主义文化，而美国则高度重视个人主义。我们可以从中国数千年的农耕村居文化、家族本位以及和合文化中找到缘由。据载，中国早在公元前 2000 年就出现了村居，人们结成村落大家庭，产生村首领。以村首领为首的集体保护着其中的每一个成员，而每个成员也都以对集体忠诚作为回报，这种状况一直延续至今。从家族本位主义以及和合文化的观点来看，中国人把家族利益放在第一位，倾向于为了家族而非个人的利益而奋斗，扩展到国家这个"大家"的层面上，同样也是如此。例如，中国提倡个人利益服从集体利益，并认为舍己为公是一种美德。需要注意的是，改革开放至今，中国经济的发展在一定程度上促使集体主义观念发生变化。有研究表明，近 40 年来，中国的集体主义价值观较之以前有所淡化，而个体主义价值观比以前明显增强。但也有研究认为，这种变化只是社会转型期会发生的现象，中国集体主义文化的本质没有改变。

在集体主义文化的影响下，中国的组织和员工往往表现出以下行为特点：组织往往是家长制的，一定程度上扮演着家长和老师的角色；员工为了保持某种组织成员的身份，一方面对组织忠诚，另一方面尽量与组织中的每个成员保持良好的人际关系。具体来讲，组织是一个大家庭，照顾员工的多个方面；员工往往把组织理解为"娘家"，从感情上依赖组织，期望得到组织的关心；管理者倾向于从其喜欢的群体中选拔人才，而这个群体很可能就是管理者以前从属的群体。例如，管理者更青睐于来自其母校的求职者。在员工培训上，企业往往根据组织的需要而不是员工个人发展的需要去设置培训内容；在绩效上，提倡对集体绩效的评估，而不主张突出个人绩效，不提倡个人英雄主义；在薪酬分配上，往往"不患寡而患不均"；企业决策大多是年长者做出的，或者是集体决议的结果。

在美国文化中更看重个人主义，以《蛇蝎女佣》这部剧为例，剧中，在一场派对上，豪门贵妇 Taylor Stappord 和另一位贵妇 Genevieve Delatour 进行了一次关于领养孩子的私人对话。对于美国文化成长之下的精英阶层而言，探讨别人隐私是禁忌，但由于确实充满好奇心，所以 Genevieve 在打开话题之前礼貌性地加了一句："I knew it's none of my business, but ..."（我知道这不关我的事，但是……。）显然这个话题引起了 Taylor 的反感，所以她直接答道："You are right. It's none of your business."（你说得对，这与你无关。）可见，美国人非常重视个人利益，尤其注重个人隐私，哪怕是在相当熟悉的父母孩子之间，父母也得尊重孩子的秘密和私人空间，更不必说普通朋友之间。这恰恰是美国文化中个人主义最显著的体现。

2.权力距离

权力距离描述的是一个国家的人民对于社会内权力分配不平等这一事实的接纳和认可程度。高权力距离意味着社会对于由权力或财富引起的层级差异具有很高的认同度。这样的社会一般倾向于遵从层级制度体系，严格限制自下而上的沟通。低权力距离文化则指社会不强调公民间的由权利或财富引起的层级差异，而是更加强调人与人之间地位、机会的平等。

根据霍夫斯泰德的研究，中国的权力距离指数高于美国的权力距离指数，更远远高于挪威和丹麦的权力距离指数，属于高权力距离文化国家。这一点不难理解，因为中国受两千多年封建君主专制体制和"君君臣臣""夫夫子子""三纲五常"等思想的影响，权力、等级的观念深入人心。在此影响之下，即便是民主意识相对增强的今天，中国人依然坚持长幼有序、上下有别的思想。

在组织层面，高权力距离对中国企业管理的影响主要体现在组织结构、人员选拔、领导风格、决策方式及激励方式等的选择上。在组织结构设计上，中国企业采取金字塔式而非扁平式的组织结构，以便通过层次鲜明的等级加强对员工的管理；在人员选用上，中国企业倾向于选择来自名校、名企的求职者或者有过国外工作学习经历的人员，因为中国企业通常认为名校、名企等是衡量人才的权威性指标；在领导风格上，中国企业的领导认为严格的管理要比参与的、民主的和授权的方式更有效；在决策上，中国企业往往采用自上而下的决策方式；在激励方面，除了物质激励之外，中国企业的领导者一般认为通报表扬等是有效的方式。

3.男性主义与女性主义

男性主义文化的社会重视生活数量，强调自信，鼓励人们竞争、对抗、不妥协并自我肯定；女性主义文化的社会重视生活质量，强调人与人之间的关系，鼓励谦虚、平和、友善等。因追求生活数量，如热衷竞争、不回避正面对抗等是有代表性的男性特质，而追求生活质量，如追求和谐的人际关系等是有代表性的女性特质，故称此维度为男性主义与女性主义。

根据霍夫斯泰德文化维度理论，中国社会具有一定程度的男性主义特征，重视成就、竞争与成功。这一文化倾向与我们长期倡导的艰苦奋斗、拼搏进取、锐意创新的社会价值观相契合。然而，与西方典型男性主义文化相比，中国的男性主义文化实践更具复杂性和平衡性。

一方面，中国强调男女平等、团结友爱、无私奉献，注重集体价值与社会和谐，这种价值导向在行为层面往往表现出女性主义色彩。虽然社会制度鼓励竞争，但国民整体更倾向于回避冲突、重视人情、追求和谐。这使得中国呈现出一种表面竞争、实则和谐的文化张力。

这种张力在企业管理中表现得尤为明显：在用人、晋升上，虽然强调竞争上岗、能力优先,但现实中仍普遍存在关系导向、论资排辈现象;在薪酬激励上,既提倡按绩分配,又受到平均主义倾向的影响;在战略决策中,一方面鼓励创新突破,另一方面强调安全稳定。这些矛盾体现出中国企业在男性主义与女性主义文化价值之间的持续拉扯与动态平衡。

4.不确定性规避

霍夫斯泰德文化维度理论中将不确定性规避定义为人们忍受模糊和不确定性(低不确定性规避)或者感到模糊和不确定性的威胁(高不确定性规避)。一个高不确定性规避的国家通常是规则导向性的,即倾向于通过建立一系列法律、规章、制度、限制,来减少不确定因素;而一个低不确定性规避的国家则对于不确定情况具有高的容忍度及适应力,更愿意变革,乐于承担风险。

霍夫斯泰德和团队的研究结果证明了中国社会中存在低不确定性规避文化。这表明中国社会对不确定性和模糊性有较高的容忍度,倾向于接受变化和冒险,较少依赖严格的规章制度来减少不确定性。

不确定性规避态度在中国企业管理的不同方面有不同的体现,具体包括:在人员选拔和任用上,中国企业持风险规避的态度,倾向于选择那些资深持重、对组织忠诚度高的求职者;在日常管理上,中国企业的领导持高风险规避态度,实行集权制,对员工的工作进展进行严格控制;在规章制度制定和执行上,中国企业倾向于制度执行的稳定性,持低风险规避态度;在决策方面,中国企业决策者持高风险规避态度,决策往往是谨慎而保守的。

除了霍夫斯泰德和其团队的研究之外,还有为数不多的学者对不确定性规避的领域进行了研究,如芝加哥大学奚惜元教授和哥伦比亚大学的韦伯教授。他们曾对中美学生冒险的领域进行了比较,得出的结论是中国学生在经济领域中比美国学生更敢冒险,而美国学生在社会领域中比中国学生更敢冒险。这个研究结果与我们通常的理解并不完全一致,比如这个研究结论无法解释中国人愿意储蓄而不愿意投资的行为。暂且不论这个研究结果的合理性,其研究中所使用的问题可为我们理解中国不确定性规避问题提供帮助。在该研究中,社会领域中的问题大多与人际关系相关,而经济领域中的问题则大多与金钱相关。实际上,中国人的不确定性规避总体呈中性,在不同事物上的风险规避态度不一而足,但可以确定的是,中国人在人际关系上往往持风险规避态度。

5.长期取向与短期取向

霍夫斯泰德将长期取向和短期取向定义为一个社会长期忠诚于传统、先前的思想和价值观的意愿程度,并认为长期取向的国家强调长期承诺,尊重传统,强调长远发展及为未来着想,崇尚节俭及坚忍,而短期取向的国家则强调实时或短期回报,认为变革随时都会发生。

中国有较强的长期导向倾向,强调坚持、节俭与长期回报的价值观。这一点不言而喻，因为中国有求久和重传统的文化。求久让中国人着眼长远，不计一时之失；重传统帮助中国人从前人的实践中汲取经验，不冒险、不激进，稳妥发展。霍夫斯泰德和特龙彭纳斯都将中国人勤俭节约、注重储蓄当作中国人长期取向的证明，但实际上，中国人的长期取向还体现在更多方面。比如，提倡总结过去、立足现在、把握未来，注重长期关系的建立和维持，讲求从长计议而不计一城一池之失。在人员招聘和晋升中，中国企业相信组织认可和长期承诺比拥有直接应用的技术更重要；在人员激励方面，中国企业认为长期的工作保障比短期经济激励更有吸引力；在战略决策上，中国企业更看重增长和长期回报，而不是短期财务指标的变化。

6.自身放纵与约束

霍夫斯泰德将自身放纵与约束这一维度定义为某一社会对人的基本需求以及享受、享乐欲望的允许程度。自身放纵的数值越大，说明该社会的人整体上对自身约束力不大，而且，社会对个体放纵的允许度越大，个体越不约束自身。如果用另一个词来表示，更能说明问题，那就是幸福指数。虽然幸福指数和生活水平有一定正向关系，但是文化还是起决定作用的。比如，一个约束型文化的国家(地区)，即使其很富裕，但此国家(或地区)的人不一定比那些放纵型文化导向的国家(或地区)的人幸福。霍夫斯泰德举了一个例子：中国香港有很多菲律宾女佣，在放假特别是节日时，会成群地集中在中环那里，一圈一圈地坐在地上，享受带来的食物，非常开心。相反，香港人却没有那么高兴，往往一脸严肃、匆匆而行。因为南美国家是放纵型文化，那里的人们没有饭吃也会高高兴兴地跳舞，不为明天忧虑，幸福指数非常高；相比之下，中国是约束型文化，中国人往往会未雨绸缪，为明天忧虑。从国家层面看，放纵型文化认为自由是首位的，而约束性文化认为秩序最重要，特别是高权力距离加集体主义再加约束性文化的社会，更倾向于稳定。从人们性格上看，放纵型文化背景的人们外向热情，见面就拥抱；约束型文化的人们内向冷静，见面时最多握握手。

中国社会属于典型的约束型社会。这意味着中国社会倾向于抑制个人的欲望和冲动，强调遵守社会规范，对享乐持谨慎态度。而像美国、法国、英国等国家，就属于放纵型文化，这些国家的人往往喜欢追求自由。

(二)霍夫斯泰德文化维度理论的局限性

霍夫斯泰德的文化维度理论一经问世，就成了跨文化研究领域的一个里程碑，不仅对跨文化领域的研究方法产生了重大影响，而且对各个相关学科如社会学、心理学、语言学、文化学、传播学、管理学也产生了巨大的影响。然而，霍夫斯泰德的文化维度理论也有其局限性，具体如下。

第一，霍夫斯泰德的视角是偏西方的，不完全是跨文化的，而且，霍夫斯泰德的问卷设计是基于西方价值观的,难免带有偏见。霍夫斯泰德的研究从一开始就没有考虑西方价值观以外的价值观,如儒家文化价值观等。尽管后来霍夫斯泰德接受了长期在香港中文大学工作的加拿大心理学家彭麦克等提出的质疑,增加了代表儒家文化价值观的维度,但未能从根本上消除其理论不足。

第二,尽管霍夫斯泰德在跨文化领域的研究是开创性的,但他的前期研究是以 IBM 的员工为调查对象,后来的调查对象包括航空公司飞行员、公务员、高端市场顾客和社会精英。然而,在任何社会,较高阶层的人总是少数的。因此,从某种程度上讲,霍夫斯泰德的研究不具有足够广泛的代表性。

第三,对于拥有强大亚文化或不同种族的国家,霍夫斯泰德理论是否仍然适用还有很大争议。例如:加拿大文化很独特,讲法语的加拿大地区与讲英语的加拿大地区有相当不同的价值观和行为规范;新加坡的人口构成呈现显著的多元化特征,不同文化背景的人的文化习俗、宗教信仰也有很大相同。

第四,霍夫斯泰德的研究数据大多是在 20 世纪六七十年代收集的,当今的世界已发生巨大的变化,这些数据还能否全面反映如今的社会现实? 比如:中国在实行改革开放之前,更多提倡的是集体主义。而在当今的中国,年轻人的个人主义倾向是一个值得关注的现象。

霍夫斯泰德的文化维度理论应该是不断发展的。针对其文化维度抽样的不足、缺少动态发展性等局限性,我们也许可以在以下方面做进一步努力:区分个人层面和国家、社会层面的文化;更新数据,囊括更多国家的数据;文化范畴界定,国家和文化并不一定是个对等的概念;等等。

三、特朗皮纳斯的文化维度理论

荷兰经济学家、管理咨询专家特朗皮纳斯在历时 10 年的跨文化研究中,对来自 28 个国家和地区的 15000 名企业经理人进行了问卷调查,并最终在研究报告中使用了 23 个国家或地区的数据。基于实证研究成果,他提出了 6 个核心文化维度,用于解释不同国家和民族在价值观与管理实践上的文化差异。

(一)普遍主义与特殊主义

其实普遍主义与特殊主义这个概念最早是由社会学家帕森斯提出的。普遍主义者强调用法律和规章指导行为,而且认为这些指导原则不应因人而异。“法律面前人人平等”就是普遍主义者的响亮口号。此外,普遍主义者认为对所有事务都应采取客观的态度,而且世界上只存在一个真理,只存在一种正确解决问题的方法。相反,特殊主义者强调具体问题具体分析,不用同一方法去解决不同情况下的问题,而应因事而异。另外,特定主义者认为一切都是相对的,世间没有绝对的真理，也不存在唯一正确的方法，而是有多条路可走。

在企业管理方面，普遍主义社会与特殊主义社会的区别也是非常显著的。在普遍主义社会中，管理强调建立制度和系统，同时制度和系统应该是能为大多数人服务并满足大多数人要求的。制度一旦建立，人人都须遵守，制度对所有人都一视同仁，没有人可以凌驾于制度之上。

（二）中立型与情绪型

在中立型文化中，情感被良好地控制，人们一般会避免情绪激昂的行为，情绪外露的人常被看成是不稳重、不成熟、缺乏自我控制能力的，甚至会被认为是不可靠的。老成持重、含而不露、喜怒不形于色的人往往更受到欢迎。

在情绪型文化中，感情是开放性、自然流露的，而且是人们表明自己的观点的一个重要手段，不表露感情被看成冷血和无趣的。激情是热爱生活的表现，是生命活力的显示。很多中东国家的文化属于情绪型文化，如果某人说话时表情平平、不动声色，会被理解成未真诚表达。

（三）明确型与扩散型

在明确型文化中，个体拥有较大的空间，且乐意让别人进入和分享，但同时，个体也有一个很小、被严密保护的私人空间，只与亲密的朋友和亲人分享。例如，奥地利、英国、美国和瑞士等国的文化就属于明确型文化。美国人把生活的不同领域分得很清楚，而且领域与领域之间不渗透、不重叠，对于任何事情都不混淆。例如，美国人常常挂在口边的一句话就是“不要将这件事个人化”或“这不是针对你这个人的”。

在扩散型文化中，私人空间和公共空间在规模上是相似的。例如，委内瑞拉、中国等国家的文化就属于扩散型文化。扩散型文化背景的人倾向于把所有的生活领域都联系起来，并认为所有的事物之间都有千丝万缕的联系。有扩散型文化背景的人有一个重要的特征，那就是特别顾及面子。所以，在这种文化环境中，管理人员应特别关注维护他人的面子，尽量在批评的时候讲清楚不是针对个人，而是针对事件本身，否则不但达不到效果，还会伤及人的自尊。

（四）成就型与归因型

在成就型文化的社会中，一个人的社会地位和他人对这个人的评价是按照这个人最近取得的成就和业绩记录形成的。相反，在归因型文化的社会中，人们会千方百计地寻找一切可能的关系或背景为自己增加社会价值，证明自己的重要性。在这种文化环境下，人关注的不是自身的努力和成就，而是能够衬托自己的其他因素。

在成就型文化的社会中,人们尊重那些有知识和技能的管理人员,不管该管理人员是年轻还是年老,是男性还是女性,是科班出身还是没有上过大学。同时,按业绩获得薪酬是人们都能接受的原则,而不是按资历、工龄或其他因素。此外,因为尊重成就而不是权威,所以企业员工敢于对管理人员错误的决策提出挑战。但在归因型文化的社会中,情况就不同了,除非上级对决策提出挑战,否则员工一般都不敢挑战,而且员工往往尊敬那些资历深的管理人员,而不只是有知识和技能的人员。

(五)外控型与内控型

内控型文化强调所有发生在我身上的都是我自己的事情,倾向于将成败的原因归于自己,相信凡事操之在己,将成功归因于自己努力,将失败归因于自己疏忽并自愿承担责任。而外控型文化则认为自己无法对自己的生活方向进行完全的控制,常把成败的原因归于外界因素,视他人和外物为行为活动的控制者,将成功归因于幸运,将失败归因于他人的影响。内控型的人较外控型的人更不易感受工作压力,但当确实存在个体以外的力量控制着行为的后果时,外控型的人将具有优势。

属于内控型的人比较关心成就感,而且在遭遇挫折时倾向于采取积极、具有建设性的方式来应对,对挫折的焦虑感也较少;而属于外控型的人则比较容易感到焦虑,并且在面对挫折时较倾向于非建设性的行为,多关心失败后的恐惧而很少关心成功后的成就。影响个人控制倾向的因素很多,特朗皮纳斯将影响因素分为家庭因素及社会因素。家庭因素包括父母态度与期望、父母行为及性别差异;社会因素包括社会地位、种族、文化差异等。

(六)个人主义与社群主义

个人主义是指一种松散的社会组织结构,社会中的每个人都重视自身的价值与需要,依靠个人的努力来为自己谋取利益。美国、阿根廷、墨西哥等国具有高度个人主义。社群主义则指一种紧密的社会组织结构,社会中的人往往以在群体之内和在群体之外来区分,他们期望得到群体之内的人员的照顾,同时也以对该群体保持绝对的忠诚作为回报,也就是说,人们把自己看作团体中的一员,从团队中定义自己。

美国是崇尚个人主义的社会,强调个性自由及个人的成就,因而开展员工之间的竞争,并对个人表现进行奖励,施行有效的人本主义激励政策。中国和日本都是崇尚集体主义的社会,员工对组织有一种感情依赖,员工和管理者之间易形成和谐的关系。

跨文化体验设计攻略

跨文化设计给企业带来了非常多的语言和文化方面的挑战。大多数设计师认为跨文化设计产品只需简单通过翻译、修改货币符号和替换图片就能体现产品的国际化。其实不然，创造成功的跨文化产品十分复杂，并且充满陷阱。在跨文化设计中，设计师不仅需要考虑不同国家和地区的语言差异，还需要考虑不同文化倾向、价值观的差异以及不同的习俗和禁忌。随着中国企业“出海”、走向全球市场，跨文化体验设计也逐渐成了中国设计师的一项重要技能。

2018年底亚马逊刚在印度运营时，就面临了缺乏文化洞察力和深入调研导致的严重问题。亚马逊不明白为什么印度客户拒绝使用移动网站主页上的搜索按钮，因为这个按钮是美国亚马逊网站转化最高的按钮之一。事实是，印度人并不能将放大镜图标与搜索联系在一起。当亚马逊团队前往印度测试UI（用户界面）时，大多数印度人都认为该图标代表乒乓球拍！为了解决这一问题，亚马逊虽还是保留了放大镜，但添加了带有印地语文本标签的搜索字段，让印度人知道这是他们可以发起搜索的地方。

在设计跨文化产品时，设计师不仅要应对不同语言、方言、民族文化维度的差异，还要应对色彩和心理模式的文化差异。此外，阅读方向上也易存在差异，而文本又可以从左到右（LTR）、从右到左（RTL）和从上到下书写。对于某些语言，设计人员需要考虑镜像设计，并应该考虑从文本到图像、导航模式和CTA（号召性用语）的所有内容。

在跨文化产品设计中，合理运用适合本地文化的图片也是设计师需要特别注意的事情。比如，在西方文化中完全可以被接受的形象，在某些中东国家可能会被认为是不合适的。世界不同地区对性别、服装和宗教的不同态度要求设计师在处理图像时要格外小心。如果设计师不熟悉某种特定文化，那么他们需要花一些时间来研究不同文化的基调，并确保UI中的各个元素，如文本、图像、微缩文本等都得到合适的运用。

此外，设计人员还必须考虑不同语言的文本带来的文本扩展现象。对同一段文本使用英语、德语和日语会产生截然不同的结果。从英语短语到意大利语短语，有时会导致文本扩展约300%。若设计师不考虑各种语言的字长差异，或者提前为UI元素提供充足空间，就会在后期的产品本地化中产生大量的工作量，因为将会有大量的屏幕需要调整设计，以适应切换到另一种语言。

（资料来源：刘昆仑.跨文化体验设计攻略[EB/OL].[2025-02-25].https://mp.weixin.qq.com/s/ERd1247lBS39jYLLdZ9VJA.）

第四节　数字时代的企业跨文化管理

一、数字时代跨文化管理的定义

在数字时代,跨文化管理已成为企业不可忽视的重要工作。跨文化管理又称交叉文化管理,指的是在全球化经营中采用包容性的管理方法,以应对东道国的文化差异。跨文化管理的核心在于强化跨文化沟通,克服潜在的文化冲突问题,并在融合双方文化的基础上塑造独特的组织文化。跨文化管理的目的是在不同形态的文化氛围中建立有效的组织结构和管理机制,追求超越文化冲突的共同组织目标,以确保来自不同文化背景的员工共同秉持价值观,并最大限度地掌控和利用国际背景下的企业潜力与价值。

二、跨文化管理重要意义

(一)跨文化管理是企业全球化经营管理的核心

通过跨文化管理,能促使跨国组织在不同形态的文化氛围中构建和规划切实可行的国际管理战略、国际组织结构和跨国管理机制。在管理过程中寻找超越文化差异和冲突的组织目标,对于企业来说具有重要意义。这有利于企业有效维系具有不同文化背景的员工之间共同的行为准则,从而最大限度地控制和利用国际市场和国外资源的潜力与价值。只有成功进行跨文化管理,跨国公司才能顺利经营,提升竞争力,扩大市场占有率,并实现可持续发展。

(二)跨文化管理有利于提高企业管理成效

对于众多跨国公司的管理人员来说,跨文化管理已成为他们日常事务的一部分,他们需要与来自不同文化背景的人共事。管理人员通过学习跨文化管理知识,能更好地了解和把握对待不同文化背景的员工的工作态度和行为方式,提高管理效率和效果。此外,跨国公司通常在国外拥有长期的业务,其管理人员即使不需要被外派常驻某国,也需要经常出差,与国外的同事或客户进行交流。虽然从表面上看,人们的衣着和使用的语言可能存在相似之处,但如果管理者忽略文化因素,作出一些基于相似性的假设并采取相应的行动,很可能会让对方感到尴尬,造成人际交往的障碍。学习跨文化管理知识,掌握相关的跨文化技能，管理者无疑能够在对外交往中少走弯路，更加灵活地应对各种情况，使工作顺利进行。如果管理者能培养自身对不同文化的敏感性、跨文化沟通技巧、文化适应能力和文化智商，就能够更好地理解和尊重与他人的文化差异，建立互信和合作关系，从而帮助跨国公司实现可持续发展并在全球市场上取得成功。

(三)跨文化管理能提高人们工作和生活的质量

在全球化的背景下，来自不同文化背景的个体和群体需要一起工作和学习，各种产品也需要适应不同文化背景的人群。因此，了解来自不同文化背景的个体的价值观、信念和行为方式，以及尊重和充分理解其他个体的文化，已成为人们越来越关注的话题。

通过学习跨文化管理，我们能够更好地理解和应对不同文化之间的差异，增强跨文化沟通的技巧，培养文化敏感性和适应能力。同时，这也有助于我们建立更加和谐和有效的人际关系，促进团队合作，提升工作效果。在全球化的时代，学习跨文化管理知识和技能是非常重要的，它能帮助个人更好地适应多元文化环境，提高人际交往的质量和效果，推动个人和企业的发展和成功。

三、跨文化管理特征

(一)数字化沟通

跨文化管理需要企业利用数字化工具和平台进行跨文化沟通，包括视频会议、即时消息、电子邮件等，以弥补地域和文化差异带来的沟通障碍。

(二)数据驱动决策

跨文化管理需要企业利用数据分析技术和其他智能工具来理解不同文化市场的需求和趋势，从而制定更有效的跨文化战略和决策。

(三)文化融合

跨文化管理强调不同文化间的融合而非同化。企业需要在保持自身文化特色的同时，促进不同文化之间的融合，创造可共享的价值。

本章小结

本章对跨文化管理的内涵与重要意义进行了整体阐述。首先，定义了文化和跨文化，分析了两者之间的区别与联系。其次，在理解文化定义的基础上，讨论了文化在国际管理中的重要性。文化差异作为进行跨文化管理时应了解的核心概念，影响着管理过程中的每个环节和步骤，产生这种影响的因素往往表现在多个方面，如空间、思维方式和价值观念等。再次，对罗南和申卡尔、霍夫斯泰德、特朗皮纳斯几位学者所提出的文化维度理论进行深入探讨。最后，本章突出了数字时代企业跨文化管理的重要意义。在跨文化管理中，企业需要利用数字化工具和平台进行跨文化沟通，包括视频会议、即时消息、电子邮件等，以尽力避免地域和文化差异带来的沟通障碍；利用数据分析技术和其他智能工具来理解不同文化市场的需求和趋势，制定更有效的跨文化战略和决策；在保持自身文化特色的同时，促进不同文化之间的融合，创造可共享的价值。

“一带一路”看中核——以核能推动“一带一路”高质量发展

自2013年“一带一路”倡议提出以来，中国核工业集团有限公司（以下简称中核集团）积极响应，推动核能项目“走出去”，为共建“一带一路”国家提供安全、清洁、高效的现代能源解决方案，实现互利共赢。

1.核电开发：共建共享的能源合作新路径

中巴经济走廊是“一带一路”标志性工程。2022年，中国自主三代核电技术“华龙一号”在巴基斯坦卡拉奇的两台机组全部建成投运，成为中国核电海外首个商业运行的完整项目。

同年2月，中核集团与阿根廷签署阿图查三号核电站项目合同，将建设一座“华龙一号”压水堆核电站，这标志着中阿核能合作的新高度。中核集团通过核电项目输出，推动产业链国际化，构建合作共赢新模式。

2.铀矿开发：文化融合促民心相通

非洲是共建“一带一路”的重点区域。2019年，中核集团完成对纳米比亚罗辛铀矿的收购，在收购过程中，中核集团面临的首要挑战不是技术，而是文化融合。

中核集团通过加强中纳文化交流、优化管理融合，实现企业稳定运营。与此同时，积极开展社会公益和青年就业扶持项目，例如：捐资修缮居民房屋、更换石棉屋顶；安装夜间反光装置，提升交通安全性；推出“圆梦种植园”“青年林业”等创业计划；合作开展青年女性技能培训。

2022年，罗辛铀矿获得纳米比亚矿业协会颁发的“最佳安全奖”，并投入2900万纳元支持教育、医疗、环保等公益事业，充分彰显了企业责任与本地融合成效。

中核集团董事长余剑锋表示，天然铀及核燃料是国际化经营核心支柱，中核集团通过罗辛铀矿的成功运作，不仅保障了全球资源的供应，也为建设世界一流核工业集团夯实基础。

（资料来源：石海平，张昊哲."一带一路"看中核：以核能推动"一带一路"高质量发展[EB/OL].[2025-02-25].http://www.news.cn/energy/20231025/97dd1d88e5d344dd9cc2330b 7f379a2a/c.html.）

问题：

1.我国企业在参与"一带一路"倡议合作时，会面临哪些机遇与挑战？

2. 结合罗辛铀矿案例，分析文化融合在推动民心相通中的关键作用。

参考文献

[1]李文娟.霍夫斯泰德文化维度与跨文化研究[J].社会科学，2009(12)：126-129.

[2]刘昕.对外商务管理勿忘文化差异[J].中国经贸导刊，2011(23)：121-123.

[3]余子威.中国企业跨国并购文化重组的冲突与化解[J].改革与战略，2018，34(12)：97-103.

[4]史密斯，彭迈克，库查巴莎.跨文化社会心理学[M].严文华，权大勇，译.北京：人民邮电出版社，2009：45.

[5]阿德勒.国际组织行为学[M].4 版.杨晓燕，杨志平，译.北京：北京大学出版社，2004.

[6]霍夫斯泰德.文化与组织：心理软件的力量[M]. 2 版.李原，孙健敏，译.北京：中国人民大学出版社，2010.

[7]MCCLELLAND D C.Testing for competence rather than for intelligence[J]. American psychologist，1973(28)：1-14.

[8]KROEBER A L，KLUCKHOHN C.Culture：a critical review of concepts and definitions[M].New York：Random House，1963.

[9]TYLOR E. Primitive culture[M]. New York：G.P. Putnam's Sons，1920：1.

[10]HERSKOVITS M J. Cultural anthropology[M].New York：Knopf，1955.

[11]TROMPENAARS F. Riding the waves of culture[M]. London：Nicholas Brealy，1993.

[12]TRIANDIS H C. Culture and social behavior[M]. New York：McGraw-Hill，1994.

第六章　跨文化沟通

学习目标

1.理解并掌握跨文化沟通的一般过程与机理。

2.认识言语沟通的跨文化差异。

3.掌握非言语沟通的跨文化差异。

4.理解数字化驱动下的跨文化冲突处理办法。

思维导图

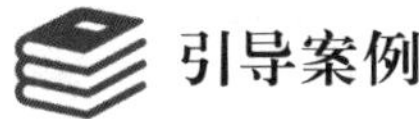

引导案例

共情传播:“中国节日”系列节目打开跨文化传播新思路

1.思路转向:践行构建人类命运共同体理念的共情观

近年来,随着构建人类命运共同体理念逐渐深化和拓展,以构建人类命运共同体为核心的新全球传播语境已然形成。在跨文化传播的叙事中,融入共情因子并为之赋能成为中华优秀传统文化跨文化传播的新思路。在此背景下,中国节日作为中华民族思想、精神及情感的重要载体,成为跨文化传播的新突破口和发力点。

2.技术赋能:创造沉浸式体验的共情场景

在当前媒介融合的背景下,数字技术的“人本位”转向使具身体验与情绪价值在文化传播中充分彰显,文化传播越来越多地借助网络媒介创造文化共情景观,受众的具身体验也成为文化共情形成的重要影响因素。

一方面,虚拟现实技术使自然景观与科技虚拟景观在节目中得以融合,星象、空间站等元素在节目中能够自如运用,受众在观看时穿梭在历史与未来、地球与太空之间,享受着一场跨时空、多次元的视听盛宴,“中国节日”系列节目的情感叙事便得以在此和合共生的场景中娓娓道来;另一方面,基于“5G+AR”以及云端技术的传输模式使新镜头语言的应用成为可能,自由视角拍摄和交互式摄影控制等技术不仅带给观众沉浸式的具身体验,还延伸了观众的感知,给予观众现实中所不能实现的观看体验,成功实现技术赋能文化表达,达到良好的传播效果。

3.文化对话:探索基于共情的互惠性理解文化在共情中延伸

跨文化共情传播理论及实践的发展为中国文化的传播提供了有效路径和指导。5G、AI、VR等技术的进步为共情的产生提供了多样化的情境。但引起海外受众的情感共鸣并不是终点,实现与他者的文化联结,促进多种文化间的互惠理解才是共情传播最大的意义。

(资料来源:贾银玉.共情传播:“中国节日”系列节目打开跨文化传播新思路[EB/OL].[2025-02-25].https://mp.weixin.qq.com/s/7BziVpEpeDRZvPWeCBov2Q.)

引导问题:

如何理解各国文化的国际传播是一个辩证、互动、共情的创新交往过程?

习近平总书记指出,文明因多样而交流,因交流而互鉴,因互鉴而发展。本章引导学生树立开放包容的国际视野,尊重文化差异,增强文化自信,在沟通中增进理解,在互鉴中共建和谐,推动构建人类命运共同体。

第一节 沟通的定义、过程与机理

一、沟通的定义

沟通是指在各种管理活动和商务活动中，沟通主体（沟通者）基于一定的沟通背景，为达到一定的沟通目标，在分析沟通客体（沟通对象）的基础上，将特定的信息或思想、观点、态度传递给沟通客体，以期获得预期反应效果的全过程。沟通会由于国别、民族、社会文化的差异而不同。

跨文化沟通通常是指不同文化背景的人之间发生的沟通行为。因为地域、种族不同等会导致文化差异，因此，跨文化沟通不仅发生在国际上，而且也发生在不同的文化群体之间。跨文化沟通发生的条件为：信息的发出者是一种文化背景的成员，而接受者是另一种文化背景的成员。

二、沟通的过程与机理

沟通是人际关系中无处不在的活动，是使用语言和动作来传递和接收观点、意见和态度等信息的过程。沟通起始于发送者的内在需求，信息的传递和接收中必然受到人的因素的影响。不同的文化环境和知识背景会导致信息传达方式和接收角度存在一定的差异，尤其是在跨文化沟通中。沟通双方所处的文化环境可能存在显著差异，因此对信息的理解也可能存在差异。因此，在跨文化沟通中，了解文化差异并采取适当的措施，以确保准确、畅通地解释和交流信息显得尤为重要。

沟通过程包括七个部分：发送者、信息、编码、通道、解码、接收者、反馈。图6-1展示了沟通的一般过程。

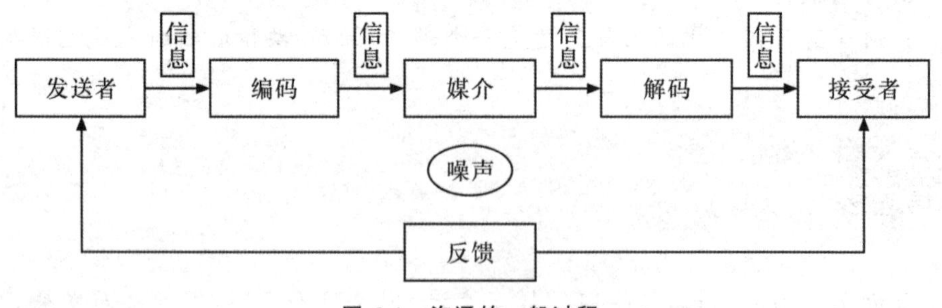

图 6-1 沟通的一般过程

资料来源：编者整理。

(1)发送者,即需要沟通的主动者。沟通和交流源于发送者的内在需要,这种与外界联系的愿望构成整个沟通过程的起点。

(2)编码,即将发送者内心的观点思想编制成符号语言的过程。发送者只有将信息内容表达为某种或某些特定的符号,即只有经过编码,才能发送。

(3)信息,即编码的结果,是沟通者内心想法的外在表现。信息的呈现方式有很多,包括语言和非语言符号。

(4)媒介,即将信息发送者和信息接收者连接起来的手段。媒介的形式多种多样,包括面对面交流、电话、书信、邮件、手机和网络等现代通信手段。

(5)解码。解码是对信息的加工和翻译过程。

(6)接收者。信息的接收者是信息传达的对象,也是整个沟通过程的目标。接收者是否能正确理解发送者所传递的信息十分重要,如果接收者解码错误,信息就会被误解。接收者的专业素质、技术水平、工作经验、心理活动、社会文化背景以及价值观和理解力等都会导致解码过程出现差异,会使信息接收者产生一定的误解,不利于有效沟通。

(7)反馈。发送者在对沟通有效地做出判断,并针对接收者的反馈对沟通作适当的调整。

为了实现有效的沟通,信息的发送者和接收者必须建立共同的编码系统和解码系统,了解信息的构成和意义,熟悉编码和解码的规范。只有在共同确认意义的基础上达成共识,才能实现沟通。在跨文化沟通中,由于信息的发送者和接收者来自不同的文化背景,所使用的编码和解码系统可能完全不同,接收者在解码过程中可能出现误差。

第二节 言语沟通的跨文化差异

沟通可以按信息的传递形式和正式性程度划分。按信息的传递形式划分,沟通包括言语沟通和非言语沟通；按信息的正式性程度划分，沟通包括正式沟通和非正式沟通。本节将对言语沟通中的口头沟通和书面沟通进行阐述，其中，口头沟通属于非正式沟通，书面沟通属于正式沟通。

一、口头沟通

（一）世界语言

当前全球存在几千多种语言，以及几千种衍生语言或方言。然而，使用频率最高的语言实际仅有少数几种。一些语言跨越国界，如英语和法语，而另一些语言只在特定民族中使用，比如波兰语、日语和希腊语。某个国家或地区主要使用的语言对其文化有深远影响，甚至代表了该国或地区特有的文化。中国是世界上方言最多的国家。

（二）第二、三语言

多语言环境是国际管理者面临的挑战之一。通过掌握目标语言并适应多语环境，国际管理者可以更好地应对语言挑战，提升与合作伙伴的沟通效果和业务成果。

在商务沟通中，使用英语的人越来越多，英语的重要性一直在不断提升。目前，英语已成为国际航班和商务沟通中普遍使用的语言，并且在招聘和职业发展中，求职者、企业员工流利的英语水平变得越来越重要。对于今天的国际商务人士来说，熟练地掌握英语将有助于实现商业目标、促进企业的全球化发展。

在电子商务领域，美国企业发挥着重要的作用，引领着许多电子商务业态的发展。随着互联网的普及，全球范围内的人们更容易接触到英语。此外，由于美国经济的高速发展以及跨国企业的兴起，许多人认为在国际商务交往中能流利地运用英语是商务人士商业才能的体现。此外，英语的语法相对简单易学，因此成为人们在国际商务沟通中的“共同语言”。

在欧盟国家，各种语言被广泛使用。但越来越多的欧盟国家居民能够熟练运用英语，这一趋势仍在持续发展。当前，全球英语使用者已超 15 亿，汉语使用者超 10 亿。因此，英语在欧洲、非洲、日本和中国等地已成为使用最广泛的第二语言。

人们在选择在其他语言进行沟通时，通常是因为这种做法会获得一些好处。以中国为例，能够流利地使用英语意味着将有更多机会找到更好的工作，并获得更高的薪水。不只在中国，流利地使用英语也成为全球职场人不可或缺的一项技能。

在跨文化交流方面,《哈佛商业评论》提出了一些学者有趣的研究结果。例如,管理专家 Erin Meyer 指出,不同文化在表达意见时使用的措辞和方式存在差异,这使得国际商务交流除了面临除语言障碍外,还面临跨越文化差异的挑战。

综上所述,国际管理者需要在多语言环境中灵活应对,以促进跨国合作和有效沟通。同时,了解语言和文化之间的差异性对于推动跨文化交流和建立成功的商务关系也至关重要。

当涉及跨文化意见表达时,了解并适应不同文化(或不同国家)的沟通风格和方式至关重要。根据埃琳·迈尔的研究,不同国家和文化在意见表达上有着独特的特点。例如,在德国和荷兰,人们倾向于直接坦率地表达意见,用直接的语言指出问题并提供解决方案。然而,这种直接的表达方式在其他国家可能会产生误解或被视为冒犯。相比之下,在英国,人们更喜欢使用委婉含蓄的方式表达意见,可能会运用幽默、讽刺或反问来传递信息,这可能导致其他文化背景的人难以准确理解说话者意图。中国也有独特的表达方式:在公共场合,人们常常避免直接批评同事,更看重团队和谐和保护面子。因此,为了避免伤害他人的感情,中国人倾向于使用委婉或间接的方式表达意见。相反,在美国,人们在给予负面意见时倾向于使用一种被称为"正面语言"的方式。这意味着美国人会用积极的措辞包装负面意见,以减轻他人的压力。然而,这种文化习惯可能导致某些文化背景的人难以准确理解意见的真正含义。法国人则倾向于以激情四溢的方式表达意见,注重辩论和批判性思维。在给予意见时,他们可能会运用强烈的措辞和情绪,以表达自己的立场。

因此,了解不同文化的沟通方式有助于使国际企业管理者建立跨文化交流的良好基础。为了有效地沟通,国际企业管理者需要考虑口头表达的方式(直接还是间接)、详尽程度(详细还是简明)、语境与个人风格的差异,以及情感性与工具性的沟通方式之间的平衡。

(1)间接方式与直接方式

在高语境文化环境中,人们的表达含蓄、间接。一个原因是人们的家人、朋友、同事、客户等,倾向于拥有紧密的个人关系和庞大的信息网络。因此,每个人都对沟通网络中的其他人了解甚多,人与人之间不仅仅是依靠言语交流,语音语调、时机选择及面部表情都在信息传递中起作用。在低语境文化环境中,人们交流常常仅是为了完成目标。因为相互之间不是很了解,所以人与人之间趋向于直接交流,且关注于沟通本身。

比较高语境与低语境这两种类型文化很好的方法是找出人们接触或出席会议时所问问题的典型类型。在高语境文化中,人们通常会问:"谁将出席会议?"个体想为如何相互交流做好准备。这与低语境文化中所问的问题形成对比,在低语境文化中，人们常问："会议是有关什么方面的？"个体想为如何参与会议讨论做好准备。可见，在高语境文化中，个体通常关心会议所发生的环境，而在低语境文化中，个体最关心的是会议要完成的议题。

(2)详尽方式、严格方式与简明方式

从沟通的程度来看，沟通方式可以分为三种：详尽方式、严格方式和简明方式。

在高语境环境中，详尽方式非常常见，人们进行大量的对话，详细描述情况并重复行为。这种方式在阿拉伯国家被广泛采用。

严格方式常见英国、德国和瑞典等国家。这种方式注重沟通的准确性，并使用适量的语言来传达信息。如果一个人使用过多的言辞，就会被视为啰嗦；而如果一个人使用过少的言辞，则会导致表达不明确。

简明方式在亚洲国家使用的最为普遍。亚洲国家的人倾向于说较少的话，并使用简单的陈述、停顿和沉默来传递信息。特别是在不熟悉的环境中，为了避免丢面子的风险，人们更倾向于简洁明了的沟通方式。

研究者发现：在对不确定性持有中度规避态度的高语境环境中，详尽的方式更为普遍；在低度不确定性规避的较低语境环境中，严格的方式更为常见；在对不确定性持有相当高规避态度的高语境环境中，简明的方式更为普遍。

(3)语境方式与个人方式

语境方式是一种关注说话者和参与者之间的角色关系的方式。例如，在亚洲国家中，人们使用语言来反映谈话参与者之间的角色和层级关系。因此，在组织中，说话者会使用与他们在组织中的地位相对应的语言。

在日本，白领和中层管理人员通常被称为领薪阶层。他们通过理解对方所处的环境和相关团体，迅速学会如何与组织中的其他人相处，很少在没有准确了解对方所属的相关团体的情况下与对方交谈。因为在社交场合中不使用适当的语言会显得尴尬，所以正确使用日语不仅取决于沟通双方之间的关系，也取决于沟通双方所属的相关团体之间的关系。在日本，下级尊敬上级，但是当下级为一个更有声望的组织（如政府机构）工作时，上级与下级间的关系就变得更加复杂，结果可能是双方都使用礼貌的语言以避免社交中的尴尬。

个人方式则关注沟通双方之间的互动，并试图减少沟通双方之间的沟通障碍。例如，在美国，通常直呼对方的名字，或者在平等的基础上进行非正式的直接对话。

研究人员发现，语境方式通常与高权力距离、集体主义和高语境的文化环境相关，例如，日本、印度等国通常采用这种方式。相反，个人方式在低权力距离、个人主义和低语境的文化环境中使用得更为普遍，例如美国、澳大利亚和加拿大。

(4)感情方式与工具方式

感情方式的特点在于,接收者需要专注聆听信息发送者所说的话,并观察他们如何传递信息。用这种方式传递的信息通常是非语言性的,接收者需要运用直觉去解读信息发送者所说的话,但这可能导致部分信息被遗漏,且被遗漏的部分信息可能与已传递的信息一样重要。相反,工具方式则注重目标导向,以信息发送者为中心。在这种方式中,信息发送者清晰地传达给对方他们希望对方了解的内容。

感情方式存在于集体主义倾向、高语境文环境化中,如中东地区、拉美和亚洲。工具方式在个人主义倾向、低语境文化环境中更加普遍,如瑞士、丹麦和美国。

表 6-1 对 10 个国家使用的以上几种口头方式做了简要的描述。对该表的仔细分析可能有助于解释为什么日本的管理者会在与美国同行的交流上存在巨大困难,反之亦然,因为他们的口头沟通方式在任何情境下都不相匹配。

表 6-1 10 个国家使用的口头沟通方式

国家	间接 vs 直接	详尽 vs 严格 vs 简明	语境 vs 个人	感情 vs 工具
澳大利亚	直接	严格	个人	工具
加拿大	直接	严格	个人	工具
丹麦	直接	严格	个人	工具
埃及	间接	详尽	语境	感情
英国	直接	严格	个人	工具
日本	间接	简明	语境	感情
韩国	间接	简明	语境	感情
沙特阿拉伯	间接	详尽	语境	感情
瑞典	直接	严格	个人	工具
美国	直接	严格	个人	工具

资料来源:理查德·R.格斯特兰德.跨文化商业行为模式:全球管理指南[EB/OL].[2025-02-25].https://archive.org/details/crossculturalbus0000gest.

二、书面沟通

书面沟通方式因不同国家和文化而异,在沟通时了解对方的文化背景可以更好地传达信息。例如,在商务领域,书面沟通通常是通过书信或电子邮件进行的。商务人士每天都需要处理大量信息,并通过认真组织自己要传达的信息,将其发送给对方。因此,正确的邮件撰写方式可以极大地优化工作流程。

不同的文化背景可能会影响到邮件撰写者的撰写方式。美国人可能会采取以下方式:用英语撰写邮件;简洁明了,多使用个人的语气和人称代词;避免过于花哨或夸张的表达。而法国人写邮件往往更加详细,并且采用更正式和礼貌的语句作为开头和结尾。这类邮件可能在美国人看来显得过时或过于正式。日本人在写信时通常倾向于使用暗示意义的表达,一方面是因为日语本身的语义通常不太明确,另一方面则是因为直接表达往往被认为是傲慢或失礼的行为。比如,日本人在写邮件时的开场白会涉及对季节和天气的描述。而且,即使是负面消息,日本人也会以非常间接的方式传达。

美国人写给外国公司的邮件中更倾向于使用非正式、轻松的语调,这与他们收到的来自国外的正式第三人称邮件形成鲜明对比。美国人往往避免过度谦虚或过度恭维他人,但在其他国家,谦虚和恭维可能被视为不可或缺的。

通过前面的讨论可以发现,信息传递的方式比信息本身更具有价值,并且需要考虑不同的文化背景。因此,在跨文化交流中,理解和尊重不同文化的沟通准则非常重要。

第三节　非言语沟通

在跨文化交流中,非言语沟通承载着深厚的文化内涵,是展示民族形象、传递文化价值的重要方式。新时代新征程,我们要坚定文化自信,善于运用肢体语言、礼仪习俗、服饰符号等非言语形式,讲好中国故事,传播好中国声音,展现可信、可爱、可敬的中国形象,推动中华文化更好地走向世界。

随着全球化的发展,非言语沟通的适用范围也变得愈加广泛。非言语沟通指的是人们以语言或文字之外的方式传递信息。通常情况下,除了言语的内容外,人们的说话方式也含有极大的信息价值。此外,非言语沟通的要素还涵盖表情、身体姿势、目光交流(或不交流)、肢体动作、手势等方面。本节将探讨不同国家或文化中的非言语沟通的差异。

一、人际空间

在社交互动中,人际空间指的是人们在与他人互动时保持的距离。不同的人际关系会影响人际空间的大小，例如，女性之间的人际空间通常比男性之间的小，朋友之间的人际空间通常比陌生人之间的小。人际空间的差异能够传递出特定的信息。

1.人际空间距离

美国人类学家爱德华·霍尔按照人们的个体空间需求划分了四种人际距离，即公共距离、社交距离、个人距离、亲密距离。

公共距离，其近范围为约370～760米，远范围在760厘米之外，一般适用于演讲者与听众、极为生硬的交谈及正式的场合。这是一个几乎能容纳一切人的“门户开放”的空间，人们完全可以对处于此空间的其他人“视而不见”，不予交往，因为相互之间未必发生一定联系。

社交距离，其近范围大概120～210米，远范围为210～370米，就像隔一张办公桌那样的距离。一般在工作场合、小型招待会或与没有过多交往的人打招呼可采用此距离，体现出一种社交性或礼节上的较正式关系。

个人距离的范围大概为45～120厘米，人们在进行非正式的个人交谈时最经常保持这样的距离。个人距离的近范围为45～76厘米，以方便相互亲切握手、友好交谈。熟人之间常保持这个距离范围，而如果陌生人保持这个距离会构成对别人的侵犯。个人距离的远范围是77～122厘米。在通常情况下，较为融洽的熟人之间交往时保持的距离更靠近远范围的近距离(77厘米)一端，而陌生人之间谈话则更靠近远范围的远距离(122厘米)一端。

亲密距离是人际交往中的最小间隔或几乎无间隔，即我们常说的“亲密无间”。亲密距离的近范围在约15厘米之内，交谈双方可能肌肤相触、耳鬓厮磨，以至能相互感受到对方的体温、气味和气息。亲密距离的远范围是15～44厘米，交谈双方身体上的接触可能表现为挽臂执手或促膝谈心，体现出亲密友好的人际关系。一般亲人、很熟的朋友、情侣和夫妻会保持亲密距离。

在商务活动中，美国人很少采用亲密和个人距离，在与其他商务人员交谈时总是保持一定的距离；英国人在与他国商务人员交谈时也会保持适当的距离；阿拉伯人通常认为站得近表示友好，因此与他国商务人员交谈的距离会比较近；中东和南美的商务人员在与他国商务人员谈话时也总是靠得很近。

2.办公室布局

在美国，管理者的职务越高，其办公室的面积通常会越大。此外，通常会有一名前台秘书负责审核进入管理者办公室的人，防止管理者不愿见的人进入。然而，在日本，大部分管理者的办公室并不大，且他们很少在办公室内停留，更倾向于与基层员工进行频繁的面对面交流。因此，在日本的企业内部，上下级之间的沟通是相当自由的。如果有日本管理者经常待在办公室里，可能会被视为对团队缺乏信任。而在欧洲，许多管理人员的办公室之间并没有墙壁，大家都在一个大厅内工作。然而，这种工作环境对于美国人来说可能会感到尴尬，因为美国人更喜欢拥有更多的私人空间，拥有独立的办公室。

二、身体接触

与空间概念密切相关的是身体接触。通常，对于美国人来说，除了特别熟悉或特别亲密的人，一般不太愿意与他人有过多的身体接触。然而，在其他一些国家或文化里，身体上的接触被视为社会交往中自然且不可或缺的行为。

阿拉伯人常常喜欢与他人有身体上的接触、长久地注视对方等非言语行为，而英国人则相反。当这两国的人相互交往时，阿拉伯人会觉得英国人太冷淡，拒人于千里之外，而英国人则会奇怪为什么阿拉伯人这么富有“侵略性”。有一项研究便针对英国人和阿拉伯人的非语言沟通习惯，检验进行非言语沟通的训练是否能改变不同文化背景的人对彼此的印象。首先，选出两组英国人，其中一组英国人接受培训，学习如何适应阿拉伯文化的非言语行为(如大量的身体接触)。其次，接受培训组和控制组(即没有接受培训的一组)同时与阿拉伯人交往。最终结果表明，阿拉伯人更喜欢接受过培训的那组英国人。该研究进一步表明，不同文化背景的人的非言语沟通行为或习惯确实存在差异，并会对人际关系产生影响。此外，该研究还表明，人们可以通过接受专门的非言语沟通培训来提高非语言沟通技能，这将对国际商务沟通中产生积极的影响。

三、声音质量

声音质量，如说话的速度和音量的大小，会影响说话者给他人留下的印象以及传递的信息。这一直以来都是跨文化研究的主题之一。有人曾进行过实验，使用不同的说话速度来表达相同的话语内容，然后比较接收者对这些话语的反应。实验的参与者分别来自韩国和美国，他们观看了一段关于吸烟危害性的演讲录像，录像的内容没有变化，只是播放速度有差异，有的是慢速，有的是快速，有的是正常语速。看完录像后，研究人员要求韩国人和美国人对演讲者及其演讲进行评价。美国人认为较快的语速能够传递出权力和力量。然而，韩国人却认为较慢的语速更能提升说话人的可信度。产生这种差异的原因之一是韩国拥有集体主义文化，韩国人更加注重言辞的谨慎，以免冒犯他人。

可见，声音质量对非言语沟通的影响在不同文化背景下可能会产生不同的效果。理解并适应文化差异对于有效的跨文化沟通至关重要。

四、手势

手势指的是人在运用手时所出现的具体动作。在长期的社会实践过程中，手势被赋予了种种特定的含义，具有丰富的表现力。加上手和身体的其他部位有连接，活动幅度大，具有高度的灵活性，因此手势便成了人类表情达意的最有力的手段，在体态语言中占有最重要的地位。以下是一些基础手势。

(1)OK。在大部分的国家如美国、加拿大、澳大利亚、英国等，“OK”手势表示满意的意思。

(2)所有手指贴在一起。在意大利，这手势代表“你想要什么”或“这是什么”，且做这手势时会配合挥一挥手腕的动作；在非洲中部的刚果民主共和国，这手势则代表“某东西的一小部分”；在土耳其，这手势代表“漂亮的东西”；在埃及，这手势却代表你“只会在这里一分钟”。

(3)竖起大拇指。在澳大利亚、美国、加拿大、英国和俄罗斯，该手势是“赞同”的意思；在拉美、西非、伊朗、伊拉克、阿富汗，该手势是粗鲁的手势。

(4)“V”字手势。在美国，代表“和平”的意思；然而，在澳大利亚、英国、爱尔兰及新西兰，代表不礼貌或是蔑视权威的意思。

(5)手掌向下摆动。在澳大利亚、美国、英国及加拿大，这是叫人“走开”的意思；而在菲律宾、越南、印度及加纳却相反，是叫人“过来这边”的意思。

(6)拇指在拳头中间。在澳大利亚、英国及加拿大，这是成人跟儿童在开玩笑，表示偷走了他们的鼻子；但在土耳其，这是个无礼并且有攻击性的手势。

(7)把手向外伸。在希腊、非洲及巴勒斯坦，该手势带有侮辱及对抗之意。

(8)双手重叠。在美国，这手势是指一个人在社交或公众场合出丑。

五、高低语境

在传统的高语境文化环境中，人们更喜欢通过口头和面对面的交流方式来传递信息。这种交流方式注重互动、灵活性和含蓄性。相比之下，在低语境文化中，如在德国和美国，人们更倾向于详细陈述事实或结论，以确保信息清晰传达，且更重视文字记录的准确性和持久性。高语境文化环境中的人们借助周围环境、物体摆设和文化习俗来理解对话并进行沟通，一般通过非言语信号和暗示等方式传递信息。然而，在低语境文化环境中，人们更加直接和明确地表达自己的意思。

为了实现有效的跨文化交流，我们需要理解和尊重不同文化的沟通风格。在交流时，我们应该适应对方的沟通方式，并努力去理解对方传递的含义和上下文信息。这样的跨文化敏感性和适应性可以帮助我们提升跨文化交流和理解的顺畅性。文化在帮助人理解看似模糊的信息方面发挥着重要作用。因此,语境本质上是非言语沟通的一种表现形式。个人对语境的依赖程度反映了其所处文化环境的沟通方式。例如,对于个人而言,对书面或口头沟通的依赖程度取决于他们对语境的依赖程度。同时,无论是书面还是口头沟通,其风格都受到沟通者所处文化环境中语境高低的影响。

日本人的商务沟通风格通常含蓄、感性,而美国人和加拿大人则更直截了当和理性,偏向于以事实说话。美国人更喜欢多话的人,而韩国人则更欣赏沉默寡言的人。可见,面对高语境文化背景的人,面对面的沟通方式更为适宜,而面对低语境文化背景的人则应避免绕弯子,详细、准确和逻辑性强的陈述对于成功的沟通起到积极作用。

总的来说,高语境文化和低语境文化在沟通方式上的表现存在差异,语境的高低水平一定程度上决定了沟通模式。因此,了解并适应不同的语境文化对于跨文化沟通和商务交流至关重要。表 6-2 概括了高、低语境的沟通特点。

表 6-2 高、低语境的沟通特点

沟通特点	低语境	高语境
一般方式	直接	间接
精确度	高	低
文字依赖程度	高	低
对非言语行为的依赖程度	低	高
对沉默的看法	不认可	认可
对细节的关注度	高	低
对意图的重视程度	低	高

资料来源:郭利沙.善于倾听的奔驰卡车正渐入佳境[EB/OL].[2025-02-25].https://mp.weixin.qq.com/s/qd_tf4lISOuXOkckwCi0_w.

第四节 数字化驱动下的跨文化冲突处理

一、跨文化冲突及其原因

跨文化冲突与管理是管理心理学中一个重要且颇具讨论性的研究领域。从管理心理学的角度来看，当人们拥有不同的目标或利益时，往往会出现明显或潜在的意见分歧或矛盾，进而导致心理上的冲突或人际冲突。在中国文化中，“冲突”一词带有负面的含义，因此，人们更倾向于使用“矛盾”或“分歧”的概念来对冲突问题进行分析。

跨文化冲突产生的原因包括利益对立、文化差异、沟通方式差异等。在跨文化沟通中，由于参与群体来自不同地域，所表达的信息容易被误解或遗漏，从而造成分歧和争议。不准确的翻译也是沟通双方产生误解的一个重要原因。此外，文化准则的差异会引发冲突。许多美国管理者对外国同行的极不守时行为感到恼火，甚至感到愤怒。如果美国管理者一开始就意识到他们使用的是单一时间观念，而对方来自具有多元时间观念的文化环境，那么这种冲突可能可以避免。

在集体主义文化的国家中，人们往往会采取各种机制来极力避免个人和群体之间的冲突，降低冲突发生的可能性。例如，在泰国，为了缓解人际关系的紧张，人们倾向于使用间接方式来拒绝他人。然而，这种做法常常会让美国人感到困惑和沮丧，并更容易引发冲突。

随着公司经营的国际化，国际管理者变得越来越像外交家，他们肩负的任务也变得越来越繁重。他们需要解决与国外员工之间的冲突，与国外供应商、客户和商业伙伴进行谈判，游说外国政府部门，化解与外部团体由环境等问题引发的紧张关系，还要努力说服那些存在利益冲突的员工进行合作。统计数据显示，国际管理者平均要花费工作时间的20%来处理冲突事件。

当数字化国际企业的决策方式与员工的价值观相抵触时，也可能引发冲突。一些跨国公司采取较为松散、非集中的管理方式，将决策权下放到基层管理人员手中。而对于来自高权力距离文化环境的员工来说，他们可能更倾向于集权和等级明确的管理方式。在这种情况下，采用提高员工参与度的权力下放管理策略可能会适得其反。

二、跨文化冲突管理

随着公司经营的国际化,问题也随之出现。研究表明,企业跨国经营往往无法达到预期目标,主要原因是存在跨文化冲突。不同文化背景的人在处理冲突时可能有不同的策略偏好。文化差异在冲突内容认知、对不兼容行为的反应模式、冲突处理方式,以及对对方采用合作还是竞争策略的判断推理等方面有着关键影响。因此,跨文化冲突管理在跨国经营中尤其重要。

许多跨文化冲突研究结果对于高效解决冲突问题和加强冲突管理具有借鉴意义。例如,N.J. Adler 等人对 134 名美国商人和 40 多名中国商人在面对面商务谈判中的差异进行了研究。他们采用模拟情境方法,假设谈判双方拥有相同文化背景,并通过摄像、录音等分析其非语言特征。研究发现,中美商人存在微妙的差异,如中国商人更倾向于向对方提更多的问题、更频繁地打断对方等,这可能导致谈判时不愉快。该研究还发现,谈判双方在处理冲突时采用问题解决策略会使谈判更成功。关于中国传统文化和心理因素对冲突知觉和解决方法的影响研究,从职位、性格、工作状况、经验、管理层次等多个方面进行分析,认为中国传统文化价值观和认知偏向是重要影响因素。例如,为了追求和谐,中国管理者往往避免对抗和采用低确定性的方法,期望借此妥协解决冲突。同时,中国管理者在谈判过程中往往设定较高的需求,并给自己更大的空间作出让步,从而避免公开争论。此外,中国管理者在面对冲突时更倾向于回避冲突,采用较被动的策略,如中断、拖延、推迟谈判等。

解决和管理冲突有多种方式,大致可以分为竞争型、迁就型、回避型、妥协型和合作型。

(1)竞争型

竞争型方式是一种强迫就范的思路,表现为以自我利益为中心、无视他人需要,寻求一方得益、一方损失的策略,更多依赖于通过权威解决冲突。这种方式比较适用于非常管理,或者短期任务的管理上。

(2)迁就型

迁就型方式采取了和事化解的思路,主张在冲突面前舍弃自身,以满足他方利益,强调求同存异。迁就型方式的主要长处是鼓励合作,因此,在可能形成利益互补的管理情境下,迁就型方式更为有效。

(3)回避型

回避型方式则是一种被动防的思路。在资源缺失或代价过高的冲突情景面前,回避策略比较有效,但这种策略往往只是暂时搁置问题,并非从根本上解决问题。

(4)妥协型

妥协型方式采取调和折中的思路。当冲突各方目标相反或权力均等时,妥协型方式比较合适。但如果过多利用妥协型方式,会显著降低任务绩效,或只是暂时调和矛盾。

(5)合作型

合作型方式是一种解决问题的思路。采取合作型方式时,冲突各方以合作的态度面对问题,提出多种备择方案,权衡利弊,进而选择解决冲突的方案。研究表明,合作型方式适用于解决较复杂的冲突问题,例如由多方误解造成的认知冲突。不过,采用合作型方式比较费时间,当冲突各方在价值观念方面十分对立时,合作型方式往往难以奏效。

在维度的划分上,冲突管理方式常被划分为两个基本维度:关心自己(重视满足自身需要)和关心他人(倾向于满足他人需要)。当人们高度关心他人和高度关心自己时,形成冲突管理的合作型方式;当人们高度关心他人和低度关心自己时,形成迁就型方式;在人们低度关心他人和高度关心自己时,表现为竞争型方式;当人们低度关心他人和低度关心自己时,表现为回避型方式;当人们关心他人和关心自己都处于中等程度时,表现为典型的妥协型方式。

管理人员在选择冲突解决策略时主要应遵循以下几种思路。

(1)问题解决思路。集中于冲突问题本身,如人事决策情景中被撤职者所犯错误的性质及要重新提拔时需满足的能力条件。

(2)关系思路。关心冲突解决对双方关系的影响,如认为不应该因为工作中的某些事情而影响个人之间的关系。

(3)权力思路。从双方(或自己所处的)权力地位入手思考。例如,认为下级应该服从上级;又如,合资双方谁占有更多的份额,谁更有权作出决定。

(4)结果思路。即从结果的利弊角度思考,也就是更多地从冲突问题的直接后果对于组织绩效或个人利益的影响考虑问题,这反映了对结果的预期会影响个人冲突解决策略的选择。

(5)规则思路。从判断双方的正误(谁更有理)角度思考,理性地对双方观点或做法作出权衡。如果对方更正确,就会采用顺从策略;如果认为自己更合理,就会采取竞争或控制的策略。

(6)程序思路。从过程周全(妥善解决)的角度思考,即把冲突问题先弄清楚,同时注意考虑各方观点,认真协商后作出选择。

一般来说,管理人员在处理冲突时主要采用问题解决思路、权力思路和规则思路,而关系思路和程序思路运用得相对较少。

当涉及人事决策的冲突问题时,关系思路会更明显地显现出来。在处理与外部之间的冲突时,人们还会受到相当程度的“圈子”意识和价值前提的影响。

在中国社会,人们会自觉或不自觉地将参与交往的人分为“圈内人”和“圈外人”,并采取不同的态度和对待方式。

三、沟通中冲突情景的应对方式

(一)道歉

不同文化背景的人在面对冒犯时会有不同的行为方式,这表明存在文化差异。有一项调查,要求日本人和美国人描述他们最近遇到的尴尬事。结果显示,日本人更倾向于描述与熟人(如家人、配偶)之间发生的尴尬事,而美国人更多地提到与外部群体(如泛泛之交、朋友的朋友)之间发生的事情。这项调查还调查了跨文化沟通中人们如何道歉,要求日本人和美国人描述最近向他人道歉的事例。结果显示:日本人倾向于直接且深感愧疚地道歉,但并不对自己的行为进行解释。美国人通常也会选择直接道歉,但美国人在道歉时没有像日本人那样深感愧疚,而且他们倾向于找出许多理由解释自己的行为。日本人对自己的错误非常敏感,并尽力弥补过错,而美国人则倾向于拿各种外在因素来为自己辩护,这或许反映了个人主义文化中高度的自我意识。

跨国公司管理者应帮助员工意识到人们道歉和解释的方式是由各自的文化价值观决定的。如果管理者不能及时调整沟通策略,在跨文化沟通中可能会引发矛盾和误解。

(二)赞美

在沟通过程中我们通常会选择先缓和气氛,而不是直接针对主题展开讨论。赞美就是一种很好的缓和气氛的方式。一项研究指出,相较于日本人,美国人之间相互称赞的频率要高得多。同时美国人也更倾向于评论对方的个性特征和外貌。为什么会有这些差异呢?其中的原因在于美国文化中强调个人主义价值观,这使得美国人更喜欢听到令人愉悦或与众不同的赞美。

在不同的文化背景下,人们赞美别人的频率、赞美的内容以及对赞美做出回应的方式都存在巨大的差异。

(三)正确看待批评

批评在不同文化中存在显著的差异。一项研究显示,美国人和日本人在批评他人的方式上有明显差异。日本人更倾向于采取被动式的批评方式,而美国人则更倾向于直接指责式的批评方式,有时还可能表现得激愤,并提出一些具有建设性的意见。因为日本受集体主义文化中,维护群体和谐的需求通常会影响人们传达批评意见的方式。在这种文化背景下，人们会避免当众指责他人，以免让他人丢面子。

（四）观察他人

人们在沟通中不仅传递语言信息，还通过面部表情、语调、姿势、眼神等非语言行为传递情绪与态度。在跨文化沟通中，对他人非语言行为的观察与解读是理解他人、减少冲突的关键步骤。然而，非语言行为的意义在不同文化中往往不一致，如果解读错误，可能会引发误解甚至冲突。

例如，目光接触在西方文化中被视为坦率、自信的象征，但在一些东亚文化中，过度的直视可能被解读为不礼貌或挑衅。同样，沉默在日本文化中可能代表尊重、深思或克制，而在美国文化中却可能被理解为尴尬、不满或缺乏兴趣。此外，人们对于肢体距离的接受度也因文化不同而异。拉美和阿拉伯国家的沟通风格更偏向于高接近性，即在交谈时彼此距离较近；而北欧或东亚国家则偏向低接近性文化，在互动中更注重保持一定的身体距离。

不同文化对人们情绪表达的调节也显著不同。在一些强调集体主义文化的国家中，如中国、日本，人们可能更倾向于隐藏负面情绪，以维护群体和谐；而在强调个人表达文化的国家中，如美国，表达愤怒、失望等情绪被视为真实和直接。

因此，有效的跨文化沟通不仅依赖语言能力，还依赖对不同文化背景下非语言行为的敏感性与理解能力。学会在沟通中观察他人的行为、情绪与反应模式，并以开放、尊重的心态进行解读与反馈，是避免冲突、促进理解的关键手段。跨国企业在对员工进行国际合作与跨文化谈判培训时，应加强观察能力训练，帮助员工意识到自己的知觉可能带有文化偏见，进而更准确地捕捉他人沟通中的细节信息。

（五）善于倾听

倾听不仅是沟通的一部分，更是实现有效沟通的前提。一个人若在表达时无人倾听，便无法传递想法或情感，容易产生被忽视的挫败感。倾听是人与人之间互动的基础，是对他人最直接的尊重，有助于增强人与人之间的理解与信任。

沟通的本质是达成共识，而共识的形成离不开倾听。在跨国企业中，成员文化背景各异，观点多元，因此更需要通过倾听实现信息的有效对接。良好的倾听能减少误解，提升协作效率，是高效沟通的关键环节。研究显示，超过一半的美国大型企业为员工提供倾听培训，许多成功者也都具备出色的倾听能力。在职场中，倾听是一项基础技能，要想建立良好合作关系，就应善于倾听。

简言之，倾听不是被动接受，而是主动理解。一个擅于倾听的人，更容易赢得信任、同他人达成合作，实现沟通的真正价值。

本章小结

在本章中,我们探讨了跨文化沟通这个重要的话题。跨文化沟通通常指的是不同文化背景的人之间的沟通行为。当前,英语几乎成为全球通用语言,然而,正如我们在本章中提到的,以英语为母语的人在跨越国界和文化时仍然会面临许多沟通障碍。这些问题产生的部分原因是拥有不同文化价值观和文化经验的人会对沟通信息进行筛选,并且沟通可以通过其他非言语的方式进行。沟通过程可以分为七个部分:发送者、信息、编码、通道、解码、接收者和反馈。根据信息传递的形式和正式程度,沟通方式可以分为言语沟通和非言语沟通两大类。言语沟通是指使用语词符号作为媒介进行沟通,其中包括口头沟通和书面沟通。口头沟通是指借助语言进行信息传递和交流,而书面沟通则是指借助文字进行信息传递和交流。口头沟通可以进一步分为间接和直接方式,详尽、严格和简明方式,语境和个人方式,以及情感和工具性方式。文化差异不仅表现为沟通方式上的不同,还表现为如何应对沟通中的尴尬、道歉、赞美和批评等方面。非言语沟通是指人们以语言或文字以外的方式进行信息传递。本章探讨了不同文化中人际空间、身体接触、声音质量、手势以及语境等非语言形式的差异,以及这些非语言形式如何影响国际商务沟通。国际管理者应该认识到,随着公司经营的国际化、数字化,跨文化冲突管理在跨国经营中尤其重要。不同文化背景的人在处理冲突时可能采用不同的策略偏好。文化差异在冲突内容认知、对不兼容行为的反应模式、冲突处理方式,以及对对方采用的合作还是竞争策略的判断推理等方面有着关键影响。

参考文献

[1]陈国海,安凡.跨文化沟通[M].2版.北京:清华大学出版社,2021.

[2]崔静静.跨文化交际与礼仪[M].北京:冶金工业出版社,2023.

[3]乐黛云,李比雄.跨文化对话[M].北京:商务印书馆,2024.

[4]郭继荣,龙湛.跨文化交际教程[M].西安:西安交通大学出版社,2022.

[5]金苗.公共治理与公众互动:全球政府社会化媒体传播[M].杭州:浙江大学出版社,2024.

[6]Meyer.跨文化沟通力:如何突破文化管理的隐形障碍[M].北京:华夏出版社,2022.

[7]祖晓梅.跨文化交际[M].北京:外语教学与研究出版社,2015.

[8]孙英春.跨文化传播学[M].北京:北京大学出版社,2015.

[9]贾玉新.跨文化交际新视野[M].北京:外语教学与研究出版社,2019.

[10]伏力.跨文化商务沟通与管理案例分析[M].北京:对外经贸大学出版社,2020.

第七章　数字时代的商务谈判与企业创新合作

学习目标

1.掌握商务谈判的内涵。

2.理解国际商务谈判中蕴藏的文化差异、礼仪及风格。

3.掌握世界不同国家的谈判风格。

4.了解跨文化国际商务谈判的策略。

5.掌握数字时代国际谈判双赢与创新合作的重要意义。

思维导图

引导案例

腾讯和宝马的智能互联战略合作谈判:打造中德合作的数字样本

随着新能源汽车的快速发展,宝马在全球范围内加速数字化战略布局,期望借助本地合作提升在中国市场的智能服务水平。腾讯则凭借其在云计算、大数据、人工智能、地图服务及微信生态等方面的能力,日益成为车企数字转型的重要赋能方。2023年,腾讯与宝马就智能车联平台展开深度谈判,旨在共同打造更贴合中国用户体验、符合全球标准的数字生态系统。

本次谈判聚焦于几个关键议题。首先是数据合规问题,面对中国的数据安全法、个人信息保护法等法律法规,腾讯提出本地化部署、数据脱敏、合规接口审计等解决方案,赢得宝马在数据主权方面的信任。其次是技术接入层面,双方围绕API接口标准、开发语言、云平台适配等展开讨论,并最终达成统一规范,以提升开发效率和后期系统稳定性。

两家企业品牌理念的对接是一大挑战。宝马强调全球统一的高端用户体验,而腾讯则强调本地用户对智能推荐和个性化内容的依赖。最终,双方决定在车机系统中设置双入口方案:一方面保留宝马原有系统框架,另一方面引入腾讯本地服务模块,实现"全球一致+本地优化"的融合路径。

在生态整合方面,围绕微信生态、腾讯地图与第三方应用接入权限,谈判也经历了多轮博弈。腾讯希望充分发挥平台优势推动生态渗透,而宝马则坚持用户隐私和系统独立性。双方最终同意采取"逐步开放、阶段测试"的策略,先小范围上线部分功能,然后逐步评估扩展路径。

目前,合作已初见成效。2023年底,基于腾讯云构建的智能服务平台在宝马中国多款车型中上线试运行。车主可在车内通过语音交互实现导航、支付、娱乐等一体化服务,初步实现了"技术国产化+体验国际化"的目标。腾讯也借此进一步巩固其在智能出行领域的企业服务地位,扩展了在B端(企业端)市场的影响力。

这一跨国商务谈判案例不仅展现了数字时代企业之间的战略协同,也反映出当前国际合作面临的复杂文化差异与数据监管环境。对于希望"走出去"的中国企业而言,提升跨文化谈判能力、强化数据合规意识、寻求互利共赢的合作框架,已成为数字化合作新常态下的必修课。

(资料来源:腾讯助力宝马自动驾驶发展,打造科技公司+国际车企合作新标杆[EB/OL].[2025-02-25].https://cloud.tencent.com/developer/news/410502.)

引导问题:

1.请结合腾讯与宝马的合作案例,分析在数字时代下,企业为何需要通过战略合作来推进技术创新?

2.本案例中涉及哪些跨文化谈判要点?你认为跨国商务谈判中应如何处理文化差异问题?

3.谈判中腾讯与宝马如何在品牌理念方面求同存异、达成双赢?你认为这对企业在商务谈判中同其他企业达成共识有何启示?

第一节 国际商务谈判与文化

一、国际商务谈判的概念

(一)谈判

在国际商务谈判中,文化既是桥梁也是挑战。本节通过分析文化差异对谈判的影响,引导学生增强文化自信与跨文化沟通能力,并理解尊重差异、坚持底线的重要性。本节强调在全球化背景下践行和平合作、互利共赢的中国理念,培养具备理性协商能力和国际视野的新时代青年商务人才。

谈判是基于谈判各方需求寻求共识的过程。在这个过程中,谈判各方均会通过一定的手段,借助一定的策略,来实现各自的目的。为了达成共识,谈判各方必须在协商过程中互相理解和尊重对方的需求,互相让步。因此,任何共识的达成都是谈判各方在协调彼此利益后所取得的共同成果。

(二)商务谈判

商务谈判是指在经济领域中,从事商务活动的双方为了满足商务需求,通过交流、沟通、协商、妥协达成交易目的的行为过程。商务谈判广泛存在于市场经济环境中,一般包括货物买卖谈判、工程承包谈判、技术转让谈判、融通资金谈判、经济合作谈判等。

商务谈判是商务活动的重要内容,同时也是商务活动的基础和核心,贯穿于商务活动的全过程。首先,商务谈判存在于商务活动的初始阶段,无论以什么为标准的商务活动,都需要通过谈判来开始。其次,商务谈判是实现商务活动目标的手段。商务活动中的诸多目标，如商品的购销、资金的融通、资产的转让、合资合作等，都需要借助于商务谈判才能实现。再次，商务谈判是明确和界定各方权利与义务的关键途径。在商务活动中，谈判各方享受一定的权利，获得一定利益，但同时也需履行相应的义务，承担相应的责任。最后，商务谈判的成果需要在后续的商务活动中得到维护和实施。谈判各方通过协商达成一致并签署协议，协议签署后的相关商务活动将围绕着谈判达成的协议展开。协议不仅为后续的商务活动提供了法律依据，还可能会成为未来再次谈判的起点。若协议执行完毕，为了维护协议双方良好的合作关系，新一轮的商务谈判也可能随之展开。可见，商务活动与商务谈判密不可分。

(三)国际商务谈判

国际商务谈判的各方跨越了国界，是国内商务谈判在国际领域的延伸和发展，涵盖了不同文化和法律背景下的商业实践。国际商务谈判是指在国际商务活动中，处于不同国家或地区的商务活动当事人为了满足一定需要，彼此通过交流、沟通、协商、妥协而达成交易目的的行为过程。国际商务谈判的内涵包括以下几点：国际商务谈判以满足某种利益需求为预期目标；国际商务谈判是各方沟通信息、交换观点、相互磋商、相互妥协、达成共识的过程；国际商务谈判是谈判各方平等对话、谋求合作、协调和改善彼此关系的双赢活动。国际商务谈判成功与否，取决于谈判各方是否能够通过灵活、巧妙的谈判技巧和策略，以及有效的沟通和妥协，达成双方均能接受的共识。

二、国际商务谈判的特征

(一)跨国性

国际商务谈判最显著的特征就是跨国性。谈判的主体一般由两个或两个以上的国家或地区组成。由于国际商务谈判会牵涉国际贸易、国际核算、国际运输等一系列复杂问题，因此，在进行国际商务谈判时，必须依据共同遵守的国际商务法规，以共同认可的国际惯例为行动指南，一切事宜遵循国际通行的规则和惯例。

(二)政策约束性

国际商务谈判具有强烈的政策约束性。参与谈判的各方处于不同的政治、经济环境之下，其商务关系又是多个国家或地区之间整体经济关系的一部分，往往与各国和地区之间的政治关系和外交关系紧密相关，国家或地区政府常常会干预和影响谈判的进程与结果。所以，国际商务谈判必须严格贯彻国家的有关方针政策和外交政策，遵守对外贸易的一系列法律和规章制度。

（三）文化差异性

国际商务谈判的各方来自不同国家或地区，拥有不同的价值观念、道德观念、思维模式和行为习惯，甚至在语言表达及风俗习惯等方面也存在显著差异，这显著提升了国际商务谈判的难度及复杂程度。

（四）谈判人员高素质

国际商务谈判要求参与人员在知识结构、语言能力、思维能力、谈判技巧、对政策法律的理解和把握、谈判策略及技巧的运用能力、防范风险能力等各个方面都能够展现更高水平。

第二节　国际商务谈判风格与礼仪

在全球化深入发展的今天，国际商务谈判已超越单纯的利益博弈，成为跨文化沟通与人类命运共同体建设的重要平台。通过学习国际谈判礼仪，增强对多元文化的理解和尊重，不仅有助于提升谈判实效，更有助于展现中华文明的开放包容与和平共处理念。本节旨在引导学生在尊重差异中寻求共识，在文化交流中维护国家形象，成为具有全球视野和人文素养的国际化商务人才。

一、全球不同国家的谈判风格

(一)中国式谈判

在中国传统文化的影响下,中国人的商务谈判往往有以下两个特点:一是注重面子,二是专业人才加持。注重面子,即注重个人的尊严和社会地位。在谈判中,中国人希望对方认可他们的地位、重要性。中国谈判团队往往会有多位专家,如技术专家、金融专家、运输专家和其他领域的专家,但每个专家都希望在谈判中维护自己的专业形象和尊严,给出专业、有建设性的意见。

(二)美国式谈判

美国谈判者通常比较直率、自信。美国人在谈判中常表现出热情和开放的态度,且经常伴随着对成功的追求和对物质利益的高度重视。他们倾向于自信且积极主动地参与谈判,不断表达自己的观点,并在谈判中寻求实际的物质收益。在磋商阶段,他们擅长利用策略来达成目标,并尊重那些在谈判中展现出高超讨价还价技巧的对手。总而言之,美国式谈判的特点可概括为以下三点:风格热情奔放;乐于讨价还价;对一系列交易感兴趣。这些特点与美国的开拓精神和冒险传统息息相关。

(三)北欧式谈判

北欧谈判者通常给人一种冷静、沉稳的印象。在谈判初期的非正式交流中,他们常常沉默寡言,不会轻易表现出激动的情绪,而是以缓慢有序的方式表达自己的想法。所以,在谈判初始阶段,北欧谈判者经常会让人觉得他们易于接受对方的想法。北欧谈判者在陈述立场时直率透明,乐于向对方表明有关他们的立场的一切情况,并且善于提出建设性意见和作出积极的决策。

(四)德国式谈判

德国人与美国人的谈判方式截然不同,以准备周密著称。德国谈判者倾向于清晰地表述他们期望达成的交易内容,明确交易的结构,并详细规定谈判中的议题,然后准备一份涉及所有议题的详细计划表。他们通常不倾向于采取妥协的态度。在商业谈判中,一旦德国人提出报价,这个报价通常被认为是固定的,可讨价还价的空间非常有限。与德国人进行商务谈判时的最佳策略是在德国人提出报价之前,先进行试探并表明自己的立场。需要注意的是,所有行动都需迅速进行,因为德国人通常已经做了充分的思想准备,并且会自然而然、迅速地把谈判推向最后阶段。

(五)日本式谈判

日本人深受集体主义影响，强调团队协作与群体和谐。在这种文化背景下，日本人普遍认为克制个性、服从集体意志是一种美德，因此在谈判中往往表现出谨慎、含蓄和低调的风格。这使得日本人在正式场合中不善于直接表达，而是追求共识、避免对立，但这使日本谈判者常被外界误解为对谈判缺乏兴趣。

日本团队在内部协调和集体执行方面极为高效，展现出高度的一致性。然而，当需要个人作出明确回应或独立判断时，日本人往往显得犹豫甚至被动。

在国际商务谈判中，日本代表可能会以“我们会努力”或“将认真考虑”等模糊表述回应对方请求，这些语句在日本语境中更多是一种礼貌性回应，而非具有法律或契约性质的承诺。这与西方国家普遍将口头承诺等同于契约的观念存在显著差异。因此，理解并尊重这种文化特性，有助于在与日本企业的商务谈判中避免误解，推动合作顺利进行。

(六)中东式谈判

中东地区的谈判人员继承了沙漠民族的传统，倾向于形成紧密且稳定的关系。中东人通常热情好客、不太有时间观念以及将名誉看得很重要。因此，在商业谈判中，与中东谈判者建立信任是至关重要的第一步，这通常意味着在正式进入谈判之前，需要投入大量时间在社交和建立关系上。经过长时间、广泛、友好的交往，也许更容易出现使谈判双方愿意接受的结果。在与中东人进行商业往来时，重要的是要避免因他们拖延时间或打断谈判而感到沮丧，而是要学会在必要时将话题重新引回到商业谈判上来，创造新的成交机会。此外，与中东人谈判时，应该重点关注营造良好的谈判环境和试探阶段的工作。传统的中东式谈判方式的优势在于能够快速跳过烦琐的讨价还价过程，直接达成协议。然而，如今这种传统的文化习惯面临着挑战，因为越来越多的中东人前往美国接受教育，学习并采纳美国式谈判技巧，这意味着现在的中东谈判者可能已经将传统与现代的谈判方法相结合。

二、国际商务谈判礼仪

(一)服饰礼仪

在国际商务谈判中，服饰是影响谈判人员个人形象的重要因素。得体的服饰不仅反映了个人的品位，也是对谈判对象的尊重，因而在参加国际商务谈判时，对着装的选择必须慎重考虑。一般而言，商务谈判的服饰选择应遵循以下几点准则：首先，服饰应庄重、简约、大方，以展现专业态度；其次，服饰要能够体现出个人的身份和独特风格；再次，服饰应与个人的年龄和体型相匹配，确保舒适且得体；最后，服饰要与谈判的地点和性质相吻合，以营造适宜的氛围。遵循这些原则，谈判人员可以在国际商务场合中建立起积极专业的形象。

（二）举止和谈吐礼仪

在国际商务谈判中，相比于服饰，个人的行为举止和说话的方式更能显现一个人的内在素质和能力。因此，一名合格的谈判人员应该了解和掌握举止和谈吐礼仪，懂得如何恰当地表现自己，以赢得对方的尊重。

1.举止礼仪

举止礼仪是指在国际商务谈判过程中谈判人员的坐姿、站姿与行姿等。在国际商务谈判中，谈判人员应当确保自己的行为举止与自身的身份、教养以及谈判的环境相契合，举止要适度。

2.谈吐礼仪

谈吐礼仪集中反映了国际商务谈判人员的文明与修养程度。在国际商务谈判中，谈判人员应该从以下几个方面来注意自己的谈吐礼仪：(1)无论双方是站着还是坐着，在交谈时都应该保持适当的距离，一般 1～1.5 米较为合适；(2)说话时可以合理运用手势，这有利于表达自己的情绪，增强话语的感染力，但做手势时要注意与所说内容相配合，并且自然而然地做出，不要故意为之；(3)谈判时大多应该以平和、友好的目光注视对方，以表达对对方的尊重，不要拿眼睛到处乱瞟；(4)在谈判中应该保持合适的语速，既不应过快，使对方难以理解，也不应过慢，给人以吞吞吐吐的感觉；(5)在谈判中，应当根据交谈的具体内容及目的的不同，选择适当的音调。

（三）赠送礼仪

为了建立良好的长期合作关系，参与国际商务谈判的双方往往会相互赠送礼品，在表示加深情谊的期望外，更重要的是传递出谈判的诚意、对合作成功的祝贺以及对未来携手共进的殷切期盼。但赠送礼品并不能随意而为，而是需要遵守礼仪规范和原则，以确保每一次的赠送都能达到预期效果，为双方的合作奠定坚实的基础。

1.礼品的选择

在国际商务谈判中，谈判人员由于所属国家、地区和民族不同，往往具有不同的文化背景和风俗习惯，且对于礼品往往有不同的理解、爱好和禁忌，如在阿拉伯国家，一般不能将酒作为礼品赠送。因此，在选择礼品时，需要了解并尊重对方的习俗和文化习惯，以免造成误会。在礼品选择上，赠送的礼品要有宣传性、纪念性、独特性、时尚性以及便携性，这样的礼品往往更容易为对方接受和喜爱。

2.赠送礼仪

在国际商务谈判中，参与谈判的人员需要熟练掌握赠送礼仪。具体说来，就是在赠送对方礼品时，要注意以下几点。

(1)礼品包装适宜。适宜的包装能够彰显赠送者的文化修养和审美品位，体现对被赠送者的一种尊重，传递赠送者的诚挚之情，以给被赠送者留下良好的印象。

(2)赠送场合。在国际商务往来中，礼品的赠送场合一般有公私之分。对于公务性质的礼品，适宜在公众或正式场合进行赠送；对于非正式或私人性质的礼品，则应选择私下场合赠送。

(3)赠送时机。在参与国际商务谈判的各方初次会面时、谈判圆满结束之际、合同签署之后，送上精心准备的礼品是非常恰当的。

在国际商务谈判中，作为受礼方也应遵循一定的礼仪规范。国际商务谈判人员往往代表着企业乃至国家的形象，接受礼品必须严格遵守国家法律法规和企业规章制度。重要的是，不能因为接受礼品而作出影响谈判公正性和企业利益的行为。无论收到的礼品是否符合心意，都应以礼貌和尊重的态度对待。接受了他人的礼品后，如有可能一般应予以回赠。回赠礼品的价值一般应与对方礼品价值基本等同，也可在适当的时机再次向对方表达谢意，从而维护好关系。

第三节　国际商务谈判策略

为了使国际商务谈判能跨越文化差异的障碍顺利进行，应在谈判的各阶段遵循相应的谈判策略。

一、国际商务谈判开局阶段的策略

在国际商务谈判中，为在开局中就获得有利地位并掌握控制权，谈判人员应采用开局阶段的策略，包括开局目标的制定、开局目标的表达和开局气氛的营造。

(一)开局目标的制定

在国际商务谈判中，谈判各方的互动会营造一种谈判气氛，这种谈判气氛的优劣直接关系谈判的整体成败。因此，谈判人员需要考虑的问题是如何营造出一种适宜谈判的气氛。也就是说，开局目标是一种与谈判终极目标紧密相关但又相互区别的初始目标。一般来说，开局目标的制定需要考虑谈判各方企业之间的关系、谈判人员之间的关系以及谈判各方的实力这三个因素。

1.谈判各方企业之间的关系

在国际商务谈判中，营造开局气氛时，应充分考虑谈判各方企业之间的关系，选择合适的言辞，确定讨论的主题，并保持相应的态度进行交谈。谈判各方企业之间的关系具体有以下四种情况：(1)各方企业过去有过业务往来，且关系很好；(2)各方企业过去有过业务往来，但关系一般；(3)各方企业过去有过业务往来，但己方企业对对方企业的印象不佳；(4)各方企业在过去没有任何业务往来，本次为第一次业务接触。

2.谈判人员之间的关系

谈判本质上是谈判各方交流观点与想法的一种行为，谈判人员的个人情感会对沟通交流的过程和效果具有显著影响。如果各方谈判人员在之前的互动中建立了友好关系时，那么在开局阶段即可轻松地谈论彼此间的情谊。实践证明，如果谈判各方的谈判人员能够在个人层面上形成积极的情感联系，那么提出要求、作出让步、达成协议的过程中将更加顺畅。此外，通常这样的私人关系还有助于降低谈判成本、提高谈判效率。

3.谈判各方的实力

在国际商务谈判中，营造开局气氛时，还应充分考虑各方的实力。各方的实力具体有以下三种情况：(1)谈判各方的经济实力与谈判能力相当，各方都有良好的主观愿望；(2)谈判各方经济实力、谈判能力悬殊，且对方企图先发制人；(3)谈判各方经济实力、谈判能力悬殊，但作为弱者的对方态度不卑不亢。

(二)开局目标的表达

在国际商务谈判中，谈判人员为了实现开局目标、营造良好的谈判气氛而采取不同的策略叫作开局目标的表达。常见的表达开局目标的策略有6种，分别是一致式开局策略、保留式开局策略、慎重式开局策略、坦诚式开局策略、进攻式开局策略、挑剔式开局策略。

一致式开局策略指的是己方以协商、肯定的语言进行陈述，使对方对己方产生好感，创造谈判各方对谈判的理解具有一致性的感觉，从而使谈判各方在友好、愉快的气氛中展开谈判工作。该策略比较适用于谈判各方实力比较接近，且各方过去没有商务往来的情况，目的在于创造取得谈判成功的条件。

保留式开局策略指的是己方在谈判开始时采取保守的态度，不明确阐明己方的立场和观点，对谈判对手提出的关键问题不做彻底、确切的回答，而是有所保留,从而给对手造成神秘感,以吸引对手继续谈判。采取该策略时,注意不要违反商务谈判的道德原则,即要以诚信为本,可以向对方传递模糊的信息,但不能向对方传递虚假信息,否则会使己方陷于非常难堪的局面。

慎重式开局策略指的是己方以严谨、凝重的语言进行陈述,表达出对谈判的高度重视和鲜明的态度,目的在于使对方放弃某些不适当的意图,从而掌握谈判主动权。该战略适用于谈判各方过去有过商务往来,但对方曾有过不太令人满意的表现,己方要通过严谨、慎重的态度,引起对方对某些问题的重视的情形。

坦诚式开局策略指的是己方以开诚布公的方式向谈判对手陈述自己的观点或意愿,尽快打开谈判局面。该策略比较适用于各方过去有过商务往来,而且关系很好,互相了解较深,将这种友好关系作为谈判基础的情形。

进攻式开局策略指的是己方通过语言或行为来表达自己的强硬姿态,从而获得谈判对手必要的尊重,以制造心理优势,使谈判顺利进行下去。采用该策略一定要谨慎,因为在谈判开局阶段就设法显示自己的实力,使谈判一开局就处于剑拔弩张的气氛中,对谈判的进一步发展极为不利,也可能使谈判一开始就陷入僵局。

挑剔式开局策略指的是己方在开局时对谈判对手的某项错误或礼仪失误严加指责,使其感到内疚,从而达到迫使对方让步的目的。

(三)开局气氛的营造

在营造开局气氛时,应充分考虑谈判的方针和策略,同时也要考虑完成谈判各阶段的任务。政治形势、经济形势、市场变化、文化氛围、各方实力差距及谈判的场所、天气、时间和任何突发事件,都会对开局气氛造成影响。因此,谈判开局气氛的营造非常关键,它会直接影响到各方的谈判是否能够顺利展开。谈判开局气氛的营造要注意以下几点。

(1)在国际商务谈判的开局阶段,建立一种相互尊重的氛围是至关重要的。例如,邀请高层领导参加,表示对对方的尊重;谈判人员的仪容仪表要整洁大方,无论是表情、动作还是说话语气都要有礼貌,以示尊重。

(2)在国际商务谈判的开局阶段,要营造一种自然而又轻松的气氛。开局阶段通常被称为“破冰期”,因为谈判各方带着各自的立场和目标聚集在一起进行谈判,极易产生冲突或陷入僵局。如果一开局气氛显得过分僵硬,可能会过早地导致各方对立,进而导致谈判人员偏激、固执,难以冷静下来仔细分析对方的观点,难以灵活地运用谈判策略。

(3)在国际商务谈判的开局阶段,谈判双方要都有愿意友好合作和共赢的意向。因此,将谈判对手视作潜在的合作伙伴而非敌对方,不仅有助于营造一种积极的谈判氛围,而且对于各方长期合作的达成也是至关重要的。

(4)在国际商务谈判的开局阶段,应该在积极进取、有序高效的气氛中进行谈判。谈判绝非轻松的社交活动,而是一项需要严肃对待的任务。谈判人员承载着重大责任,需认真投入大量精力去完成各项重要任务。

二、国际商务谈判摸底阶段的策略

国际商务谈判是一场较量。在谈判中,那些缺乏谈判经验和策略的谈判人员常常会感到难以应付,即使是身经百战的谈判高手,有时也束手无策。因此,做好充分的事前准备以及掌握一定的谈判策略至关重要。在国际商务谈判摸底阶段的策略主要有探测对方信息的策略、打开谈判局面的策略、探测对方意图的策略三种。

(一)探测对方信息的策略

在商务谈判中,对方的信息,如意图、底价、时限、权限及最基本的交易条件等均属秘密。谁掌握了对方的这些信息,谁就会赢得谈判的主动权。在谈判开局阶段后,是谈判各方摸底、相互了解的阶段。在这一阶段能探测到对方多少信息,关系到在下一阶段的讨价还价中拥有多少筹码,因此探测到的信息越多越好。

(二)打开谈判局面的策略

想要快速打开谈判局面,需要抓住契机,即寻找或创造有利的条件,达到预期目标。想要快速打开谈判局面,可以赞美对方。心理学上认为,人都有一个弱点,那就是喜欢听赞美的话,不喜欢听批评的话,这是人之常情。尽管谈判对方在谈判时与我们针锋相对,但在内心也希望得到我们的认可甚至是赞美。同样的,我们内心也有这样的渴望。想要说服对方接受我们的意见,就要从真诚地赞美对方开始。想要快速打开谈判局面,还可以选择投其所好。投其所好是商务谈判中经常运用的策略。我们在开始和对方谈判时,往往不知道对方喜欢什么、爱好什么,但随着了解的深入,一旦知道了对方的喜好,我们就要投其所好,这样容易拉近与对方的心理距离,得到对方的信任和赏识,吸引对方同意自己的观点和要求,从而实现谈判的目标。

(三)探测对方意图的策略

在谈判过程中,探测对方的意图不仅能帮助己方更好地应对对方的策略,还能使己方在关键时刻取得谈判的主动权。为了有效地揭示对方的真实想法和立场,谈判者可以通过以下四种策略进行信息搜集和意图探测。

1.迂回询问策略

迂回询问策略是一种谈判策略,是指通过迂回的方式使对方放松警惕,然后在对方没有准备的情况下,巧妙探测出对方真实的意图。在主客场的谈判中,东道主往往会利用自己的主场优势,运用这种策略来获取更多信息。

2.火力侦察策略

火力侦察策略是指谈判中故意提出具有争议性或挑战性的问题,刺激对方表态,并通过观察对方对这些问题的反应,判断其立场强度和谈判策略的真实性。

3.声东击西策略

声东击西策略是一种谈判技巧,是指通过分散对方注意力的方式来达到谈判目标。当谈判陷入僵局或对方过于强硬时,经验丰富的谈判者往往并不会中止谈判,而是巧妙地转移话题,引导对方关注其他方面,继续推进谈判进程。这种谈判策略的灵活机动性可以让谈判者在保持谈判和谐气氛的同时,避开对方的锋芒,赢得利益。

4.聚焦深入策略

聚焦深入策略是指对某方面的问题进行扫描性提问,在探测出对方的真实意图和隐藏信息后,再聚焦于该问题,对该问题展开深入分析,把握问题的核心和本质。

三、国际商务谈判磋商阶段的策略

磋商阶段是国际商务谈判的核心阶段,涵盖了从谈判开局到谈判终局期间,谈判双方就关键议题进行磋商的全过程。它不仅是谈判各方展示实力、智慧和策略的战场,也是谈判各方求同存异、互相谅解、让步妥协的关键时期。

(一)报价策略

报价,不仅仅局限于报商品的价格,而是涵盖谈判双方可能提出的各种要求,包括商品的数量、质量、包装、价格、装运、保险、支付、商检、索赔、仲裁等交易条件,但其中的价格被认为是最关键的因素。以下是几种常见的报价策略:

1.报高价策略

在国际商务谈判中,谈判人员可以根据外部环境和内部条件,结合谈判意图,确定报价的期望标准和临界标准。报高价策略是指以卖方确定的最高期望价格报价的策略。卖方会设定一个期望价格区间,其中包括他们的期望标准以及他们愿意接受的临界标准,而买方则相反,更倾向于提出较低的报价。实践经验证明,这种策略是合理且行之有效的,因为它允许买卖双方在一定范围内进行价格博弈,最终可能达成双方都能接受的价格。

2.巧布迷阵策略

在国际商务谈判中，一方会有意虚报底价，目的是迷惑对方，让对方认为还有议价空间，从而在后续的谈判中获得更大的利益。这种策略一般在以下三种情况下使用：(1)一方处于谈判劣势，迫切需要购买或出售某种商品，并且这种迫切性已经被对方察觉，那么该方在谈判中很可能处于被动的不利地位。(2)对方对己方的意图知之甚少，愿率先透露底线，试图诱导己方先报价，以便从中获取更多信息。(3)双方势均力敌、实力相当，谁率先亮出底牌就有可能处于不利的谈判地位。

3.中途变价策略

中途变价策略是指在谈判过程中，调整原来的报价趋势，从而争取谈判成功的报价策略。调整原来的报价趋势意味着买方或卖方可能会选择在谈判过程中的某个时刻突然打破之前的报价模式，即买方在持续提高报价后突然提出一个较低的价格，或者卖方在不断降低报价后突然提升价格。

4.价格解释策略

价格解释策略是指在报价方提出价格后，另一方要求其对价格细节进行说明。这通常涉及对报价的内容构成、定价基础以及计算方式进行介绍或解释。报价方在提供价格解释时，应遵循言简意赅的原则，即不主动提供不必要的信息，对于询问给予直接且清晰的回答。

5.心理价格策略

心理价格策略在市场营销中是一种常见的营销策略，是指利用消费者心理预期来影响其购买决策。例如，消费者在心理上一般认为 9.9 元比 10 元便宜，而且认为零头价格精确度高，值得信任。尽管价格差异微小，但消费者往往会感觉 9.9 元更便宜，像这种人们在心理上认为较小的价格叫作心理价格。

6.目标分解策略

目标分解策略是指将谈判中双方暂时无法达成一致的目标细化为多个独立的小部分，然后对每个部分进行重新评估和操作，以便逐步推动双方朝着达成共识的方向迈进。

7.“抹润滑油”策略

价格谈判环节是谈判的实质性阶段，是就成本问题展开激烈的交锋和讨价还价的阶段。在这个阶段，经常采用的一种策略是“抹润滑油”策略，即合同中通常存在着一些可以灵活调整的空间，也就是双方可协商让步的条件，利用这些条件谈判，往往能够找到一个双赢的解决方案。

(二)还价策略

还价是指接收提议的一方不接受或不完全同意提出提议的一方提出的各项

条件,并提出修改意见。也就是说,还价是对原始的报价条件进行添加、限制或其他形式调整的行为。以下是几种常见的还价策略。

1."吹毛求疵"策略

在价格磋商过程中,为了向对方表明自己是不会轻易被人蒙骗和懂得分辨的,还价方常常采用"吹毛求疵"策略。其做法通常有:(1)百般挑剔。买方针对卖方的商品,竭尽所能地找出瑕疵,并夸大其词、虚张声势,为自己还价提供依据。(2)言不由衷。即使对于某个部分是满意的,买家也会故意表示不满,并故意提出令卖方无法满足的要求,表明自己"委曲求全",以此为自己的还价制造借口。然而,需要注意的是,任何谈判策略的有效性都有一定的限度,这一策略也是如此。因此,向对方提出要求时,不能过于苛刻或无限制,必须把握分寸,确保要求不会与普遍接受的做法或惯例相差太远,否则对方可能会认为己方缺乏诚意,以致谈判破裂。还要注意,应尽量在对方掌握的信息与资料较少的某些方面,或是对方难以用客观标准检验、证明的某些方面,提出比较苛刻的要求。这样做可以减少被对方识破的风险,从而更有可能达到自己的谈判目标。

2.最大预算策略

在国际商务谈判中,买方有时会利用自己的最高支付能力作为筹码,迫使卖方做出让步和接受出价。使用此策略时,应掌握时机,判断卖方意愿,并准备好可变通的应对策略。运用最大预算策略时,以下几点应注意:(1)掌握还盘时机。在经过多次价格交锋后,如果卖方的报价已经没有太多议价空间,此时以最大预算策略还价,可以迫使卖方作出进一步的让步。(2)判断卖方意愿。一般来说,卖方成交心切时,易于接受买方以最大预算为由的还价,否则买方可能面临卖方坚持价格不变的情况。(3)准备备选方案。如果卖方对买方提出的最大预算不予理会,坚持自己的报价,买方可以选择坚持最大预算,或者作出一些灵活的调整,比如可以酌情减少某项交易内容或者后补价款,以此作为达成交易的折中方案。

3.积少成多策略

积少成多策略是指在谈判中逐步索取所需,最后聚沙成塔。这一策略利用人们对小事不在乎的心理,通过细分交易项目,找到还价依据,从而提升整体要求被接受的可能性。

(三)让步策略

让步是谈判过程中不可缺少的部分,所有的谈判高手都懂得,谈判的成功离不开必要的妥协和适当的让步。任何谈判都是为了使参与各方的需要得到满足,并且包含着双重利益,即谈判人员必须既考虑谈判本身的实质利益,也要考虑与对方保持关系的长远利益,妥协与让步不但可以使谈判取得成功,而且能使这两种利益兼得。谈判中的妥协与让步是实现合作的正当方法，是谋取利益的有效途径。

在谈判中，谈判人员要明确自己的最终目标，以及为达到这个目标可以或愿意作出哪些让步，包括让步的时机、方式和程度。因此，运用让步策略对于磋商阶段至关重要。以下是让步的基本原则和要求。

1.让步是为了创造和谐的谈判气氛

在确保己方利益不受损害的前提下，可以通过适当让步来营造平等、融洽的谈判气氛，这对谈判协议的达成具有现实意义。谈判是参与各方寻求共同利益、合作共赢的过程。共同利益的实现需要以合作为基础，要求具有适宜合作的环境和气氛。为了实现合作的目标，参与各方应当相互谅解，作出一定的妥协与让步来创造适宜谈判的和谐气氛，否则谈判将无法正常进行。为了使让步既有利于创造和谐气氛，又不至于影响谈判总体目标的实现，可以考虑选择在那些对己方影响不大的问题上主动做出让步，以示诚意，同时在核心利益问题上坚持立场，争取让对方先作出让步。

2.让步要维护整体利益

在国际商务谈判中，让步的一个基本原则是：整体利益不会因为局部利益的损失而受到影响，相反，局部利益的损失是为了更好地维护更为重要的整体利益。谈判人员应当清楚地识别和界定这些利益的范畴，并在此基础上作出决策。在考虑让步时，必须评估其对整体评判结果的影响，确保让步不会损害核心利益。因此，让步应当谨慎进行，只在那些不会对大局造成不利影响的问题上进行，同时争取在关键议题上保持立场。总而言之，以最小的让步换取谈判的成功，以局部利益换取整体利益，是让步的出发点。

3.让步是有条件的

让步的目的是实现自身的最大利益，而不只是简单地为了让步，因此，应该避免做无条件的让步。谈判的实质是为了满足需要而进行利益互换，任何妥协与让步都应当建立在能够带来对等甚至更大利益的基础之上。在考虑让步之前，谈判者应当评估和预判对方可能提供的回报，如果事先预测得不到相应的利益回报，便没有必要让步。谈判人员应当明白，让步必须建立在对方提供了有利于己方整体利益的条件的基础上进行。

四、国际商务谈判成交阶段的策略

谈判双方经过实质性磋商，对谈判的内容和条件基本上达成共识，解决了彼此之间的主要分歧，谈判便进入了最后的成交阶段。尽管这一阶段是谈判的收尾部分，但它的作用至关重要。在这一阶段，谈判参与者需要确保之前双方的磋商成果得到巩固，并推动对方尽快签署正式协议，从而圆满地完成谈判工作。

（一）表达成交意愿的策略

在谈判的成交阶段，经过之前的磋商，往往需要谈判各方表达自己的成交意愿。经验丰富的谈判人员善于抓住时机，在恰当的时刻，利用多种策略来表达自己的成交意愿，并推动交易的完成。表达成交意愿策略主要包括以下几点。

1.利用未来激励

未来激励是指明示或暗示对方本次谈判成功将会对以后的交易产生深远影响。该策略利用了对方对持续合作关系的期望，以及对未来潜在利益的看重，从而促使对方在当前谈判中作出让步。因此，己方可以通过适当的方法给予对方未来利益，在不牺牲太多即时利益的情况下，满足己方对于现实利益的追求。

2.利用互惠互利的原则

互惠互利是指在双方都能从交易中获利的情况下，双方均作出适当、合理的让步，促进交易顺利达成。

3.利用双方对让步的看法的差异促成签约

由于谈判双方的立场、需求、价值观、所掌握的信息等各不相同，所以在谈判磋商过程中，双方对让步的看法存在显著差异，尤其是对于特定的让步行为，双方的看法和评价可能截然相反。谈判人员在谈判中可以对此加以利用，更有效地推进议程，从而达到签约的目标。

4.非实质性让步

非实质性让步通常指在谈判中采取表面上的妥协态度，但实际上并未有真正的利益损失。为了使谈判成功，可以作出一些非实质性的让步。通过这种方式，我们可以在不损害自身核心利益的前提下，向对方展示合作的意愿，从而推动达成最终的共识。

5.心理暗示

心理暗示策略是指谈判人员以成交的有关事宜进行心理暗示，让对方感觉己方已经决定购买，从而提高谈判效率。

（二）接收成交信号的策略

在国际商务谈判的成交阶段，不仅要注意表达己方的成交意愿，同时也要敏感地捕捉和接收对方所传递过来的表达成交意愿的信号。在接收对方传递过来的成交信号的过程中，也可以使用一些策略，以便准确把握对方传递过来的信息与意愿，并有效地识别和回应对方的成交意愿，巩固双方的磋商结果，尽快达成协议，实现共赢。

(三)促进成交的策略

成交阶段是国际商务谈判中至关重要的一个阶段，因为前期的磋商、争论、试探和判断，就是为了让谈判双方促成最终交易，同时确保己方的利益得到最大程度的保障。也就是说，当一方明确表示出成交意愿或是捕捉到对方发来的希望成交的信号后，谈判就进入了实质性的成交阶段。为了有效地促成交易或高效地推动交易进程，可以灵活运用一系列策略，这不仅能显著提升成交的概率，还能在谈判过程中为己方争取到更多的利益。促进成交的策略包括以下几点。

1.认识到谈判的焦点是利益

在国际商务谈判中，各方都致力于为己方争取最大的利益，因而常常会在谈判中为了自身的利益而激烈争论。但谈判人员应该清楚地认识到，谈判的核心是追求利益而不是坚守各自的立场，最重要的是谋求解决的办法，促进交易的最终达成，确保谈判双方利益的实现。

2.发挥己方优势

在国际商务谈判过程中，应强调并利用自身的优势并让对方意识到，从而在谈判中占据主动地位，用实力促进成交。

3.运用专业知识

在国际商务谈判过程中，应充分利用专业技能和知识，以加强自己观点的权威性和可信度，从而在谈判中掌握话语权，提高成交的概率。

4.为谈判造势

在国际商务谈判中，为谈判造势是一个重要手段，特别是在谈判的成交阶段，有效地利用周围环境、情势的变化来营造有利于成交的氛围，常常能够取得意想不到的成功。造势应有明确的目标，要巧妙地运用谈判各方所关注的事件、环境、人物等，以此形成强大的影响力，使己方居于谈判的有利位置。

5.让对方参与到己方的工作中

在国际商务谈判中，谈判双方通常会因为有不同的利益要求而有各自的立场，并在谈判中各执一词、互相争论，都试图说服对方满足自身的利益要求。为了促成交易、说服对方，谈判人员可以邀请对方参与到己方的工作中，使其更全面地了解己方的工作内容并认为这项工作中有他的贡献。这种参与感往往会促使对方做出让步，接受己方的建议，最终推动交易达成。

6.引导对方接纳己方观点

谈判是参与谈判的各方就各自利益相互磋商、争夺、辩论的过程，旨在协调各方的利益关系。在这一过程中，谈判人员可以通过巧妙且富有策略性的提问，突破对方的心理防线，逐步引导对方接纳己方的立场和观点，最终推动交易的顺利达成。

7.投其所好

在国际商务谈判中,为了提升成交的可能性,谈判人员应当留意并尽可能地满足对方的兴趣和偏好,以满足其心理需求,进而建立起信任和友好的关系,动摇对方的谈判立场,使其更愿意接受和认可己方提出的要求和条件。

8.激励对方说出真实的需求

擅长谈判的高手明白如何激励对方才会使对方采纳其以前不愿意采纳的建议,以推动谈判向前发展。优秀的谈判人员拥有多种激励手段来帮助对方重新考虑或调整其要求,而谈判技巧不足的人往往无法有效激励对方,他们错误地将价格视为谈判的核心,一味地强调价格的公正性,而忽视了其他可能促成交易的因素。

9.为对方排忧解难

在商务谈判中,如果谈判人员能从对方的角度考虑问题,并针对对方的需求和条件提供解决方案,帮助对方克服困难和消除顾虑,通常就能赢得对方的好感。

10.给对方施加压力

根据心理学理论,人们往往会迫于压力作出与自己意愿相悖的举动。在谈判的成交阶段,适当地向对方施加压力有助于促成交易。然而,使用此策略时必须谨慎,确保与双方的具体情况相符合,避免过度施压导致对方退出谈判,应该主要以达成交易为目的。

11.随机应变

在商务谈判的成交阶段,为了有效促进交易的达成,谈判人员需要随时准备根据实际情况和对方的反应作出相应的调整。然而,任何调整都应以坚持己方原则为基础,确保为了促成交易而作出的调整不会对己方实际利益造成损害。

12.适度增加谈判筹码

在国际商务谈判过程中,即使对方接受了某个交易条件,他们也仍会为没有以更优惠的条件成交而感到后悔。这种情况在谈判进展顺利时尤为常见,若对方试图修改已经达成的交易条件,那么己方必须表达出自己的惊讶和失望,并明确告知对方,若要更改部分条件,那么其他部分的条件也要随之重新讨论并更改。简而言之,谈判人员应通过适度增加谈判筹码,使对方因其犹豫不决的行为而承担一定成本。

(四)促使对方签约的策略

谈判签约阶段对谈判双方而言至关重要,是形成最终谈判成果的阶段,也是谈判双方最后敲定谈判内容、签订合约、明确双方权利与义务的阶段,因此必须给予足够的重视,并巧妙地运用各种促成签约的策略。

1.向对方发出信号

在即将签约时,往往会有一方发出明确的信号,表明双方已经基本完成谈判任务,应当进入最终的签约程序。这样的信号应当是明确无误的,确保双方都能清楚地理解其含义,并且对即将签署的合同内容没有任何异议。

2.最后一次报价

在一方发出明确的签约信号,且对方也有结束谈判的意向时,双方通常会在正式签署合同之前进行最后一轮的报价,其中涉及让步行为。为了精准把握最后报价的时机,建议将让步分为两个阶段实施:第一步是在截止日期之前提出主要的让步点,给予对方足够的时间进行思考;第二步是根据谈判的实际进展,将剩下的小幅度让步留到最后关头提出,以此作为促使对方同意签约的激励措施。

3.最后的总结

在最终签约之前,双方有必要对前期的谈判内容和达成的结果进行细致的回顾和梳理,确保双方的权利和义务得到明确界定,以免影响最后合约的签订。这一总结过程应涵盖以下要点:确保所有议题是否都已谈妥;识别是否还存在争议以及如何处理争议;评估谈判结果是否符合己方的利益诉求;探讨双方是否还有进一步的让步空间以及最后让步的项目和幅度;确定采用何种方式正式结束谈判并签署合同;等等。

4.促成签约的策略

(1)期限策略

规定谈判签约的最后截止日期被称为期限策略,实施该策略的目的是向对方施加压力,推动对方作出决策,达到促成签约的目的。

(2)优惠劝导策略

优惠劝导策略是通过向对方提供一些额外的优惠条件来促使对方尽快签订合同。常见的做法包括给予对方折扣、赠品、免费送货服务等。

(3)行动策略

行动策略是指一方在谈判中的主要分歧已经得到妥善处理后,积极主动地采取实际行动,以此向对方施压并催促其签订合同的策略。

(4)时间策略

时间策略是基于时间对谈判双方价值差异的考量而使用的策略。时间本身对所有人都是公平的,但在不同情境下,它的价值却不尽相同。此时,通过巧妙地利用时间价值的不对称性,不仅能够如己方所愿顺利达成交易,还可以为己方争取到更多的利益,并给对方留下己方为其着想的良好印象。

(5)主动征求签约细节方面的意见

在国际商务谈判过程中,一方可以选择主动向对方提出关于合同中某一条款的疑问,如验收条款中验收的时间、地点、方式及技术要求等,以敦促对方签约。

5.采取行动表明谈判结束

当双方就合约内容达成共识后,一方可以采取相应的行动表示双方间的谈判圆满结束。这种做法有助于加深对方对其所作承诺的重视,确保双方都清楚地认识到谈判结果的正式性和约束力。

6.争取由己方起草合同

在谈判结束后,对负责撰写协议和合同文本的争取是十分重要的。通过起草合同,己方可以掌握主动权,选用对己方更为有利的措辞,巧妙地运用语言对有关条款作出有利于己方的解释,清晰地界定对方的责任与义务,并在最大程度上减少己方的责任和义务。

7.掌握主动权

在签约之前,己方应准备好一份草拟的合同文本,将其呈现给对方,并征求对方的意见。同时,提议直接在这份草案的基础上具体讨论合同文本的内容和条款,以便在整个签约过程中掌握主动权。

第四节　谈判双赢与企业创新合作

在全球商业环境日益复杂的今天,谈判早已不再是简单的对抗博弈。虽然谈判涉及各方的核心利益,各方自然会力图争取最大化自身权益,但若一味强调立场之争,容易陷入零和博弈思维困境,导致合作机会流失、关系恶化。

传统媒体和影视作品中常将谈判描绘为剑拔弩张的对抗场景,而在管理学和谈判理论中,早已将谈判划分为分配性谈判和整合性谈判两类。分配性谈判关注的是利益分割,其本质是有限资源的争夺;而整合性谈判则强调合作共赢,通过利益互补、信息共享和信任建立,寻求创造更大价值的可能,从而实现双赢甚至多赢的局面。

在数字时代,企业间更需要通过整合性谈判,化解固有分歧,挖掘潜在利益空间,构建长期稳定的合作关系。理解和掌握这一谈判理念,有助于企业在国际竞争中赢得尊重、赢得合作、赢得未来。

一、双赢中"赢"的概念(成本效益分析)

当谈判人员采用双赢策略时,他们会在谈判中强调协作与互惠,力求在确保自身利益的同时尽量让对方也有利益可得。为了在谈判中遵循双赢原则，谈判人员首先需要清晰地认识到谈判中的成本效益问题。

(一)谈判的成本

谈判的成本包括以下三个方面：在谈判过程中作出的妥协，即期望的结果与实际达成的协议之间的差异；谈判中所涉及的人、财、物等资源的消耗；谈判中所占用的资源的机会成本，即所占用的资源用于其他用途所能创造出的最大收益。这一点很重要，但往往被谈判人员忽视。

在各项成本中，由于机会成本不是很明确，很多人会忽略，倾向于关注谈判中直接的人力、资金和物资成本，这是十分错误的。在评估谈判成本时，除了要考虑实际消耗的人、财、物的成本外，还必须认真考虑机会成本，以及其他潜在收益。

(二)谈判的效益

谈判的效益反映了谈判目标的实现程度，或者谈判人员预期目标的完成程度。评估谈判效益时，可以从短期内的财务成果、长期的商业伙伴关系以及远期目标的实现这三个方面来加以考虑。虽然在某些情况下，短期内的财务收益和长期的商业伙伴关系的维护与发展或远期目标的实现是一致的，但更多时候，这三者之间也有可能存在冲突。这时，就需要在短期内的财务收益、长期的商业伙伴关系的维护与发展以及远期目标的实现之间权衡，寻找一个合理的平衡点。

在谈判的过程中统筹兼顾成本和效益，就能使谈判在一个更高的层次上开展，也更容易实现双方满意的双赢结果。

二、寻求兼顾双方利益的做法和策略

国内外许多谈判专家都深入探讨了谈判中达成双赢的策略和途径。概括来说，在谈判中要注意以下几点。

(1)如果无法达成协议，可能会带来哪些后果，以及有哪些备用计划，并对此进行充分的评估。

(2)应集中注意力在双方的利益和需求上，而不是过多强调各自的立场。

(3)需要充分沟通利益背后的信息和逻辑推理，以此加深彼此的理解。

(4)在评价利益分配是否公平以及协议条款是否可接受时，应采用双方都认同的评判标准。

(5)应建立一种机制，确保在某些方案未能奏效或是情况发生变化时，双方有机会重新探讨协议。

具体的做法包括以下几种。

(1)尽量在做大利益蛋糕的基础上进行利益分割

国际商务谈判的最高境界是实现双方共赢,即双方都能从中获得相应的益处。对于利益的理解,谈判双方可能持有相同的观点,也可能存在分歧。也就是说,双方在谈判中追求的利益可能是完全一致的,这容易导致利益冲突加剧,并使谈判陷入僵局;也可能是有差异的,这使双方的竞争意识相对减弱,更愿意通过合作实现双方利益最大化。因此,谈判人员需要仔细辨别双方所追求的利益有多大程度的重合以及多大程度的差异,并且学会创造多样化的需求,以确保双方的利益不会发生直接冲突。这是谈判双方实现双赢的关键。

(2)为对方着想,以达到己方的目的

若想实现自身利益最大化,就必须考虑到对方的利益。如果一味地只关注自身的利益,忽视对方的需求,那么当对方退出谈判的时候,己方所应获得的利益也将付诸东流。谈判人员需要站在对方的立场上,从对方的角度设身处地地考虑问题,这样不仅能够充分展现己方的诚意,还能营造出一种和谐友好的谈判氛围。在这种氛围下,己方提出的设想和方案有望比较顺利地被对方采纳,从而实现目标。这也是兼顾双方利益、贯彻双方利益共享原则的具体体现。

(3)消除对立

在国际商务谈判中,如果双方情绪紧张、言辞激烈,双方的利益点往往就难以界定,而面子上的小损失很可能引发更大范围的利益损失。鉴于合作带来的利益是可观的,谈判人员应当努力化解谈判过程中的矛盾,寻求共同点,推动谈判向前发展。

(4)求同存异

在国际商务谈判中,双方在共同利益上容易产生争执,而在利益差异之处比较容易达成共识。有差异的利益允许双方从不同的角度满足各自的需求,从而找到双方都能接受的利益的共同之处。值得注意的是,利益的共同之处和利益的重合之处是两个不同的概念。利益的共同之处是指双方均能获得各自不同的利益,但都感到满意、能实现双赢的那部分利益;利益的重合之处是指双方都想得到、容易引起争议的那部分利益。因此,求同存异意味着在双方利益的共同之处上寻求共识,同时在存在分歧的利益上保持各自的立场,尽量做大利益的蛋糕,这样谈判才能顺利进行,实现双赢的可能性也将大大提升。

(5)分中求合

在国际商务谈判中,为了追求共同的利益,要努力寻求合作,应认识到分割利益仅是达成合作的手段,真正的目标是实现双方或多方的利益融合。

本章小结

本章对国际商务谈判、各国谈判文化差异与数字时代谈判如何实现双赢进行了阐述。谈判是基于谈判各方的需求并寻求共识的过程,即一种满足各方需求的行为和过程。商务谈判是商务活动的重要内容,同时也是商务活动的基础和核心,贯穿于商务活动的全过程。国际商务谈判的各方跨越了国界,是国内商务谈判在国际领域的延伸和发展,涵盖了不同文化和法律背景下的商业实践。来自不同文化背景的谈判者有着不同的交际模式、价值观和思维方式,这些因素对国际商务谈判产生直接影响。因此,在国际商务谈判中,了解各国和地区不同的文化、谈判风格及谈判礼仪是非常重要的。为了使国际商务谈判能跨越文化差异的障碍顺利进行,谈判前应当充分准备,加强商务谈判跨文化意识的培养;谈判中应当善于运用语言及非语言艺术和感情策略,正确处理文化差异带来的问题;谈判后应当注重合同的履行及良好关系的保持。国际商务谈判策略包括开局阶段策略、摸底阶段策略、磋商阶段策略与成交阶段策略,谈判人员应灵活运用。同时,在数字化时代下,谈判人员需坚持双赢的原则来进行谈判,在谈判中注重合作、互惠。

参考文献

[1]席高庆,陈兴淋,刘尧飞.商务谈判理论与实务[M].北京:北京理工大学出版社,2019.

[2]王建明.商务谈判实战案例和经验解析[M].北京:机械工业出版社,2021.

[3]黄卫平,丁凯,宋洋,等.国际商务谈判[M].3版.北京:中国人民大学出版社,2023.

[4]聂元昆,鲁平俊.商务谈判学[M].3版.北京:高等教育出版社,2024.

[5]安贺新.商务谈判策略[M].3版.北京:国家开放大学出版社,2024.

[6]胡海.商务谈判实务[M].北京:北京邮电大学出版社,2012.

[7]王军旗.商务谈判:理论、技巧与案例[M].7版.北京:中国人民大学出版社,2017.

[8]高云霞,柳娥,高丽.商务谈判与礼仪[M].北京:中国林业出版社,2024.

[9]慕银平.服务管理:数字时代的服务战略与运营[M].北京:电子工业出版社,2024.

[10]何枫.数字时代的企业社会责任与公司治理[M].北京:中国金融出版社,2021.

第八章　数字化转型驱动全球企业变革

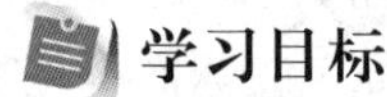

学习目标

1.掌握数字化转型的含义。

2.了解企业数字化转型的必要性。

3.理解企业数字化转型的顶层设计逻辑和总体架构。

4.了解数字新型能力下数字商业生态系统的打造方式与共生作用。

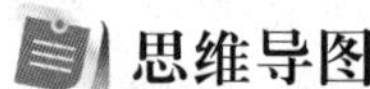

思维导图

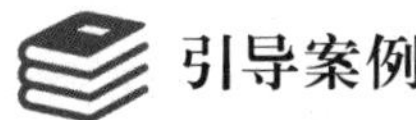

引导案例

安踏的数字化转型创新密码

在由德勤公司联合《哈佛商业评论》中文版等进行的“2023 中国卓越管理公司”评选中，安踏榜上有名，成为中国管理领先企业。安踏是一个创造奇迹的公司，1991 年刚创办时，只是一家制鞋小作坊，而 2023 年安踏全年业绩公告显示，安踏收益同比增长 16.2%至 623.56 亿元人民币，连续第 12 年位列中国体育用品企业首位，在中国甚至全球体育用品市场中占据重要地位。30 多年来，中国新创企业如过江之鲫，真正跃过龙门的屈指可数，安踏却脱颖而出，这是为什么？

自创立以来，安踏先后作出了数字化转型、自创品牌、转型上市、牵手奥运、收购斐乐(FILA)走上多品牌道路等关键决策，这些关键决策使安踏一步步由小到大、由弱到强。

在数字化转型初期，安踏秉持“文化先行，技能在后”的理念逐步推进数字化教育工作。安踏针对企业员工开展数字化相关知识的普及工作，让员工对数字化概念和定义有初步了解，并形成基本的认知；在后台开发多个系统来推动前台的知识普及，让员工通过数字化平台了解安踏数字化转型的概念和战略的推动背景，理解数字化对其工作的益处。与此同时，安踏坚持高标准，保持开放心态，将长期目标分解为若干个项目，快速迭代，小步快跑。

安踏集团数字化转型的战略蓝图将分为以下三个阶段。

(1)“1.0 阶段”：到 2022 年年底结束，预期目标是实现系统的平台化和分析的可视化。

(2)“2.0 阶段”：从 2021 年下半年开始(与“1.0 阶段”是并行关系)，期望到 2023 年年底实现集团运营的数字化、决策的智能化，做到数字新型能力赋能业务。

(3)“3.0 阶段”：到 2025 年，安踏的数字化达到“3.0 阶段”，运营平台和技术平台实现 100%的自主研发，形成端到端的全价值链数字化解决方案，并能给行业输出经验。

(资料来源：李全伟.安踏成为卓越企业的创新密码[J].哈佛商业评论中文版，2022(1)：110-120.)

引导问题：

1.从安踏数字化转型的案例中你得到什么启发？

2.请分析数字化转型对全球企业的重要意义。

第一节　什么是数字化转型

在数字技术日新月异的时代,数字化转型已成为企业实现高质量发展的必由之路。《中华人民共和国国民经济和社会发展第十四个五年规划和2035年远景目标纲要》明确提出,要以数字化转型整体驱动生产方式、生活方式和治理方式变革,这彰显了国家对数字经济的高度重视。面对全球市场环境的不确定性与竞争压力加剧,企业不仅要应对政策调整、贸易摩擦、金融波动等外部挑战,更需要在内部管理、客户服务、供应链协同等方面迅速响应、灵活调整。数字化转型正是企业提升韧性与敏捷性的关键路径。它不仅关乎技术的升级,更关乎战略、文化与组织模式的系统重塑。因此,在全球数字浪潮的推动下,数字化转型已不仅是选择题,而是关乎企业生存与可持续发展的必答题。

一、数字化转型的定义

根据《信息化和工业化融合数字化转型价值效益参考模型》(GB/T 23011—2022),数字化转型是指深化应用新一代信息技术,激发数据要素创新驱动潜能,建设提升数字时代生存和发展的新型能力,加速业务优化、创新与重构,创造、传递与获取新价值,实现转型升级和创新发展的过程。

在上述国家标准关于数字化转型的定义中,数字化转型侧重于数字能力的提升和新价值的创造。而学术界则更多地从市场层面进行分析,认为数字化转型表现为数字商业生态的构建与数字商业模式的重构。从企业数字化转型的角度来看,这一过程主要是由信息系统推动的业务转型,涉及组织结构、运营流程、信息技术应用、产品与服务的价值创造等方面。具体而言,数字化转型涵盖了业务流程、操作流程及组织能力的根本性变化。例如,企业可以通过采用社交媒体、移动技术、数据分析、嵌入式设备等新型数字载体或技术,改进重大业务,提升客户体验,简化运营流程,创建全新的商业模式。

二、数字化转型的内容

(一)数字化+战略

企业的数字化转型,旨在打通企业全域系统,优化各项流程,进而实现整体效能的提升。为确保数字化转型的顺利进行，企业的首要任务是转变战略理念，为数字化转型奠定坚实的战略基础，从而为后续工作提供明确的指引和方向。

战略是一家企业经营的核心策略与目标愿景，企业战略决定了企业的发展方向。企业的数字化战略，是企业在数字化转型过程中的罗盘。企业的数字化转型不仅仅是技术层面的升级，更是一场涉及企业理念、组织结构和运营模式的全方位变革。它要求企业从战略高度出发，重新审视自身的业务模式和竞争优势，通过数据驱动的方式实现业务创新和价值提升。在这一过程中，企业需要充分利用现有的数据资源，通过数据挖掘和分析技术，发现新的业务机会和增长点，为企业的可持续发展注入新的动力。

（二）数字化＋生产

随着信息技术的迅猛发展，众多企业正面临着经营环境日益复杂多变的挑战：客户需求日趋多样化、市场竞争日益激烈、产品质量与价格的不匹配等问题日益凸显，传统生产方式与定制化和个性化的市场需求存在较大脱节。在数字化转型的过程中，企业如果仅仅在运营、销售等层面进行转变，却忽视了生产方式的根本性变革，那么整个转型过程将难以取得实质性的成效。

企业想要在激烈的市场竞争中寻求新的生存与发展空间，而数字化转型正好为企业提供了一种既能够降低成本又能够迅速响应市场变化的新型生产方式。通过引入先进的信息技术和智能制造技术，企业可以实现生产方式的深刻变革，提升生产效率，优化资源配置，降低运营成本，从而更好地满足市场需求，赢得竞争优势。

（三）数字化＋需求

“数字化＋需求”的转型是企业在精益思维指导下实现生产模式创新的重要途径。通过将客户需求和市场分析结果纳入生产决策中，企业能够更好地适应市场变化，提升生产效率和市场响应能力，从而实现可持续发展。

在数字化转型的浪潮下，企业正积极将数字化与客户需求相结合，实现更加精准的市场响应。这种转变体现了精益思维在企业数字化转型中的重要作用。与传统的生产方式相比，数字化转型后的企业不再被动地适应市场，而是主动地迎合客户和市场的需求。

数字化能够帮助企业更加敏锐地捕捉到客户的需求变化，并据此调整生产策略。数字化企业不再仅仅关注自身的生产能力和产品特点，而是将客户的需求放在首位，以需求为导向进行生产作业。这种以需求为核心的生产模式，使得企业能够更加精准地满足客户的个性化需求，从而提升客户满意度和市场竞争力。

数字化转型还帮助企业更好地了解市场的饱和情况，避免过度生产和资源浪费。通过对市场需求进行深入分析,企业可以更加准确地预测市场趋势,制订合理的生产计划,避免产品积压和库存过剩。这种基于数据分析的决策方式,使得企业的生产更加高效、灵活和可持续。

(四)数字化+业务

业务流程的顺畅与否,无疑是决定企业在市场竞争中能否立足的关键因素之一。特别是在当前这个数字化浪潮汹涌的时代,能否及时跟上时代的步伐,运用数字化技术来优化和重构企业的业务流程,已成为影响企业能否成功实现转型的重要因素。

事实上,业务流程的失败往往有多方面原因,如高层决策者的失误、计划制订失误等。面对日新月异的市场环境和竞争态势,现代企业已无法再沿用传统的"失败—反思—溯源"的缓慢转型路径,而是必须迅速实现业务转型,以适应快速变化的市场需求,确保在激烈的市场竞争中保持足够的竞争力,避免被客户遗忘。

数字时代和大数据时代下,互联网信息的爆炸式增长使得客户行为的变化速度日益加快,客户的需求和期望可能在一夜之间发生翻天覆地的变化。因此,企业必须迅速应对这些挑战,不仅要利用数字化技术优化业务流程,还要确保业务转型的速度能够跟上客户需求与期望的变化速度。

除此之外,企业也需要具备承担失败后果的能力。在快速变化的市场环境中,失败是不可避免的,企业应努力从失败中迅速吸取教训,总结经验,重新调整策略,再次面对未来更多的挑战。如此,企业才能在激烈的市场竞争中立于不败之地,实现可持续发展。

(五)数字化+服务

在大数据时代,企业间的竞争早已超越了单纯的产品质量范畴,服务质量同样是决定企业竞争力的关键因素。企业若想在激烈的市场竞争中脱颖而出,必须致力于为客户提供更全面、专业的服务体验。企业的核心在于服务客户,因此,以人为本的理念应贯穿于企业运营的每一个环节。这不仅意味着要确保客户了解并购买产品,更意味着要在服务层面给予客户独特、难忘的体验,从而赢得客户的真心认可,满足他们深层次的心理需求。

面对产品同质化趋势日益严重、客户需求日益多变以及市场竞争日趋激烈的挑战,企业亟须寻找新的突破口,以吸引客户的目光。在维护现有客户群体的同时,企业还需努力拓展新的客户群,以实现持续的增长,因此优质的服务必不可少。传统的企业在进行服务转型时,需要重新审视如何为客户创造具有吸引力的价值,这涉及服务内容的创新、服务流程的优化以及服务质量的提升等多个方面。

同时，服务的转型还意味着企业的盈利模式将发生深刻变革。从短线的产品销售转变为长线的服务运营，客户的消费行为也从一次性购买转变为多次复购。这就要求企业不仅要关注产品的售卖，更要为客户提供贯穿整个产品生命周期的长期服务支持。通过构建完善的服务体系，企业可以与客户建立更为紧密的联系，实现长期稳定的合作关系，从而在激烈的市场竞争中立于不败之地。

(六)数字化+组织

在数字化转型的道路上，企业需要构建一个目标统一、管理高效的团队组织。然而，传统企业的团队组织往往面临着人员众多、层级复杂的问题，这导致部门之间的沟通不畅。比如，当客户在周一向客服部门提出问题或反馈时，这些信息可能会因为内部沟通的延迟，直到周五才被传递给售后部门。这种信息传递的滞后不仅严重影响了企业的运营效率，也损害了企业在客户心中的形象和口碑。这种低效的沟通机制显然无法适应数字化转型的需求。

在数字化时代，企业需要快速响应市场变化、准确捕捉客户需求，这离不开高效、顺畅的内部沟通。因此，传统企业在进行数字化转型时，必须重视团队组织的优化，打破部门间的壁垒，提高信息传递的速度和准确性，从而确保企业能够在激烈的市场竞争中保持领先地位。

具体而言，企业可以通过简化组织结构、明确部门职责、建立信息共享平台等方式来优化团队组织。通过简化组织结构，可以降低决策的时间和成本；通过明确部门职责，可以避免工作重复和推诿责任的情况；通过建立信息共享平台，可以实现信息的实时更新和共享，提高团队的协作效率。这些措施的实施将有助于企业构建一个高效、协作、目标统一的团队组织，为数字化转型的成功打下坚实的基础。

(七)数字化+文化

企业文化作为企业建设的顶层架构，是一种无形的力量，深深植根于团队日常工作的方方面面，是员工们共同遵守的价值观和行为准则。它在很大程度上影响着企业的战略决策和发展方向。因此，当企业数字化转型时，企业文化的转变是一个至关重要的部分。

企业文化不仅为员工提供了行动的方向和准则，更是推动企业目标实现的关键力量。要想成功实现数字化转型，企业必须重新审视并重塑企业文化。那些成功转型为数字化企业的企业案例显示，它们的文化氛围往往呈现出更加包容、开放和以人为本的特点。这种文化氛围有助于企业吸引更多优秀人才，激发创新思维，从而推动企业的持续发展。

因此，企业在推进数字化转型的过程中，必须充分认识到企业文化转型的重要性。通过塑造包容、开放、以人为本的企业文化,企业可以吸引更多优秀人才,推动创新,进而实现数字化转型的成功。

TCL的数字化转型实践

TCL创立于1981年,前身为中国首批13家合资企业之一。2019年,为构建更有利于长远发展战略的企业组织和资本结构,TCL实施了重大资产重组,分拆成TCL科技和TCL实业两大产业集团。目前,两大产业集团总规模超2700亿元。TCL自181年创立以来,始终站在时代的前沿。面对全球经济的多变性与不确定性,公司决定以数字化转型为核心,推动财务与资源的全面升级。

TCL集团股份有限公司CFO黎健表示,在TCL财资变革中,数字化起着至关重要的作用。以赋能推动财资变革为目标,TCL财资数字化发展的历程紧跟公司业务发展,分为以下三个阶段。

一是探索应用阶段(2004—2011年)。这一阶段,TCL以解决问题为导向,重点根据管理需求驱动专业工具和技术应用,在应用中不断探索财资数字化发展之路。2004年,TCL集团整体上市,财务数据信息逐步规范。2006年,TCL进一步强化资金集中管理,上线了资金管理系统。2009年,TCL持续强化预算考核,建立起了核算标准化基础。

二是扩张融合阶段(2012—2017年)。这一阶段,TCL集团规模快速扩张,财务秉承支持决策和服务业务的数字化战略,着力于帮助业务创造价值、防控风险,当好业务伙伴,深化业财融合。2014年,TCL着力推进"财务共享1.0"建设。2015年,TCl孵化出了供应链金融平台"简单汇"。2016年,TCL全面打造"小前台、大中台、稳后台"的财资系统架构,支持业务发展。

三是体系化建设阶段(2018年至今)。这一阶段,TCL逐步建立起"从财务走向业务、从会计走向管理、从数据走向价值、从规范走向智能"迭代升级的财资价值管理体系。2019年,TCL成立了数字化委员会,明确"数出一孔、数出价值、数出管理"的目标。2020年,TCL开始全面推动IFS(集成财经服务)变革。2022年,TCL设计了全集团统一的财资数字化蓝图。

为应对全球经济的不稳定性与不确定性,TCL亟待进行数字化变革,财务管理能力是其实现高质量发展不可或缺的重要支撑。因此,对于TCL来说,数字化转型的核心在于连接与数据。在资金管理体系建设中,TCL注重连接业务、融入场景,实现数据的聚集、管理和分析。通过全球银行直连、资金可视化和结算业务自动化等举措,TCL成功构建了一个智慧资金管理体系,为业务发展提供了有力支持。此外，TCL 还积极推动税务数字化体系建设。通过 ITBC（集成税务和票据变革）项目，TCL 实现了税务管理工作的数智化转型，为税务管理提供了强大的系统支撑。

总而言之，TCL 的数字化转型不仅提升了其财务管理能力，更推动了其整体的高质量发展。这一转型的成功实践，为其他企业提供了有益的借鉴和启示。

（资料来源：亓坤，黎健：上坡加油固本强基：TCL 数字化赋能财务管理变革实践[J].新理财，2023(6)：37-39.）

第二节　企业数字化转型的必要性

党的二十大报告明确指出，要加快建设数字中国。党的二十届三中全会强调，要健全促进实体经济和数字经济深度融合制度。在数字博弈成为大国竞争新常态的背景下，本节引导学生深入理解数字化在国家发展中的战略地位，增强数据意识、战略思维与科技报国的使命感。通过学习数字经济与国家竞争格局的关系，希望学生树立时代责任感，厚植家国情怀，积极投身于数字中国建设与全球竞争新格局中，为实现高水平科技自立自强贡献青春力量。

在数字时代，企业数字化转型像一场风暴席卷着商业界的每一个角落。消费升级的浪潮催生了新一轮的市场变革，消费者不再满足于单一的产品或服务，而是渴望个性化、定制化的体验。这种趋势不仅对企业的产品和服务提出了更高的要求，更推动着企业加速数字化转型，以满足不断变化的消费者需求。与此同时，跨界颠覆正在重新定义行业边界，传统产业正面临着来自新兴数字化企业的挑战，强大的跨界融合和商业模式创新正在重塑竞争格局。为了在这场激烈的竞争中立于不败之地，企业必须以数字化为核心，不断创新商业模式，拥抱变革。技术的迭代更是推动着全球企业走向强强联盟，合作共赢成为企业发展的重要战略选择。

一、数字博弈成为大国竞争常态

党的二十大报告指出，当今世界正处于百年未有之大变局之中。国际局势的变动主要体现为以中美博弈为代表的大国竞争,这一竞争涵盖了经济、科技等多个领域,深刻改变着全球地缘政治格局。中美之间的贸易争端给国际经济体系带来了巨大冲击。全球经济竞争也在科技创新、产业链布局等方面呈现激烈的态势,尤其在人工智能、6G、量子计算等领域更为突出,主要表现在如下三个方面:首先,各国纷纷投入巨额资金用于前沿数字技术的研发和应用,以保持领先地位。其次,数字博弈已逐步扩展至网络安全、全球舆情等多个层面,部分国家通过网络攻击、信息操纵等手段,试图在国际舆论场上占据主导地位,推动自身价值观和利益。最后,大国间数字博弈所形成的技术差距将进一步扩大"数字鸿沟",一些国家可能因为缺乏相应的技术基础和资源而被边缘化。

二、消费升级引领企业数字化转型新趋势

在当今数字化飞速发展的时代背景下,企业数字化转型已成为显著趋势。随着科技的不断进步和消费者需求的不断变化,企业不仅需要跟上技术革新的步伐,更需要深度理解消费者的行为和需求。

消费升级作为一个重要的驱动力,推动着企业不断提升产品质量、服务体验和创新能力,以满足消费者日益多样化和个性化的消费需求。企业只有为顾客提供好产品、充分满足顾客需求,才能获得可持续发展。

在工业化初始阶段,为了给顾客提供更低成本的好产品,福特创造了以更低成本、更高效率产出产品的"福特制"生产模式,其核心是让生产分工与员工有效组合。后来,这一生产模式被企业广泛应用。当消费者需求发生变化后,以消费驱动生产从而满足更多消费者需求的"丰田制"成为新的生产模式,其核心是把生产和供应链组合在一起,以提高生产效率、降低生产成本,这一模式也得到广泛应用。例如,海尔等企业开始实施把顾客纳入生产过程的新模式,即把顾客、企业、供应链"端到端"的全价值链拉通,实现生产与消费的双向协同。

随着中国居民可支配收入的提升和数字经济的飞速发展,中国正迎来一个消费升级的时代,消费者需求的改变倒逼企业产品向定制化、高质量方向发展,并使整体消费结构升级,催生出许多新的机会。这意味着企业需要创造持续价值,与用户、产品建立起更深层的联系。从消费者角度看,企业需要运用大数据等技术在短时间内获得消费者的需求信息,选择多样化的供应商,并改造研发、生产、营销等环节,以最大限度满足消费者的个性化需求。从企业角度看,消费者是生产的核心,数字化转型是由消费者需求推动的,消费者对产品和服务的个性化需求,构成了企业在行业内的独特优势。因此,企业要构建以客户为中心的数字化转型通道,而且企业的管理者和员工都要拥有数字化思维方式。

企业数字化转型不仅是为了适应市场竞争的需要,更是为了在数字化时代

中迎合消费者的新需求，赢得消费者的认可与信任。在这个充满挑战与机遇的时代，企业只有不断调整战略、数字化与创新思维，才能在激烈的市场竞争中立于不败之地。

三、跨界颠覆引发企业商业模式创新

在数字经济时代，数据作为全新的企业资产与生产要素，正在引领商业模式的深刻变革。

随着消费者对于个性化产品和服务的需求日益增长，跨界颠覆推动企业向定制化、柔性化生产模式转型，满足消费者的个性化需求，从而为企业创造数字时代的新盈利点。跨界颠覆打破了传统的行业边界，使得企业可以在多个领域寻找新的商业模式和盈利点。例如，互联网企业通过进军金融、医疗、教育等领域，实现了业务的多元化，同时也创造了新的商业模式和价值链，促使企业利用新技术优化业务流程、降低成本、提高运营效率。

数据的有效挖掘和运用成为跨界颠覆的关键。例如，特斯拉将电动汽车与先进电池技术结合，提供卓越驾驶体验，同时通过自建充电网络解决充电设施不足问题，引领汽车行业的创新潮流。

跨界颠覆下，数字化转型推动企业逐步转向以消费端为导向的生产模式。从产品的生产、销售到售后服务的全流程数字化，使企业能够精准捕捉市场新变化，实现从规模生产向规模定制的转型。在这一过程中，企业通过不断升级产品和服务，提升经营效率，实现了商业模式的创新。

四、技术迭代推动全球企业强强联盟

随着新一代信息技术的飞速发展，数字经济正逐步成为重组全球资源、重塑经济结构和改变竞争格局的核心力量。在数字时代的浪潮下，技术迭代不仅深刻影响着企业内部的结构变革，更催生了全球企业间的深度联盟与合作。

面对激烈的市场竞争和全球化挑战，企业单打独斗已难以应对全球市场的风云变幻。因此，跨国企业合作与国际企业联盟成为应对挑战的关键策略。通过跨国合作，企业可以共享技术资源、市场渠道，实现创新加速、成本优化和竞争力提升。这种合作不仅有助于企业应对技术变革和市场需求的快速变化，更为企业拓展全球市场提供了无限可能。

数字技术的迅猛发展为企业间的合作提供了前所未有的机遇。借助物联网、大数据分析、人工智能和自动化系统等先进技术，企业实现了全球范围内的实时数据共享、智能预测和精准调度，从而大幅提升了物流效率和服务质量。这种合作不仅优化了供应链流程,实现了全球物流的协同作业,更提高了货物运输的效率和可追溯性。

企业在构建强强联盟的生态系统的过程中,数字技术发挥了核心作用。行业领军企业纷纷采取生态化、平台化的发展策略,与更多组织建立紧密的合作关系,以获取更广泛的连接能力和协同优势。在数字化时代,企业的连接协同能力和合作能力成为其生存和发展的关键影响因素。

全球企业应积极进行技术迭代,深化跨国合作,共同应对市场挑战和技术变革。通过共享资源、优化供应链、推动智慧物流发展,企业可以实现更高效的运营和更广阔的市场拓展。同时,构建强强联盟的生态系统将有助于企业在数字化时代保持竞争优势,实现可持续发展。

五、全球资源整合要求企业提升运营效率

企业的跨国经营离不开从全局视角根据全球价值链来调度和配置各种资源,因此企业需要借助数字技术,完成数字化转型,更好地掌握整体经营状况,提升整体运营水平。

数字化转型在提升全球企业运营效率方面发挥了显著作用,主要体现在运营管理和内部控制两大层面。

在运营管理层面,数字化转型推动了企业由人为管理向自动化、智能化、工具化管理的转变。这种转变带来了两方面的显著优势。首先,数字化系统通过量化管理标准,极大提升了执行的效率和有效性,确保了企业运营的精确性和高效性。其次,数字化运营模式以其高效智能的特性,减少了人为失误和潜在风险,使得每项业务都经过规范的审批流程,有效避免了过去权责不明的情况,从而提高了企业运营的规范性和稳定性。

在内部控制方面,数字化工具中的内部控制系统发挥了重要作用。这些系统能够实时监控企业的数据中台,确保企业系统的高效运作,同时保障数据和信息安全,为企业稳健发展提供了有力保障。

以零售企业为例,数字化转型在各个环节都带来了显著的效率提升。在销售环节,企业利用数字化系统的客户画像分析工具,能够更精准、快速地定位目标客户,提高销售转化率。在生产、仓储、物流、售后服务等环节,数字化工具也能够帮助企业提升效率,优化流程,提高客户满意度。通过数字化转型,企业能够为员工和各个业务环节赋能,实现整体效率的大幅提升。

数字化转型通过优化运营管理和内部控制,以及提升各个环节的效率,使传统企业的运营效率显著提升。这不仅符合当前数字经济的发展潮流,也是企业实现可持续发展的关键路径。

六、需求多变激发企业优化客户数字管理

随着数字化转型的深入，全球企业面临着前所未有的挑战和机遇。数字化不仅仅改变了企业的运营方式，还重新定义了客户关系管理的策略和实践。在多变的数字时代背景下，通过大数据技术挖掘出客户的实际需求与个性化偏好成为全球企业必须面对的现实需求。

以客户体验为例，客户体验是客户在使用产品或服务过程中形成的主观感受，尤其在竞争激烈、供大于求的市场环境下，消费者对于客户体验的重视程度日益提升。优质的客户体验意味着当消费者有需求时，能够迅速获得所需的产品或服务，而数字化的产品和服务在优化客户管理方面发挥了重要作用。以支付为例，过去消费者购物需要携带现金，而现在只需要通过扫描二维码或使用数字支付工具，就能轻松完成支付过程。同样，顺丰通过利用大数据和物联网技术，使客户能对运输进度实时追踪，从而提供更加便捷、高效的物流服务，优化客户体验。

对企业而言，有效利用数字化工具既降低了获客成本，又增强了客户忠诚度，具有双重效益。企业应始终将客户需求置于数字化工具设计的核心地位，确保工具功能能够满足客户的期望。此外，企业应当充分利用所掌握的数据资源，不断优化与客户的互动流程，使互动变得更加流畅与高效。同时，企业需要深入了解并掌握那些能够显著提升客户体验的数字化工具，站在客户的角度思考问题，并积极寻找解决方案。

第三节　构建企业数字化转型顶层架构

一、基于价值效益导向的数字化转型

数字化转型的根本任务是价值体系优化、创新和重构。数字生产力的飞速发展不仅引发了生产方式的转变，也深刻改变了组织的业务体系和价值模式。在实践中，企业推进数字化转型通常坚持以价值效益为导向，以新型能力为主线，以数据要素为驱动，以业务变革为核心。

新型能力是新质生产力的一个重要组成部分，指的是组织在数字化转型过程中形成的新能力，是企业深化应用新一代信息技术建立、提升、整合、重构组织的内外部能力，以及应对不确定性变化的本领。

数据要素即数字生产要素，对于推动企业创新绩效提升和产业升级具有重要作用。数据要素的管理和应用能够驱动数字化创新战略的生成、创新生态系统的演化、创新组织体系的重构以及创新范式的演进。

在数字经济时代，企业的业务变革不仅是技术层面的更新换代，更是商业模式、组织结构和价值创造方式的根本转变。企业需要通过新型能力和数据要素的整合使用，促进业务模式创新，实现从传统业务向数字化、智能化业务的转型。

因此，在企业推进数字化转型的过程中，新型能力使企业能在动态市场环境中通过特定的组织和战略来实现资源的新配置；数据要素作为关键生产要素，在促进企业创新能力提升和产业升级中发挥着越来越重要的作用；而业务变革则是在数字经济背景下，企业通过整合新型能力和数据要素，进而在商业模式、组织结构和价值创造方式上实现的根本性转变。

二、企业数字化转型的顶层架构

企业数字化转型的顶层架构如图 8-1 所示。

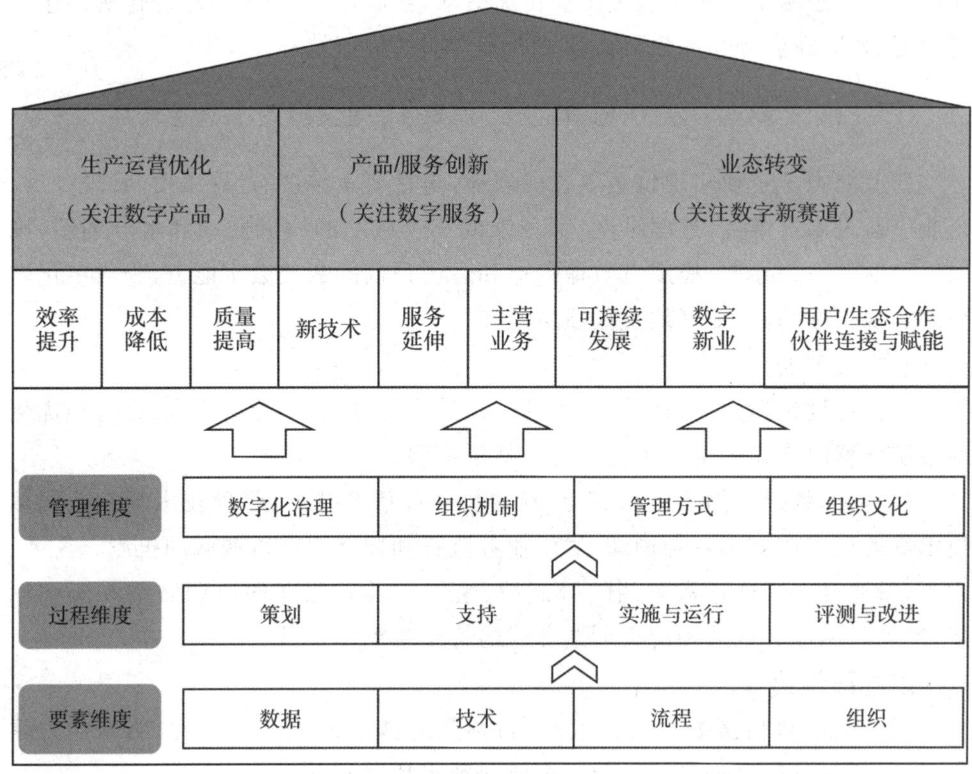

图 8-1 企业数字化顶层架构

资料来源：编者整理。

(一)分解价值体系，创新重构总体需求

以价值效益为导向的数字化转型，需要根据数字化的融入层面，对企业价值效益进行拆解，以此来发现新的总体需求。具体来看，企业价值效益可以分为生产运营优化、产品/服务创新、业态转变三大类。

1.生产运营优化

重点关注产品生产与交付，聚焦内部价值链开展价值创造和传递活动，通过数字技术赋能产品及其规模化的生产与交易，获取包括效率提升、成本降低、质量提高等方面的价值效益。

2.产品/服务创新

重点关注数字产品与服务创新，主要拓展基于传统业务的延伸服务，沿产品/服务链开展价值创造和传递活动，通过产品/服务创新拓展业务增量发展空间，获取包括新技术/新产品、服务延伸与增值、主营业务增长等方面的价值效益。

3.业态转变

重点关注数字新赛道，主要发展壮大数字业务，依托与生态合作伙伴共建的开放价值生态网络开展价值创造和传递活动，获取包括用户/生态合作伙伴连接与赋能、数字新业务和绿色可持续发展等方面的价值效益。

（二）以数据要素为驱动，将新型能力贯穿于企业数字化转型全流程

新型能力是企业实现价值效益的载体，包括要素维度、过程维度、管理维度。企业应通过要素维度、过程维度、管理维度三个维度的协调联动和融合创新，确保以价值效益为导向，稳定有效地打造和运用预期的相关数字能力，为数字化转型的实现打好基础，更好地支撑顶层设计。

1.要素维度

要素维度包括数据、技术、流程和组织等子维度，明确能力建设、运行和优化的系统性解决方案要求。主要活动包括但不限于：

(1)发挥数据的创新驱动潜能，推动新一代信息技术、管理技术与专业领域技术等的集成应用和融合创新，优化业务流程和职能职责协调联动机制。

(2)通过持续推进数据、技术、流程、组织四要素之间的协调联动和互动创新，推动新型能力打造和价值创造方式的持续变革。

2.过程维度

过程维度包括策划、支持、实施与运行、评测与改进等子维度，明确能力建设、运行和优化的过程管控机制。主要活动包括但不限于：

(1)围绕价值效益目标，不断完善新型能力策划、支持、实施与运行、评测与改进的 PDCA（计划、执行、检查、处理）过程管控机制，推动新型能力相关系统性解决方案和治理体系的构建与持续优化。

(2)依托过程管控机制，持续推进新型能力打造、系统性解决方案（要素）实施和治理体系建设完善等过程的协调联动与互动创新，稳定打造预期的新型能力，支持创造预期的价值效益。

3.管理维度

管理维度包括数字化治理、组织机制、管理方式和组织文化等子维度，明确能力建设、运行和优化的治理体系。主要活动包括但不限于：

(1)持续提升数字化领导力，统筹优化人才、资金等资源配置，创新自适应、自组织、自优化的组织结构，建立基于“经济人”“社会人”向“知识人”“合伙人”假设转变的员工赋能机制、利益分享机制和组织文化等，即激发员工共创价值的合作基因，将员工利益与组织利益有机统一，促进员工与组织共生、共赢、共同成长。

(2)通过持续推进数字化治理、组织机制、管理方式和组织文化之间的协调优化和互动创新，推动管理模式的迭代优化升级，完善新型能力打造和价值创造的治理体系。

美的的数字化顶层设计

美的集团是一家以家电业为主，涵盖消费电器、暖通空调、机器人与自动化系统等多元化业务的全球化科技企业集团，通过技术创新和国际化战略，现已成为全球家电行业的领导者。

相比很多企业数智化转型战略不能落地、前后不具备一致性，美的从2012年转型以来，将数字化作为顶层设计来规划，并在“执行落地—战略升级—执行落地”中良性发展。其间，美的年营收从1027亿元涨至3737亿元，增长333%，且在数字化转型方面投入超过170亿元。

2012年，美的启动了名为“632计划”的战略举措，成功整合了当时集团内部10个事业部的系统、流程和数据，初步实现了以数据辅助科学决策的目标，为后续所有的数字化升级战略打下了坚实的基础。之后，美的实施了“T+3”策略，完成了渠道改革并逐步实行柔性制造；推出了“两个全面”战略，进一步在集团内推动全面数字化和全面智能化。2022年，美的公布了“数字美的2025”的宏伟蓝图。

在实现数字化转型的过程中，所有企业都需要首先做好数字化的顶层设计。通常，针对未来三到五年的规划能够比较迅速地制定出来，重点应该放在那些能产生实际价值的环节上。在这方面，美的的经验值得借鉴：首先，美的在企业内部梳理出核心竞争力、团队的能力范围。其次，美的积极引入外部专家支持，这些外部专家能够根据团队的具体问题给出建议，同时也能带来其他企业的成功解决方案和思路。

美的集团“美云智数”CEO余海峰将美的集团数字化顶层设计的经验与做法总结为以下几个方面。

第一，数字化转型是一项需要企业高层领导亲自挂帅、业务部门主导的工程，并且需要企业在组织架构层面给予充分的支持。在美的的数智化转型过程中，负责此项工作的团队由集团高层领导亲自带头，成员包括各个事业部的管理层和业务骨干。这种由高层领导亲自参与、业务部门深度介入的模式，使得转型团队能够从更高层面进行战略规划，并从实际业务需求出发推动转型进程。此外，美的的数智化转型还充分发挥了IT团队、数据运营中心和数字办的三位一体优势，通过自上而下的驱动，有效推进了数智化转型的落地实施。

第二，需要善用外部专家资源并作好顶层设计。外部专家能够为企业带来专业的知识和经验，帮助企业更好地规划数智化转型的路径和策略。同时，作好顶层设计也是数智化转型成功的关键，通过顶层设计，企业可以明确转型的目标、路径和重点,确保转型工作的有序进行。

第三,找对转型的切入点至关重要。一开始的切入点必须足够准确,才能有效控制业务风险。美的当初选择了家用空调事业部和微清事业部作为转型的切入点,这两个事业部覆盖了绝大多数业务场景,通过充分打磨流程和系统,为后续的全面转型奠定了坚实基础。这种从大处着眼、从小处着手的策略,使得美的能够逐步推进数智化转型,并在实践中不断总结经验教训,最终实现全面转型的目标。

总而言之,数字化转型并不是一蹴而就的,美的在数字化转型之前就做好了数字化的顶层设计,基于价值效益导向,通过不断提升企业内在的数字化水平,不断培养企业团队的理念和技能,获得了长期的竞争力。美的企业数字化顶层设计的经验和做法,为其他企业提供了有益的借鉴和启示。

(资料来源:徐文璞.10 年投入 170 亿元做数智化,从自我更新到对外赋能,美的数智化转型 AB 面|对话美云智数 CEO 余海峰[EB/OL].[2024-03-12].https://baijiahao.baidu.com/s?id=1748378564437399632&wfr=spider&for=pc.)

第四节　打造数字新型能力下的商业生态系统

一、商业生态系统

(一)商业生态系统的含义

商业生态系统概念源于自然科学的生态系统理论。英国生态学家 A.G. Tansley 于 1935 年提出“生态系统”这一概念,用以描述一定时间与空间范围内,生物群体与其环境之间通过能量流动与物质循环相互作用,并保持动态平衡的有机整体。

受此启发,美国管理学家 James F. Moore 于 1993 年在“Predators and Prey:

A New Ecology of Competition"一文中首次搜出"商业生态系统"概念。他指出：企业的生存和发展类似于自然界中的物种演化，不是单一企业在市场中的孤立竞争，而是多个利益相关方在一个相互依存、协同共生的系统中共同进化；企业是生态系统中的一分子，与顾客、供应商、合作伙伴、投资人等主体形成网络式联动关系。

传统竞争理论强调优胜劣汰，认为市场最终由最强者主导。而商业生态系统理论则突破了传统产业边界和线性竞争思维，强调在不断变化的环境中，各类组织（包括企业）应通过合作与创新实现共同进化，以适应复杂市场竞争和快速技术变革。

在其 1996 年出版的 *The Death of Competition*：*Leadership and Strategy in the Age of Business Ecosystems* 一书中，Moore 进一步将商业生态系统界定为一个由企业、个人和组织组成的经济共同体，其成员围绕一项核心价值主张，通过合作与竞争共同创造价值、分享收益、承受风险。

1998 年，Moore 对该定义进行了扩展，提出商业生态系统是一个由顾客、供应商、核心企业、标准机构、政府、投资者、工会及其他相关利益主体组成的动态网络系统。系统内各参与方在不断互动中推动整个生态系统的演化与更新，形成多赢共生的合作格局。

简言之，商业生态系统是一种跨界协同、价值共创、动态演进的组织形态，它不仅改变了我们对企业边界的传统认知，也为企业战略提供了新的视角和路径。

（二）商业生态系统的"4P3S"七维分析模式

基于对商业生态系统的定义，美国管理学家 Moore 于 1996 年提出了一个商业生态系统理论框架——"4P3S"七维分析模式。这一理论框架为分析商业生态系统的结构和发展脉络提供了工具基础。"4P"即市场（Place）、顾客（People）、产品或服务（Product）、过程（Process）；"3S"即社会环境（Society）、结构（Structure）、风险承担者（Shareowner）。具体如表 8-1 所示。

表 8-1　商业生态系统的"4P3S"七维分析模式

维度	要素	核心问题	应对策略
4P	顾客（People）	顾客需求	顾客需求动态定位；持续 CS 计划
	市场（Place）	市场界限与市场壁垒	建立特权保护；迅速扩张形成市场垄断
	产品或服务（Product）	核心价值的产品或服务	识别产品和服务需求的变化，增加产品系列，完善服务体系，提供更多价值
	过程（Process）	商业过程具有革命性潜力	不同时期采用不同商业模式；改善业务流程；顾客服务、生产运营与市场营销等过程程序化、专业化

续表

维度	要素	核心问题	应对策略
3S	组织结构 (Structure)	合理的法人治理结构	在商业生态系统中确保企业的核心价值位置；不同时期确定不同的高效组织机构
	股东 (Shareowner)	股东的确认及利益保障	确保拥有高质量股东；提高投入产出效益；吸引更多股东参与
	社会 (Society)	政府及公共关系的建立	进行目标与系统价值、环境的最大协调；吸引社会精英参与

资料来源：编者整理。

通过对商业生态系统进行“4P3S”七维分析，可以清楚地了解一个商业生态系统的功能、结构及其发展状况，并为商业生态系统的建立、优化运行及控制提供有效工具。

（三）商业生态系统的结构

基于 Moore 对商业生态系统的定义，以及“4P3S”七维分析模式，再结合企业经营过程中所面临的内外部环境及利益相关者情况，可以将商业生态系统的结构划分为四个层面，包括外部环境系统、支持系统、核心系统与竞争系统。具体如表 8-2 所示。

表 8-2　商业生态系统结构的四个层面

层面	因素
外部环境系统	政府环境、社会环境以及自然环境和资源等
支持系统	企业投资方、风险承担方、行业协会等
核心系统	供应商的上游企业 直接供应商、核心产品、销售渠道、直接顾客 顾客的下游客户等
竞争系统	直接竞争对手、潜在竞争对手等

资料来源：编者整理。

外部环境系统，主要由政府环境、社会环境和自然环境组成。它们是对企业的生存和发展产生影响的宏观环境因素。这种宏观环境的变动与企业的发展密切相关，企业要长期发展就必须对此加以重视。

支持系统主要包括企业投资方、风险承担方以及行业协会等。它们对企业的生产运营活动也起到关键作用，可以作为企业坚强的后盾，通过为核心系统提供支持与必要资源来实现价值。

核心系统主要包括供应商、核心产品、客户、销售渠道等。与其相关联的服务是企业经营体系的生命力之源，在企业经营体系中扮演着重要角色，为企业经营体系提供了重要价值。

竞争系统主要包括直接竞争对手和潜在竞争对手。企业之间不仅是为利而争，还可以形成良好的协作关系，以共同创造价值。同时，只有在良好的竞争环境下，企业才能不断地创新，提高核心产品和服务的质量。

商业生态系统结构模型图如图 8-2 所示。

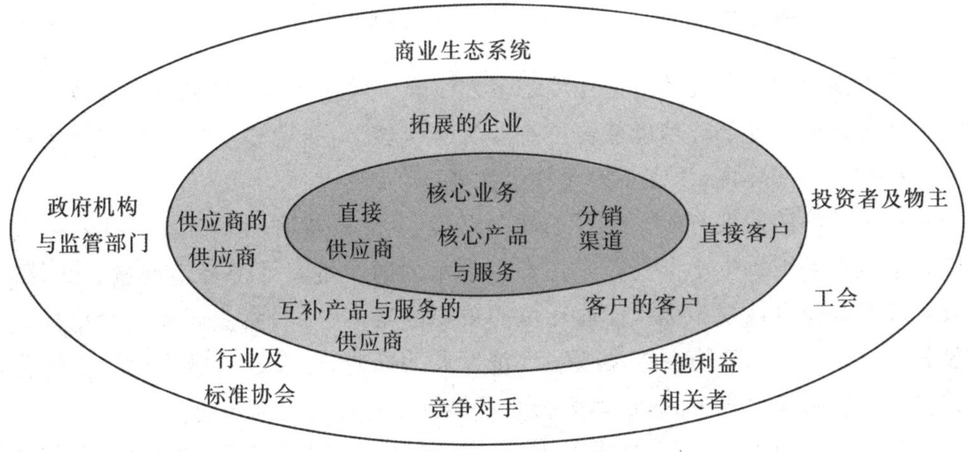

图 8-2　商业生态系统结构模型图

资料来源：编者绘制。

二、数字化赋能商业生态系统

在数字经济时代，企业不再只关注个体竞争优势，而是转向利用数字新型技术构建数字商业生态系统，实现价值共创。这种转变体现在数字商业生态系统的构建和运作上，其中，数字技术发挥着主导作用，行动主体和数字技术之间互补，促进商业生态系统各结构层面的数字赋能。

（一）数字商业生态系统的内涵

数字生态系统作为一个复杂而精细的网络，不仅涵盖了软件、硬件、数据等核心要素，更将人的因素融入其中，形成一个多元共生的生态系统。在这个系统中，各个元素相互连接、相互依赖，共同推动着数字交易的顺利进行和通信的高效畅通。同时，数字生态系统还注重客户旅程的协作与优化，通过提供个性化的服务和体验，满足客户的多样化需求。在这个过程中，数字技术发挥着至关重要的作用，它不仅是连接各个元素的桥梁，更是创造价值的核心动力。各元素间的相互作用使得数字生态系统不断进化和发展，为商业创新和社会进步提供了强大的支持。

数字商业生态系统内各系统结构的相互依存依靠数字技术驱动。因此，数字商业生态系统的构建中,一方面,涉及互补数字新型能力的协同;另一方面,围绕数字技术,不同层级就彼此所实施的活动和扮演的角色达成共识。数字新型能力的新发展促使数字技术不断进化,从而推动数字商业生态系统各层级的价值构建和共同进化。

(二)数字商业生态系统的外部环境

数字商业生态系统的外部环境是多方面的,包括政府环境、社会环境以及自然和资源环境。外部环境能够促进企业数字化转型,企业也应通过数字化手段优化和改善外部环境,以支持多元共生发展。

数字经济的发展有赖于良好的政务环境、营商环境和科创环境。政府政策和竞争压力是影响中小型企业采用数字技术的两个重要外部环境变量。此外,数字政府的建设被视为优化商业环境的重要因素之一,对商业环境的优化具有显著影响。这表明政府在推动数字经济发展的同时,也在通过数字化手段优化其自身的服务和管理方式,从而为企业提供更加有利的外部环境。

在社会环境方面,信息技术的进步和数字化的应用改变了消费模式、分销和生产方式。数字新型能力技术的应用促进了信息的自由流动和知识的共享,有助于提高社会的整体效率和创新能力。同时,数字经济的发展也促进了就业结构的变化,为社会提供了新的就业机会。

在自然和资源环境方面,数字经济对商业生态系统外部环境保护具有双重影响。一方面,数字经济能够通过促进科技成果转化、产业结构优化和投资效率提升,推动经济绿色转型。另一方面,数字经济的发展也可能带来能源消耗和环境污染的问题,尤其是在缺乏有效环境规制的情况下。这意味着,通过合理利用数字技术的优势加强环境规制,可以实现经济发展与环境保护的双赢。

(三)数字商业生态系统的生产运营

对于数字商业生态系统的支持系统,企业利用新型数字能力,推动业务流程、产品理念等生产运营方面的全面数字转型。在这一过程中,企业的生产运营方式也随之发生了根本性的变化。例如,通过引入智能制造和工业互联网平台,企业能够实现生产过程的数字化和智能化,从而提高生产效率和产品质量。

数字新型能力的赋能使企业的生产运营方式从传统方式转变为更加智能、高效的新模式。通过引入先进的智能制造技术和工业互联网平台,企业得以实现生产过程的数字化与智能化。这一转变,不仅大幅提升了生产效率,使得产品从设计到生产的周期大大缩短,同时也显著提高了产品质量,满足了市场上日益增长的个性化需求。例如:酷特智能建设了数字孪生工厂,用于工厂规划、仿真优化及实时监控。通过数字新型技术、数字孪生技术,酷特智能能够有效地提高企业的制造柔性和智能化程度，并能缩短产品研发周期，满足用户对高品质产品的个性化需求。

此外，数字化转型还推动了企业内部的组织结构优化和业务流程重组。传统的层级结构逐渐被扁平化、网络化的新型组织模式所取代，使得企业内部的信息传递更为迅捷，决策过程更为高效。同时，业务流程的数字化也使得企业能够更为精准地把握市场动态，及时调整战略方向，从而在激烈的市场竞争中立于不败之地。

（四）数字商业生态系统的核心系统

商业生态系统的核心系统主要包括供应商、核心产品、客户、销售渠道等。其中，数字化赋能对客户管理方面的影响是多方面的，涉及价值共创、效率提升等维度。

供应商方面，数字商业生态系统不仅通过供应链金融等方式促进了供应商与数字生态、商业生态的紧密交互，提升供应商融资效率与生产率，还推动了客户管理的优化。这一过程中，供应商为适应数字化转型需求，更加注重技术创新与服务升级，从而实现了客户满意度的提升与业务的高效发展。

核心产品方面，在数字商业生态系统中，核心产品的创新和发展受到重视。产品创新是价值共创的核心条件，而全渠道经营能够发挥规模经济优势，整合渠道资源，提升客户管理的效率与效益。

客户方面，数字商业生态系统通过提供更加个性化和便捷的服务，极大地丰富了客户的购物体验。数字商业生态能够有效地利用大数据平台等进行数字化客户管理，对提升顾客满意度、参与度和忠诚度有重要作用。

销售渠道方面，数字商业生态系统的构建与发展，不仅促使销售渠道实现多元化和全渠道融合，优化客户管理，还显著提升了企业的市场价值。初期，较低层次的全渠道经营可能增加成本，但随着生态模式深入，企业能发挥线上线下规模经济优势，整合渠道资源，降低成本，进而提升市场价值。同时，通过大数据、人工智能等技术，企业能更精准地满足客户需求，增强客户黏性。因此，企业需加强数字化对商业生态系统的赋能，以赢得市场机遇。

（五）数字商业生态系统的协同进化

在数字化赋能的视角下，企业商业生态系统的演化呈现结构赋能和资源赋能的作用，发挥协同驱动和共享识别效应。数字化技术如大数据、云计算技术等的应用，不仅改变了企业的内部管理和决策过程，也重塑了企业与消费者、供应商以及其他利益相关者之间的互动模式。这种变化促进了商业生态系统中价值共创主体和类型的演变，从而推动了整个生态系统的协同进化。

在数字时代下，商业生态系统内的企业与行业边界模糊、几乎融合，开放性更加明显,企业合作伙伴的选择范围更广,因此商业生态系统的成员结构具有动态性,且成员间的关系更多体现为网络化企业运作的竞合关系。

数字化使得商业生态系统内各企业更加便利地获取资源、技术和客户信息,并有相应的保密和制约等措施以避免自身数据泄露,从而在竞争中获得优势生态位,在谈判中占据有利地位。

基于数字新型能力,商业生态系统内企业合作伙伴之间可通过监测、分析、预测、共享多方数据的实时互动,提供更精确、丰富的决策参考信息,实现联合库存和敏捷制造,从而促进商业生态系统内部实现进一步协同合作,提升整个生态系统的竞争力,促进价值效益的创造与共同进化。例如,科大讯飞通过吸引选择互补的生态伙伴进入,建立关联结构和强化链接关系,实现与生态伙伴核心能力的互补,围绕数字技术积累互补资源,基于数字技术开发与应用建立稳定依存关系,最终利用互补资源实现价值共创。

因此,在数字新型技术赋能商业生态系统的基础上,企业需要从协同进化或合作共赢角度制定协同发展战略和治理机制,在数字商业生态系统的动态平衡中寻求同生态伙伴的价值共创、协同进化。

本章小结

本章对数字化转型的含义与内容进行了整体的阐述。首先,根据国家标准对数字化转型进行定义,介绍了数字化转型的具体内容。其次,讨论了数字时代背景下企业数字化转型的必要性,包括国际竞争、消费升级、跨界颠覆、技术迭代、资源整合、需求变化等方面。再次,基于价值效益导向,对企业数字化顶层架构进行了自上而下的剖析,分解了数字化转型的价值体系,并结合新质生产力和数字新型能力,论述了企业数字化转型的整体需求。最后,本章对 Moore 提出的商业生态系统的理论、框架与结构进行了探讨,并结合时代特征提出数字化赋能商业生态系统,基于理论框架讨论了数字化对商业生态系统各层面的促进作用,得出企业应在数字商业生态系统的动态平衡中寻求同生态伙伴价值共创、协同进化的结论。

参考文献

[1]CHANIAS S,MYERS M D,HESS T,et al.Digital transformation strategy making in pre-digital organizations:the case of a financial services provider[J].Journal of strategic information systems,2019,28(1):17-33.

[2]LI L,SU F,ZHANG W,et al.Digital transformation by SME entrepreneurs: a capability perspective[J]. Information systems journal, 2018, 28(6): 1129-1157.

[3]MOORE J F. Predators and prey: a new ecology of competition[J]. Harvard business review, 1993, 71(3): 75-86.

[4]MOORE J F. The death of competition: leadership and strategy in the age of business ecosystems[M]. New York: HarperBusiness, 1996.

[5]吴铁骐,董斌.数字化转型对企业腐败的影响研究[J].软科学,2024,38(7):7-14,21.

[6]杨鑫豪,谢欢.数字化转型对制造业企业可持续竞争优势的影响[J].商业会计,2023(22):65-69.

[7]杨震宁,侯一凡,李德辉,等.国有企业在"双循环"中开放式创新网络的平衡效应:基于数字赋能与组织柔性的考察[J].管理世界,2024,40(7):113-129.

[8]华信咨询设计研究院有限公司.2024 中国企业国际化进程中的数字风险洞察报告[R/OL].[2024-3-14].https://www.doc88.com/p-77439577984697.html.

[9]于连超,王雷.数字化转型有助于提升企业环境绩效吗?[J].财贸研究,2023,34(7):84-96.

[10]韩亚品.数字经济生态系统的内涵、特征及发展路径[J].国际经济合作,2021(6):43-51.

[11]胡海波,卢海涛.企业商业生态系统演化中价值共创研究:数字化赋能视角[J].经济管理,2018,40(8):55-71.

[12]苏钟海,孙新波,李金柱,等.制造企业组织赋能实现数据驱动生产机理案例研究[J].管理学报,2020,17(11):1594-1605.

[13]利丰研究中心.供应链管理:香港利丰集团的实践[M].2 版.北京:中国人民大学出版社,2009.

[14]孙育平.企业数字化转型的特征、本质及路径探析[J].企业经济,2021,40(12):35-42.

[15]许德松,邹俊.企业数字化转型新时代创新赋能[M].北京:清华大学出版社,2023.

第九章　数字时代的企业全球战略布局

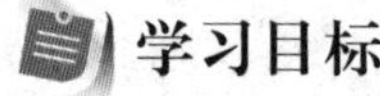

学习目标

1.理解战略的含义及本质，掌握新“5P”模型。

2.掌握数字化企业的全球战略。

3.掌握并构建可视化的商业画布。

4.理解企业竞争优势的重构。

思维导图

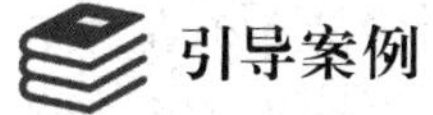

引导案例

威海泓淋电力技术股份有限公司的“出海”战略

威海市泓淋电力技术股份有限公司(以下简称威海泓淋)正在全力开拓海外市场。美国沃尔玛超市卖的家用电源插座、电源线组件等,都是威海泓淋在泰国的工厂生产的。2021年上半年,沃尔玛取代海尔,成为威海泓淋第一大客户。这一变化背后,是威海泓淋海外战略的“加速跑”。威海泓淋的故事是当前中国制造企业“出海”的一个缩影:借助RCEP落地的红利,在全球化的大海里乘风破浪,才能抗风险、有广阔的发展天地。

2019年,威海泓淋负责人赴泰国考察,仅3个月就拍板在泰国投资设立智能化工厂。2021年,在泰中罗勇工业园,威海泓淋投资数亿元的智能化工厂正式开工。这是目前泰国在电源组件制造领域最先进的智能化工厂,比威海泓淋在国内的工厂都要先进。为了帮助这一智能化工厂落地,泰国当地政府给予了较大的税收优惠。

这座智能化工厂,不但解决了用人问题,也解决了管理难题。威海泓淋总经理刘雄兵提到,智能化控制不光在于机器换人,通过各种数字化流程,机器也在指挥人工作,这就解决了当地人不好管理的痛点。泰国工厂生产的电源线组件主要供给沃尔玛,开工当年便实现盈利,现在泰国工厂正在拓展工业级电源线组件业务。

在行业人士看来,现在是海外市场扩张的最佳时期。以前,虽然东南亚用工成本低,但很多原材料、关键零部件要从中国运过去,综合成本并不低。从2018年9月起,东南亚的成本优势就显现出来了。随着越来越多中国企业在东南亚建厂,现在在税收上,根据投资项目的不同,中国企业可以享受免3～5年企业所得税的优惠。RCEP落地后,从中国运到泰国的原材料的关税也降低了。2019年,威海泓淋在泰国准备建厂时,当地工资才2000元人民币,而到2022年,泰国工人工资已涨到3000元人民币。但综合关税等多种因素考虑,出海东南亚还是让中国企业保住了成本竞争力。威海泓淋招股书显示,2021年1—6月,销往美国的电源线组件的总销售额已超过2亿元人民币,其中98%以上的组件是在泰国生产的;2021年,威海泓淋营收24.45亿元、净利润1.62亿元。在这个基础上,威海泓淋制定了稳定的增长目标。当下,威海泓淋增长目标的制定除了基于传统业务外,更多基于海外市场开拓以及布局C端带来的增长预期。

随着国家智能工业、智能家居、海洋工程、新能源等行业的发展,特种线缆行业进入快速发展期。根据前瞻产业研究院预测,到2023年,国内特种线缆的销售收入将达到7000亿元左右。在此背景下,威海泓淋开始研发精密电器配线、橡胶线、船舶及焊枪等工业设备用特种电缆,以及高端信号传输产品。但各种不确定性也让威海泓淋面临新的挑战与选择。一方面,传统家电市场的发展已到天花板,但产业升级又带来新机会;另一方面,中国人口红利在消失,但新消费时代的红利正在到来。在各种不确定性和机会叠加的情况下,威海泓淋选择了全球化。

截至2022年3月,威海泓淋电源线组件产品已经获得了美国、欧盟、澳大利亚、日本、韩国等42个国家和地区的安规认证。有了这些"通行证",威海泓淋就具备了可为全球大部分地区提供产品与服务的许可证。2018—2020年,威海泓淋出口销售比重分别为27.15%、29.93%、44.11%;2021年1—6月,这一比重提升到47.85%,且威海泓淋海外营收占比已经接近一半。2018年,在威海泓淋的海外市场中,美国市场还排在波兰和韩国市场之后,但从2020年起,美国市场已经冲到了第一。现在,威海泓淋在泰国工厂生产的通路式电源线组件产品主要供给美国沃尔玛超市以及美国第二大家居装饰用品连锁店劳氏。正如威海泓淋的董事长刘雄兵所说,中国制造企业要像欧美企业一样,往上走,占据价值链中高端。

(资料来源:蔡宇丹.到东南亚做一二十年没问题!威海这家制造业单项冠军的"出海"战略[EB/OL].[2024-03-12].https://mr.baidu.com/r/1CgTpJlbE1a? f=cp&u=f1d10ed2469d7fd4.)

引导问题:

1.从威海泓淋"出海"的案例中你得到什么启示?

2.请总结一下数字化和企业全球战略之间存在着什么联系。

第一节　如何识别战略与机会

习近平总书记在党的二十大报告中强调:"完善中国特色现代企业制度,弘扬企业家精神,加快建设世界一流企业。"这是党中央立足新时代国家发展战略,为企业指明的奋进方向。战略识别不仅关乎企业自身的生存与发展,更关乎国家经济实力与全球竞争力的提升。本节引导学生从国家战略大局中认识企业使命,在分析行业趋势与市场机会中增强家国情怀,坚定服务民族复兴、推动高质量发展的理想信念。

一、战略的概念

随着中国对外开放进程的不断深化以及"一带一路"倡议的持续推进，国际化战略正逐渐成为中国企业的重要战略方向之一。国际化战略是企业依据自身资源能力和外部环境作出的一种战略选择，能够拓宽企业经营边界，改变企业竞争环境，为企业创造新的收入来源。但是，当前市场环境变化多端，给众多企业的国际化战略推广带来了不良影响，加上不同国家之间各不相同的制度环境、资本市场、金融开放程度、市场需求等因素的影响，企业在实施国际化战略时面临不少挑战。

战略定义的历史演变见表 9-1。"战略"一词原本是军事术语，"战"指战斗或战争，"略"指筹划、计划和策略，因此战略最早是指军事领域的指挥艺术和科学。随着经济社会的发展，"战略"一词被广泛应用到经济管理领域。在现代管理学中，战略是指企业为实现长期目标而制定的规划和决策，是企业运用各种资源实现目标的全局性纲领规划。

表 9-1　战略定义的历史演变

学者、文献及年份	战略的定义
艾尔弗雷德·D.钱德勒 《战略与结构》 (1962)	确定企业基本的长期目标，选择行动途径，并为实现这些目标进行资源分配
肯尼思·安德鲁斯 《公司战略概念》 (1972)	战略是目标、意图或目的，以及为达到这些目的而制订的主要计划
迈克尔·波特 《竞争战略》 (1980)	战略是一种竞争位置，通过选择不同的活动集合以提供独特的价值组合来实现
亨利·明茨伯格 《The strategy concept: fivepower for strategy》 (1987)	战略是计划、模式、定位、愿景或期望、计谋，是一系列或整套决策、行动方式，主要类型包括刻意计划性战略和非计划性战略，主要特征有应变性、竞争性和风险性
汤姆森 《战略管理》 (1998)	战略既具有预先性（预谋战略），又具有反应性（适应性战略），是管理者在公司内外各种情况不断出现的过程中不断规划和再规划的结果

资料来源：蓝海林. 企业战略管理[M]. 3 版. 北京：科学出版社，2022.

明茨伯格对战略的定义是具有代表性的。他从五个不同角度，即计划(Plan)、模式(Pattern)、定位(Position)、愿景/期望(Perspective)、计谋(Ploy)归纳战略的定义。

1.战略是一种计划

战略是一种有意识、有计划的行动程序，是企业应对某种状况的指导纲领。其具有以下四个特征：第一，战略是企业的事前决策，是主动的或者预定性的行为；第二，决策过程和方法的科学性保证了战略决策的科学性；第三，定量化目标的制定是战略决策和战略管理的重点；第四，战略实施等于战略实现。正如德鲁克所说，战略是一种统一、综合、一体化的计划，是用来实现企业基本目标的。

2.战略是一种模式

战略可以体现为一系列的行为和范式，例如，钱德勒在《战略与结构》一书中提出，战略是企业为了实现战略目标、进行竞争而实行的重要决策、采取的途径和行动，以及为实现目标对企业资源进行分配的一种模式。

3.战略是一种定位

从战略的内容看，战略能帮助企业在环境中或市场中找到一处合适的位置。通俗地讲，战略是企业在内部环境和外部环境之间的一种调适力量。在相对动态的环境下，企业战略是一种定位。也就是说，在企业经营环境变化新特征的影响下，企业战略制定和管理的重点不应该是目标，尤其不应该是定量化的目标，而是企业的定位，比如高差异或低成本定位，以此获取竞争优势。

4.战略是一种愿景/期望

这一定义强调所有的战略都是一种抽象的概念，它普遍存在于企业全体成员的头脑之中。在企业经营环境越来越动态、不确定、复杂和模糊的情况下，将战略定义为一种愿景或者期望，能够使企业更好地应对经营环境动态化的影响。

5.战略是一种计谋/手腕

这是指在特定的环境下，企业将战略作为威胁和攻击竞争对手的一种具体手段。这种威胁通常是由企业发出的一些市场信号所组成的。好的战略应该能够使企业预测甚至控制竞争对手的反应，并且能够迫使竞争对手按照企业的意愿作出反应。

二、企业国际化的新“5P”战略

在数字经济时代中，为了帮助企业探索出具备数字化前瞻性的国际化战略发展路径，本书采用学者王永贵提出的新“5P”战略模型，从以人为本、重视合作伙伴、强调预测、增强可塑性、兼容多元文化 5 个方面对明茨伯格的“5P”战略进行调整，以更好地适应企业的数字化转型与国际化发展。

(一)从计划(Plan)到人(People)

从管理学的角度看，战略是一个能够帮助企业实现最基本目标、具有全局性和系统性的计划。在明茨伯格“5P”战略模型的指导下，企业更倾向于通过市场调查的方式获取行业信息和统计数据，进而根据分析结果制定战略。在制定战略的过程中，这种方式往往过于倚重数据分析，却在一定程度上忽视了人的核心作用。

德鲁克认为，人不等同于数据，不能将人数据化。尽管数据在一定程度上可以反映事物的发展规律和变化趋势，并对指引企业发展有战略性意义，但仅靠制订计划并不能保障企业的成功，人才是企业取得成功的最关键因素。因此，在变幻莫测的全球竞争环境下，一成不变的计划并不能为企业带来成功，获得人心是企业抵御风险的资本。换句话说，在企业国际化进程中，缺乏人文关怀，忽视人的重要性，往往会给企业未来发展带来重大阻碍。

（二）从谋划（Ploy）到伙伴关系（Partnership）

在当今投资贸易自由化和全球经济一体化高速发展的时代，企业国际化战略更多地体现为竞争与合作关系而非单纯的竞争关系。在以共享为特征的数字时代，构建伙伴关系和维系信任往往比打败竞争对手更重要。例如：中国中车与南非合作方共同开发非洲市场，中国中车从中国采购无法在南非生产的关键部件，再将其运往南非；然后在南非设立工厂，生产其他部件，如转向架、电缆、管路等，并进行机车组装和调试。中国中车的这种做法，一方面为南非创造了大量的就业机会，刺激了南非经济的发展；另一方面也让自己获得了低成本竞争优势。这种伙伴关系思维，成为中国中车打开非洲市场的第一步。可见，把竞争者当伙伴这一思维转变，可以帮助企业减少陌生环境中的竞争对手，赢得发展空间。

（三）从模式（Pattern）到预测（Prediction）

战略是一种持续行为，其模式有助于企业成员在行动上保持一致性。然而，不同国家和地区的政治制度、经济发展水平、文化背景等方面存在着较大的差异性，因此企业国际化战略得以实施的前提是，企业作出了产品能否被海外市场成功接纳的预测，以及通过对当地政策的解读、对当地市场环境的研究、对当地消费习惯的分析，就能否成功进驻当地市场作出相关预测。

（四）从定位（Position）到可塑性（Plasticity）

企业定位是企业制订计划、选择模式以及形成观念的前提，是企业制定战略时需考虑的关键因素，能够促使企业将现有资源与外部环境相匹配，从而选择一条适合自己的发展路径。对于国际化企业来说，及时根据外部环境和国际市场需求调整原有的定位，灵活地改变战略、结构以及产品或服务的可塑性更为重要。例如，耐克在面对国际市场需求方面具有快速响应能力，通过灵活的系统及时调整生产运营战略，快速交付小批量定制服装。

（五）从观念（Concept）到多元文化（Plural）

观念不仅能影响企业的选择，还能让企业与世界联通、感知世界并向世界提供反馈。作为企业感知世界的一种方式，观念有助于定义企业文化。一个成功的国际化企业需要的不是单一观念，而是多元文化。多元文化能使企业全面融入海外市场，并更好地对当地员工进行授权。然而，许多跨国企业在进驻海外市场之前没能全面洞悉当地的消费文化、价值理念和法律制度，因此屡屡碰壁。当企业实施国际化战略时，应充分尊重多元文化，并运用逆向思维实现创新。

三、数字时代下的战略机会

随着数字经济的发展，企业需要把握新一轮科技革命和产业变革的战略机遇，通过数字化转型培养新优势。在数字化时代，企业应完成从传统的“适应需求”到“创造需求”的转型，以此达成顾客价值创新的目标，因此企业需要以数字化赋能下的新型能力来连接更多全球化资源，变互相竞争为合作共生。

本小节将引用学者陈春花等的研究，从战略机会识别、战略空间选择和顾客价值共鸣点确定三个方面来对企业在数字时代下的战略机会进行阐述。

（一）战略机会识别

数字时代下企业遵循的是由数据、协同、智能驱动的数字化商业范式，与工业时代各行各业所奉行的惯例有着天壤之别。因此，工业时代与数字时代之间是一种非连续性跨越，现在和未来之间可能存在巨大的鸿沟，不同的商业范式之间存在断点、突变和不连续性，企业不能习惯性地用已有的逻辑来看待未来的发展。

在工业时代，企业的机会来自产业自身的价值，企业是线性发展的，所以企业需要关心成本、规模和利润。消费者购买的逻辑同样是由成本和收益来决定的。而在数字时代，企业的机会更多来自新的价值创造，企业更关心价值、创新和变化速度；消费者也会回归最本质的需求，聚焦在明确的价值获取上，这意味着即使价格低，如果消费者认为产品不具有相应的价值，他们也不会购买。

（二）战略空间选择

战略空间选择本质上是为企业界定战略空间。在经典的战略体系内，企业对战略问题的回答主要从三方面去进行。一是产业条件，判断机会在哪里；二是资源能力，判断企业自身的优势；三是优势选择，取决于企业的愿景与价值追求。

在数字时代，企业对战略空间的选择是从顾客端展开的，围绕顾客价值创造寻求方案。在数字技术的赋能下，企业可以为价值主张赋予新的意义，从顾客价值出发,可以有更多的选择和空间。跨界、连接、赋新成为数字时代下企业选择战略空间的关键(见图 9-1)。

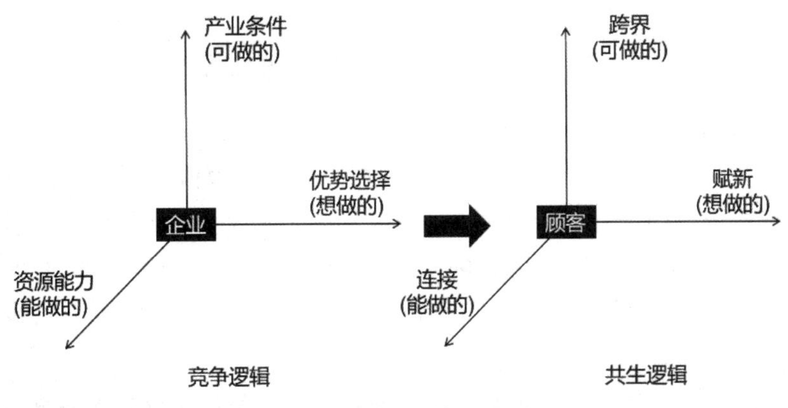

图 9-1　重新定义战略空间

资料来源：陈春花,廖建文.打造数字战略的认知框架[J].哈佛商业评论中文版,2019(1):126-131.

(三)顾客价值共鸣点确定

在数字时代,企业战略均以为顾客创造价值为落脚点,即遵循顾客主义,没有顾客价值就没有战略。研究发现,顾客主义意味着企业战略重心要从"挖掘确定性"转向"探索可能性"的转变。为了实现这一转变,企业需要不断更新技术,去洞察、满足和引领顾客的需求。这种对顾客价值可能性的探索,有助于持续拓展企业战略空间,促使企业创造新的发展趋势以及新的价值空间。学者陈春花等提出的顾客主义 RIIF(Radical、Incremental、Insight、Foresight,激进、渐进、洞见、远见)战略模型如图 9-2 所示。

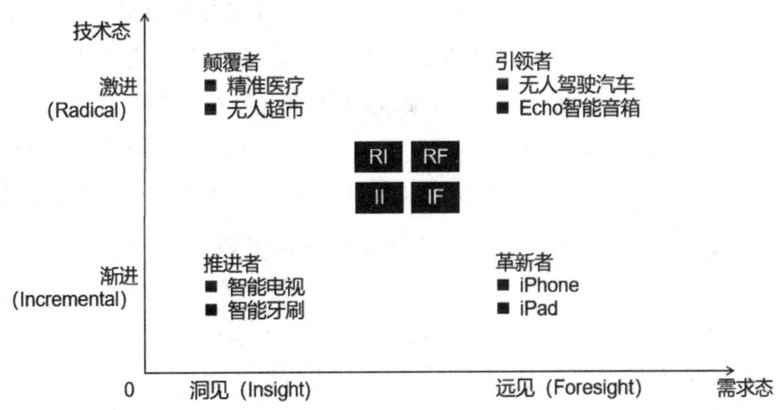

图 9-2　顾客主义 RIIF 战略模型

资料来源:陈春花,廖建文.打造数字战略的认知框架[J].哈佛商业评论中文版,2019(1):126-131.

特斯拉在中国发展的坎坷之路

1.特斯拉的传统“5P”中国战略惨遭失败

直接采取和美国市场相同的战略，让初入中国市场的特斯拉表现得并不尽如人意，其非但没有在中国市场站稳脚跟，还被充电和毁单等问题所连累，市场推广停滞不前。特斯拉为什么会折戟中国市场？对照明茨伯格的战略“5P”模型，我们会发现，特斯拉中国战略在“5P”模型中的每一个维度，都表现出明显的水土不服。

一是宏伟计划难落地。中国电力系统的复杂性导致建造充电站成为特斯拉向前发展的一大障碍。另外，充电难、充电桩不兼容或被汽油汽车占用等问题都制约着特斯拉在华的推广。

二是中国车企对开放专利计划不以为然。自特斯拉高调宣布开放专利以来，各种“阴谋论”“阳谋论”的说法满天飞。很多国内的电动车生产企业冷眼旁观、不为所动。另外，特斯拉常被动地成为行业内的众矢之的，被推到舆论的风口浪尖，进而成为竞争和攻击的焦点。例如，由多家顶尖互联网企业和企业家投资数亿美金所创建的蔚来汽车，不仅选择了和特斯拉相似的“三步走”战略，其第一款产品高性能电动跑车 SuperCar 更是直接对标特斯拉。

三是经营模式没有做到因地制宜。纯直营模式可以防止品牌因权限下放而受到伤害，因此特斯拉完全没有采用中国通行的 4S 店模式，而是希望其在美国成功的销售和售后经验可以在全球得到复制。这种模式对销售以及售后人员的业务素质要求极高，然而，特斯拉在中国的直营店雇用了一些没有驾照和驾车经验的年轻人作为销售人员，不会开车的销售人员甚至需要坐在拖车上，拖着一辆 Model S 去上门试驾；零售店销售人员更愿意像介绍一款电子产品一样介绍 Model S。这样不尽如人意的销售服务直接影响到用户的体验和对品牌的信心。

四是秉持原有定位不变通。特斯拉中国团队本想趁“双十一”之际通过天猫平台尝试售卖非定制版 Model S，以拉动特斯拉在中国地区的销量，同时减小因毁单而带来的库存压力。然而，如此接地气的营销策略却被总部叫停，因为这种借势营销有悖于以往特斯拉“只靠用户口碑传播、不做任何付费投放”的定位。

五是目标用户对环保概念并不买账。高昂的定价致使特斯拉的目标人群十分受限，只能瞄准经济实力较强的高端人群。但让特斯拉没有预料到的是，这一人群宁肯加价去买一辆大排量、内饰豪华的进口车，也不愿花同样的价格买一辆零污染零排放的电动汽车。

2.改变战略后，特斯拉的销量产生了质的飞跃

企业管理者应该要充分意识到国际化战略与国内战略的不同之处，并且能够紧密地围绕新“5P”的五个要素，制定出适合企业的国际化战略。了解如何获得和平衡这些战略要素，已成为国际商业领域中跨国企业所面临的全新挑战。为应对这一全新挑战，特斯拉进行了一系列遵循新“5P”的国际化战略调整。

首先，特斯拉意识到要让人走在市场计划的前面。在频繁更换两任中国区总经理之后，特斯拉着眼于中国地区最紧急的问题——充电站建设，任命了有过充电站项目经验的朱晓彤为中国区总经理。其次，特斯拉认识到中国的产业环境决定了其必须跟政府和产业展开密切合作，甚至争取更多的第三方力量支持，而不是单打独斗。再次，针对中国市场和中国消费群体推出了一系列特定服务，如“空中升级”、“远程诊断”、近乎“零保养”、“二手车回收”等特色服务；而且，特斯拉CEO马斯克多次表示会在中国设立工厂和研发中心，最终实现本土化生产以降低价格，让更多中国消费者买得起特斯拉电动车。最后，特斯拉还开展了一系列本土化环保公益项目，试图通过一系列切合新能源汽车发展背景的公益活动，增强消费者对于环保产品的消费理念。凭借新“5P”这五把“金钥匙”的帮助，特斯拉有望在不久的将来开启在中国市场的国际化之门，重塑全球电动车的新格局。

（资料来源：王美丹.特斯拉国际化战略研究[D]. 济南：山东大学，2021.）

第二节　数字经济驱动下的全球企业战略

一、宏观环境分析

宏观环境分析是一种评估和理解影响企业或经济活动的外部因素的方法。外部因素包括六个方面，分别是政治因素、经济因素（当地的、国家的、区域的、全球的）、社会文化因素、技术因素、环境因素（主要是自然环境）和法律/法规因素。

这些构成因素都可能影响公司当前的行业和竞争环境分析。一般会采用 PESTEL 模型来分析这六个影响因素的作用,如图 9-3 所示。

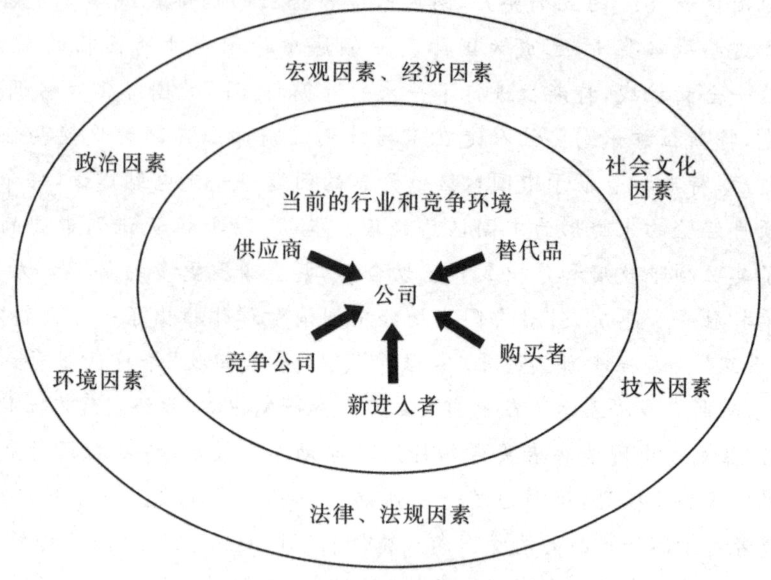

图 9-3 公司宏观环境的组成要素

资料来源:李婧丹.PESTEL 分析模型和平衡计分卡在 A 集团企业战略管理中的应用[J].财务与会计,2020(16):35-37.

由于宏观环境影响因素以不同的方式和不同的程度影响不同行业,对管理者来说,判断哪些是公司边界之外的、与战略相关的影响因素是很重要的。宏观环境影响因素对企业战略选择的影响范围不尽相同,虽然这些因素的变化相对缓慢或对企业经营环境的影响有限,但企业仍需对这些因素保持高度警觉。

二、行业环境分析

不同企业在各自行业中发挥作用的竞争力特征、组合状况以及细微差别各不相同。波特五力模型是用于系统诊断行业或者市场主要竞争力、分析各种竞争力强度及重要性的重要工具。该模型认为一个行业的竞争态势是行业中五种力量博弈情况的组合。这五种力量包括:现有竞争者之间的竞争;潜在新进入者的竞争;其他行业中替代品的竞争;供应商的讨价还价能力;购买者讨价还价的能力。

运用波特五力模型来分析一个行业竞争状况时,一般需要经过三个步骤:第一步是辨别与五种力量中的每一种相关的和特定的竞争力;第二步是识别由五种力量构成的行业竞争强度(激烈、适中、较弱);第三步是判断五种力量整合起来能否为行业带来具有吸引力的利润。

(1)现有竞争者之间的竞争。当竞争强度很大,争夺国际市场份额的竞争就非常激烈,行业内现有竞争者对边际利润的争夺会达到白热化的状态;当竞争强度适中时,行业内的竞争更加良性,行业中的大多数企业都能赢得相应利润;当竞争强度很弱时,行业中的大多数企业都相对比较满意它们的销售额和国际市场份额,很少采取进攻性策略来争夺竞争对手的顾客,而且较低的竞争压力会使得企业的利润和投资回报保持得较好。

(2)潜在新进入者的竞争。在国际市场上,当新进入者很难进入市场以及行业的经济性让新进入者处于劣势时,进入壁垒就会建立起来。企业需要特别注意的是限制性的政策和规则,在国际市场上,东道国政府通常会限制外国企业进入,一般运用关税和贸易限制(反倾销法规、本土化要求、配额等)手段,来提高外国企业的进入壁垒,使国内生产者免受外来企业带来的竞争。

但是,某些类型的企业,如那些拥有较大规模金融资源、强大竞争能力和著名品牌的企业,即使面临的进入壁垒很高,也可能有能力进入一个行业。例如,当本田准备进入美国割草机市场时,面对诸多强有力的竞争者,但是它并未受进入壁垒的影响,因为它在汽油发动机方面拥有专长、高品质的声誉等,这些能提高其产品的可信度。

(3)其他行业中替代品的竞争。在评估来自替代品的压力时,企业管理者必须定义替代品,主要包括:确定行业边界在哪里,以及行业竞争对手的哪些产品和服务和自身的类似,且能够满足与类似的顾客基本需求。确定行业边界对于了解清楚哪些企业是直接竞争者,哪些是生产替代品的企业非常重要。替代品的价格越低、质量越好、使用者的转换成本越小,替代品所带来的竞争压力就越大。

(4)供应商的讨价还价能力。行业供应商竞争压力的大小,取决于供应商是否有足够的议价能力来获取有利于自身的条款和条件。议价能力强的供应商能够通过定价更高、将成本转移给行业内公司和限制其找到更好经销商的机会,来赚取大额利润。例如,微软和英特尔为电脑制造商提供消费者认为重要的产品,它们基于自己的产品以及自己在市场上的能力,向电脑制造商提出额外要求。微软要求电脑制造商制造的电脑只能装微软的软件,并且要求电脑如果自带软件,微软的软件必须出现在主要位置。英特尔给在电脑外包装上附有英特尔标志的厂家以广告津贴,以此来促进英特尔微处理器的销售。

(5)购买者讨价还价的能力。购买者能否对行业内企业产生很强的议价能力取决于购买者拥有多大的议价能力,以及购买者在多大程度上是价格敏感的。分析购买者的议价能力首先就要根据价值链定义不同类型的购买者,然后分析每种购买者的议价能力和价格敏感度。承认不是行业中所有购买者都拥有同样的针对企业的议价能力是很重要的,有一些购买者对价格、质量和服务的差异可能没有那么敏感。例如,大的零售商梅西百货对服装制造商有很强的议价能力。

无吸引力行业典型的竞争状况就是上述五种力量综合构成了巨大的行业竞争压力。然而,如果行业中的五种竞争力都不是很强,那么行业也可能没有吸引力。

按照波特五力模型对企业面临的竞争状况进行评估,不仅可以帮助国际企业战略制定者评估当前的竞争强度是否能带来高回报率,同时还有助于使企业的国际战略更好地适应行业和国际市场的竞争特征。国际企业要使自身的国际战略足以有效应对竞争压力与竞争环境,一方面,需要寻求途径使企业尽可能避免遭到主要竞争力的威胁;另一方面,要主动发起行动,通过改变驱动五种力量发生根本性变化,改变五种力量形成的压力,使之符合企业的利益。

三、国际化战略及选择

国际化战略是指企业充分利用在国内和其他国家拥有的竞争优势,弥补自身的劣势,在两国、多国甚至全球范围内从事经营活动,追求最大限度的国际比较优势的战略行为。企业在国际化经营需要具备两种国际化能力:一是全球一体化资源整合能力,二是对当地市场需求的响应能力。所谓对当地市场需求的响应,是指企业要让自己的产品符合各个国家和地区市场的需求。这就要求企业根据各地需求情况,从产品功能、价格制定、分销渠道、人力资源运作等方面作出及时调整和变革。但是,针对当地市场制定差异化产品和服务战略又可能涉及额外的费用,企业的成本将趋于上升。全球一体化资源整合要求企业考虑把制造业务转移到劳动力成本低的地区,并开发在多个国家和地区通用的高度标准化产品,从而进一步降低产品成本,提高国际竞争力。

根据以上分析,企业在国际市场上一般可采取四种国际化战略,即国际战略、多国本土战略、全球战略、跨国战略(见图 9-4)。

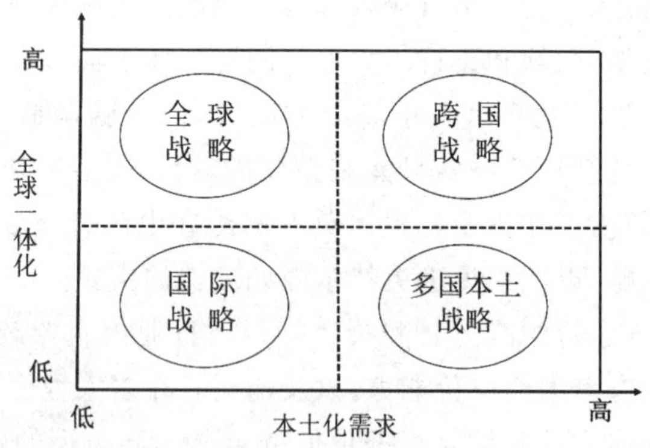

图 9-4　企业可采取的四种国际化战略

资料来源:连智华,王静,陈颂,等.国际管理:赋能全球企业变革[M].厦门:厦门大学出版社,2020.

（一）国际战略

国际战略（也称为出口战略或本土复制战略）适用于全球整合需求偏低且当地快速反应需求偏低的情况，是一种混合战略。当企业产品和服务面临的定制压力和降低成本的压力都较小时，它们会倾向于采用国际战略。企业通常将所有的开发放在本国市场，而在重要的外国市场建立制造、营销或分销设施，由企业总部对运营和决策保持控制权。企业在任何地方销售的相同或相似的产品，通常是在本国（即企业总部所在地）开发的。

1.国际战略的优势

采用国际战略有利于母公司的技术扩散和技术转移，延长产品生命周期，扩大产品的市场份额，从而进一步降低产品成本。母公司具有雄厚的创新技术实力是运用这种战略的前提条件。

2.国际战略的劣势

由于满足东道国个性化市场需求的压力较大，或者由于生产设施在多个国家的重复建设，提升了经营成本，无法形成规模经济效益，从而使企业成本升高。当企业的核心竞争力在国际市场上拥有显著优势，而且东道国顾客个性化需求较低、企业成本压力不大时，采取国际战略较合适。

（二）多国本土战略

多国本土战略是企业为了满足购买者需求和适应不同市场环境，在各国和地区提供不同产品和使用不同竞争方法的战略。这就要求企业生产不同版本的产品来适应不同市场，并使营销和配送方式符合各地习惯、文化、制度以及市场需求。比如，润滑油专家嘉实多有限公司（Castrol），生产超过 3000 种不同配方的润滑油，以满足不同汽车类型、不同国家市场的需求。又如，食品公司使用不同的原料，以迎合特定国家的需求和饮食偏好。

本质上，多国本土战略意味着企业使用思维本土化、行动本土化方法制定国际战略，即授予当地管理者决策权，使竞争力聚焦，展现出对特定市场需求的关注，并快速响应当地需求的变化，及时回应竞争者的行动。

由于国家和地区间人口、文化、市场环境存在显著差异，当本土化响应需求很高，或者产品标准化的效率有限时，用思维本土化、行动本土化方法制定战略是最恰当的。

1.多国本土战略的优势

一是母公司对子公司分权管理，对当地市场需求响应能力强；二是容易发现市场空白点和商机。

2.多国本土战略的劣势

一是阻碍了企业能力、知识以及其他资源的跨国转移，因为企业行动不是跨国整合或者协调的,这可能使企业总体创新减少。二是设计和零部件的差异更大,每种产品版本的生产运行时间缩短,企业库存处理和物流配送难度加大,最终导致企业生产成本和配送成本增加。三是不利于企业在某一方面建立突出的竞争优势。

(三)全球战略

全球战略即在全球采用标准化的方法生产、包装、销售,以及提供产品和服务。采用全球战略的企业在所有地方销售相同产品,使用非常相似的分销渠道,以相同的能力和营销方法参与竞争。虽然企业的战略或产品可能有不同方式的轻微改变,以适应一些东道国的特殊环境,但是企业在世界范围的基本战略方法(低成本、差异化、最佳价值、集中化)保持得非常完整,并且各地分公司的管理者严格遵循这一战略方法。

实行全球战略的企业把相当大的战略重点放在建立全球品牌上,致力于把理念、产品和能力从一个国家转移到另一个国家。全球战略以相对集中的价值链活动为特征,如生产和配送。例如,企业可能有不止一个的生产工厂和配送中心来减少运输成本,但数量总体不多。如果这些生产工厂和配送中心要提升效率,就需要共享资源、整合价值链活动,把能力从一个地方转移到另一个地方,再通过总部的集中决策和有力控制,实现相应目标。

因为全球战略不能满足不同地方的需求,当标准化存在明显的效率收益,或者跨国、跨区域购买者的需求相对雷同时,全球战略对于企业而言就是合适的战略。如果企业可以在全球有效复制成功的业务模式,或者通过高产出分散固定成本和风险,从而使企业专注于更高水平的研发工作,那么全球战略对企业而言就是有利的。

1.全球战略的优势

全球战略可让企业获得较大的规模经济效益。

2.全球战略的劣势

该战略忽视了本地市场的发展机遇,使企业适应本地市场的反应迟钝,并且提升了总公司集权管理的难度,降低了子公司主动学习创新的积极性。

(四)跨国战略

跨国战略有时候称为全球本地化战略,吸收了全球化和局域化两种方法的元素,强调企业应思维全球化、行动本土化。

通常,企业会通过有效率地满足当地偏好、半标准化的大规模定制技术来执行跨国战略。巴黎迪士尼乐园第一次开放时,迪士尼就已经感受到,将全球化方法使用在国际主题公园可能无效。因此,迪士尼此后一直努力使自身战略适应当地偏好,即使其战略的很多地方仍然源于迪士尼的全球化标准方案。奥的斯电梯公司发现，在当地需求差异化大的国家竞争时，比如在中国，跨国战略比全球战略有更好的效果。

通常，大多数跨国经营的公司竭力采用客户所需和市场环境许可的全球化战略。艺电有限公司(Electronic Arts)拥有两个主要的设计工作室(一个在不列颠哥伦比亚省的温哥华，另一个在洛杉矶)，并在旧金山、奥兰多、伦敦和东京有更小的工作室，这种分散的设计工作室帮助艺电有限公司为有不同文化环境的国家和不同文化背景的人量身设计游戏。例如，其在伦敦的工作室设计了符合欧洲消费者偏好的 FIFA 足球流行游戏；其在美国的工作室设计了 NFL 足球、NBA 篮球、NASCAR 赛车等游戏。

1.跨国战略的优势

跨国战略既有经济优势又能帮助企业适应当地市场，使企业的经营能力及双向流动能力提升。

2.跨国战略的劣势

有些跨国公司的子公司有可能发展得较为独立，从而脱离母公司的管理和控制，使母公司有可能丧失把核心技能和产品向全球各子公司转移的能力。

综合上述分析，可得出多国本土战略、全球战略和跨国战略的优缺点，见表 9-2。

表 9-2　多国本土战略、全球战略和跨国战略的优缺点

国际化战略	优　点	缺　点
多国本土战略 (思维本土化，行动本土化)	·能够更加精确地满足每个市场的特定需求 ·能够根据需要对本土市场的变化快速响应 ·能对当地竞争对手的行动作出反应 ·能够对当地的机会和威胁更快反应	·阻碍资源和能力的共享和跨市场转移 ·更高的生产和配送成本 ·不利于在某一方面建立突出的竞争优势
全球战略 (思维全球化，行动全球化)	·规模经济成本更低 ·更高的效率，因为有能力跨市场转移资源等 ·建立全球品牌，获得声望	·不能精确满足当地需求 ·对当地市场环境变化的响应更少 ·更高的协调和整合成本
跨国战略 (思维全球化，行动本土化)	·同时有当地响应和全球整合两种战略的优势 ·使资源和能力能够跨国转移与共享 ·方便灵活协调	·更加复杂、更难执行 ·目标可能难以协调并可能需要平衡 ·执行代价更大且耗时

资料来源：连智华，王静，陈颂，等.国际管理：赋能全球企业变革[M].厦门：厦门大学出版社，2020.

第三节　构建可视化的商业模式

一、国际商业模式的构建前提

企业构建新的商业模式的首要任务是明确企业的市场(用户)在哪里,因为商业模式的核心在于企业为用户提供的价值。

在互联网时代,用户从散点形态演变为部落化形态。没有任何一家单独的企业可以服务所有用户,也没有任何一家单独的企业可以为用户提供所有产品和服务。企业在关注产品本身的同时,还应及时挖掘用户需求,作好用户市场定位。以下是一些常见的用户市场类型。

1.大众市场

在这个市场中,用户具有大致相同的需求和问题,企业不需要将用户进行细分,只用考虑大多数用户的需求即可。

2.利基市场

利基市场中的用户属于特定的细分用户群体,他们的需求明确,企业需要专精于某一领域,并且做到足够专业。

3.区隔化市场

区隔化市场是指根据消费者的需求、特征或行为等差异,将潜在市场划分为若干个不同的消费者群体或子市场的过程。

4.多边市场

多边市场一般有两个或多个相互依赖的用户群体。例如,信用卡公司需要大量的信用卡持有者,也需要大量可以受理信用卡的商家,因此,信用卡公司就需要同时为这两个用户群体服务。

二、通过商业模式画布构建可视化的商业模式

追求价值是企业在明确用户市场后生存发展的长期目标，也是企业国际化战略的根本目标。企业国际化战略的两个核心方面是体现战略洞察力的发展方向（由发展战略形成的业务组合表示）和体现战略执行力的竞争方式（由竞争战略表示）。工欲善其事，必先利其器。企业只有在打磨出自己的利器后，才能有效实行国际化战略，在激烈的国际竞争环境中脱颖而出，国际商业模式画布便是企业进驻海外市场的利器。

商业模式画布的概念由著名商业模式创新作家、商业顾问亚历山大·奥斯特瓦德和比利时学者伊夫·皮尼厄在《商业模式新生代》一书中提出。该书提到：商业模式是企业在价值创造、价值传递和价值获取的过程中需要遵循的基本原理；画布则是将企业要遵循的基本原理相互贯通，重在强调各要素之间的相互作用，并使各要素之间的关系可视化，帮助企业构造一个完备的网络体系以指导企业的运转。作为一种理解、描述、思考、构建商业模式的可视化语言，商业模式画布形象地构建了核心资源、客户细分、价值主张、关键活动、渠道通路、客户关系、重要伙伴关系、成本结构和收入来源这 9 个要素，并将这 9 个要素相互贯通，使企业高效运行。具体如表 9-3 所示。

表 9-3　商业模式画布

<table>
<tr><td rowspan="2">重要伙伴关系（Key Partnerships）：企业与其他组织或企业之间的重要合作关系，如供应商关系、分销渠道关系、合作伙伴关系等</td><td>关键活动（Key Activities）：企业为实现价值主张所执行的关键活动，如生产制造、研发创新、市场推广等</td><td rowspan="2">价值主张（Value Propositions）：企业提供给客户的价值，即企业产品或服务解决的问题、创造的效益和独有的特点</td><td>客户关系（Customer Relationships）：企业与客户之间的互动方式，包括客户服务、个性化定制、社群建设等</td><td rowspan="2">客户细分（Customer Segments）：企业的目标客户群体，如消费者</td></tr>
<tr><td>核心资源（Key Resources）：企业运作所需的关键资源，包括物质资源（如设备原材料）、知识资源（如专利、技术）、人力资源等</td><td>渠道通路（Channels）：企业用于传递价值主张和与客户互动的渠道，如在线平台、实体店铺、代理商等</td></tr>
<tr><td colspan="3">成本结构（Cost Structure）：企业的主要成本元素，包括固定成本（如租金、工资）和变动成本（如原材料、运输费用）</td><td colspan="2">收入来源（Revenue Streams）：企业的主要收入来源，如产品销售额、订阅费、广告收入等</td></tr>
</table>

资料来源：王永贵，李卅立. 从 1 到 M：让企业走出去的国际战略画布[M]. 北京：中信出版集团，2020.

核心资源是企业建立的前提和生存的根本,以及企业保障商业模式有效运转所需的最基本的要素。核心资源包括企业的价值主张、固有客户、所占领的市场、供应渠道以及客户维系渠道等。企业在制定国际战略时,需结合各地的需求,重新梳理自身核心资源,从而在新环境中实现核心优势的成功再塑。

除了核心资源之外,客户细分是企业在进行战略布局前需要明确的另一个概念。它被用于描述企业想接触和服务的不同人群或组织。选择国际化的企业在走出去之后,所面临的目标客户是生活在不同的政治、经济、文化环境下的外国客户,而客户所处的环境会影响其行为准则和消费习惯。

在进行客户细分后,价值主张可以帮助企业进一步明确客户的喜好,以及为特定细分客户提供一系列产品和服务。此时,企业需要关注客户想解决的具体问题,并针对问题明确企业应传递出怎样的价值,以及针对差异化的客户群体及客户需求,明确企业可以提供怎样的产品或服务组合。

关键活动是企业为确保商业模式可行而必须开展的核心业务,以及必须实施的关键行动。企业必须将关键活动与价值主张、渠道通路、客户关系、成本结构等要素相关联,并有的放矢地开展关键业务。

渠道通路是企业与客户之间的桥梁,主要用于描述企业如何将其价值主张传递给客户并赢得客户的好感与信任,从而提高企业的知名度和客户的忠诚度,最终实现企业品牌的构建和利润的获取。在打造渠道通路时,企业需要探究客户关系的构建方式,并寻求如何能够以最低的成本和最高的效用来构建这种关系。

客户关系是企业发展的动力源泉,以及企业需要竭力去构建和维系的重要关系。企业需要站在客户的角度考虑自己与客户之间的关系,努力满足客户的需求和期待。同渠道通路一样,企业应考虑如何高效、低成本地留住老客户、开发新客户并促进客户购买。

重要伙伴关系是指企业与能够有效助力企业实现更好发展的伙伴的关系。重要伙伴在企业发展中的作用不容小觑,是企业高效发展的助力器。企业要想在海外立足,不仅要维系好与原有伙伴之间的关系,实现深入合作,还需要与目标国新伙伴建立合作关系并良性互动,以降低风险和不确定性,实现规模效应。

成本结构是指企业运营一个商业模式所产生的所有成本,包括租金、工资等固定成本和原材料费用等可变成本的构成情况。企业应先明确固定成本,再明确其他可变成本。

收入来源是企业得以生存和发展的源泉。除公益企业外,任何企业的成立都是为了实现利益的最大化。因此,企业可以通过收入来源分析客户愿意对产品或服务进行首次支付和持续性支付的原因,以及哪些因素可以提升客户的支付意愿。正向思维与逆向思维的互补,有助于推动企业的商业模式画布的有效构建与使用。

商业模式画布的这9个要素分布在9个方格中，企业在每一个方格内都可列举多种可能性和替代方案。在列举完成后，企业可将这些可能性和方案进行排列组合，并通过对各个组合的分析和对比，选取效果最佳者进行战略布局。因此，一方面，企业可以借助商业模式画布将商业模式形象地展现出来，梳理思路，催生创意，降低风险的不可预测性，以最小投入获取最大收益；另一方面，企业可借助商业模式画布，把握各要素之间的相互关系，系统地思考商业模式是否已经全部涵盖核心战略要素，是否能够提供灵活多变的战略计划，是否能够发现真正有价值的目标客户群体，以及是否能够在商业逻辑上形成闭环。

综上所述，商业模式画布通过9个板块将商业模式具体表达出来，使商业模式变得可视化，让企业的商业模式设计变得更简单、高效。

每日优鲜的商业模式

随着互联网与零售商的结合以及物流模式的改革，生鲜电商的盈利模式在探索发展中不断调整。在垂直电商、综合电商平台、O2O、“超市＋餐饮”新零售、社区团购等模式多元并存后，生鲜电商的竞争已步入白热化阶段。

国内的生鲜电商有上千家，均有其各自的盈利模式。每日优鲜作为后来者，在借鉴前者经验的基础上，确立了自己独特的盈利模式，稳居生鲜电商梯队前列。

首先，每日优鲜的商业模式是B2C移动电商，即客户通过微信小程序或App下单，平台将商品配送到户。

其次，每日优鲜在选品上实现全品类精选。每日优鲜上的商品既覆盖消费者对生鲜的日常需求，又将SKU(Stock Keeping Unit，库存进出计量的基本单元)控制在300个左右，而通常大型生鲜电商的SKU都在3000～5000个。实际上，生鲜食材的消费者大多轻决策、重效率，精简的SKU能够限定消费者的消费行为，替消费者精选产品，有效提高消费者下单效率。

再次，在仓储配送方面，采取“总仓＋微仓”、两个节点三段物流的模式。每日优鲜将微仓设置在离消费者更近的社区和商圈。而且，因为大部分生鲜产品并不需要冷鲜包装，只需要一个手提袋即可，所以每日优鲜有效地将可变成本(冷鲜包装成本)转化为固定成本(冷库成本)。随着订单量的增加，固定成本逐渐被平摊，运营成本有效降低。

最后，在包装方面，每日优鲜采用小规格包装。虽然小规格包装的商品单品购买量少,但是消费者还会购买其他不同的产品,因此客单价并不受影响,同时也满足了消费者对于生鲜食品多样性的需求。

每日优鲜通过精细运营管理、成本控制管理的创新盈利模式,以便捷、实惠的形象出现在消费者的视野中。同时,每日优鲜少量精选的产品、小规格的包装设计以及快速配送等服务,对于消费者来说是非常有吸引力的。

综上所述,企业要在总结之前经验的基础上,结合自身内部的实际情况,创新传统经营模式中的生产元素,从而达到降本增效的目的。

(资料来源:许德松,邹俊.企业数字化转型:新时代创新赋能[M].北京:清华大学出版社,2023.)

第四节　重构全球竞争优势

一、跨国企业的竞争战略

自20世纪80年代以来,美国哈佛大学商学院的战略管理学家迈克尔·波特逐步将产业组织理论引入战略管理研究中,并将产业经济学和企业战略管理相结合,提出了著名的"钻石模型"。

波特"钻石模型"(Michael Porter Diamond Model)也称为国家竞争优势理论模型,由迈克尔·波特于1990年提出,用于分析一个国家如何形成整体优势和区位经济优势,从而使得本国的企业在国际上具有较强竞争力。该模型共分为四个模块(见图9-5):需求条件,相关及支持产业,企业战略、企业结构和同业竞争,生产要素。

需求条件即一个产业的国内市场需求环境,包括相对市场大小、发展潜力、国内购买者的需求和期望。不同的人口规模、收入水平以及其他的人口统计因素,导致国与国之间存在市场规模和成长率的巨大差异。一国国内市场中更大和更重要的产业往往吸引更多的资源,并且比其他产业发展更快。例如,由于人口和收入水平的巨大差异,美国和德国的豪车市场就比阿根廷、印度、墨西哥和中国要大得多。与此同时,在发展中国家,如印度、中国、巴西以及马来西亚,市场发展潜力就远远高于经济成熟的国家。

生产要素是企业进行生产经营活动不可或缺的基础,主要包括劳动力、资本、技术、资源、市场和客户等,这些要素共同构成了企业的生产力系统。相关生产要素都具备且符合企业或产业发展需求时,企业和产业就会快速、稳定地发展。从生产要素来看,一国某个产业的竞争力想要变强,则该国的生产要素都应

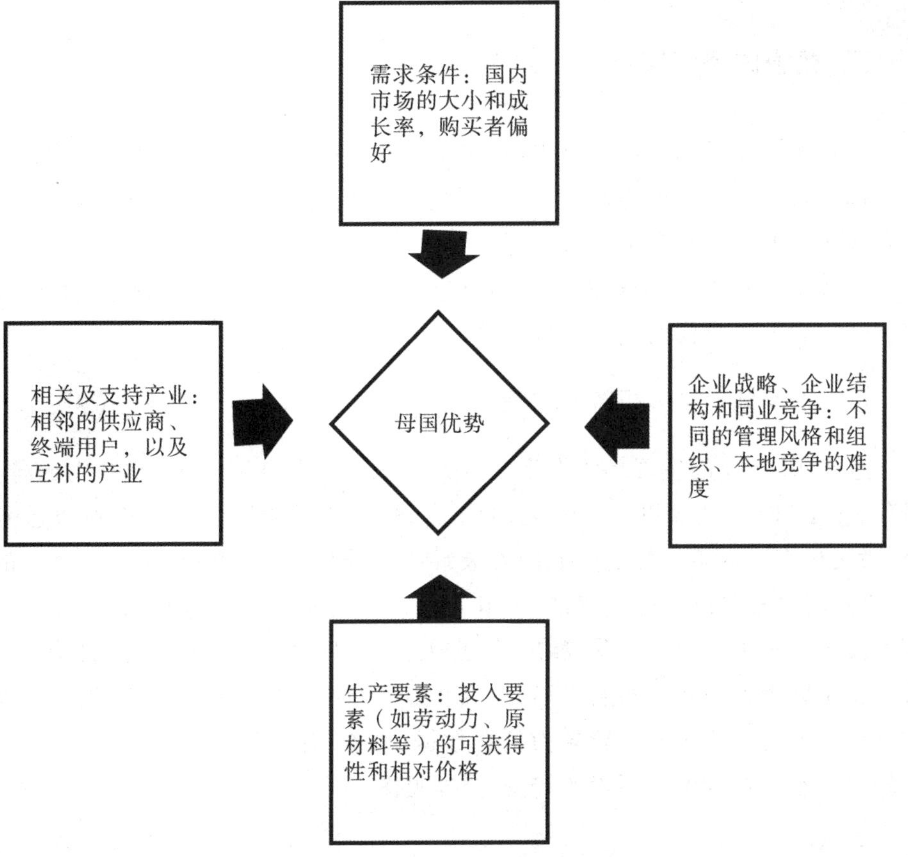

图 9-5　波特"钻石模型"

资料来源：王永贵，李卅立. 从 1 到 M：让企业走出去的国际战略画布[M]. 北京：中信出版集团，2020.

有利于该产业的发展，这样该产业就很可能会在国际上有很强的竞争力。

对公司而言，作为相关产业集群的一个部分发展，可以实现与关键供应商的密切合作和资源共享，提高业务效率和创新能力。例如，跑车制造商法拉利、玛莎拉蒂坐落在意大利一个发动机技术区，该区其他公司也是汽车产业的，而且还有数百家供应商。

不同的国家环境，会促使不同企业战略、企业结构和企业竞争态势的形成。例如，战略联盟对于来自亚洲和南美洲的公司来说，是一种更常见的战略。

钻石模型可以揭示许多重要的国际市场竞争问题的答案：第一，可以帮助企业做好应对国外竞争者的准备，因为模型可用来分析一些有关新竞争者的基本信息；第二，可以揭示哪些国家的竞争者的竞争能力可能最弱，以帮助企业决定先进入哪个国外市场；第三，模型可用于分析国家商业环境特征，可帮助企业确定自身在不同国家开展特定商业活动的优势。

二、竞争优势的重塑

企业要想在国际市场取得成功，就要明确自身的核心优势，这样才能有在国际市场上重塑优势的可能性。在重塑竞争优势的过程中，企业的管理理念、与重要合作伙伴的关系都是重要影响因素。

在数字化时代下，企业面临的不只包括国际市场上的竞争优势重塑，还有数字化转型和数字时代的竞争优势重塑。

（一）资源要素到信息数据的转换

近年来，企业的发展环境发生了巨大的改变。人类正在从 IT 时代走向 DT 时代，在 IT 时代企业以自我控制、自我管理为主，而在 DT 时代企业以服务大众、激发生产力为主。传统企业的发展环境是线性、可连续的，而未来企业的发展环境却是非线性的、非连续的，不确定性将成为常态。在这样的新环境下，企业发展模式不再是规模扩张，相应的，扩大投资规模也不再能使企业直接获得收益。正是因为各种新业态层出不穷，行业边界和企业分工都在变化，所以企业需要将已有的资源要素充分转化为信息数据，培养新的竞争力。企业竞争力要素的转变推动产业竞争力要素的转变，具体见图 9-6。

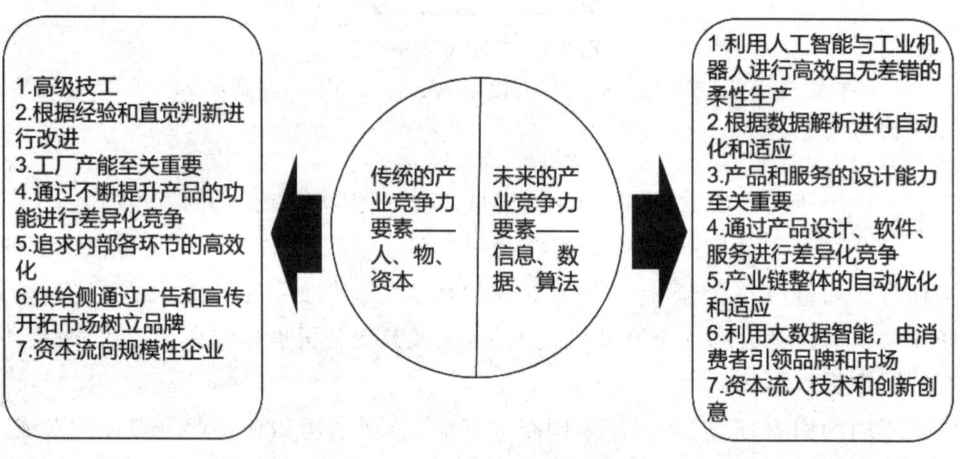

图 9-6　产业竞争力要素的转变

资料来源：王永贵，李卅立. 从 1 到 M：让企业走出去的国际战略画布[M]. 北京：中信出版集团，2020.

未来，企业的数字化将实现信息流、商流、资金流和物流的“四流”统一，解决产业发展不均衡、增量市场萎缩的问题，有利于提高生产和运营的效率，降低要素成本，优化重组生产要素。在实操层面，企业要推动内部分布化协作，在企业管理、组织文化和对外合作方面全面推动数字化和智能化，使用新技术转型升级、提升自身竞争力，进而在市场竞争中脱颖而出。

（二）从线下到线上的转变

从线下到线上的转变是企业数字化转型的重要一步，并将从两方面提升企业竞争力，如图9-7所示。

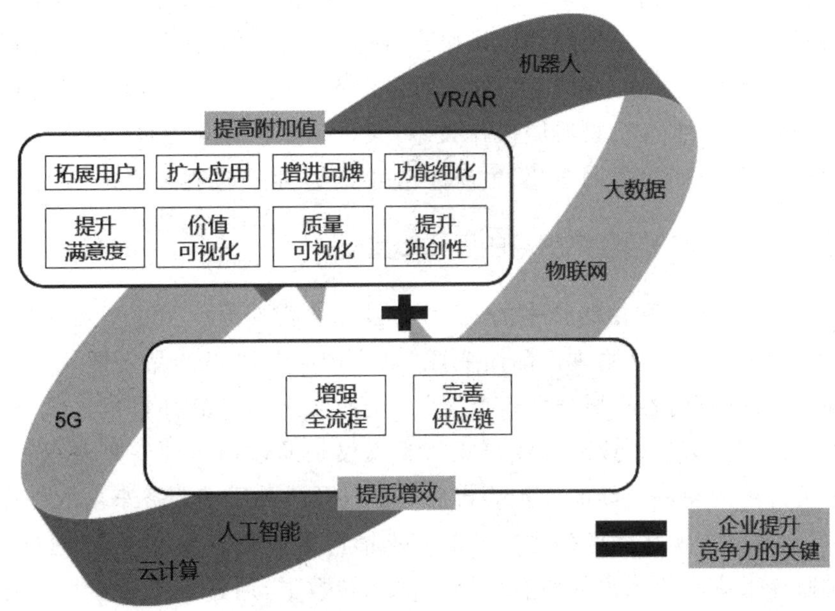

图9-7　企业提升竞争力的关键

资料来源：王永贵，李卅立. 从1到M：让企业走出去的国际战略画布[M]. 北京：中信出版集团，2020.

一是提质增效。企业利用云计算、人工智能、物联网、大数据、机器人、5G和VR/AR技术，将产品、设备、生产线和工厂基础设施以数字化的方式呈现，形成“数字孪生”，提升开发流程的效率，完善供应链，并有助于利益相关方之间的信息共享。

二是提高附加值。企业利用云计算、人工智能、物联网、大数据、机器人、5G和VR/AR技术，来拓展用户、细化产品功能、提升用户满意度、实现价值和质量可视化等，提升独创性。

线下到线上过程的本质是企业从产品、质量、服务和生产四个维度有效运用各类新兴技术的过程。

（三）从自动化到智能化的转变

自动化通常表示单一、独立的任务或流程的自动执行。机器自行决策往往是以自动化为基础的线性行为，例如基于一套程序打开或者关闭阀门。而在未来，从自动化过渡为智能化将成为一种趋势。

未来的智能工厂，或者设备的智能化，将会成为整个数字化供应网络不可分割的一部分，能够为制造企业带来多重效益，使之拥有更具弹性、适应性更强的生产系统，更有效地适应不断变化的市场环境，从而保持市场竞争力或颠覆市场竞争格局。

企业如果要建设智能工厂，就不仅仅要进行流程方式的可控调整，迅速提升运营能力，逐步形成智能工厂的建设愿景，还要开发储存、管理、分析数据以及根据数据采取行动的方法，部署生产线重构与动态智能调度、生产装备智能网联与智能数据采集、多维人机物协同操作技术，建设工厂大数据系统、网络化分布式生产设施，实现生产设备网络化、生产数据可视化、生产过程透明化。

（四）从产品制造到生产服务的思维转型

随着计算、网络和控制技术的发展，以及未来消费升级下市场需求的提高，企业提供的产品逐渐从物理产品演变成“电子产品”“网络产品”，即从产品转变为“产品＋数据＋内容＋服务”，也就是说，企业未来的产品都将包含服务，实现“产品即服务”。未来企业的商业模式将不仅仅是通过销售硬件来获取收入，而是通过销售出的硬件产品的维护等售后服务以及各种后续服务来获取更多的附加价值，并以解决顾客问题为主。例如一家销售工业机器人的企业，通过5G网络实时监控采集卖给用户的所有机器人的运转数据，通过人工智能算法对数据进行分析挖掘，从而得出智能预测——某个客户用的某个机器人将要发生故障，然后企业就可以提前联系客户上门维修，以保证客户的正常使用。毫无疑问，这种预测性维护将会提升用户满意度，提高企业的售后服务水平。由此，企业在销售之后获取使用过程的大数据，根据数据分析建立新商业模式，再经过人工智能分析使得商业模式更加成熟，形成最终可持续发展的商业闭环。

（五）从集中式管理到分布式协同的转换

数字经济正在推动企业的管理体系从垂直型管理体系向互联型管理体系转变，并使产业或行业的协同方式变为分布式协同方式，推动产业上下游协同、行业与行业之间整合跨界，从而激活企业所有业务模块，调动产业或行业上下游资源，解放生产力。企业之间的分布式协同以及信息数据的交换和共享不仅提升了企业的运营效率，也极大地提高了消费者与消费者之间、消费者与企业之间、企业与企业之间的协作效率。在未来，基于人工智能技术、资源智能化配置的协同发展将是企业主要的发展模式，灵活的分布式协同也将在各行业、产业中变得越来越普遍。

本章小结

本章对数字经济时代下企业如何识别战略与机会作出深入的分析研究。本章首先以明茨伯格的“5P”战略模型引出根据数字经济发展所改良的新“5P”模型，指导企业通过创造需求和价值创新来拓展更大的战略空间，让企业战略底层逻辑从竞争逻辑转换到共生逻辑；其次采用 PESTEL 模型对企业进行宏观环境分析，用波特五力模型进行行业分析，进一步为企业识别更加适配的战略形式；最后通过战略层级分类以及相关因素分析对企业全球化战略作出相关解释，通过国际商业模式画布为企业构建可视化的商业模式，以“钻石模型”为主线对企业在数字时代的核心竞争力进行打磨，提出企业在数字时代进行竞争优势重塑的路径。

参考文献

[1]蔡宇丹.到东南亚做一二十年没问题！威海这家制造业单项冠军的出海战略[EB/OL].[2024-03-12].https://mr.baidu.com/r/1CgTpJlbE1a? f=cp&u=f1d10ed2469d7fd4.

[2]陈春花.组织的数字化转型[M]. 北京：机械工业出版社，2023.

[3]肖智润.企业战略管理：方法、案例与实践[M]. 3 版.北京：机械工业出版社，2021.

[4]许德松，邹俊.企业数字化转型：新时代创新赋能[M]. 北京：清华大学出版社，2023.

[5]傅仰艺.基于竞争优势理论的中国企业跨国并购研究[D].济南：山东大学，2006.

[6]辛永澄，李明翰.基于商业模式画布的百果园运营模式分析[J].经营与管理，2024(2):40-45.

[7]国机会展 70 年：锻造国机会展所长、服务国家战略所需[J]. 中国会展，2023(15)：76-79.

[8]金琳. 东方国际集团：加快战略转型综合改革步伐[J]. 上海国资，2024(2)：42-44.

[9]王爽.海尔智家：如何重构企业数字化变革？[EB/OL].[2024-03-12].https://weibo.com/ttarticle/p/show? id=2309405121200123674718.

[10]王喜文，朱光辉. 6T 新思维：5G 时代的企业数字化转型与管理之道[M]. 北京：中国人民大学出版社，2022.

第十章　重构组织价值与全球企业人力资源管理

学习目标

1.理解并掌握企业数字化管理模式与流程系统。

2.了解企业未来组织结构的创新与组织文化塑造。

3.理解人力资源管理面临的新挑战与重塑方向。

4.掌握数字化商业环境中的战略性国际人力资源管理。

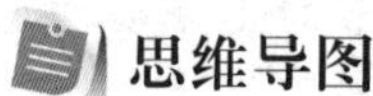

思维导图

引导案例

中国电信国际人力资源数智化创新实践

中国电信为国际运营商、跨国企业和海外中国客户提供全方位、高质量的综合信息服务解决方案。

中国电信在2000年就成立了第一间海外办事处。为进一步提升全球服务质量，加快海外拓展步伐，中国电信又于2012年成立中国电信国际有限公司（以下简称中国电信国际），并将总部设于中国香港。现在，中国电信国际已于全球40多个国家和地区设立分支机构，业务覆盖世界各地，致力于为客户的业务转型创造价值，助力客户实现业务增长，以及通过数字化保持全球竞争优势。

中国电信国际通过深度融合DT（Data Technology，数据技术）、IT（Information Technology，信息技术）与CT（Communication Technology，通信技术）三大业务板块，用DT、IT、CT深度融合的专业服务，将智能信息化应用到各行各业的业务场景中。为了适配这样的业务模式，中国电信国际也有着相应的人力资源数智化创新实践。

中国电信国际人力资源数智化创新实践的重点有以下几个方面。

(1)组织赋能。以人才驱动公司发展，实现新型业务核心能力转型；搭建产业数字化、研发、云网人才队伍，快速加强核心业务能力，同时，加强国际化人才队伍建设，提升海外拓展战斗力。

(2)管理创新。用科学方法管理人力资源，采用国内外兼容的政策与管理模式，对标市场，与国际连接，加强机制鼓励创新、知识共享、多岗位锻炼等，激活队伍潜能。

(3)全球人力共享与架构重塑。提升员工服务水平和服务效率等方面，释放人力资源潜能，助力业务快速布局和推广。

(4)云转数改。利用RPA解决重复性和低价值工作任务；加强AI技术应用，快速解决员工疑问；借助可视化、智能化人才引擎，快速满足业务需求；应用智能招聘和VR、AR等在线培训技术。

(5)大数据助力业务决策。以数据为基础，通过智能分析了解组织人才管理现状，有效预测人才管理未来可能面临的问题和挑战，帮助组织制定更科学的人才决策，并对人工成本效益、人力效能、人力运营效率等进行预测分析。

（资料来源：霍静怡.中国电信国际人力资源数智化创新实践[EB/OL].[2025-02-25].https://mp.weixin.qq.com/s/Y1NPf_BvRTgV9_bREP-7oA.）

引导问题：

1.数字创新时代，跨国企业会面临哪些人力资源管理问题？

2.中国电信国际人力资源的数智化创新实践有哪些可供借鉴的地方？

第一节 全球企业数字化管理模式与流程系统重构

企业数字化管理不仅是企业自身的技术升级，更是企业服务国家战略的重要路径。习近平总书记指出，要加快建设数字中国，构建以数据为关键要素的数字经济。本节引导学生认识数字化管理对提升企业治理能力、推动高质量发展、实现中国式现代化的重要意义，增强数据安全意识与社会责任感，成为具有家国情怀的数字化管理人才。

一、企业数字化管理模式

数字化管理是指企业借助计算机、网络、通信和数据分析等方面的技术，对研发、生产、运营、销售等管理活动进行智能化、信息化、系统化的管理方式。相比传统管理模式，数字化管理不仅提升了企业的管理效率和决策质量，还显著提升了企业的敏捷性和竞争力。

在激烈的市场竞争和制造业不断升级的背景下，越来越多的企业将产品和服务的质量视为核心竞争力。然而，传统质量管理往往存在信息采集不规范、问题追溯困难、过程控制效率低等问题，在决策时也常依赖经验判断，难以支撑企业持续优化。

随着企业在研发、生产、采购和销售等环节的信息化程度不断提高，数字化管理应运而生。通过引入ERP、PLM(产品生命周期管理)等系统，企业可以实现管理流程的全面数字化，提升资源配置效率、决策科学性和管理透明度。

数字技术为企业发展提供了三方面的赋能：一是打破信息壁垒，实现平等连接与快速响应；二是提供低成本的智能工具，提高资源获取与问题解决能力；三是重构价值创造逻辑，为企业开辟新增长路径，形成可持续竞争优势。

在数字时代，个体的自我效能感显著增强，员工更为主动，客户参与性更强，组织边界也日益模糊。学者陈春花指出，数字化变革最大的变革点是“人变了”，进而推动组织管理模式的全面革新，使得工作场景、组织形式、信息传递与绩效评价都发生了根本性变化。她将变化后形成的新型管理方式概括为“激活—赋能式”，强调激发员工潜能、赋予员工自主权，构建高效协同、灵活敏捷的数字化组织。这种变革不仅是管理工具的升级，更是理念与机制的重构，要求企业建立以人为核心、以数据为驱动的新型管理体系。

在数字化时代，管理者的角色正在发生变化。现代员工更希望管理者成为他们的伙伴而不仅仅是领导者，更加倾向于平等对话而非接受单方面的命令控制。随着商业模式的不断演进和数字技术的不断发展，管理者需要面对对数字技术非常熟悉的新生代员工群体，这无疑给管理者带来不小的挑战。

在数字化时代，企业管理的核心挑战之一是管理者必须提供支持而不仅仅是进行管控。管理者需要更加慷慨、富有同理心和利他，而非以自我为中心。此外，传统的薪酬和激励体系已不再是驱动个体持续发展的关键因素，取而代之的是自我成就感和社会价值评价。

数字化时代的企业管理特点之一是自我激励。企业需要给予员工更多的授权和信任。员工期望得到赋能，即企业为他们提供创造价值的环境和条件，并让他们直接感受到自己的价值贡献。因此，企业管理模式需要演变为“激活—赋能式”。

在“激活—赋能式”管理模式中，管理者需以企业成员为中心，致力于释放企业成员的创造力和价值。也就是说，管理者的任务是提供发展平台和共享激励系统，促进企业成员的成长和创造力的发挥。

这种模式对管理者提出了巨大挑战，要求他们放下自我，成为“无我领导者”。这意味着管理者需要重视每一位员工的价值创造能力，促进员工和企业共同发展和共享成果。管理者还需要有广阔的视野和对未来的洞察力，帮助员工实现梦想，并引领他们朝着共同的价值目标前进。

尽管目前大多数管理者仍偏向于传统的“控制—命令式”管理模式，但随着时代的变化，一部分管理者已经开始接受新的“激活—赋能式”管理模式，因为这些管理者意识到，以员工为中心、激活和赋能员工是现代管理的关键。因此，现代管理者需要不断调整自己的角色和行为，实现从追求权威和成就感到追求“无我”和服务他人的转变。

大模型驱动的组织管理创新

在探索 AI 对组织管理产生的颠覆性影响时，我们必须了解这一领域的最新进展——生成式 AI。与传统 AI 相比，生成式 AI 的核心能力是自然语言处理、双向交互能力以及让无数人惊叹的智能涌现能力。生成式AI不仅仅是自动化和效率提升的工具,还是知识价值创造的关键工具。在现代社会,尤其是在知识密集型企业中,知识型员工的角色至关重要。随着生成式AI的发展,知识型员工成为AI的合作伙伴,共同推动知识的创造和应用。同时,生成式AI通过深刻的理解能力和创造力,正在对组织管理产生深远的影响。

在人才管理的重塑中,组织管理者面临的挑战是如何平衡AI的高效执行与员工的创新思考。在一个理想的环境中,AI不仅是执行工具,更是激发和扩展员工创造力的伙伴;员工不仅能积极主动探索新思维,更能够利用AI的能力来加速想法的实现。

1.人才管理的重塑:"超级员"工的崛起

在生成式AI时代,可以预见到"超级员工"将会出现。得益于AI的辅助,这类员工能够打破传统工作方式的限制,将创意和技能发挥到极致。这意味着企业需要重思、重塑人才管理的方式。

2.组织定位的重塑:效率与创新

生成式AI时代,是一个关于组织如何利用先进技术重新定位的时代,进一步说,是一个组织重新定义业务目标和发展路径的时代。企业如果要重新定义业务目标和发展路径,就需要转变传统的效率、成本思维模式,注重创新和业务扩展,并且不应局限于追求用更少的人力完成更多工作,而应思考如何利用现有资源和生成式AI的潜力实现更广泛的业务目标。

在企业不断寻求新的市场机会、开发新产品、重新定义与客户互动方式的过程中,生成式AI扮演的角色不仅是工作效率的提升者,更是创新的助推器。它提供的数据洞察和创新支持能够帮助企业突破传统思维的局限,探索前所未有的可能性。因此,企业需要在人才和技术上进行适当投资,因为至关重要的绝不仅仅是AI技术,还有员工对AI技术的理解和应用能力、员工的创造性思维和主动性。对人才的投资,能够帮助企业更好地适应快速变化的技术环境,并从中获益。

3.组织结构的重塑:幅度与扁平化

生成式AI的引入,不仅能提升个体员工能力和创新潜力,也能在组织层面引发变革。这些变革不仅仅局限于提升现有流程的效率,更重要的是为重塑组织的管理逻辑和方法提供新的可能性,尤其是在组织结构和领导层面上。

生成式AI的应用,尤其是AI助手的出现,为既有的挑战提供了新的解决方案。AI助手可以准确记录、梳理甚至分析会议内容,确保核心信息无障碍地传达至各个决策层级。例如,借助AI助手,高层管理者可以同时关注基层各个重要会议的动态,并从中提取关键信息来辅助决策。此外,AI助手还能帮助领导者识别潜在的问题和机会。通过分析员工的交流模式和内容,领导者可以更好地掌握团队动态，洞察工作中的挑战和潜在的创新点，从而更加精准地制定策略，优化管理方法，提高组织效率。

AI时代的组织重塑对中层管理者提出了新的挑战。过去，中层管理者主要承担信息传递的角色，在上传下达、协调不同层级的沟通中起到了不可或缺的作用。AI技术的介入，特别是AI助手的应用，有望解决扁平化和管理幅度之间的内在矛盾，高层领导能够更直接地接触和管理更多员工。因此，中层管理者需要重塑自身的角色和价值。

4.组织文化的重塑：可视化与变革

生成式AI也对组织文化产生了深刻影响。组织文化一直被视为企业的软实力，在生成式AI的辅助下，组织文化变得更加具体、可视化，并且可以被更有效地引导和塑造。

生成式AI，尤其是用于记录会议和分析人际交流的AI助手，为组织文化的可视化提供了强大工具。这些技术能够分析会议记录、邮件交流甚至是员工社交媒体上的互动，从而揭示出组织内部实际的沟通模式和行为规范。例如，通过分析不同团队的会议记录，AI可以揭示出团队内的沟通是否真的开放和平等，是否存在某种程度的“一言堂”或权威主义。借助AI技术，管理层不仅能够了解到企业文化的实际状态，还能够与目标进行对比，看看实际文化是否与理想文化相符合。文化的可视化让企业能够更准确地把握和调整组织文化。

5.组织能力的重塑：场景识别与知识积累

生成式AI的智能涌现正在产生广泛且深远的影响，可以带来新的业务模式、改进现有工作流程，甚至完全改变与客户的互动方式。例如，AI可以帮助企业在市场分析、客户服务、产品开发等多个方面实现突破性改进。但要想利用好智能涌现的潜能，企业就需要具备敏锐的识别能力，能够识别出最适合引入AI技术的场景，即要能准确判断出哪些业务流程、管理环节或市场机遇中应用AI将带来最大的回报。这需要企业对自身业务流程有深入理解，对AI技术的潜能和应用有清晰认识。例如，制造企业识别出生产线的自动化监控是引入AI的理想场景，零售商发现通过AI增强客户数据分析能够显著提升市场策略的效用。为了培养这种场景识别能力，企业可以设立专门的团队或小组专注于探索AI的应用潜能。这些团队或小组可以对企业的不同业务领域进行深入分析，识别出最有潜能的AI应用场景。

6.组织变革的重塑：AI融合与自下而上

过去，企业数字化常常被视为一个自上而下的流程转变，涉及高成本和大规模IT资源投入。这个过程往往需要企业彻底梳理并改变业务流程，对许多企业来说是一个缓慢且昂贵的过程。AI融合与这种传统的数字化过程有本质的不同。AI具有灵活性、低成本、入门门槛较低等特点，这使得企业可以逐步实施，而不必一开始就进行大规模系统重构。

（资料来源：李宁.大模型驱动的组织管理创新[EB/OL].[2025-02-25].https://mp.weixin.qq.com/s/gBNF85QIHSEUR9MOBsk_UQ.）

二、重构流程系统

（一）组织能力

组织能力是指企业在与竞争对手投入相同的情况下，具有以更高的生产效率或更高质量，将其各种要素投入转化为产品或服务的能力。也就是说，组织能力包括企业所拥有的一组反映效率和效果的能力，这些能力体现在企业从产品开发到营销再到生产的任何活动中。

为了使组织能力更易于理解，本章引用克莱顿·克里斯坦森的一个观点：成功的管理者自始至终都遵循着五大基本的企业管理原则。这五大原则如下。

1.根据客户需求分配企业资源

遵循以客户需求为导向的资源分配和决策流程进行创新，设立独立的组织机构，按照“破坏性技术”独立开展新业务和接触新的客户群体，建立一个能够实现盈利的成本结构。

2.根据组织和市场的匹配情况推进商业化进程

保护和培育新兴技术或产品需要企业在投资、灵活性、整合外部资源等方面采取多种策略，关键在于找到适合组织自身情况的方法，根据组织和市场的匹配情况推进商业化进程，并在不断试验和学习的过程中调整和优化策略。

3.通过不可知营销发现新市场

对于尚不存在的市场，确实无法准确预测和分析。管理者应对破坏性技术变革而采取的战略和计划，应该是有关学习和发现的计划，而不是事关执行的计划。也就是说，在新市场的开拓过程中，企业应多观察人们如何使用产品，而不是听人们表达他们将如何使用产品，即应以发展为导向，不断调研和寻找好的切入点。

4.根据组织能力选择业务

当组织遭遇变革时，创新者首先必须思考，他们是否具备成功所需要的资源？是否具备成功所需的流程和价值观？用通俗的话来说，就是组织能否具有接得住新业务的能力，而不要被新业务所困住。

围绕第四个原则——根据组织能力选择业务，克里斯坦森还提出了企业能力分析框架，即影响组织能力的RPV模型，该模型包括资源（Resource）、流程

(Process)、价值观(Value)三个要素。他同时指出,企业在初创期首先关注的是生存问题,所以最看重的是资源;在发展期需要特别关注如何高效运营,需要建立流程和体系,解决信息传递的问题;在成熟期则需要关注如何创新以延续企业的生命,这时候需要通过企业文化、价值观来解决企业目标实现问题。

5.通过"降维打击"来赢得技术上的优势

当新兴企业从低端市场切入,逐步提升技术水平,最终挤压主流市场时,传统企业往往受制于原有维度认知而难以应对,此即"降维打击"。在数字时代下,企业管理者要紧跟技术发展前沿趋势,重视构建技术优势。

(二)流程数字化重构

根据克里斯坦森对于组织能力的定义,流程是组织基于价值观把资源转化为产品或服务的过程中所采取的互动、协调、沟通和决策的模式。所以,对于正在进行数字化转型的组织而言,要重构组织价值,流程的数字化转型就极为关键了。

实现流程数字化重构,最重要的是关注以下四个方面。

1.组织资源新合作模式构建

企业进行组织数字化转型的动因在于必须应对外部环境和顾客新需求所带来的挑战,而组织现有的分工界定和流程无法有效应对这些挑战。为了有效回应外界的挑战,管理者需要打破现有的组织分工界定,挑选或引入新成员,并围绕这些新成员重新进行组织分工,通过为新成员提供有效资源,帮助他们摆脱原有流程的限制,建立新的合作模式,从而促成新流程的产生,这样才能使企业生产新产品或提供新服务。

在组织转型中,企业需要建立双业务模式,因为现有的流程适用于现有业务,而转型的本质是探索新的业务可能性,这两者完全不同,企业不可能用同一套流程同时进行两种完全不同的工作。双业务模式指的是组织同时拥有两种截然不同的业务,一种是组织现有的业务(存量业务),另一种是转型方向的全新业务(增量业务)。这两种业务遵循着完全不同的发展逻辑。

存量业务关注于在现有流程基础上的成本重构和组织解构,通过激活组织一线员工,实现更具成本优势的增长。这需要企业挑选或引入新成员,并重新进行组织分工,以提供有效资源帮助他们摆脱现有流程的限制。此举可以激发员工的创新潜力,实现成本效益的增长。

增量业务则注重整合资源,尤其是外部资源,通过建立新的、开放的组织平台和流程系统,融合更多新要素,寻求新业务的增长机会。这需要企业与外部合作伙伴合作,整合他们的资源并搭建开放的组织平台。通过建立新的合作模式和流程系统,企业可以融合更多新要素,发现新的业务增长机会。

为了有效开展这两种业务,企业必须建立两套完全不同的流程和激励体系。如果企业仍然沿用现有的流程和激励体系来转型,将无法实现新业务的增长,转型只会沦为一句空洞的口号。因此,企业需要根据两种业务的不同特点和发展逻辑,制定适用的流程和激励体系。

2.价值分配流程构建

为了实现数字化转型,企业需要建立一套适应转型需要的价值分配流程。这个流程应该能够充分考虑不同业务的价值贡献,并以此来匹配资源。同时,管理者也需要调整观念,意识到数字化转型是一项重要的战略举措,需要在当期绩效和长期发展之间取得平衡。只有在资源分配上作出适应转型需求的改变,企业才能够有效地支持未来业务的发展并实现数字化转型的目标。

3.流程的数据化重构

数据化是将业务和运营过程以数据方式进行精确呈现的过程。它的核心在于将各种现象转化为可量化的形式,以便更好地理解、分析和优化。在实现流程的数据化重构过程中,流程本身也需要具备数据化的特点。为了实现这一目标,企业可以采取以下三个步骤:第一,流程的数据化展现。第二,以体验为中心进行流程数据化重构。第三,建立数字技术平台,打造流程数据资产。

为了实现流程的数据化,企业首先需要做好信息基础建设的准备工作;其次应将信息化系统与日常工作相结合,确保信息化融入业务操作,提高工作效率和质量;再次根据自身管理特点,探索适合的信息化业务流程,解决在信息化管理中出现的问题,以提升管理质量和效率;最后加强员工的信息技术水平,使其能够主动应对市场变化,赢得市场竞争的主动权。

4.全流程变革

企业可以对当前的流程进行全面的识别和评估,通过精简步骤、优化流程和提高协同性来改进现有流程。为了实现流程的数字化重构,企业需要引入适当的数字技术工具和平台,实现流程的自动化和优化,提高效率和质量,并获得更精准的数据支持。

全流程变革需要企业各部门之间的紧密合作和有效沟通。通过设立跨部门的团队或委员会,使各个部门能够共同参与、协作和贡献意见。此外,企业还应建立良好的沟通渠道和共享平台,以促进信息共享和协同工作。

全流程变革企业还需要培养具备数字化能力的人才,并不断监测和评估数字化重构的成果。通过定期的监测和改进,企业可以不断优化流程,并适应不断变化的业务和市场需求。

第二节　未来企业组织结构的创新与组织文化塑造

在数字化时代背景下，企业组织结构的创新不仅是适应技术变革的管理需求，更是贯彻国家创新驱动发展战略、服务中国式现代化的重要体现。未来企业需要构建更加灵活、高效、开放的组织体系，打破部门壁垒，推动跨界协同，形成快速响应市场和技术变革的能力。

一、企业组织结构创新

组织结构可以从狭义和广义两个层面来理解。狭义的组织结构是指根据组织理论的指导，并通过组织设计过程形成的内部部门和层级之间固定的排列方式。它涉及组织内部的构成方式，旨在实现组织的目标。广义的组织结构除了包含狭义的组织结构内容之外，还包括了组织之间的关系类型，例如经济联合体、企业集团等。

组织结构对于组织高效运转、取得良好绩效具有重要影响，可以说是实现这些目标的先决条件，通常由组织的人力资源、职权、职责、工作内容、目标、工作关系等要素的组合形式来展现，是组织在“软层面”上的基本形态。

(一)组织结构设计

组织结构设计解决了多个关键问题，以确保组织内各种关系和要素之间的协调和有效性,主要包括四个方面:(1)责任与权力:组织结构设计确保责任承担者具有相应的权力,即责任和权力相匹配。这样可以确保责任承担者能够有效地完成任务并做出决策。(2)责任与资源:组织结构设计要求将资源合理地分配给负责相应任务的成员,确保责任与需要的资源相匹配,以支持任务的顺利完成。(3)责任与层级:组织结构设计通过明确的分工和责任归属,确保每个成员在组织中具有明确的角色和责任。这有助于减少重复劳动,提高效率。(4)稳定性与动态性:组织结构设计需要在保持稳定性的前提下,具备灵活性和适应性,以应对不断变化的外部环境和内部需求。这样可以确保组织在动态环境中保持稳定,并及时作出适应性调整。

组织结构创新已成为一个基本趋势,这要求企业更加灵活地进行组织结构设计。通过灵活的设计和调整,组织可以更好地应对外部环境的变化、提高资源利用效率、推动创新和协同,从而获得更高的组织效率和竞争力。企业组织结构创新要关注以下三个方面。

1.追求大规模增长

企业规模扩大是企业生存和发展的基础条件之一。随着规模的增长,企业组织结构也需要相应变大以应对挑战。然而,企业在追求规模的同时,也需要保持灵活性和员工的幸福感。小单元组织形式可以提供更大的灵活性和舒适感,有利于员工的协作和创新。因此,追求大规模增长和保持小单元灵活性之间本身就存在矛盾。解决这个问题的关键是利用数字技术。数字技术可以支持小单元结构和大规模组织之间的信息共享、协同工作和有效运营。通过强化内部的信息流动和沟通,以及使用团队结构取代传统层级结构所形成的以工作小组和团队为基本单元的组织结构,更能快速反应外部变化并持续变革。

2.管理者的集中管控偏好

管理者常倾向于采用集中管控的组织结构形式,因为这种形式具有一些明显的优势:可以带来高效率、稳定性,降低系统复杂性,以及形成良好的组织绩效。此外,管理者常认为集中管控让他们拥有权威感,并相信自己掌握了全部决策信息,从而确信自己的决策符合组织利益。

然而,在相对稳定的环境中,集中管控存在一些问题,例如组织僵化、懈怠和官僚主义的盛行。而且,随着组织规模的扩大,这些负面影响会越来越突出。随着环境的不稳定性和不确定性成为常态,组织必须具备开放性,以便能够动态适应环境的变化。

因此,管理者需要克服对集中管控的偏好,与组织一起提高开放性。开放的组织可以通过分权和授权的方式形成内部成员之间的协作机制,并建立灵活的组织体系。在动态适应环境变化的过程中,开放的组织能够借助组织成员的创造力、协作机制和与外部的合作,实现组织成长。

3.员工成长的速度

外部环境、技术发展、客户需求以及竞争对手等因素共同决定了组织成长的复杂程度。数字技术的快速发展使得数字世界与物理世界融合，加强了组织生态网络之间的连接，进一步提升了组织成长的复杂性。为了实现组织的成长，组织必须拥有复杂性所要求的各种要素，包括业务要素、资源要素和能力要素。

然而，企业必须认识到一个重要的事实，即人才是推动组织成长的核心要素，员工是组织最重要的资产。人才的流动性非常高，企业与人才之间存在着双向选择，这导致大量优秀人才在不同组织之间流动。此外，由于员工的成长速度远远落后于组织复杂度的提升速度，如果员工没有强大的学习能力，就有可能被组织淘汰。因此，企业需要不断更新实现组织目标的方式，并通过新的组织结构设计，为员工提供更多的成长机会和更大的绩效可能性。这样能够使员工在组织内实现更好的自主管理并快速成长。

（二）组织结构创新构建

企业的组织结构创新需要从以下两方面进行。

1.构建共享服务体系

共享服务体系包含各种共享资源和环境。为了赋能组织成员，企业应建立相应的沟通机制、流动机制、业务沉淀机制和共建机制，以实现协同增效。

沟通机制是企业成员之间达成有效共识的基础。通过良好的沟通，企业成员能够形成共同目标和一致夫人价值观，从而推动协同工作的顺利进行。

流动机制对于打破层级固化和前后台边界限制非常重要。通过流动机制，不同业务和岗位之间可实现更灵活的流动，以及信息和知识的跨部门分享，从而提升整体效率。

业务沉淀机制是保障信息、知识和资源积累和共享的重要手段。通过建立有效的业务沉淀机制，企业能够将有价值的信息和知识进行整理和共享，使其为企业成员所共享和应用，并为未来的工作提供参考和借鉴。

共建机制是实现企业资源和信息共享和企业员工共同创造价值的关键。通过共建机制，企业成员能够共同为企业发展作出贡献，不断创造新的价值和解决方案。

同时，企业应该致力于建立透明的工作环境，让每个成员都能清晰地了解其他人的工作情况，及时获取所需的数据和资源，并积极参与分享和共同创造的过程。企业成员应该积极将共创的成果沉淀到共享服务体系中，以便更好地支持整个企业的运营和发展。

2.构建网络协同工作体系

在网络协同工作体系中，企业成员都以为顾客创造价值为核心展开工作，以实现协同增效的目标。为了使这种共生效应得以持续,企业需要建立保障机制,包括价值机制、结构机制、共享机制和技术机制。

价值机制是指企业成员基于相互尊重和以顾客为中心的共同理念进行合作,以确保形成统一的价值观和目标。在这个机制下,企业成员共同认同和追求创造顾客价值的重要性,并以此为基础展开协同工作。

结构机制涉及特定的契约关系、权责结构和沟通结构。通过建立明确的契约关系和权责结构,以及畅通的沟通结构,企业成员之间的合作和协调得以顺利进行。

共享机制是保障信息、知识和资源共享的重要手段。在这个机制下,企业成员积极主动地分享和交流信息、知识和资源,以促进更高效的合作和协同工作。

技术机制则是实现上述机制的条件,重要的是有效地利用技术优势。通过采用合适的技术工具和平台,企业成员能够更便捷地交流和共享信息、知识和资源,提高工作效率和协同效果。

二、企业组织文化塑造

组织文化对组织成员在组织中的工作方式、行为、参与程度和创造出的氛围产生重要影响。从组织的角度来看,文化是组织内部形成的一套准则和普遍的价值评判体系,对工作方式、管理方式、奖惩制度以及员工关系等方面有深远的影响。

企业文化是具有共识性的,需要持续多年的打造才会形成。同时,在一个时期内适合企业的文化,在另一个时期内可能就不适合了。因此,企业需要持续进行组织文化塑造。企业进行组织文化塑造要坚持以下三个根本原则。

1.坚持以顾客为中心的原则

企业的核心理念不仅仅是一种信念,更是一种行为准则,必须融入员工的日常工作中。若企业缺乏对顾客需求的洞见、同理心和价值共鸣能力,那么企业将失去其存在的价值和意义。数字技术为企业提供了更多接近顾客、深入理解顾客需求、体验顾客感受的机会,企业应将数字技术作为企业与顾客之间的桥梁和纽带,坚持以顾客为中心,并将此视为核心价值追求,在作出价值判断和行为选择时牢记顾客的重要性。

2.坚持多元化和包容性

为了使组织能够具备开放性、允许矛盾与冲突发生、拥有调和矛盾的能力,并形成灰度哲学和动态多元的统一性,组织文化需要更具包容性和更加多元化。多元化和包容性的企业文化有助于为企业吸引多样化的人才,使企业获得更广泛的观点和建议,并建立更广泛的合作。在多元和包容的环境中,企业能够更好地意识到自身的局限性，并以此推动企业变革和成长；还能够意识到差异的重要性，拥抱差异，并基于此推动企业创新。

3.坚持向善、利他、共生的价值取向

企业文化具有凝聚共识和凝聚人心的作用。企业的文化氛围会对员工产生无形的激励或约束作用，使价值观潜移默化地融入员工的行为中。共同的价值观、理想追求和激情促使员工紧密联系在一起，对员工而言，能让其心生认同的价值观远比薪酬和其他物质激励更具吸引力。因此，现代企业管理的核心目标已经演变为营造价值观氛围。

组织必须以向善、利他和共生为核心的价值取向，这是实现组织文化赋能的关键。若企业文化能够为企业成员赋能，便可使企业成员朝着共同的方向和目标前进。

企业文化与数字化转型——如何在数字化时代重塑企业文化

数字化时代的到来，给企业带来了前所未有的机遇和挑战。在企业数字化转型的过程中，企业文化的作用愈加凸显。企业文化不仅是企业的灵魂和核心竞争力，也是企业数字化转型的基础和推动力。

1.数字化转型与企业文化的关系

数字化转型是指以数字技术为基础，通过全面应用信息技术和互联网技术，实现企业各个方面的升级和转型。数字化转型对企业文化的影响是多方面的。企业需要与外部合作伙伴、客户、供应商等进行紧密合作，共同推进数字化转型。企业需要不断创新，快速响应市场变化，才能在数字化时代中立于不败之地。此外，企业需要包容不同的文化、价值观和思维方式，才能更好地适应数字化时代的变化。

企业文化对企业数字化转型的推动作用也是不可忽视的。企业文化是企业的灵魂和核心竞争力，它能够激发员工的潜力和创造力，推动企业不断创新和发展。在数字化转型中，企业需要强化员工数字化素养，培养员工数字化思维，倡导数字化价值观，这些都需要企业文化的支撑和推动。

2.数字化时代下企业文化的特点

数字化时代下企业文化的特点主要体现在以下几个方面。

(1)开放性、协作性

数字化时代下，企业需要与外部合作伙伴、客户、供应商等进行紧密合作，共同推进数字化转型。因此，企业需要有开放性和协作性的企业文化，鼓励员工与外部人士进行交流和合作。

(2)创新性、敏捷性

数字化时代下,市场变化迅速,企业需要不断创新,快速响应市场变化,才能在数字化时代中立于不败之地。因此,企业需要具备创新性和敏捷性的企业文化,鼓励员工不断探索和创新。

(3)多元化、包容性

数字化时代下,企业需要包容不同的文化、价值观和思维方式,才能更好地适应数字化时代的变化。因此,企业需要具备多元化和包容性的企业文化,鼓励员工尊重不同文化和思维方式,促进多元化的交流和合作。

3.数字化转型中重塑企业文化的方法

数字化转型中重塑企业文化是非常必要的。

首先,数字化转型需要企业建立数字化文化,鼓励员工积极应用数字技术,提高数字化素养。企业可以通过开展数字化培训、建立数字化交流平台等方式,推动数字化文化的建设。

其次,数字化转型需要企业员工具备一定的数字化素养,能够熟练应用数字技术。企业可以通过开展数字化培训、制定数字化素养考核标准等方式,强化员工的数字化素养。

再次,数字化转型需要企业员工具备数字化思维,能够从数字化的角度思考问题。企业可以通过开展数字化思维培训、组织数字化思维讨论等方式,培养员工的数字化思维。

最后,数字化转型需要企业员工具备正确的数字化价值观,能够认识到数字化对企业的重要性。企业可以通过倡导数字化价值观、制定数字化价值观考核标准等方式,推动数字化价值观的普及。

总之,数字化时代下企业文化的重要性不言而喻。数字化转型对企业文化提出了更高的要求,企业需要具备开放性、协作性、创新性、敏捷性、多元化、包容性的企业文化,才能更好地适应数字化时代的变化。

(资料来源:徐睿.企业文化与数字化转型:如何在数字化时代重塑企业文化[EB/OL].[2025-02-25].https://mp.weixin.qq.com/s/YBLNAuDOk-sZzktw5-cfVQ.)

第三节 全球企业人力资源管理新挑战与重塑方向

一、全球企业人力资源管理新挑战

在数字化与全球化深度交织的时代背景下，全球企业正面临前所未有的人力资源管理挑战。技术革新、远程办公常态化、多元文化融合以及人才全球流动，正在深刻改变传统的人力资源管理模式。企业不仅要在全球范围内吸引与留住关键人才，还要构建包容性强、适应性高、敏捷灵活的人才管理机制。如何在文化多样性与本地化需求之间找到平衡，在变革中激发组织活力，已成为全球企业必须面对的核心课题。

（一）全球人力资源管理的三大核心变化

1.人才生态变化

人才生态是指不同类型的人才群体与其所处的环境相互作用和融合的状态。人才生态具有两个主要特征：新型的工作主体和多元化的用工形式。新型的工作主体包括三大成员群体。第一部分是出生于20世纪60年代、70年代和80年代的员工，他们接受了传统工业时代的培训，具有强烈的组织属性，熟练掌握传统业务工具，但对数字技术的了解相对较少，被称为"数字移民"。第二部分是出生于20世纪八九十年代的新生代员工，他们在数字化环境中成长，具有丰富的数字体验，被称为"数字原住民"，他们个性突出，自我意识明确，具有强大的创新能力，并以自我兴趣为导向。第三部分是指机器人、人工智能产品等，它们正在部分或完全替代人类的工作。

在数字经济时代，用工形式变得更加多样化，合同工、自由职业者、人才租赁等方式越来越受到企业的接受。企业内的工作不再完全依赖于全职员工来完成，而是通过多元化的工作主体和方式来实现。在数字技术的支持下，员工不再局限于某个特定领域或组织，他们可以跨团队、跨组织提供知识、技能和服务，甚至独立负责整个工作流程。

人才生态会形成人才集聚效应，特别是在新技术和新产业领域。人才生态不仅有助于实现单个人才的价值，还能够通过动态的组织组合能力，使得众多人才汇聚在一起，建立起合作共生和良性竞争的关系。人才之间的知识、技能和信息互动有助于实现"人才再生产"和"知识再生产"的过程。

2.员工价值定位变化

员工的价值定位即员工在实际目标和期望目标之间作出选择的过程。在传统组织中，组织是主导员工价值定位的因素，员工以组织的价值观为导向来确定自己的价值定位。

企业的价值和工作的价值构成了员工对企业整体的价值定位，员工在此基础上进一步确定自己的价值定位。新一代员工更加关注成就感和社会价值创造，更加注重个人兴趣，对工作的意义和使命感有着更高的期望。

3.组织价值活动变化

数字技术让企业发生的最根本的改变是将对价值活动的关注点从产品或服务转向顾客，重塑了员工、企业和顾客之间的关系，使三者协同共生。数字技术赋予员工和企业能力，使他们能够直接为顾客创造价值。同时，数字技术也帮助企业赋能生态中的伙伴，使他们共同为顾客创造新的价值。这使企业的价值活动对象不仅限于企业内部员工，还延伸到企业外部的顾客和生态伙伴之间。

在这个背景下，企业人力资源部门不仅需要承担对内的为员工赋能的基本工作，还需要承担对外管理的工作。也就是说，人力资源部门要参与、选择和执行战略的外部扩展工作，从而使员工、企业和顾客之间建立起协同的关系，共同推动价值创造。

（二）全球化与数字化背景下人力资源管理面临的三大挑战

在全球化与数字化背景下，企业和管理者都面临与数字化新世界融合的问题，人力资源管理要面对新技术应用、跨组织边界、跨岗位边界的情境，要理解和运用数字工具实现智能管理，要在人才招聘与测评、人才发展、薪酬与绩效管理、职位管理等传统工作中融入数字化元素。当下全球企业人力资源管理主要面临以下三大挑战。

1.外部环境的不确定性

现今，数字技术的迅速发展导致企业发展环境持续存在不确定性。同时，其他因素例如气候变化、政治博弈等也加剧了企业所面临的外部环境的复杂性和不可预测性。因此，有效应对不确定性已经成为企业人力资源管理的重要任务。

2.员工与企业双向选择

优秀员工现在更倾向于在不同企业间流动，这样做不仅能够增加他们的知识和技能，还能为其提供更多的发展机会。然而，没有一家企业希望失去优秀的人才。企业深刻理解到，只有为员工创造良好的工作环境，为其提供获得满足感和持续成长的机会，才更有可能留住优秀员工。

3.人机共生新形态

随着科技的不断进步，企业的绩效来源也发生了变革。数字技术为企业带来价值，人与机器之间的协作也在企业中变得越来越普遍。机器人已经承担了许多工作职责，例如无人机用于快递送货、餐厅和酒店中的服务机器人、生产线上的自动化机器人等。未来，人与机器共同工作将成为主要的工作方式，这就使企业人力资源管理面临绩效和薪酬管理、员工关系管理等方面的挑战。

二、数字时代人力资源管理重塑方向

在数字化时代背景下，了解挑战和变化可以帮助我们明确人力资源管理数字化重塑的方向。20 世纪 90 年代，美国人力资源管理专家戴维·尤里奇基于自己的企业咨询实践和对标企业的研究提出了四象限模型，明确了人力资源部门的产出和角色定位。根据戴维·尤里奇的观点，人力资源部门的产出包括四个方面：战略实施、员工贡献提升、行政效率改善和成功的变革。相应地，人力资源部门需要扮演四种角色：战略伙伴、员工领导者、事务管理专家和变革助推者。四象限模型对企业的人力资源实践产生了深远的影响，几乎所有人力资源管理高效的企业都按照这个模型对人力资源部门职能进行过重塑。结合戴维·尤里奇的观点，我们可以确定数字时代人力资源管理重塑的五个方向。

(一)关注企业战略规划

企业人力资源管理部门需要从关注自身的系统规划转向关注企业的战略规划。这意味着在全面理解并围绕战略规划的基础上，企业人力资源管理部门需要进行人力资源需求预测、知识系统定期更新，评估员工的活力程度和动态流动情况，并根据这些信息进行有效的人力资源规划。

在工业化时代，企业能够清楚地确定自身的核心竞争优势，并且企业的组织分工也是明确的，人力资源管理部门专注于承担专业职能并发挥其作用。然而，在数字化时代，由于竞争环境的复杂性和不确定性，企业很难再拥有明确而稳定的竞争优势。因此，人力资源部门不再是一个独立的职能部门。

在数字时代，企业的战略决定了其对变化作出响应的能力。企业需要根据战略发展进行转型，融入新技术，重新定义行业，并整合新资源。在这个过程中，人力资源管理部门需要根据企业战略目标做好人员和技能匹配，快速优化现有的人力资源，并做好未来的人力资源储备。

(二)业务伙伴型人力资源体系

在数字化与战略驱动日益融合的背景下，人力资源管理部门正从传统的职能支持部门转向与业务部门深度融合的业务伙伴型部门。这一转变要求人力资源不仅关注流程管理与制度建设，更要聚焦业务战略，成为推动企业高质量发展的核心力量。

业务伙伴型人力资源体系强调将人才成长与业务增长紧密挂钩。人力资源部门需主动参与组织运营,以客户需求为导向,将组织架构、流程优化、人才匹配等管理工作纳入业务逻辑之中,从而提升整体组织效率与绩效表现。

这一体系转型涉及三个支撑要素:组织精简、流程优化和员工职业化。这不仅有助于打造高绩效企业文化,还有助于推动企业向敏捷、协同、结果导向的组织转型。与此同时,人力资源部门应通过技术手段提升系统效率,并借助数据分析技术观察人才与岗位之间的匹配程度,从而精准支持业务端需求。

人力资源部门还需强化与业务部门的协作,主动理解业务痛点和客户预期,构建跨职能、跨区域的人力资源方案。例如,通过共享服务平台和流程再造,实现企业内部各业务板块与外部合作伙伴的协同管理,提升价值链整体效能。

数字时代下,人力资源管理部门不再是后勤支持者,而是业务增长的推动者。它将业务逻辑和客户逻辑深度融入人才发展、绩效评估与组织激励体系,确保人力资源部门真正成为组织战略落地的强有力支撑。

(三)多主体、多维度赋能

多主体、多维度赋能意味着人力资源管理部门要找到适应多工作主体、多元用工方式以及满足员工新价值需求的解决方案。为此,人力资源管理部门需要建立支持不同主体工作的系统支撑,组建柔性组织,并使用多元用工方式。同时,人力资源管理部门还应该致力于帮助员工,满足他们在技能、绩效和心理方面的需求。

实现多主体、多维度的赋能主要可以通过构建多主体的“契约关系”来实现。例如,海尔集团的张瑞敏提出“链群合约”机制作为一种在人力资源管理领域的创新机制。该机制的优势在于能够提升组织的灵活性和敏捷性。通过“链群合约”机制,组织可以更好地适应市场和顾客需求的变化,并更快速地做出决策和采取行动。同时,多个主体之间的合作和协作也可以更加高效和紧密,从而有效地提升组织的竞争力和创新能力。

多主体、多维度赋能的目标是创建一个有利于组织和员工共同发展的环境。具体来说,人力资源管理需要通过提供培训和发展机会,帮助员工提升技能;通过设定明确的绩效评估标准和激励机制,激发员工的工作动力和表现;同时,还需要关注员工的心理健康和福祉,提供必要的支持和资源。

(四)构建数字化管理能力

构建数字化管理能力不仅是组织数字化转型的基础要求,也是人力资源部门全面调整和改进的方向。尽管一些企业在构建数字化管理能力方面已经取得成效，但其人力资源管理部门数字化管理方面仍然滞后。

企业前端的战略与业务部门直接面对顾客、市场和行业的数字化变化，迫使企业必须进行数字化转型，然而，企业后端人力资源体系的数字化进展并不显著。因此，构建人力资源管理部门自身的数字化能力至关重要。

首先，人力资源管理部门需要实现人力资源业务的数字化，即将与员工相关的各项业务在线化、自动化和智能化，构建数字化的人力资源业务场景。通过将数字技术应用于人才的招聘、培养与留任以及绩效管理、薪酬管理等领域，可以提高人力资源管理的效率，更好地为员工提供服务并支持企业业务的发展。对于采用多工作主体和多元用工方式的企业来说，数字化人力资源管理的需求更为紧迫。

其次，数字化人才决策是关键步骤。这包括利用人力资源数据分析进行与人才相关的决策。数字化人才决策可以弥补管理者主观判断的不足，及时调整人才模型，并对人才进行动态评价和管理，以更好地支持企业战略，实现良性循环。通过基于人力资源数据分析作出人才决策，管理层能更好地理解员工需求，评估其能力、状态和价值贡献。

最后，需要对人力资源管理专业队伍进行数字化能力的建设。这对于从事人力资源管理的专业人员提出了新的要求。他们需要具备使用数字化工具的技能，能够运用数字技术分析人力资源数据，并与其他部门密切合作，实现更好的人力资源管理和业务支持。

（五）构建价值共享机制

人力资源管理的核心是围绕着人的价值创造构建价值共享机制，以推动组织的数字化转型。这意味着人力资源管理部门通过赋能员工、顾客和伙伴，实现组织数字化转型，并吸引不同利益相关者参与，创造顾客价值新空间，促进企业和企业伙伴的成长。

价值共享机制包括以下几方面内容。

(1)将顾客价值增值作为持续目标，创造出顾客价值的新领域和新机会。

(2)关注不同利益相关者的价值创造和贡献，通过组织内外部系统之间的协同实现整体最优的价值，共同获得利益。

(3)借助“数字穿透”能力，通过数据、信息和知识的共享实现价值协同创造，形成长期共生的价值空间。

(4)通过衡量价值创造的结果，及时激励共创价值的员工。

价值共享运行机制主要通过以下关键路径实现企业可持续发展。

(1)价值诠释机制：强调对顾客价值和共创、分享、共生价值的理解，鼓励共同投入。

(2)价值识别机制:强调整体化识别,系统地体现多维度的价值构成要素。

(3)价值激励机制:主要以价值激励为主,重点考虑员工对顾客和利益相关者的支持和帮助,以及对绩效的价值增值贡献。

(4)价值分配机制:强调根据利他原则和价值贡献进行分配,并协调各方的价值空间,确保每个成员获得应有的回报,共同为顾客创造价值。

价值共享机制的根本在于充分发挥人的作用。在数字化时代,企业、用户、员工和伙伴之间不再是零和博弈关系,而是协同共生关系。数字技术通过赋能人,将价值活动高效地组合在一起,促进企业员工价值的释放,进而推动企业用户和伙伴价值的实现,并提升企业的整体价值。最终,生态圈内的所有成员都能够共享价值,实现共同生长和繁荣。

第四节　数字化商业环境中的战略性国际人力资源管理

在数字化与全球化融合背景下,战略性国际人力资源管理不仅关系企业全球竞争力的构建,更是国家人才强国战略的要求。习近平总书记强调,坚持推动教育科技人才良性循环,统筹实施科技兴国战略、人才强国战略、创新驱动发展战略,一体推进教育发展、科技创新、人才培养。跨国企业应在国际人力资源实践中,注重塑造具有家国情怀、国际视野与数字素养的复合型人才,增强中国企业的全球影响力与文化软实力。

一、国际人力资源管理定义

国际人力资源管理是指企业为实现全球战略目标，在多元文化背景下，为海外子公司获取、发展和保留所需人才，并制定与之匹配的人力资源政策和实践体系。它包括招聘选拔、培训开发、绩效评估与激励机制等核心环节。

国际人力资源管理与国内人力资源管理在基本框架上相似，同样关注选、用、育、留的全过程。然而，跨国经营环境下的复杂性，如文化差异、法律制度不同和员工流动性强，使得国际人力资源管理面临更多挑战。只有深入理解这些特有因素，制定具有针对性的管理策略，企业才能在全球化背景下提升管理效能，实现本地适应与全球协同的统一。

二、国际人力资源管理的特点

国际人力资源管理主要呈现以下特点。

(一)国际人力资源管理需要有效应对复杂环境

由于全球各地经济、社会、自然环境等的不同，跨国公司应在充分了解当地环境的基础上，有针对性地调整管理思想和实践，实现差异化的人力资源管理。例如，通过学习对东道国语言，熟悉东道国国情、社会禁忌和制度、风俗习惯、劳资关系、工作人员雇佣方式，以及当地居民、政府对跨国公司经营业务的态度，以有效地适应当地环境，并有针对性地招聘员工、制定员工管理制度等。

(二)国际人力资源管理需要巧妙处理文化多元性问题

文化多元性是跨国公司国际经营中需要面对的重大问题，因此进行多元文化管理是非常有必要的。在进行多元文化管理时，跨国公司主要应处理的问题是，如何在使用原有、已经证明有效的人力资源管理方法的同时，适应当地文化，减少产生文化冲突的风险，并保证公司绩效不受影响。

跨国公司在人力资源管理方面必须遵守当地文化习俗。例如：在日本和拉丁美洲的一些地区，公司的招聘广告可能很清楚地列出了公司需要一名年轻男性员工，并严格限制年龄范围，尽管这些要求与工作没多大关系。但这种招聘广告如果在美国出现，就违反了公平雇佣准则法案。另外，很多国家在人员招聘上几乎没有设置任何限制。

(三)国际人力资源管理需要谨慎平衡多重目标

跨国公司虽然与一般公司一样，其人力资源管理部门都执行人力资源计划、招聘、培训、绩效考核和薪酬管理等职能,但跨国公司人力资源管理的目标会受到复杂环境和文化多样性的影响,并要谨慎平衡多重目标。

(四)国际人力资源管理需要灵活应对雇员多样性问题

跨国公司的雇员在种族、语言、文化背景等方面具有多样性。这对跨国公司人力资源管理而言是一个严峻的挑战,使得跨国公司人力资源管理面临一系列新问题,例如外派经理的选拔与培训、绩效考核、薪酬设计、跨国调动等问题。

三、国际人力资源管理的功能

跨国公司的人力资源管理要求将公司战略与人力资源管理策略结合起来,同时还要兼顾不同国家或地区的差异和特点。国际人力资源管理主要有三大功能。

第一,灵活处理不同类型员工的问题。例如,外派员工的薪资、家庭、人际关系问题以及归国后的文化适应问题、职业生涯发展问题等,都是跨国企业需要解决的问题。

第二,以公司战略为指导,根据公司所在国的政治、经济和文化环境来调整人力资源管理方式。例如:本田进入中国后,一直致力于本土化人力资源管理,采用内外招聘相结合的模式,以本田特有的企业文化理念和良好的工作环境吸引人才,通过招聘更多当地员工和管理者来实现人员配置的本土化。在晋升渠道设置上,本田给予中国员工更多晋升机会与空间,制定符合中国国情的晋升制度等。

第三,在每个子公司招聘和培养与当地需求相匹配的员工。在竞争激烈的当下,资本、技术、信息、原料等生产要素都可以被轻易复制,但独特的人力资源优势是不可复制的。独特的人力资源优势是企业竞争优势的可靠来源,对于跨国公司而言,要建立独特的人力资源优势,就应注重挖掘符合当地市场特点的员工。

四、国际人力资源管理的主要模块

(一)员工的招募与选拔

员工招募和选拔是跨国公司在海外设立子公司时需要面对的首要问题,也是最关键的环节。招募过程中,员工的分类很重要,它决定了跨国公司应该采取哪一种国际人力资源管理方法。

跨国公司的员工一般可分为以下三类。

一是母国员工，这类员工是来自母公司所在国并且拥有母国国籍的员工。母国员工通常被公司总部外派到海外子公司担任高层管理者或重要技术专家。

二是东道国员工，指在跨国公司海外子公司工作的具有东道国国籍的员工。

三是第三国员工，这类员工来自第三国，既不是子公司所在国家的公民，又不是母公司所在国家的公民。例如，一位美国籍经理在一家中国跨国公司设立在英国的海外子公司工作，这位美国籍经理就属于第三国员工。

跨国公司应制定国际人才管理规划，通过员工的招募与选拔，聘用符合公司需求的人才，实现公司经营目标。

(二)员工的培训与职业发展

培训是改变员工的行为与态度，使其更好地实现工作目标的过程。跨国公司应通过合理、有效的培训，帮助员工实现个人发展目标，使其适应跨国公司的工作方式，符合公司发展战略需求。跨国公司的培训既集中又分散。首先，跨国公司在总部开展集中化的培训，各地子公司的培训师或高管参加，在培训后，培训师或高管回到各自所在的子公司，根据培训内容发展业务。需要注意的是，培训师或高管必须具备将总公司培训方案与子公司所在地情况相结合的能力，这样才能确保总公司战略的顺畅施行。

(三)绩效评估

绩效评估是对员工工作绩效进行评价的过程，好的绩效评估系统能够清晰衡量员工为公司所作的贡献，以便绩效管理标准不断优化。

绩效考核起源于英国文官考核。1854—1870年，英国实施文官制度改革，针对文官实行按年度逐人逐项的考核，根据考核结果实施奖励与惩罚。考核制度的实行，充分调动了英国文官的工作积极性，提升了政府的廉洁水平与效能。文官考核制度以优胜劣汰为核心，这种考核制度的成功实施，使得很多企业开始借鉴这种方法，在组织内部实行绩效考核，试图通过考核对其员工的表现进行实事求是的评价，并作为奖、惩、升、降等措施实行的基础与依据。

对于跨国公司来说，要评估其海外子公司员工的绩效较为复杂。当公司存在不同国籍、不同工作习惯的员工时，绩效评估的一致性要求将受到较大影响。比方说，在中国，给人留面子是很重要的，公开批评员工是不理智的做法，因为这很可能会导致员工工作绩效的下降，甚至会导致员工离职。

海外经理人员的绩效评估是国际人力资源管理的重要工作。合适的绩效评估既能对海外经理人员的业绩作出恰如其分的评价，并据此制定有效的激励与淘汰政策，又有利于企业制定更为有效的聘用标准与培训方案，并为企业制定战略性发展计划提供依据。

子公司的绩效评估系统一般会对母公司的绩效评估系统有所继承,但也不能全部照搬,在设计子公司的绩效评估系统时,一定要综合考虑公司的总体运营战略和子公司所在地的独特性。

(四)薪酬与福利

国际员工薪酬管理是跨国公司针对国际员工所提供的服务来确定他们应当得到的报酬总额以及报酬结构和报酬形式的一个过程。跨国公司要持续不断地完善薪酬计划,就薪酬管理问题与国际员工进行沟通,同时对薪酬系统的有效性做出评价并不断改进。薪酬不仅能对员工起到较强的激励作用,又能让企业在同行业竞争中处于不败之地。

薪资与福利在全球各地的差异性给国际人力资源管理者带来了一系列挑战。世界各国有关薪酬的法律法规是影响国际员工薪酬的重要外部因素。为了维护劳工权利和体现企业的薪酬公平,许多国家都出台了一系列法律法规,用于指导企业的薪酬设计。

以国际外派员工为例,其薪酬通常由六个部分组成,包括基本工资、驻外补贴、福利、津贴、奖金、税收。

1.基本工资

国际外派员工基本工资通常与其跨国公司母公司类似职位的基本工资相同,以母国货币或东道国货币支付,或两种货币结合支付。

2.驻外补贴

驻外补贴一般为基本工资的5%～40%。

3.福利

国际外派员工在国外子公司的医疗、养老金等福利的水平与母公司一致。同时,跨国公司还会给外派员工提供额外的假期福利。例如,为外派员工及其家属提供一年一次或一次以上的回国探亲、应急休假等福利,并承担机票费用。

4.津贴

跨国公司会为外派员工提供住房津贴、探亲津贴、教育津贴及安家津贴等。

5.奖金

外派员工奖金是因外派员工在本国以外工作而得到的额外报酬,是激励员工接受外派的手段。大多数公司外派员工的奖金比例是其基本工资的10%～30%,平均为16%。越来越多的公司以一次性奖金取代对外派员工的持续奖励。

6.税收

除非东道国与外派员工的母国间有互惠纳税协议,否则外派员工必须对母国与东道国政府同时纳税。跨国公司一般会为外派员工支付东道国的个人所得税。如果在东道国纳税率使外派员工的净收入降低较多，跨国公司一般会对外派员工作出补偿。

人才是企业国际经营中的宝贵资源。有效的员工激励机制建立，能够为企业吸引优秀的人才，开发员工的潜能，减少人才流失，提升企业凝聚力。美国哈佛大学的威廉·詹姆斯教授在对员工激励的研究中发现，按时计酬的分配制度仅能让员工发挥20%～30%的能力，但若员工受到激励，其能力可以发挥出80%～90%。

在多元文化背景下，跨国企业原有的管理体系将不可避免会遇到文化差异带来的影响，文化激励已成为跨文化管理研究领域中迫切需要探讨的问题。中国学者指出，文化激励的主要目的是设计出切实可行的激励机制和激励体系，在激励过程中寻找超越文化冲突的企业激励目标，以激励具有不同文化背景的员工形成共同的价值观和工作方向，从而激发员工的创造性和积极性。

本章小结

本章重点介绍了数字时代国际企业管理模式、流程、组织文化及国际人力资源管理面临的新挑战。

数字化管理是一种利用计算机、通信和网络等技术来进行管理的方法，通过技术的应用来优化企业管理各个环节，使得管理过程更加智能化和便捷化。

数字技术为企业发展提供了三方面的赋能。首先，它使企业更容易获取广泛的信息，从而实现与外界的平等对话。其次，数字技术提供了许多低成本甚至免费的工具，帮助企业有效解决问题，并获取更多资源和机会。最后，数字技术使企业能够创造以前无法实现的价值，从而获得持续的竞争优势。

组织结构设计解决了多个关键问题，以确保组织内的各种关系和要素之间的协调。组织的内部文化对员工在组织中的工作方式、行为、参与程度和创造的氛围产生重要影响。从组织的角度来看，文化是组织内部形成的一套准则和普遍的价值评判体系，它对工作方式、管理方式、奖惩制度以及员工关系等方面产生深远的影响。

国际人力资源管理主要包括三大功能：第一，灵活处理不同类型员工的问题；第二，以公司战略为指导，根据公司所在国的政治、经济和文化环境来调整人力资源管理方式；第三，在每个子公司招聘和培养与当地需求相匹配的员工。国际人力资源管理的主要模块包括员工的招募与选拔、员工的培训与职业发展、绩效评估、薪酬与福利。

北京金融街威斯汀大酒店的跨文化管理

随着经济全球化的发展,不同国籍、不同民族的员工聚集于同一家企业共同工作,跨文化管理成为众多跨国公司面临的新课题。

1.酒店发展概况

北京金融街威斯汀大酒店是金融街集团所属北京金昊房地产开发有限公司投资开发的国际五星级酒店,由美国万豪国际酒店集团公司以"威斯汀"品牌经营管理。它是一家产权、管理经营权分属,即产权归中方、管理归美方的中外合作式企业。酒店员工来自世界各地,其中:外籍员工20余人,多为管理人员,分别来自美、英、德、法等十多个国家;中国员工占绝大多数,多为普通员工。

北京金融街威斯汀大酒店以其独特的管理理念及服务在行业中确立了领先地位,获得"世界杰出金融区酒店"、中国饭店协会授予的最高荣誉"国际水晶奖"、2016—2017年度全国企业文化优秀成果奖等荣誉。

2.酒店跨文化管理的实践

(1)用中国字,书中国梦

作为一家类似"小联合国"、具有世界性的酒店,文化的冲突无疑会使酒店管理变得错综复杂,并使酒店所有人员面临跨文化沟通的压力。为此,酒店党支部、工会先后策划实施了"用中国字,书中国梦"等跨文化体验的活动,帮助外方管理层和外籍员工了解中国文化。

(2)以人为本

酒店工会从2011年起,会同各部门持续开展"我爱我岗位、我练我技能"系列劳动竞赛活动。很多在比赛中表现突出的员工,在工作中被提拔或委以重任,这为酒店的人才储备和可持续发展创造了条件。

(3)总经理对话会

一次总经理对话会上,某位员工提出:"我们员工开车来酒店上班,但酒店目前停车位不够用。"美国籍驻店总经理汤姆回答道:"请安保部尽量合理安排车位。同时,我们鼓励员工上下班乘坐公共交通工具,之后每人每月补贴交通费200元人民币。"

通过举行总经理对话会,员工们能够和酒店的最高管理层直接对话,反映员工对酒店管理的意见和建议;总经理也可以将酒店的经营策略和宏观经济形势向员工通报,把员工的积极性引导到共谋企业发展上来,建立相互尊重、共谋发展的和谐劳动关系。

3.酒店跨文化管理的启示

为实施本土化管理，跨国公司管理层和外籍员工需要了解东道国文化，识别文化差异，因此需要进行跨文化培训，从而提高跨文化交际能力；为体现管理风格和特色，跨国公司需要将自身的管理文化向东道国员工输出；为深入实施本土化管理，跨国公司往往还需要吸纳部分东道国管理文化的先进元素。

(1)外派人员的跨文化培训

在华国际酒店集团在实施本土化战略的过程中首先面临中外文化的差异问题。研究表明，跨国企业以失败告终的案例中，因为技术、资金和政策等失败的比例很小，绝大部分是没有很好地处理文化差异问题导致的。

作为一家外方管理企业，北京金融街威斯汀大酒店同样面临着跨文化管理的挑战，即如何充分融入东道国环境，如何有效实施其本土化战略。这显然不是以外籍人士为主的管理层所擅长的事情，但这对于在中国土地上成长起来的党支部和工会来说，就不那么困难了。党支部和工会正是抓住了自身这个特殊的优势，努力在酒店的经营管理中作出更多贡献。酒店党支部和工会先后策划组织了“同绣一面国旗”、“用中国字，书中国梦”硬笔书法展、慰问外籍员工新春团拜会等主题活动，通过多种形式的跨文化培训，有效促进了外籍管理层与外籍员工对中国文化的了解。

(2)跨国公司母文化的导入

随着经济全球化的发展，与不同文化背景的人一起工作成为跨国公司员工面临的一项新挑战。由来自不同文化背景、存在跨文化差异的员工所组成的经济实体可称为跨文化企业，北京金融街威斯汀大酒店就是一家跨文化企业。与单一文化的企业相比，跨文化企业的企业文化具有以下两个显著特性。

①经营环境的复杂性。跨文化企业所面临的经营环境错综复杂，主要表现在面临的社会制度和文化环境不同，因此需要在经营理念、员工管理风格上不断调整。

②价值观多样性。跨文化企业员工一般都具有多样化的价值观念和复杂的信念结构，尤其是成立之初或者人员流动率相对比较高的跨文化企业，这种特点尤其明显。来自不同文化背景的员工具有不同的价值观和信念，由此决定了他们具有不同的需要和期望，以及不同的行为规范和表现。这不仅提升了企业管理的难度，而且使得统一的新的企业文化的建立困难重重。

(3)跨国公司母文化的适应和创新

从企业管理角度来看，在跨文化企业中，不同国家、不同种族、不同民族的员工在统一领导下从事着有关联的生产、经营、管理和市场活动，然而，员工的价值观存在差异，会产生不同的需求，由此体现出来的满足个人需求的外在行为也会有很大的差异。跨文化企业的规章制度势必要比在单一国家或者地区进行生产经营的企业要复杂得多,这也对跨国公司的本土化管理提出了更高的要求。许多跨国公司经营失败的主要原因就是没有很好地吸纳东道国的优秀管理文化。

(资料来源:黎群,王莉.跨文化管理案例:北京金融街威斯汀大酒店[EB/OL].[2025-02-25].https://mp.weixin.qq.com/s/hIPFEfFxg2Z1yAiXadxSJQ.)

思考题:

1.北京威斯汀大酒店在面对不同国籍、不同民族的员工时,是如何进行有效管理的?

2.如何在数字时代实行员工跨文化管理?

3.结合本章的知识,分析培训外派员工的策略有哪些。

参考文献

[1]廖泉文.人力资源管理[M].3版.北京:高等教育出版社,2018.

[2]葛玉辉.工作分析与工作设计实务[M].2版.北京:清华大学出版社,2019.

[3]杨勇,张喆.人力资源管理及创新研究[M].延吉:延边大学出版社,2024.

[4]张雪,孙烨.人力资源管理理论与实践探究[M].北京:文化发展出版社,2025.

[5]韩桂君.人力资源管理与劳动法实务经典案例评析[M].长沙:湖南大学出版社,2024.

[6]刘剑,胡玉婷,张国晖.人力资源管理与企业发展研究[M].延吉:延边大学出版社,2024.

[7]苗军,苗勇,常青.人力资源管理理论与实践研究[M].北京:线装书局,2023.

[8]龚志周,谷云燕.人力资源管理[M].北京:中国经济出版社,2024.

[9]叶春英,闫智鹏,邹海天.人力资源管理理论与模式研究[M].北京:中译出版社,2023.

[10]陈春花.组织的数字化转型[M].北京:机械工业出版社,2023.

第十一章　打造数字工作方式

学习目标

1.区别传统工作方式与数字化工作方式的内涵。

2.理解数字化时代的工作任务。

3.理解和掌握数字化工作方式的要素。

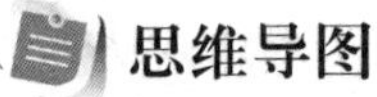

思维导图

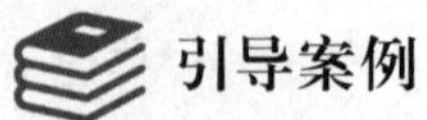

引导案例

中储粮新 OA 全面上线

为满足中储粮集团公司各级单位行政办公信息化需求,实现各单位之间信息共享、协同办公,提高各分(子)公司、直属企业的行政办公的效率和信息化水平,降低企业管理成本,中储粮集团公司提出"推进智慧中储粮建设,搭建互联网移动门户平台",决定携手蓝凌打造集团公司、分(子)公司、直属企业三级单位一体化办公平台——中储粮集团移动综合办公平台,实现跨层级跨部门的业务协作,实现公文管理、行政办公和各类业务审批的"掌上通",为各级单位、各部门员工营造便利的在线办公环境,满足日常工作的多方协同及异地协同需要,提升各级单位的办公效率。

中储粮集团移动综合办公平台的包括公文管理、行政管理、业务审批、即时通信等四个子系统,满足用户管理、门户管理、公文管理、日程管理、印章管理、车辆管理、食堂管理、用餐管理、会议管理、督办管理、任务管理、合同管理、固定资产投资项目管理、实物资产管理、通讯录、即时通信等公文和行政办公信息化需要,以及组织和员工间的沟通交流需要。同时,该平台实现与电子邮件、电子档案、移动安全管理、WPS 文档中台等系统集成,并与中储粮集团公司已有的人力资源系统、购销合同系统、经费管理系统、视频会议系统、运维管理平台等进行集成,预留与中储粮集团公司其他已建或新建系统的集成接口以便于扩展。

1.打造创新型一站式交流和管理平台

平台功能齐全,不仅具备传统的 OA 系统的办文功能(如收文、发文、简报、签报等),还实现了各类行政办公事务(如会议、督办、档案查询、用印管理等)的移动化,同时实现了业务审批的移动化(包括经费报销审批、请假销假审批、系统权限审批、用印审批等)。此外,平台还提供了物资管理、知识管理、后勤服务等共计 30 余项功能。

相较于传统的 OA 系统,该平台有很多全新的实用功能,如即时通信、投票管理、调查问卷、日程管理等。即时通信可以代替微信、QQ 等外部工具,进行工作沟通和文档的转发;投票管理可以用于总经理办公会、投资委员会、预算委员会的议题表决;调查问卷可以用于各种事项统计;日程管理可以协助员工安排各种会议和各项工作事宜。

2.平台化集成,实现系统间互联互通

主要体现在平台应用的"三级贯通"和与周边系统互联互通两方面。一方面,集团本部、分(子)公司、直属企业三级单位,实现了公文管理及行政管理流程的同级流转及上下交互。另一方面,平台与周边系统打通,如云视频、人力资源系统、经费报销系统、电子档案、电子邮件、金山云文档中台等系统，集成了相关功能，实现了统一身份认证和单点登陆，大大提高了工作效率。

3.全面加固集团信息安全“防线”

平台具有较好的安全性，流程细节化、自定义化。例如，平台采用私有化部署，按等保三级要求防护，具备较好的安全性，且相关数据落地在集团公司机房内部服务器，并对关键数据进行了加密处理，进一步保障了信息安全。

（资料来源：中储粮新 OA 全面上线了[EB/OL].[2025-02-25].https://mp.weixin.qq.com/s/0vlV_0eCsSEvXtDzp5I4RA.）

引导问题：

1.中储粮如何实现数字化办公？

2.企业数字化办公对于跨国企业的发展具有哪些重要意义？

第一节　传统工作方式与数字化工作方式内涵

新时代背景下，随着数字化技术的不断演进，人们的工作方式变得更加数字化、智能化。通过对比传统工作方式与数字化工作方式，增强学生服务数字中国战略的责任意识，激励其主动适应变革，提升数字素养，勇做时代新人，在数字经济浪潮中贡献青年智慧与力量。

一、传统工作方式

传统工作方式是一种以规则、流程和层级为核心的方式，强调制度化运行和职责清晰，旨在确保组织高效、稳定地运作。这种方式常见于工业化时期的岗位经济形态中，代表理论包括泰勒的科学管理和韦伯的科层制度。其优势在于高度的规划性和组织性，员工职责明确，任务清晰，有助于确保工作的连续性与团队协作，提升执行效率和制度规范。然而，它也存在一定劣性：由于强调服从与流程，往往压抑了员工的创造力与灵活性，使组织难以适应快速变化和多样化的环境。

随着知识经济崛起和技术进步,组织逐渐面临更加动态的市场环境,传统模式显得僵化。因此,企业开始转向更为灵活的工作方式,例如项目制和跨部门团队协作。这些新方式强调角色多样、责任动态、协作紧密,突破传统分工的限制,推动组织效率与组织创新能力的双重提升。

同时,绩效评价的特点也从"岗位—任务—结果"的线性逻辑转向"共创—共享—协同"的动态机制。在传统工作模式下,岗位职责和考核指标相对固定,绩效主要由员工的个人能力与执行意愿决定。而在复杂多变的数字环境中,绩效不仅取决于员工个人的努力,还受到顾客、产业伙伴乃至智能系统等多主体因素的影响。

在数字时代,员工已经传统意义上的任务工具人角色逐渐转向价值共创者角色,因此,企业需要激活员工潜力,赋予其更多成长空间和创造机会。在这种转型中,员工不再只是执行者,更是组织绩效的参与者、协作者和推动者,必须具备更强的适应性、复合能力和数字化素养。

二、数字化工作方式

数字化工作方式是指通过数字技术来完成工作的方式,比如可以通过计算机、网络、智能手机和其他数字设备来完成工作。数字化工作方式的出现,不仅为人们的生活和工作带来了便利,还使得工作变得更加高效、精准、智能化和创新化。

在数字化工作方式中,员工的角色已经从传统的任务工具人转变为价值共创者,也就是说,员工不仅是工作目标的共同管理者,更是结果产出的关键领导者。

数字化工作方式的三个核心因素是创造力、协同能力和对变化的洞察力。首先,创造力是驱动工作成效的关键。在数字化时代,只有不断创新,才能找到新的价值空间,为企业和利益相关者创造更大的价值。其次,协同能力也至关重要。员工需要与同事、顾客、组织生态伙伴等利益相关者紧密合作,共同完成任务,实现共同的目标。最后,对变化的洞察力也是员工不可或缺的能力。只有敏锐地捕捉到市场、技术、政策等方面的变化,才能及时调整策略,保持竞争优势。

在数字化工作方式下,员工存在的意义就是不断产出新结果、创造新价值,这充分体现了数字化工作方式底层逻辑的变化。在数字化工作方式中,工作成效首先取决于员工的创造力,其次取决于员工与他人的协同。员工还需要积极参与团队合作,与利益相关者共同发展,实现共赢。任务完成的质量取决于员工和利益相关者(包括同事、顾客、组织生态伙伴等)的共同贡献。

在数字化时代,组织依靠的是员工的创造力、与他人协同工作的协作力、对变化的洞察力，这意味着，组织需要为员工提供足够的支持和资源，激发他们的创造力和潜力。同时，组织还需要营造一个开放、包容、协作的工作氛围，鼓励员工与利益相关者紧密合作，共同创造价值。

（一）基于大数据的工作设计

大数据赋予传统工作新的时代内涵。以管理者的工作为例，大数据使循证管理有了更大的施展空间。通过全面、丰富、准确的数据分析，管理者能够更好地了解组织运营的现状和趋势，制定出更加符合实际情况的管理策略。这不仅提高了决策的可靠性，也增强了员工在执行过程中的接受度和投入度，从而推动组织的发展。大数据使得管理者所依据的事实信息更加全面、丰富、准确，并可以使管理者更加及时甚至实时获取事实信息，这不仅使循证管理的优势最大化，也弥补了它的不足。

大数据背景下，工作设计需要融入数字化元素和大数据思维。在设计工作岗位和工作方式时，需要充分考虑数据的收集、分析和应用。通过数据分析，可以优化工作流程、提高工作效率、减少资源浪费等。数字化的工作设计不仅能够提高组织的运营效率，也有助于培养员工的数字化素养和数据分析能力。此外，大数据还可以促进战略性工作设计的落实。通过将工作设计融入具体业务场景中，可以更加精准地识别组织的核心竞争力和优势，从而实现各项工作间的协同和战略目标的推进。这种协同作用不仅提高了组织的整体效率，也有助于组织形成更加紧密的团队合作。可以说，大数据背景下工作设计的变化使组织战略与工作设计融合得更好。

1.组织战略的规划实施更加精准

对于采取成本领先战略的组织而言，大数据的采集与应用使得组织能够更精确地掌握各个环节的资源调用情况。在物料使用、人员规划等方面，大数据能够提供超越传统管理方法的优化建议，从而在降低成本的同时提升生产效率。通过大数据分析，组织可以明确知道哪个流程需要哪些员工，以及所需的员工数量和工作效率。

对于采取差异化战略的组织，组织工作设计需要体现出不同工作岗位的技能多样性及组织层面的灵活性、自主性和扁平化管理。大数据分析使组织能够更深入地了解自身情况，包括员工、实物资源、组织客户的分布等。所采集到的数据不仅有助于组织判断内部资源的合理分配，还能帮助组织更好地分析目标市场的用户需求。这些信息的掌握显然能帮助组织在工作设计上更加契合组织的差异化战略。

2.具体业务场景下的工作设计更加明晰

对于组织任务的工作设计，大数据则提供了更为客观、全面的视角，能帮助组织更加精确地了解内部业务流程和各个岗位的工作情况。

首先,在输入端,通过大数据的应用,组织能够清晰地了解特定岗位所需的物料、设备以及与其他上游岗位的关联机制,有助于人力资源部门在招聘和配置人员时,更加准确地设定岗位需求,避免发生资源浪费或人力不足的情况。

其次,在过程端,大数据的分析能够帮助组织把握岗位的任务安排以及输入资源的转化机制。组织可以根据数据分析结果,优化工作流程,提高工作效率,确保资源的最大化利用。

最后,在输出端,大数据系统能够将产出数据更好地进行入库管理。通过与既往信息及同期其他岗位信息的匹配分析,人力资源部门可以纵向、横向对比岗位的产出绩效,从而更加客观地评估员工的工作表现,为后续的激励和奖励提供依据。

(二)基于大数据的工作分析

1.基于大数据的工作分析的意义

工作分析作为组织内人力资源管理活动的基石,为后续人力资源规划、员工招聘、员工培训、绩效管理、薪酬制定等活动开展提供了基础信息。只有更好地掌握各个岗位所需要的和产生的信息,才能更好地开展各项人力资源管理职能活动。

首先,大数据的应用使得工作分析更加精准和高效。通过采集和分析大量数据,组织可以更加准确地了解各个岗位的工作内容、要求以及员工绩效表现,从而为后续的人力资源管理活动提供有力支持。

其次,大数据使工作分析具备统一的数据标准和接口。在数字化人力资源管理中,只有确保数据的一致性和可比性,才能有效地进行数据分析和挖掘,进而为组织提供有价值的决策建议。

此外,工作分析阶段整理出的岗位运转信息对于后续职能活动的执行至关重要。通过对输入端、过程端、输出端及岗位内外部关联机制等各方面的信息进行归类整理,组织可以更加清晰地了解各岗位的工作特点和要求,进而为后续的招聘、培训、绩效管理等活动提供明确的方向和依据。

2.基于大数据的战略性工作分析

从组织战略视角出发,可靠的数据支撑让工作分析中关于工作岗位的职能定位和职责构成的梳理更加具有说服力。

(1)战略协同的工作分析

人力资源部门通过对工作的全局描绘,结合事前设计和事后整理,能够更加清楚、客观地揭示组织内工作排布的目标和逻辑。

在事前设计方面,传统的工作分析方法主要依赖于人力资源部门的直觉或者辅以浅略数据资料的定性分析，但是在大数据时代，更全面、深入的量化分析资料，如不同岗位和时期的产出绩效数据、展示岗位间关系的网络节点图等，为人力资源部门提供了更加理性、客观的依据，有助于人力资源部门更准确地选取典型工作分析岗位，从而确保工作分析的有效性和针对性。

在事后整理方面，传统的工作分析方法需要人工综合不同岗位的信息，并输出完整的工作岗位图谱，不仅工作量大而且容易发生错误。而在大数据系统的支持下，只需要前期确定好统计指标，再将工作岗位的分析结果录入系统，即可自动生成可视化的关系图谱，不仅简化了操作流程，降低了错误和遗漏的可能性，还使得结果更加直观、易于理解。

(2)加速去工作化的趋势

随着时代变迁，组织对于灵活性的需求日益增长，这推动了去工作化趋势的形成。在这一背景下，员工需要具备跨学科、跨职能的知识结构，以便更好地适应组织的灵活变化和创新需求。大数据时代，职能边界感被削弱，主要体现在组织业务关联及员工知识获取上。通过组织内部的信息系统，人力资源部门能够精准地梳理出不同岗位之间的关联机制，同时使各个岗位更加聚拢，呈现出更强有力的工作态势。这种岗位凝聚的趋势，自然削弱了岗位与岗位、部门与部门之间的边界趋势，使得员工能够更容易地跨职能合作，进一步增强了组织的灵活性。同时，员工的知识获取更加快速便捷。现在的员工可以轻松地获取各种信息和知识，这使得他们更容易具备多样技能。复合型人才的增多进一步削弱了职能边界感，员工不再局限于某一特定的职能领域，而是能够跨越多个领域进行工作，从而使组织的整体效率和创新能力提升。

(3)基于大数据的胜任力构建

大数据时代，组织对于胜任力的构建将更为简单、全面。基于大数据的胜任力构建主要包括以下几个步骤。

第一步，确定绩效标准。大数据的应用使得人力资源部门能够更全面地了解员工绩效情况。通过引入外部数据，组织可以对比员工在整体劳动力市场上的表现，明确员工在市场中的位置。同时，利用内部数据，人力资源部门可以对不同岗位、不同时期的员工绩效进行动态分析，构建更为精确的绩效比对模块，实现动态化内部管理。

第二步，评估和区分绩效优异者、一般者和不足者。大数据的应用让这种区分更加具备颗粒度且更连续，从原来的简单分类转变为连续的绩效评估，而且可以从更加多样化的维度评估，如评估员工的工作态度、团队合作能力、创新能力等，从而实现更为全面的员工绩效评估。

第三步，搜集关于技能、动机、自我定位等方面的员工样本数据。大数据时代，人力资源部门可以更加客观地提取相关数据。同时，通过对员工工作表现数据的分析,人力资源部门可以更准确地识别员工的技能需求,为后续的培训和发展计划提供有力支持。

第四步,数据整理与分析。人力资源部门只需要将组织内部数据实时录入系统,通过数据可视化等工具,便可以更直观地展示员工的胜任力状况,为组织决策提供有力依据。

第五步,建立初步的胜任力模型。大数据的应用使得各种数据评估维度更加可视化。通过云计算等先进的数据处理技术,人力资源部门可以实现对海量数据的快速分析和处理,从而构建更合理的胜任力模型。

第六步,验证胜任力模型。大数据的应用使员工的工作数据可以被持续记录和分析。传统的胜任力模型验证通常依赖于某次截面数据的比对,这种方式无法全面反映员工的实际胜任情况。现在通过实时收集和分析员工的工作数据,组织可以动态地比对员工绩效与胜任力模型之间的差异,及时调整模型中的评估指标和权重。这种动态的验证过程可以确保胜任力模型的时效性和准确性,为组织的决策提供更加可靠的依据。

(三)"三支柱"模型下的人力资源工作设计与大数据分析

在大数据时代,企业人力资源管理正面临前所未有的转型机遇。"三支柱"模型在人力资源管理职能的细化与专业化方面发挥了关键作用,尤其在工作设计与分析领域的作用尤为显著。该模型包括三个部分:人力资源专家中心、人力资源业务合作伙伴与人力资源共享服务中心。三个部分分工明确、协同运行,共同构建高效、数据驱动的人力资源工作体系。

1.人力资源专家中心:战略主导与专业分析

作为组织人力资源职能的核心枢纽,人力资源专家中心承担着工作设计与分析的顶层规划任务。在制定方案前,需基于组织战略意图,明确工作分析的目标与对象,选择适配的数据收集策略,并划定数据收集的范围。人力资源专家中心不仅负责外部权威数据的甄选与采集,还负责最终的工作流程优化与制度设计。随着信息技术的发展,人力资源专家中心可借助企业信息系统快速获取关键业务数据,为工作重构提供精准支撑,实现从经验判断到数据洞察的转变。

此外,专家型人力资源人才在具备坚实的单一学科基础的同时,也具备跨领域学习与转化能力。在多学科融合趋势下,他们更容易构建系统化的知识结构,从而为组织制定更具前瞻性与专业性的制度流程,增强制度执行的有效性和适应性。

2.人力资源业务合作伙伴:组织连接与信息整合

人力资源业务合作伙伴作为连接人力资源职能与业务单元的关键角色,擅长从组织内部获取真实、有效的信息资源。其跨职能背景使其能够与业务部门深入沟通，准确把握员工需求与管理痛点。在传统模式下，人力资源业务合作伙伴通过访谈、问卷等方式获取定性信息，面临信息碎片化与处理效率低下等挑战。如今，借助大数据分析工具，人力资源业务合作伙伴可整合来自员工、绩效系统、业务数据平台等多个渠道的信息，进行实时分析和预测性判断，有效支持人力资源决策的科学化、精细化。

3.人力资源共享服务中心：数据集成与流程支撑

人力资源共享服务中心主要承担标准化和事务性工作，在数据驱动管理模式中，是信息集成与服务输出的关键枢纽。人力资源共享服务中心负责将来自内部（如 HRIS 系统、考勤系统、员工反馈）和外部（如行业调查、人才市场）的大量数据统一汇总，并实现平台化共享。这不仅提高了数据获取的便捷性，也为人力资源专家中心与人力资源业务合作伙伴提供了坚实的数据支撑。

通过这种“三位一体”的协同机制，企业能够更系统地开展工作分析，精准识别岗位职责、流程瓶颈与能力缺口，从而推动组织运行效率与员工绩效的同步提升。

第二节　数字化时代工作的变化

一、数字化使企业价值活动改变

数字化使企业价值活动发生改变，使其从以企业为中心转向以顾客为中心。数字技术赋能员工，让他们直接为消费者服务，与组织伙伴共创价值，最终和组织伙伴一起为顾客创造价值。在这样的价值活动中，只有创造性工作与协同工作才能取得成效，这要求员工更新工作认知。

许多企业都积累了大量消费者数据，但并未真正有效利用数据推动业务发展。数字化为企业提供了一种机制，即获取准确数据并将其完全集成，以实现更高层次的业务洞察力。数字时代，消费者已经习惯于丰富的选择、合理的定价和快速的交货，对于用户体验往往也有一定的期待。企业通过数字化机制，可以更好地将结构化数据（个人客户信息）与非结构化数据（社交媒体分析结果）结合起来分析，以深入了解消费者需求，从而制订以消费者为中心的计划，提升用户满意度和忠诚度，建立良好的品牌声誉。

企业数字化转型:以客户为中心构建能力体系

以客户为中心是企业数字化转型的目标,其含义是打造多层次体系、以客户为中心的组织能力,包括围绕客户设计组织结构,基于客户场景提升创新能力,设计满足客户体验的互动方式,并在数据、IT以及考核机制等各方面体现以客户为中心的理念。

技术进步正在推动市场的根本性转变,促进新一轮数字转型。德勤公司认为,要让客户成为数字化转型工作的中心,而不是技术。事实上,客户的期望和需求正在为销售、服务、支持和产品职能部门的员工带来重大挑战和机遇。企业需要不断评估数字化是如何改变客户行为的,重新思考客户参与模式,利用技术,重新设计员工的角色,最大限度提高客户的价值,为客户提供更好的体验。

(资料来源:石秀峰.数字化转型,“以客户为中心”又火了[EB/OL].[2025-02-25].https://mp.weixin.qq.com/s/ug51nOd8OGFbQaNKFBgq5g.)

二、人工智能的发展使人们改变对工作的认知

在人工智能深度变革工作方式的背景下,青年应坚定文化自信,增强适应变革的能力,提升科技素养,具有人文关怀,坚持以科技创新引领发展,以责任担当回应时代,做有理想、有本领、有担当的时代新人。

人工智能的发展正在深刻改变人们对工作的认知。根据经济合作与发展组织(OECD)的研究,随着人工智能技术的广泛应用,约46%的工作岗位将受到不同程度的影响。这种变革不仅意味着部分岗位将被机器人完全取代,还意味着大量岗位的性质将发生根本性变化,这对从业者的知识结构和技能水平提出全新的要求。与此同时,许多全新的岗位也将出现,这些岗位的工作需要人与机器协同合作。

早在2015年,关于制造业数字化转型的调研就表明,凡是标准化、可量化、可衡量、可程序化的工作,最容易被智能化技术所取代。在这一趋势下,岗位职责、工作内容和所需技能都在不断变化,促使工作者必须重新理解工作的内涵。

在人工智能时代，工作对工作者提出的要求从强调执行力与规范化操作逐步转向强调创造力、适应性以及与技术共生的能力。因此，在人工智能时代，工作者不应再局限于完成工作任务的效率，还要注重与技术的协同、人机共创的价值，以及培养自身持续学习与适应的能力。

三、工作者自身的变化

有远见的组织一定会看重和保护员工的自主创造性，因为具有自主创造性的员工是现代组织最宝贵的资产。对于有自主创造性的员工，简单的工作分解和岗位设置可能会限制他们的发挥，因为这些员工渴望在工作中展现自己的聪明才智，他们期待管理者提供更多的工作协助和支持，同时希望组织能够为他们创造一个展示才能的平台。邱泽奇教授认为："在数字平台背后潜藏的其实是社会的变化，即人类行动者之间的高度互联。高度互联让每个人与所有人相连。一个人的技能服务，一个人的知识服务，一个人的劳动服务，一个人制造的产品，可以服务于世界范围内每个有需求的人。"可见，在万物互联的数字时代，工作者已不是工作任务的被动执行者，而是组织价值创造的核心人物，工作者应具备高度的自主创造性，实现个人价值和组织价值的融合共创。

建立技术创新长效机制 激发职工创新创造活力

位于无锡市的英特派铂业股份有限公司成立于2002年，是一家集研发、制造、服务于一体的高新技术企业。面对激烈的市场竞争形势，实施人才强企战略，打造年富力强、勇于开拓、敢于创新的技能型职工队伍，对该企业而言尤为重要。近年来，该企业技术研发人员、技术工人招聘难，被录用的新职工需要一定的成长期且留用率较低，严重影响公司技能人才储备。2021年集体协商春季要约前，该企业工会主动与领导沟通，提出开展以提升技能型职工待遇、激发创新创造活力为主要内容的职工技术创新专项集体协商。

在集体协商后，该企业通过签订职工技术创新专项集体合同，提高了技术型职工的薪资和职工技术创新奖励标准，搭建多个技术创新平台，激发了职工创新创造的热情。

一是建立技能人才职级制，畅通技能人才职级上升通道，提高技术人员薪资标准，使同级别技术工人的基本工资和绩效考核基数高于职能部门职工。

二是搭建技师"传帮带"平台，传承工匠技艺，设立带徒津贴，培养"一专多能”型技能人才。通过实施该举措,企业培养了近20名技术能手,促使精加工车间班组快速发展并荣获“无锡市工人先锋号”荣誉称号。

三是设立技术革新奖、先进操作法奖,激发职工创新创优的积极性;积极推荐优秀职工申报政府各级技术创新、成果转化奖等。

四是成立科学技术协会。协会围绕企业核心技术和关键技术,开展技术攻关,促进创新人才成长,激发创造潜能,推动企业自主创新能力的全面提升。协会成立以来,企业涌现多项技术创新成果,如高质量高附加值玻璃基材生产用贵金属关键成套装备荣获江苏省科学技术奖。

签订职工技术创新专项集体合同,落实职工参与技术创新、发明创造的奖励措施,是企业尊重劳动、尊重知识、尊重创新理念的真正落实。从该案例可见,做好职工的答卷,解决职工所盼,让职工以主人翁的姿态来谋划工作,以实实在在的举措提升职工获得感、幸福感、归属感,才能让职企同心共谋发展。完善以企业为主体、职工为主力的技术创新体系,引导和激励职工积极参与到企业技术创新中来,才能打造高素质的职工队伍,企业才有更光明的未来。

(资料来源:建立技术创新长效机制 激发职工创新创造活力[EB/OL].[2025-02-25].https://mp.weixin.qq.com/s/3e6ddVk-HGbVf_PJBwH9wQ.)

第三节 数字工作方式的要素

数字工作方式是指在数字化时代背景下,企业为适应快速变化的市场需求和顾客价值,通过合理利用数字技术,以协同为核心,重组数字团队、赋能数字个体并升级数字领导力,所形成的一种全新的工作方式。这种工作方式旨在实现更高效、灵活、创新的业务运营,从而快速响应顾客需求,并驱动企业的持续发展。数字工作方式包括四个要素:数字工作系统、敏捷团队、数字个体、数字领导力。

一、数字工作系统

数字工作系统是一种基于数字技术的工作系统，通过将传统的办公工作流程数字化和自动化，实现工作的高效、便捷和智能化。

例如：2020年，新华三集团前瞻性地发布了H3C Workspace数字工作空间解决方案，以“云+屏”的极简架构创造5A级灵活移动工作体验，为“线上+线下”混合办公提供了强有力的技术支撑；在2021年的戴尔科技峰会上，戴尔科技集团全球副总裁、大中华区商业终端解决方案事业部总经理桃乐姗表示：“戴尔自身就是未来工作模式的引领者和实践者，我们将利用新技术打破沟通壁垒，为企业打造高效、安全的无边界数字化工作空间，助力企业专注于业务创新，向未来企业加速迈进。”

数字工作系统的意义在于提供更高的协同效率、更个性化的工作体验、更安全可靠的数据支持以及更便捷的工作场景。通过构建数字工作系统，企业可以有效增强工作者之间的互动，使其更便捷地获得支持；为工作者提供更全面的工作工具，这既能帮助工作者高效协同工作，又能让工作者感受到个体的自主性，获得更强的满足感。

二、敏捷团队

企业持续发展的核心在于构建一个能够融合共同价值观、拥抱差异化、多元化的团队。这样的团队不仅拥有稳定的基础，还能因为内部的多样性而更具创新力和适应力，从而进化成为敏捷团队。团队的柔性是其能够动态适应市场变化、技术革新和社会需求的关键。琳达·亨曼在《高绩效团队》一书中提出：“团队应树立正确的发展理念，保持长期发展与短期利益的平衡；为员工赋能，增强团队优势，激发员工的潜力；保持团队活力，保持人才优势，进而获得翻倍的绩效。”

现在，一些领先企业开始让员工自治管理，越来越多的企业接受自组织形式的团队。比如，腾讯就通过“活水计划”给予员工自主选择管理者的权力，从而提升整体工作成效。又如：狄俄蒙纤维制品公司有一个“百人俱乐部”，其职权包括记录工人的表现，以及对出勤率高、生产安全、有建树的职工颁发奖金、奖品。“百人俱乐部”的成立，促使公司生产率显著提升、上下级冲突减少、开支减少。这表明，敏捷团队可以高效推动组织的价值创造和绩效增长。

企业敏捷团队的建立离不开数字工作系统，这是因为企业成员要通过数字工作系统，与企业内外的伙伴互动，产生线上线下融合的高效行动，实现价值连接、协同、创造和分享。同时，敏捷团队强调团队成员之间的主动协同和自我管理，即敏捷团队是自驱动的团队。丹尼尔·平克在《驱动力》一书中提出，要打造一个高参与度和有积极性的团队需考虑三个关键因素：首先，团队要有共同的使命感；其次，团队成员获得授权，可以自主工作以实现团队目标；最后，团队成员对各自的专业领域精通并能持续精进。这正是敏捷团队的三个关键要素。

三、数字个体

随着数字技术的发展，数字个体应运而生，这是与数字技术融合在一起、具有全新能力的个体。当数据成为生产要素、数字化成为生存方式时，个体与数字技术的融合变得尤为重要，这种融合不仅优化了资源配置，还促进了生产关系的重构，从而带来了更高的生产效率。其原因有三点：第一，数字技术为个体提供众多信息平台，帮助个体拥有广泛信息，这种信息优势使得个体能够做出更为准确和有效的决策，进而促进个体与其他个体的广泛对话与合作。第二，数据透明化为个体提供更多的选择机会，能够促进个体与组织之间信任的建立。第三，以数字技术为基础的各种工具、机制及协同工作平台，帮助个体更低成本地开展工作，提高工作效率，促进资源的优化配置。

企业招聘人才时越来越注重应聘者的数字化知识与技能。同时，对已有员工开展数字化技术培训也成为企业持续发展的重要举措。为了促进员工和人工智能的协同工作，学习和应用未来所需的技能，企业和员工应从以下三个方面展开深度合作：首先是共同准备，企业与员工要提前沟通，重新规划工作、提出任务，充分利用现有的人才，弥补人才在新技能上的不足，同时借助人工智能来识别隐藏的人才。其次是提升能力，企业要为员工提供强化技能的资源。最后是共享价值，企业要在内部创造一种重视教育和终身学习的文化。

在数字个体方面，还需要特别关注数字技术对工作岗位的影响。美国斯坦福大学研究员、世界级人工智能专家维威克·沃德瓦的推断，到2036年，元宇宙生态形成，传统人类社会的很多组织、工作都会虚拟化，机器人和人工智能将"淘汰"所有人类工人。世界经济论坛发布的报告也显示：提高自动化程度和在劳动力队伍中引入人工智能，将使很多就业岗位消失，而元宇宙生态催生的同期技术进步将仅带来少数新工作岗位。元宇宙虚拟世界的不断发展，将会对传统职场产生巨大的冲击，其中一个主要的变化就是很多传统的专业管理类的岗位会消失，同时会对应产生新岗位，比如元宇宙平台管理岗位等。

通过数字工作系统的赋能，工作者能够完成从个体到数字个体的转变，融合线上线下场景，创造更多的新价值。数字个体的工作思维模式也会彻底改变，不再强调分工，而以共生为理念。真正的数字个体是个体在全面理解数字技术、清晰认识价值目标后，从思维逻辑、认知视角到具体行动实现全面数字化改造的成果。真正的数字个体拥有基于数字经济的共生思维和商业活动的系统视角，其一切行为都以顾客价值创造为中心。

四、数字领导力

领导力一直是组织管理的核心命题。一家企业能否在数字化转型中脱颖而出，关键在于其领导者是否具备前瞻的视野、是否能实行有效的策略。这不仅涉及组织文化的深刻变革，更与领导者是否愿意并有能力进行大规模投入息息相关。也就是说，企业能否推动组织文化变革，能否建立起以顾客价值驱动为核心的价值体系，能否形成开放协作的组织系统，能否使组织成员具备数字化能力，都与领导者是否愿意并有能力为此进行投入有关。

数字化转型给企业带来了前所未有的机遇与挑战，领导者的任务非常艰巨。为了抓住这些机遇并应对挑战，领导者需要摒弃过时的思维，拥抱数字领导力的新理念。这意味着领导者需要站在数字技术的前沿，思考如何通过这些技术推动组织的持续开放、协同和共生。在数字化时代，领导者的任务是通过数字技术平台，推动组织持续开放、协同和共生，形成新的组织系统，并提升组织内外的协同效率，为顾客创造更多新价值。

在数字技术的帮助下，组织的价值活动与员工取得工作成效的方式正经历前所未有的变革。传统的工作模式往往依赖于领导者对员工进行过程管控，但数字技术的引入使得工作目标的实现更加依赖于员工之间的协同与员工自我管理。同时，组织价值活动的核心要求也转变为以顾客为中心，这要求领导者从顾客价值出发，构建协同工作体系，确保对顾客需求的快速响应。这意味着领导者不仅需要具备战略眼光，还要具备敏捷的执行力和卓越的团队管理能力，为组织成员提供有效的数据、技术和资源支持，以赋能他们取得成效。授权、赋能、激活、协同工作以及及时响应需求成了领导者能力的重要构成因素，这些因素可以概括为组织内与组织外的协同领导力以及工作者的自我领导力，统称为数字领导力。

由此可见，数字工作方式的形成，意味着应通过建立数字工作系统，形成敏捷团队，赋能数字个体，使领导者形成数字领导力，以更高的效率为顾客创造价值。在这个过程中，每一位工作者都必须作出改变，更为核心的是组织成员的心智转变，以及重建组织运作机制的能力和行动。数字工作方式的重点在于智能协同，通过智能协同，可以实现组织成员之间的通力合作，提高工作效率，减少沟通成本。更为重要的是，智能协同可以让每一个人都更加有价值、更加有成效。

本章小结

本章主要描述了传统工作方式与数字时代新型工作方式的区别，以及数字工作方式的要素。传统工作方式是一种以规则和程序为基础，强调纪律和层级的工作模式，要求员工在既定的框架内执行任务，遵循公司设定的流程和规定，确保工作的有序进行。在数字工作方式中，工作者的角色已经从传统的任务工具人转变为价值共创者——工作者不仅是工作目标的共同管理者，更是结果产出的关键领导者。数字化工作方式的三个要素是工作者的创造力、协同能力和对变化的洞察力。数字化促使企业价值活动从以企业为中心转向以顾客为中心。数字工作方式包括四个要素，分别是数字工作系统、敏捷团队、数字个体、数字领导力。四个要素有机结合，有利于实现企业对顾客需求的快速响应，提升企业运营效率。

湖南五建：用 MK 构建一体化平台，助推建筑企业高质量发展

1.中国建筑业 200 强企业的信息化“三级跳”

湖南五建始建于 1953 年，隶属于湖南建设投资集团有限责任公司，是以建筑施工为主业，集设计、科研、建筑工业化、投融资一体的省属国有企业。

2015 年，公司开始“信息化 1.0”建设，经历 2018 年的转型升级，到 2021 年，公司“信息化 3.0”建设开启以数字化转型为目标的全面重构。“信息化 3.0”建设围绕公司核心业务，以职能管理为纲领，打造项目全生命周期过程管控平台，实现业务互通、数据互联，进而形成数字化资产的积累和应用新局面。

2.用蓝凌 MK 平台构建核心业务一体化平台

公司确定“核心业务搭建一体化平台”思路后，与诸多厂商研讨一体化方案，最终蓝凌专家团队提出的方案被接纳。方案主要包括：业务一体化、管理一体化、数据一体化、信息一体化，打通业务价值链，实现业务、财务有效管控。

(1)构建“1＋N＋X”的业务系统框架

“1”是指一个柔性化底层平台，这是数字化建设的基石，包括低代码开发、各类技术引擎、足够开放的集成环境、完善的身份认证及权限管理机制等；“N”是指基于底层框架，以微服务方式搭建各个核心业务管理子系统，如 OA、人力、市场、成控、财务系统等；“X”指各种个性化垂直应用，如阳光采购、在线学习、电子签章等。

在平台详细设计阶段，蓝凌专家团队与公司信息化推进小组一起将系统定位成服务于企业管理的全定制业务管控平台，目的是实现项目精细化管理，核心职责是将公司业务理清楚和管起来。通过对业务流程和数据流程的全面梳理，弄清楚正确的做事方式并在系统固化；通过建立知识中心检验业务是不是真正管起来了，以及系统所积累的各种结构化和非结构化数据是否具有应用和分析价值、能否称为数据资产。

(2)基于蓝凌 MK 平台统一门户、流程

蓝凌 MK 平台拥有五大核心能力，支持微服务技术架构、多维度组织管理、流程引擎、数据治理体系以及内容引擎和智能搜索能力。

基于蓝凌 MK 的门户引擎，湖南五建实现统一风格、统一主题、统一体验，同时也为将来更多的应用集成提供统一操作入口；利用流程引擎，实现了业务场景驱动的愿景。

3.从"管结果"到"控过程"，让建筑工程项目效益更可达

基于蓝凌 MK 搭建的一体化平台，湖南五建定制了很多个性化应用，以下是几个典型例子。

(1)办公管理中心

实现集团本部、分公司、项目部三级管理联动，推动高效协同、政令畅通。平台提供表单自定义、流程自定义、业务办理通知、前置预警和监控预警等功能。

(2)工程项目运营中心

建筑项目施工周期较长，如何确保项目顺利交付并获得预期盈利是每个建筑企业和项目管理团队关注的核心问题。通过平台实时统计、动态跟踪项目成本费用，并依据市场行情动态预测得出当前利润和预估项目结项后收益，实现了项目管理由结果分析向过程管控的转变。

(3)项目结算中心

项目资金是项目运行过程中必须被有效管理的。平台实现业财互通、项目自动核算和资金集中管理等功能，促使项目资金流水清晰可见，有效避免各方在事后的分歧甚至是法律纠纷。

总的来看，新平台能支持项目数据在市场营销、人员配置、工程生产、成本控制、财务资金、技术方案、法律诉讼等诸多业务条线的完全共享和流动，有效减少"数据孤岛""部门壁垒"。

(资料来源：湖南五建：用 MK 构建一体化平台，助推建筑企业高质量发展[EB/OL].[2025-02-25].https://mp.weixin.qq.com/s/bTR0HBtdGK33J82lbfmWSw.)

思考题：

1.企业数字化办公的重要意义是什么？

2.蓝凌 MK 如何通过一体化平台定制个性化应用？

3.跨国企业如何实现数字化价值最大化？

参考文献

[1]陈春花.组织的数字化转型[M].北京:机械工业出版社,2023.

[2]吴怡.基于大数据的战略性人力资源管理[M].上海:上海大学出版社,2023.

[3]韩昕仁.大数据在人力资源管理中的应用与实践研究[J].中国电子商情,2025,31(6):124-126.

[4]张晋文.大数据时代人力资源管理数字化转型问题及其对策[J].老字号品牌营销,2025(6):73-75.

[5]葛玉华.大数据时代事业单位人力资源管理存在的难题及创新对策[J].乡镇企业导报,2025(5):213-215.

[6]金灵巧,刘光强,干胜道."人工智能+"数字新质生产力构建数智财务的技术原理与应用场景[J].财会通讯,2025(8):3-10.

[7]赵亚普,李晶钰,刘德鹏,等.数字领导力与企业数字化转型绩效:基于制度创业视角[J].管理科学学报,2025,28(2):15-30.

[8]陈江,胡楠,袁雅娜.数字领导力对企业可持续发展绩效的影响研究[J].烟台大学学报(哲学社会科学版),2025,38(2):109-119.

[9]李育辉,吴晓宇.引领数智变革:企业领导力的内涵演进与转型跃升[J].中国领导科学,2025(1):100-108.

[10]刘密霞,王益民,刘彬芳.数字化转型视域下领导干部数字治理能力提升路径研究[J].中国领导科学,2025(1):50-59.

第十二章　数字领导力构建

学习目标

1.理解数字领导力的内涵。

2.掌握数字领导力需求的转变路径。

3.了解变革领导力的实践法则。

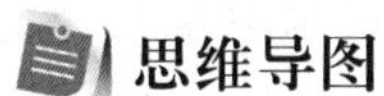

思维导图

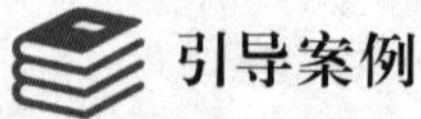

引导案例

海尔：数字化领导力孵化“三翼鸟”

创立于1984年的海尔，目前已经成为全球领先的美好生活和数字化转型解决方案服务商。海尔作为发展实体经济的代表性企业，持续聚焦实业，布局智慧住居和产业互联网两大主赛道，建设高端品牌、场景品牌与生态品牌，以科技创新为全球用户定制个性化智慧生活，助推企业实现数字化转型，助力经济社会高质量发展、可持续发展。目前，海尔旗下有海尔、卡萨帝、Leader、GE Appliances、Fisher & Paykel、AQUA、Candy等七大全球化高端品牌和全球首个智慧家庭场景品牌“三翼鸟”，构建了全球领先的世界级工业互联网平台“卡奥斯COSMOPlat”和物联网大健康产业生态“盈康一生”。同时，海尔旗下的创业加速平台“海创汇”已孵化7家独角兽企业、102家瞪羚企业和120家专精特新“小巨人”企业。

海尔之所以取得这样大的成就，是因为新时代以来海尔进行了一场深刻的自我革命。海尔人认为，产品将被场景取代，行业将被生态“复”盖。海尔这场自我革命最显著的标志就是青岛海尔更名为海尔智家，海尔智家通过数字化生态转型锻造了海尔的数字化领导力，并推出了全新的智慧家庭场景品牌“三翼鸟”。

作为传统的家电企业，海尔之所以能够在功成名就之后成功实现数字化转型，是因为海尔人敢于自我超越，敢于不断地否定自我、颠覆自我，走出了一条“奋斗—成功—颠覆—再造—升级”的海尔数字化生态转型之路，锻造了强大的数字化领导力，从而引领企业始终走在时代前列。

“三翼鸟”的横空出世和成功实践，实现了家电行业的数字化生态再造，也实现了家电行业的颠覆性革命，引领行业从“家电引领”进入“智慧家庭引领”。

（资料来源：程冠军.海尔：数字化领导力孵化“三翼鸟”[EB/OL].[2025-02-25].https://mp.weixin.qq.com/s/VPXLq4jBf0Lc-xKqHggqmQ.）

引导问题：

请思考数字领导力的重要意义。

第一节 数字领导力的内涵

在数字化时代，领导力不仅关乎技术应用和管理创新，更体现责任意识与价值引领。加强数字领导力建设，有助于引导学生树立服务国家、科技向善的意识，增强社会责任感和使命感，为推动企业转型升级和践行数字中国战略贡献力量。

一、数字领导力内涵

领导力是指在组织或团队中，通过影响和激励成员，以达成共同目标的能力和技能。领导力不仅涉及管理技能，还涉及人际关系技能，如有效沟通、激励和指导，其目的是建立共同协作的团队文化，并确保团队目标的有效实现。领导力是一个复杂的概念，学界对此有多种不同的定义，但都强调领导力包括很多方面。总的来说，领导力包括领导者的个人能力、影响力以及与团队和组织环境相互作用的各种力量。

在数字化时代背景下，企业所面临的组织结构、决策方式和竞争环境正发生深刻变革，传统以经验驱动的管理方式已难以满足复杂多变的市场需求。因此，数字领导力作为新时代领导力的重要形态应运而生，逐渐成为企业持续创新和高质量发展的关键能力。数字领导力不仅延续了传统领导力中指引方向、激励团队、应对危机的核心部分，更强调对数字技术的理解与应用。它要求领导者具备四项关键素质：一是战略引领力，能够将数字化思维融入企业发展战略中，引领组织实现转型升级；二是数据驱动决策力，善于整合并利用大数据、人工智能等技术支持科学决策；三是组织变革推动力，能灵活调整组织架构与流程，激发员工创新活力；四是技术理解与沟通力，能够跨越技术与管理的边界，促进跨部门协作和资源整合。数字领导力的核心在于通过数字赋能实现以人为本的组织创新，引导企业在不确定中抓住确定性，实现高质量发展。

随着数字化的发展，企业的发展方式正在发生深刻变革，协同共生成为其核心的发展模式。这种变革要求领导者不仅要管理内部团队，还要与外部伙伴紧密合作,共同创造顾客价值。为此,领导者既要为组织内成员,也要为组织外伙伴设定愿景、指明方向;领导者既要赋能组织内成员,也要赋能组织外伙伴,展开价值活动。同时,组织内外成员要一起主动创造价值,形成“领导者群体”。因此,本书认为数字领导力包括领导者对组织内与组织外的协同领导力以及工作者的自我领导力,并从以下四个方面进行阐述。

第一,愿景与战略。领导者承担设定愿景、传播愿景并实现愿景的职责,核心任务是为组织成员指明方向,确保整个团队能够沿着正确的道路前行,并最终实现预定的目标。优秀的领导者把大部分时间都投入两个方面:一是作出英明的决策,二是始终如一地执行决策。

传统的领导力主要聚焦于构建企业的核心优势和领先的业务模式。但在数字化时代,企业成功的影响因素已经发生了巨大的变化。如今的领导者不仅需要有深厚的行业洞察力,更需要有能力解读不同市场的未来趋势,理解技术变革背后的逻辑,以及敏锐地发现这些变化所带来的价值与机会。数字领导力的核心着力点在于构建生态网络。这意味着领导者需要具备整合内外部资源、协同各方合作者的能力,以共同创造新的价值空间。在这样的生态网络中,领导者不再是单一的决策者,而是成了连接各方、促进合作的桥梁。乔布斯就是这样一个具有数字领导力的领袖:他通过数字技术创造价值,构建广泛的生态价值网络;他为苹果公司设定了清晰的愿景与战略,重构了产业新愿景和发展方向,把顾客带入智能新世界。

第二,信任与协同。随着数字技术的广泛应用,企业的边界不断扩展,企业内部成员及外部伙伴的协作更加紧密。这种发展趋势不仅极大地增强了企业和企业成员的创造力和影响力,同时也对领导者提出了新的挑战。领导者要有能力建立更广泛的信任,让组织内外成员在达成共识的基础上展开更大范围的协同合作。

拿破仑在滑铁卢战役后的反思为我们提供了一个宝贵的视角,揭示了领导者与组织成员之间信任和协同的重要性。他说:“我已经很久没和士兵一起喝汤了。”这不仅是对战时策略的反思,更是对领导者与团队成员之间情感联系缺失的深刻反思。领导者能真正意识到组织成员的价值,与组织成员建立信任并一起工作,通过信任和协同让组织成员成为其坚定的追随者,毫不犹豫地投身到价值创造活动中,这才是数字领导力的核心价值内涵。

第三,授权与赋能。经典领导力强调命令与管控,领导者处于决策的中心,而团队成员则更多地执行命令。数字领导力强调授权与赋能,这意味着领导者不再是单一的决策者,而是与团队成员共同协作、共同决策的伙伴。数字技术的发展为领导者赋能团队成员提供了新的途径。通过数字技术,领导者可以更加有效地收集、分析和利用数据,为团队成员提供更加精准和有效的指导。此外,数字技术还可以促进团队成员之间的沟通和协作，打破地域和时间的限制，实现更加高效的工作。授权、赋能、激活、协同工作以及及时响应需求成了拥有数字领导力的领导者的重要特征。

数字化组织和数字个体所展现出的能力已经远远超越了传统组织和个体。随着技术进步和市场需求的快速变化，传统的刚性、固定的工作模式已难以满足现代企业的需求。在这样的背景下，柔性、敏捷的工作方式应运而生。小米便是这一工作方式的先行者。通过授权与赋能，小米的领导者不仅为团队成员提供了明确的方向和目标，还给予了他们充分的自主权和决策权。这种模式下，团队成员可以更加灵活地应对各种挑战，迅速调整策略，从而确保项目的顺利进行。

第四，自我与“无我”。数字时代的领导者，首先需要做好自我管理，这意味着领导者要保持开放和好奇的态度，持续学习，并保持高度的自律；其次要做到“无我管理”，这要求领导者在与组织成员建立关系时，要以成员为中心而非以自我为中心。也就是说，领导者需要真诚地倾听成员的声音，理解他们的需求和期望，并为他们提供必要的支持。

自我管理与“无我”管理要求领导者努力自我转变和自我超越。微软的首席执行官萨提亚·纳德拉在上任之初就提出微软需要进入“云时代”并进行彻底的“刷新”。他认为，任何组织和个人在达到某个临界点时都需要进行自我“刷新”。为了迎接数字技术的挑战，他提出了三个关键步骤：拥抱同理心、培养强烈的求知欲以及建立成长型思维。这三个步骤，恰恰也是当下的领导者培养数字领导力需要关注的三个核心点。

为了更好地理解经典领导力与数字领导力的差异，本书对两者的重要特征进行了比较，如表12-1所示。

表12-1 经典领导力与数字领导力的重要特征比较

重要特征	经典领导力	数字领导力
愿景与战略	设定方向与执行	构建生态与创新价值空间
组织高效运行	分工与明确权责	信任与协同
摆脱危机	命令与管控	授权与赋能
领导者	个人权威与魅力	自我管理与“无我”管理

资料来源：编者整理。

二、数字领导者职责

第一，设定愿景、传播愿景并实现愿景。数字领导者需要为组织设定一个清晰、具有吸引力的愿景。这个愿景应该明确组织的发展方向、未来的状态以及要创造的价值。领导者要通过有效的沟通将这一愿景传播给每个组织成员，使其成为组织的共同目标。在愿景的传播过程中,领导者还需要不断地激发团队成员的热情,将愿景转化为实际的行动,最终将愿景变为现实。

第二,建立信任,激励团队成员追随。数字领导者需要通过真诚、公正和透明的行为来赢得团队成员的信任。当团队成员感受到领导者的诚意和可靠性时,他们更愿意追随领导者,为实现组织的愿景付出努力。在这个过程中,领导者还要学会激励团队成员,让他们看到自己在实现愿景中的价值和作用,使他们更加积极地投入工作中。

第三,个人努力与授权合作。数字领导者在个人努力方面要发挥示范作用,需要持续学习、提升自己的能力,为组织创造更多的价值。同时,数字领导者还要学会授权和合作。这意味着数字领导者不能过于以自我为中心,而是要为团队成员匹配资源,鼓励他们相互合作,共同为实现组织的愿景努力。通过授权和合作,领导者可以激发团队成员的潜能,提高整个团队的效率和创造力。

总的来说,数字领导者职责包括三方面内容:第一,设立和传播愿景与方向,数字领导者需要更加高效地与团队成员沟通,确保愿景能够快速、准确地传达给每个成员;第二,领导者需要建立更加紧密的团队关系,培养团队成员的互信和合作精神,进而团结整个组织的力量,实现组织目标;第三,自我提升和持续进步,领导者需要不断学习新知识、新技能,提升自己的领导力和管理能力。

当数字领导者置身于数字技术环境中时,会发现这三方面职责的履行都面临巨大的挑战:数字技术的迭代及其引发的颠覆式创新,导致更大范围的变革与转型;深度互联、共生命运共同体给企业愿景、发展方向带来持久而深远的影响;个体价值创造带来了组织结构的改变;组织成员有着完全不同的特征;数字技术不断打破组织边界,流动性与动态性成为组织常态,使得个体与组织、组织与组织的关系发生变化。复杂性、多维性、不可预测性等交织在一起,员工越发需要领导者给予明确指引。在这种复杂多变的环境中,领导者不仅需要克服自身的局限性,还要在充满不确定性的情境中作出决策,这对领导者来说无疑是巨大的挑战。

第二节　数字领导力需求的转变路径

在传统的组织中,领导者位于金字塔架构的顶端,高高在上,负责发号施令。而在数字时代下的组织中,领导者转变为赋能者,致力于充分激发员工的主动性和积极性,让组织更加灵活、高效地运转。

一、适应性领导

随着企业进行数字化转型，传统的以权威和行政指令为基础的管理方式开始显得捉襟见肘。敏捷组织作为一种新型的组织形态，迫切需要一种更为灵活和适应性强的领导方式——适应性领导。这种领导方式要求领导者能够根据企业的实际情况和外部环境的变化，灵活调整管理策略，从而确保组织的持续发展和创新。

（一）构建一个高响应力的企业

在充满不确定性的商业环境中，敏捷组织需要足够灵活，不仅要具备快速适应变化的能力，还要能够迅速对市场动态作出响应，把握商业机会。这种高度的灵活性和市场响应力，正是敏捷组织的核心竞争力所在。

（二）持续关注用户需求

用户的需求和期望在不断变化，敏捷组织需要紧密关注用户需求，以价值和用户需求为驱动，不断优化产品和服务，以满足用户的期望并保持竞争优势。

（三）建立适应性创新文化

适应性创新文化是一种重要的组织文化，其核心在于鼓励协作、培养并提升员工的创新能力。对于敏捷组织而言，它能赋予一线员工决策能力，使他们在关键时刻迅速作出判断并处理问题，从而确保企业的灵活性和快速响应市场变化的能力。

针对这三个目标，数字领导者需要从以下八个方面展开工作。

1.少做

少做指的是在项目管理中优先选择周期短、涉及范围小、能够快速迭代和交付的项目，而不是投入大量资源和时间在周期长、涉及范围大的项目上。这种策略体现的是精益思维的核心理念，即快速试错、快速学习、快速调整，以最小的有效投入获得最大的价值输出。

2.优质

优质强调团队必须以质量为中心，始终将用户需求放在首位，以确保最终交付的产品或服务能够满足或超越用户的期望。

3.持续进行机会管理

如今的商业环境更加复杂多变，充满了不确定性，机会管理变得尤为重要。领导者需要采取更加积极和主动的方法来识别、评估和抓住机会。

4.快速价值交付

快速价值交付是一种以客户为中心、强调快速迭代和持续改进的工作方法。它要求领导者能带领组织快速地将根据用户需求形成的决策转化为实际的产品或服务,并迅速交付给客户以获取反馈。通过不断的实验、测试和迭代,组织可以不断完善和改进工作,以更好地满足客户需求并观察市场的变化。

5.适应

领导者在推动组织适应快速变化的环境时扮演着至关重要的角色。领导者不仅要具备战略眼光,还要对团队的能力充满信任,并鼓励团队去应对挑战。

6.探索

在如今快速变化的商业环境中,领导者需要跳出传统的"计划—执行"逻辑,尝试在组织内设定一个愿景,然后据此去探索问题,并采取更为灵活和前瞻性的方法来引领组织。

7.尽力避免"潘多拉"的出现

"潘多拉"描述的是难以证实或证伪、看似矛盾的声明或荒谬的断言,实际上指的是一些表面看似合理但内在逻辑可能存在问题的陈述。在项目管理中,这种情况的出现往往与领导者的决策和判断有关。特别是当领导者过度聚焦于定义的正确性却忽略了这些定义在实际操作中的适用性和现实场景中的契合度时,就可能导致"潘多拉"出现。领导者应尽力避免"潘多拉"的出现。

8.融入

在现代企业管理中,领导者与员工之间的关系不再是单纯的命令与执行的关系,而是逐渐转向更为协同和合作的模式。领导者需要积极地走出办公室,与员工建立更紧密的联系,共同为实现企业的愿景而努力。

二、领导者向赋能者转变

敏捷组织和传统组织最大的不同就是赋能,这也导致领导者向赋能者转变。如今"Z 世代"的员工不再仅仅看重物质回报或简单地遵循上级的指示,他们渴望知道自己的工作能为社会和自己带来哪些实质性的改变,同时也期望所在的企业能为他们提供一个实现自我价值的平台。这意味着领导者需要激活员工的自我效能和成就动机,也就是赋能员工。员工一旦被赋能,其自我驱动能力会明显提高,而且更加乐于迎接工作挑战,主动发挥自己的才能。那么,领导者应该如何给员工赋能呢?

(一)建立向上反馈机制,从细微之处开始变革

向上反馈机制需要建立在开放、平等的文化氛围之上。这意味着每个员工

的意见和建议都应被重视，无论他们的职位高还是低、经验深还是浅。当员工感受到自己的声音被听到和尊重时，他们会更加愿意为企业的发展贡献自己的力量。向上反馈机制的核心是激活员工的自主意识。为了确保向上反馈机制有效，领导者必须认真对待员工的反馈，要让员工敢于发表自己的意见和建议，避免让员工不敢想、不敢说。

（二）建立实验组，充分放权

领导者可以通过在一线团队中建立实验组，给员工下放一定的决策权，这样可以更加快速地试错、验证新的想法和策略。决策权是最能够激发员工自我效能的。当员工被赋予更多的决策权时，他们不再仅仅是执行者，而是成了工作的主导者。这种角色的转变使得员工更加主动地参与到工作中，形成独立思考、承担责任的习惯。他们不再需要事事请示上级，而是能够根据自己的判断和经验作出决策，从而更好地应对突发状况。

（三）为下属护航，授人以鱼不如授人以渔

当实验组在实验初期遇到问题时，领导者应当与员工并肩作战，共同解决问题。比如，给员工充分授权，引导他们对客户负责，而非对领导负责。同时，领导者要对员工负责，帮助他们提升效能感，指导他们掌握做事的方法。另外，在某些情况下，管理还需要充当“救火员”的角色，帮助员工弥补工作漏洞。

（四）有想法马上执行，错了立刻迭代

纸上得来终觉浅，绝知此事要躬行。想一百遍，不如做一遍。不管是建立向上反馈机制、成立实验组，还是教授员工工作方法，都是为了让实验组运转起来。当实验组的成员们产生新的想法时，领导者应当立即给予支持和鼓励，推动他们将这些想法转化为实际行动。在鼓励尝试的同时，管理者也需要确保团队有足够的能力和资源来应对可能出现的挑战和错误。互联网的快速发展为我们提供了前所未有的便利，其中最为显著的一点就是可以试错，新事物往往需要反复试错才能找到最佳发展路径。

第三节　变革领导力的实践法则

学习变革领导力,不仅是为了让学生掌握管理理论和实践方法,更是培养学生家国情怀与责任感的重要途径。新时代青年应增强使命意识,培养系统思维、战略眼光与改革精神,勇于担当、善于作为,在未来职业生涯中积极引领变革、推动创新,成为有理想、敢担当、能吃苦、肯奋斗的时代新人。

一、变革领导力的定义

变革领导力作为领导力的一个重要分支概念,最早出现在由政治社会学家詹姆斯·麦克格雷格·伯恩斯撰写的《领导力》一书中。在这一著作中,伯恩斯试图将领导者与员工的角色相互联系起来,将领导者描述成那种尽力激励员工以更好地实现共同目标的人。对伯恩斯而言,领导力与支配力是完全不同的,因为有领导力的领导者不应脱离员工的需求来考虑问题。

组织变革是企业适应内外部环境变化、实现持续成长和基业长青的重要保障。变革型领导力就是指领导者在组织经历变革的时期,在推动组织完成既定目标和应对挑战的过程中,激励员工实现自我转变、引导组织变革以应对各种挑战和把握机遇的能力。

全球最早的人力资源外包和咨询服务公司翰威特,基于几十年的咨询服务以及对大量企业组织变革的研究分析得出以下结论:随着内部运作环境和外部市场生态的变化,现有的组织架构和运作能力将越来越不能满足企业发展的战略要求。因此,企业必须敢于自我革新,从内部开始,重塑自身的组织结构和运作方式,而变革领导力就是推动企业变革成功的关键因素。正如詹姆斯和巴里所讲的,领导力体现出的是对不确定性领域的开拓精神,是推动企业走向成功的重要动力。

二、数字化时代变革领导力的重要意义

1.变革领导力决定了组织变革的方向

变革领导力不仅能够让企业领导者敏锐地察觉组织变革的必要性，而且能让企业领导者为组织变革提供明确的战略方向和目标。正如宝洁公司强调企业领导者要具有前瞻性眼光，这意味着领导者必须能够洞察未来的商业趋势，理解这些趋势对企业的影响，并据此制定战略，以确保组织变革方向与企业的长期目标一致。

2.变革领导力决定了组织变革的执行和落实

组织变革是对原有组织模式的颠覆、创新甚至重构，必然面临诸多阻碍，因此，需要通过强大持久的执行力保证变革的顺利落实。这种执行力并非凭空产生的，而是源自组织高层领导者的变革领导力。

3.变革领导力决定了组织变革所需要的资源

在当今充满不确定性和快速变化的商业环境中，企业常常面临来自内部和外部环境的挑战。当现有的组织模式和能力不再能够有效地应对这些挑战时，组织变革就显得尤为重要。组织变革不仅是为了适应外部环境的变化，也是为了持续创新、保持竞争力，确保企业的长期生存和发展。而无论是新模式的塑造还是新能力的培养，都不是短时间内能够完成的，需要持续性的资源投入。因此，企业领导者只有具备很强的变革领导力，才能为变革提供方向和目标，确保变革过程中资源的有效整合和调配，为组织变革的执行和落实提供有效的资源支持。

著名畅销书作家吉姆·柯林斯在其2009年出版的《从优秀到卓越》一书中，提出了“先人后事”的企业成功模式。他认为，人是企业的重要资源，是组织变革成功的关键，缺少了“人”这个重要资源，就很难完成组织变革这个决定企业发展命运的“事”。而要想最大限度地获取人的价值，领导者就必须具备强大的变革领导力。

总之，组织变革是企业应对内外部环境变化、生存和持续发展的必然选择，而变革领导力则是推动组织变革的关键因素。因此，企业的高层管理者只有培育自身的变革领导力，实现领导力的跨越式发展，才能推动组织变革成功。

三、培养变革领导力的实践法则

全球知名的人力资源咨询公司——翰威特咨询公司曾先后四次对亚太和欧美地区最具领导力的公司进行调查研究，探索优秀领导力的发展策略和培养模式，观察这些公司是如何发现、挖掘和培养具有潜在领导力的人才的，探讨培养领导力的措施与组织绩效的相关性。翰威特咨询公司主要是对企业的高层领导者以及高层人力资源管理者进行访谈，收集他们对组织领导力的观察和看法等信息。通过持续的调研，再结合这些最具领导力公司的具体实践，翰威特咨询公司最后得出了三个培养变革领导力的实践法则。

1.公司高层重视领导力开发计划

公司高层必须首先认识到领导力发展对组织变革和运行的重要性，并积极参与领导力的培育过程，这样才能带动整个公司形成利于领导力发展的制度和文化氛围。翰威特的研究结果印证了这一点。在最具领导力的公司中，总裁与董事会对潜在领导人才培养的重视程度极高，高达100%的总裁和65%的董事会都重视潜在领导人才的培养。这表明，在成功的企业中，高层领导者的参与和支持对于领导力的培育具有至关重要的作用。

2.明确企业的领导力需求

企业发展过程的不同阶段会面临不同的变革诉求和业务策略，领导力也需要进行相应转变和升级，才能顺利推动组织实现变革和发展目标。因此，企业在培育领导人才时，必须首先明确组织的变革方向和业务策略，确保领导力的发展方向与组织目标保持一致。有了明确的领导力需求后，企业需要进一步确定高潜质领导人才。在识别出高潜质人才后，企业应主动告知这些人才企业对他们的关注和培养计划。这不仅可以增强他们的责任感和使命感，还能推动他们更加有意识地提升个人的能力和职业素养。

3.重视每一个高潜质人才

例如，许多跨国公司要求相关管理部门在高潜质人才离职时，必须以最快的速度告知公司管理层，以便公司管理层及时了解情况，制定挽留策略。同时，在翰威特的研究中，那些最具领导力的公司，还会在内部给予高潜质人才更多支持，对他们进行更多的发展投资，如支付更高的薪酬、制订长期激励计划等，以满足高潜质人才的职业要求，提升这些人才对企业的忠诚度。

本章小结

本章主要内容是数字领导力的内涵与实践法则。领导力是指在组织或团队中，通过影响和激励成员，以达成共同目标的能力和技能。数字领导力不仅延续传统领导力中指引方向、激励团队、应对危机的核心部分，更强调对数字技术的理解与应用。数字时代下，企业遵循协同共生的发展模式，要求领导者与组织内外部伙伴协同工作，创造顾客价值。为此，领导者既要为组织内成员，也要为组织外伙伴设定愿景，指明方向；既要赋能组织内成员，也要赋能组织外伙伴，开展价值活动。同时，组织内外成员要一起主动创造价值，形成“领导者群体”。变革型领导力指领导者在组织经历变革的时期，在推动组织完成既定目标和应对挑战的过程中，激励员工实现自我转变、引导组织变革以应对各种挑战和把握机遇的能力。培养变革领导力的实践法则包括：公司高层重视领导力开发计划；明确企业的领导力需求；重视每一个高潜质人才。

参考文献

[1]陈春花.组织的数字化转型[M].北京：机械工业出版社，2023.

[2]许德松，邹俊.企业数字化转型：新时代创新赋能[M].北京：清华大学出版社，2023.

[3]余静宜，胡凯.数字化转型：数字经济重塑企业创新优势[M].北京：中国铁道出版社，2022.

[4]王辰，赵钰莹，薛睿，等.数字化领导力如何驱动高耗能企业绿色技术创新[J/OL].科技进步与对策，1-12[2025-05-20].http://kns.cnki.net/kcms/detail/42.1224.G3.20250415.1705.002.html.

[5]赵爽，李春.数字领导力、数字化转型与企业绿色创新[J].时代经贸，2025，22(2)：108-112.

[6]罗夏希.数字化转型对企业员工行为与工作模式的影响[J].商场现代化，2025(7)：116-119.

[7]姚成林.领导者数字化素养培养探讨[J].合作经济与科技，2025(9)：94-96.

[8]王世明，熊海凤，苏慧.变革领导力对建筑企业数字化转型绩效的影响[J].工程管理学报，2024，38(6)：143-148.

[9]李彬.企业管理的数字化变革与战略领导力塑造研究[J].营销界，2024(16)：152-154.

[10]王婧萤，陈奕如，许玲.变革型领导力对创新行为影响研究[J].产业创新研究，2024(9)：145-147.

第十三章　未来全球企业的风险管理及风险应对

1.理解风险管理数字化发展趋势。

2.掌握风险管理数字化转型的实施路径。

3.了解数字化变革下跨国经营风险的识别、评估及应对方法。

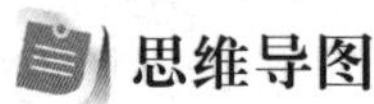

引导案例

风控体系进入3.0数智化阶段，京东供应链金融科技构建新引擎

2023年7月13日，京东供应链金融科技在京东全球科技探索者大会上宣布其核心风控能力全面进入3.0阶段，即具备覆盖全场景、全客户、全业务、全流程、全模式"五全"能力的数智化风控体系。

经过为期十年从1.0阶段到3.0阶段的发展，京东供应链金融科技积累了丰富的场景、数据、系统和模型，并通过京东生态体系内外的供应链金融业务实践，逐步升级自身的风控体系。1.0阶段是数字化风控，核心是基于京东生态内客户和京东生态交易数据，支撑京保贝、金采、动产融资、京小贷等京东生态内服务产品。2.0阶段，是平台化风控，核心是基于京东生态外客户和内外部大数据信息，支撑外部应收、采购融资、票据融资、融资租赁等产品。3.0阶段，是数智化风控，核心是基于产业链场景和供应链金融科技平台，提升服务外部全产业链的能力。在3.0的数智化风控体系中，京东供应链金融科技拥有了"五全"能力，即全场景、全客户、全业务、全流程、全模式。

3.0的数智化风控体系可以满足经销商采购、供应商回款、存货盘活、设备采购等多个贸易场景的需求，覆盖产业链核心企业及链属企业的全部中小微客户，为企业提供保理融资、采购融资、信用流转、融资租赁、动产融资、票据融资等多种业务类型，且覆盖从贷前审批、贷中防控、贷后监控、资产处置的信贷全流程。目前，京东供应链金融科技3.0数智化风控体系已经助力产业链中小微企业获得融资服务超百亿次，单笔业务实现秒级审批，自动化率达到95%以上。

数智化风控体系不仅支持金融产品贯穿供应链上下游，也支持着京东供应链金融科技走向全产业链。经过十年的淬炼，在数智化风控体系的支撑下，京东供应链金融科技成功打造"数智供应链＋供应链金融"的"双链联动"模式，面向地方政府平台、核心企业和金融机构进行输出，助力核心企业实现数字化转型，以及产业链上的中小微企业高效便捷获得融资服务。

目前京东供应链金融科技已累计服务数百家核心企业，比如，助力大消费领域的古井贡酒、立邦漆、今麦郎，能源化工领域的中海油集团、道恩集团，以及大制造领域的天奇股份、一汽富奥等提升上下游融资能力。在3.0数智化风控体系的支撑下，京东供应链金融科技已成为推动产业链上中下游、大中小企业融通创新的链属关系"黏合剂"，以及业务增长的"助推器"，促进产业链韧性强化，提升实体产业的增长活力。

数智风控体系的打造与升级，离不开前沿数字科技的应用。近几年来，京东供应链金融科技近年来一直关注大模型技术，并进行了一系列实践，目前在行业

风险监测与预警、动产融资模式下押品准入和估值、应收融资模式下供应商信用评估、小微金融模式下中小企业信用评估等领域进行了相关的探索实践。

在行业风险监测与预警场景下，京东供应链金融科技可通过大语言模型技术，对于海量公开数据在行业维度、行业关联维度、企业维度、企业关联维度进行理解和分析，生成行业舆情、行业景气度、行业政策风险、行业产业关联度等指数，并输出产业链图谱、行业研究报告、行业风险政策等内容。这些内容可为不同行业开展供应链金融业务、动态化调整风控行业政策提供依据。

在"押品准入＋估值"场景下，京东供应链金融科技依托多模态大模型对于信息的超强提取和整合能力，对海量的商品标题、商品详情、商品图片、商品评论、订单信息等非结构化和结构化文本数据、图片数据进行处理，形成押品估值模型和押品监控模型，实现质押价自动评估和健康度实时监测。截至目前，京东供应链金融科技所积累的押品库数据超过 1 亿条，准入的标准化产品单元超过 100 万，为生态内外客户融资超过 200 亿元，盘活了超过 1000 亿的商家库存。

这些场景只是大模型等前沿科技应用探索的一小部分，未来京东供应链金融科技将构建更全面的数智化风控体系，进一步加强数智化风控能力，推动供应链金融业务向更高水平发展。

（资料来源：万玉航.风控体系进入 3.0 数智化阶段，京东供应链金融科技构建新引擎[EB/OL].[2024-3-12].https://tech.cnr.cn/techph/20230714/t20230714_526329397.shtml.）

引导问题：

1.从京东供应链金融科技的风控体系升级案例中你得到了什么启发？

2.分析风险管理数字化对于我国企业全球化进程的重要意义。

在数字化时代，风险管理不仅是企业稳健经营的重要保障，更体现了企业对社会可持续发展的重要担当。本章引导学生树立系统思维和底线思维，增强风险意识、法治观念和数字素养，努力成为具备现代治理能力的青年人才。通过学习数字化风险管理的前沿趋势，学生应认识到科技向善的重要性，在复杂多变的环境中坚持人民至上、生命至上、安全第一的根本价值追求，努力成长为具有战略眼光与社会责任感的未来管理者。

第一节　风险管理数字化发展的新趋势

一、风险

(一)风险的含义

风险代表着未来风险事件发生并影响组织实现战略和商业目标的可能性。国际标准化组织(ISO)发布的《风险管理指南》(ISO 31000:2018)中认为风险是不确定性对目标的影响。美国反虚假财务报告委员会下属的发起人委员会在2004年发布的《企业风险管理:整合框架》中将风险定义为一个事项将会发生并给目标实现带来负面影响的可能性,并在2017年发布的《企业风险管理:与战略和绩效的整合》中对这一观点进行了调整,强调风险是在风险环境中发生的事项及其对实现战略和经营目标影响的可能性,这种可能性既可以是正面、积极、有利的,也可以是负面、消极、不利的。国务院国有资产监督管理委员会在《中央企业全面风险管理指引》中将企业风险界定为未来的不确定性对企业实现其经营目标的影响。关于风险的内涵主要有以下三种观点。

1.风险是实际结果与预期目标的偏差

美国学者小阿瑟·威廉姆斯和里查德·M.汉斯在其1985年出版的《风险管理与保险》一书中强调了风险的客观性和可度量性。他们认为在特定的条件和时间框架内,可能产生的不同结果的差异构成了风险。如果未来只有一种必然发生的结果,那风险也随之消失。相反,如果存在多种可能的结果,则风险产生,且这些结果之间的差异越大,风险就越大。

人们在不确定的环境中作出决策时,往往会基于自己的经验和知识来形成对未来的预期。然而,由于信息的不完全性和个人偏见的存在,这些预期并不总是准确的。因此,当实际结果与预期结果发生偏离时,就形成了风险。因此,从风险形成的机理来看,风险是客观不确定性和主观不确定性的统一。

2.风险是可量化的不确定性

美国经济学家富兰克·H.奈特在其1921年出版的《风险、不确定性和利润》一书中认为,风险是指可量化的不确定性。也就是说,风险与不确定性相关联,是客观存在的,是不以管理者或企业的意志为转移的。这意味着,无论个人或组织如何努力,都无法完全消除风险。此外,奈特还强调应依靠概率估计来管理风险。这意味着,在评估和管理风险时,需要依赖于稳定的理论规律或经验规律来进行概率估计。这与传统的风险评估方法相一致,即通过对历史数据的分析来估计未来某一事件发生的概率。

3.风险具有损失和收益的双重属性

由于人们认知能力的有限性,具有不确定性的未来事件的实际结果并不是人们都能预料到的。若未来事件的预期结果与实际结果的差异是人们愿意接受的,则会产生风险收益,反之则会产生风险损失。

由于风险损失往往是企业不愿看到的,因此学者更倾向于对此展开研究。1895年,美国学者海尼斯在其著作《风险——一项经济因素》指出,某种行为是否会风险,取决于其是否具有不确定性。如果一种行为具有不确定性,那么这种行为就是有风险的。1986年,美国经济学者罗伯特·梅尔在其著作《保险原理》中将风险视为在一定条件下损失的不确定性。C.A.Kulp 和 John W.Hall 在其合著的《意外伤害保险》一书中,将风险定义为在一定条件下财务损失的不确定性。可见,上述三种观点都认为风险具有不确定性的本质特征。

(二)风险的分类

对风险进行必要的分类,有利于在认清风险本质的基础上,提高风险管理的针对性。基于不同标准,风险可以被分为不同的类型。

1.宏观风险、行业风险和企业风险

以风险的来源范围为标准,风险可以分为宏观风险、行业风险以及企业风险。

宏观风险通常包括政治、经济、社会以及技术方面的风险。对于此类风险,绝大多数的企业都会面对,并且企业通常只能采用被动防范的措施。例如:汇率的波动性可能会影响企业的出口收入和进口成本,进而影响其财务状况;某地突发自然灾害会对域内所有的企业造成影响。

行业风险是指特定行业因素给企业经营目标带来的不确定性影响。这类风险只作用于行业内的企业,并且不同行业在不同时间点上所面临的行业风险也会有所不同。比如,“双减”政策会给教育培训行业中的企业带来一定的冲击。

企业风险则是指企业自身经营管理行为导致的以及存在于经营管理行为中的风险,是企业可以积极管理的一类风险。不同企业的企业风险有着较大的差异性,例如,有些企业因为违规经营会遭遇行政处罚的风险。

2.系统性风险和非系统性风险

以风险是否可被分散为标准,风险可以分为系统性风险和非系统性风险。

系统性风险是市场性质的,是无法被分散的,是市场中每一个主体均要面对的风险,如政策风险、经济波动风险、汇率风险、利率风险等。非系统性风险是个别性的,是企业自身造成的风险,如因经营不善、违反法律等而产生的风险。

例如：发行国债、银行加息、汇率变动等会对资本市场中的参与者造成普遍性的风险，这种风险是具有系统性的。与之相对应的，如一家上市公司董事长被曝出丑闻或者公司产品被曝出存在质量问题，因为此种风险仅会对这家公司造成影响，所以此种风险为非系统性风险。

（三）数字风险

当前，数字技术快速发展，数字风险成为中国企业国际化进程中的重要挑战。数字经济增长速度快、发展潜力大，日益成为世界各国经济发展的重要动能和支柱，在此种背景下，风险的内涵和传播方式都发生了很大变化：与数字化因素强关联的风险将更快地在全球范围内传播蔓延，且将带来更多不确定性。有效防范可能出现的各种系统性与非系统性的数字风险，是维护社会稳定和推动经济高质量发展、以中国式现代化全面推进中华民族伟大复兴必然面临的重要问题。

从风险来源来看，中国企业国际化经营面临由外部环境、企业经营、技术应用引起的三大类、六小类数字风险。如图 13-1 所示。

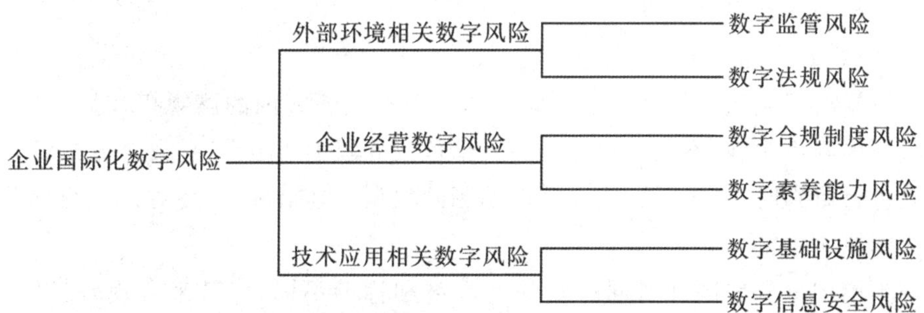

图 13-1　企业国际化经营数字风险分类

资料来源：华信咨询设计研究院有限公司.2024 中国企业国际化进程中的数字风险洞察报告[R/OL].[2024-03-14].https://www.doc88.com/p-77439577984697.html.

1.外部环境相关数字风险

（1）数字监管风险

①跨国数字制裁风险

跨国数字制裁风险是指在数字化领域，由于某些国家对其他国家或特定个人和实体实施的制裁，而公司经营活动又恰好涉及被制裁的国家、个人和实体，进而对公司经营形成的风险。例如，美国采取了多种手段对中国进行数字制裁，包括但不限于高技术出口管制、打压中国的高科技企业、加大对华知识产权相关调查、提高中国高技术产品进口关税等。随着国际政治形势变化及全球技术竞争加剧，部分国家对中国在芯片、半导体、人工智能等领域的封锁逐渐升级，这导致泛数字行业制裁与管制风险增加。

②东道国监管风险

东道国监管风险指的是当东道国政府因为保护本土企业、存在认知偏见等,对某一国在数字行业的企业实施更为严格的行业监管措施时,这些措施对企业的业务运营、投资并购等方面造成的风险。为了维持本土企业的竞争优势,东道国可能对含中国企业在内的外国企业选择性执法。例如,英国援引《国家安全与投资法》叫停香港超橙控股有限公司收购总部位于英国布里斯托的 Pulsic 公司,阻止中国企业获得高端集成电路开发相关的软件服务。又如,中国贸促会研究院于 2023 年 3 月发布的《欧盟营商环境报告 2022/2023》提出,欧盟整体的营商环境恶化,欧盟在多个领域出台的保护主义政策对外资企业提出了过度的合规要求,提高了外资企业进入欧盟市场的事前、事中、事后全过程的合规成本,中国企业在欧盟面临外资审查、外国补贴审查和公共采购审查等诸多审查。

此外,部分国家的政治舆论环境也容易造成数字执法偏见,中国企业常被部分海外政客、专家认为会将持有的所有信息和数据分享给中国政府,此种舆论可能影响东道国的行政措施,对中国企业在东道国获取、留存、处理数据和信息,以及开展相关业务构成阻碍。

(2)数据法规风险

数据法规风险指的是由于全球各国在数据监管方面的法规存在显著差异,如法规内容不明确、不同法规之间的管辖范围界限不清晰等,导致企业在对数据法规进行研判时存在不足,进而采取不当的数据处理措施,最终对公司经营活动形成的风险。

不同国家和地区针对同一对象的政策和标准不同,将带来合规差异问题。例如,在数据出域的规定方面,欧盟《通用数据保护条例》引入了以数据主体为核心的域外适用标准,而美国《澄清合法使用境外数据法》则确立了以数据控制者为标准的域外数据管辖权,两类立法在域外适用过程中产生了直接的法律冲突。此外,不同国家间的"长臂管辖"阻隔措施模糊,可能导致企业难以针对这些特殊监管要求采取相应的应对性经营举措。

2.企业经营相关数字风险

(1)数字合规制度风险

在数字经济时代,企业面临的数字合规制度风险主要源于数据处理、信息安全和内容审查等环节的缺失或流程不畅,以及缺乏有效的数字风险应急应对机制。这些因素共同导致企业在数据和信息管理上出现失误,进而产生风险。具体而言,数字合规制度风险产生的原因包括以下三点。

首先,缺少处理网络信息安全等方面数字风险的应对机制,是此类风险产生的原因之一。例如,《关于进一步加强中央企业网络安全工作的通知》指出,中国央企网络安全意识不强、重点防护不到位、监测预警能力不足、应急演练能力不够以及协作共享不充分等问题较为突出。

其次，在管理制度设计上，法律合规架构缺失、合规审查节点设置不合理等也是此类风险产生的原因。《中国合规管理政策研究与国企合规管理调研报告》显示，仅有26%的国企成立了专门的合规管理部门。部分国企在重大经营决策或项目谈判过程中鲜有法律顾问参与，甚至未建立法律顾问参与制度，导致重要业务流程审查不严格。

最后，在业务经营过程中对数据和信息的操作不当导致过度收集、越权收集信息和数据，也是此类风险产生的原因之一，这种原因多见于科技企业。若企业采集、留存远超业务经营所需的信息，一旦发生泄露，将给被采集方和企业本身都带来重大损失。中央网信办2021年组织对短视频、浏览器、求职招聘等类型App的个人信息收集使用情况进行了调查，发现抖音等105款App存在违法违规收集使用个人信息的问题。中国的个人信息保护法、欧盟的《通用数据保护条例》以及美国的《数据隐私和保护法案》等法律法规都规定企业及App应当最小化收集个人信息。

(2)数字素养能力风险

数字素养能力风险指的是由于专业人才缺乏、信息安全意识不足、数字技能低下、责任感缺失或团队配置不当等，导致信息安全事件的发生，进而给企业造成的风险。人在安全事件中始终扮演着非常重要的角色，威瑞森通信公司发布的《2023年数据泄露调查报告》中指出，过去一年全球企业发生的信息安全事件中有74%是人为因素导致的。中国企业数字素养能力风险产生的原因主要有以下两点。

第一，高管层缺乏应对数字风险的关键岗位的设置，没有牵头人。例如，首席安全官多存在于外资企业中，而中国企业设置这一岗位的情况不多见。《中国首席安全官(CSO)调研报告》显示，仅有30.2%的中国政企机构设立首席安全官或相应级别岗位，近一半受调研的组织表示从未考虑过设置这一岗位。

第二，较多企业数字素养和能力缺失。这一问题在国企较为突出。培育和宣贯是提升数字素养的主要手段，但大型国企层级多，不可避免地会产生信息传递损耗，信息安全宣贯教育等也缺乏系统性，导致难以引发基层人员共鸣，宣贯教育效果不理想。另外，国企信息安全建设注重引入技术产品，但忽略了提升管理能力和培养人员技能，导致安全技术的利用率和转化率较低。

3.技术应用相关数字风险

(1)数字基础设施风险

数字基础设施风险指的是由于东道国的数字基础设施条件不足，如缺乏云基础设施、通信技术落后、网络不稳定、硬件设备故障等，对企业运营造成的风险。

国际电信联盟发布的《衡量数字化发展:2023年事实与数字》显示:全球数字鸿沟问题依旧严峻,部分地区的数字基础设施薄弱、老旧设备多、可用性存在问题,在此类地区开展业务可能面临互联网数据中心断电、故障等问题。许多国家的通信网络所处环境复杂,受各类自然灾害、人为破坏、战乱因素等影响的概率高,且基础网络运维不及时、不充分,容易导致网络大面积故障,使企业业务发展受到影响。此外,摄像头等物联网设备可能因为缺乏维护、系统补丁更新不及时等遭到入侵、破坏等,也容易产生数字基础设施风险。

(2)数据信息安全风险

数据信息安全风险指企业IT系统建设不完善、数据平台相关技术滞后及人为因素等导致数据、信息泄露,进而对企业经营形成的风险。信息安全问题在数字化时代愈加凸显,跨国企业由于业务需要而频繁进行跨境数据传输,更容易遭遇网络攻击、邮件"钓鱼"、密码意外泄露等信息安全问题。数据、信息的泄露和破坏已成为当前全球数据安全方面的主要挑战。IBM Security发布的《2023年数据泄露成本报告》显示:2023年全球数据泄露使组织产生的安全成本平均达到445万美元,创历史新高。

二、风险管理及风险管理体系

(一)风险管理的含义

2009年由ISO发布的《风险管理——原则与指南》(ISO 31000:2009)提出,风险管理是指一个组织对风险的指挥和控制的一系列协调活动。

美国反虚假财务报告委员会下属的发起人委员会(COSO)在《企业风险管理:与战略和绩效的整合》中对风险管理的定义是:组织在创造、保持和实现价值的过程中,结合战略制定和执行,用于管理风险的文化、能力和实践。

(二)风险管理体系

1.COSO风险管理体系

COSO风险管理体系的建立始于2004年。COSO在《内部控制:整合框架》的基础上,结合《萨班斯-奥克斯利法案》在财务报告方面的要求,同时吸收各方面的风险管理研究成果,发布了《企业风险管理:整合框架》。《企业风险管理:整合框架》提到,企业风险管理涉及八个相互关联的构成要素,分别是控制环境、目标制定、风险识别、风险评估、风险应对、控制活动、信息与沟通以及监督。它们源于管理当局经营企业的方式,并与管理过程整合在一起。

2017年,COSO重新界定了风险管理,更侧重于风险管理创造的企业价值,尤其是风险管理价值在战略制定和执行中的体现，以及增强风险管理和企业绩效之间的协同关系，认为风险管理是企业战略的重要组成部分以及企业识别机遇、创造和保留价值的必要举措。

2.ISO 31000 风险管理体系

ISO 31000 风险管理体系是一个国际标准，旨在为风险管理提供原则和指南。2009 年，ISO 发布了《风险管理——原则与指南》(ISO 31000:2009)，包括一系列和风险管理相关的标准，如 ISO 31010《风险评估技术》(将风险评估工具介绍得很详细)、ISO/TR 31004《风险管理标准实施指导》。

2018 年，ISO 对 2009 年的标准进行了修订并提出了原则、框架与流程，如图 13-2 所示。这次修订使风险管理标准更简洁，更有利于理解和运用。新标准较老标准的进步之处主要体现在五个方面：重新审阅了所有风险管理原则；从组织的治理出发，重点强调了高级管理层的职责以及和各项管理活动的整合；强化了风险管理工作的迭代性质，提示在每一个流程环节要根据新的实践、知识和分析能力对流程要素、方案等进行修正；满足多样化需求；表述更加清楚、简洁、明了。

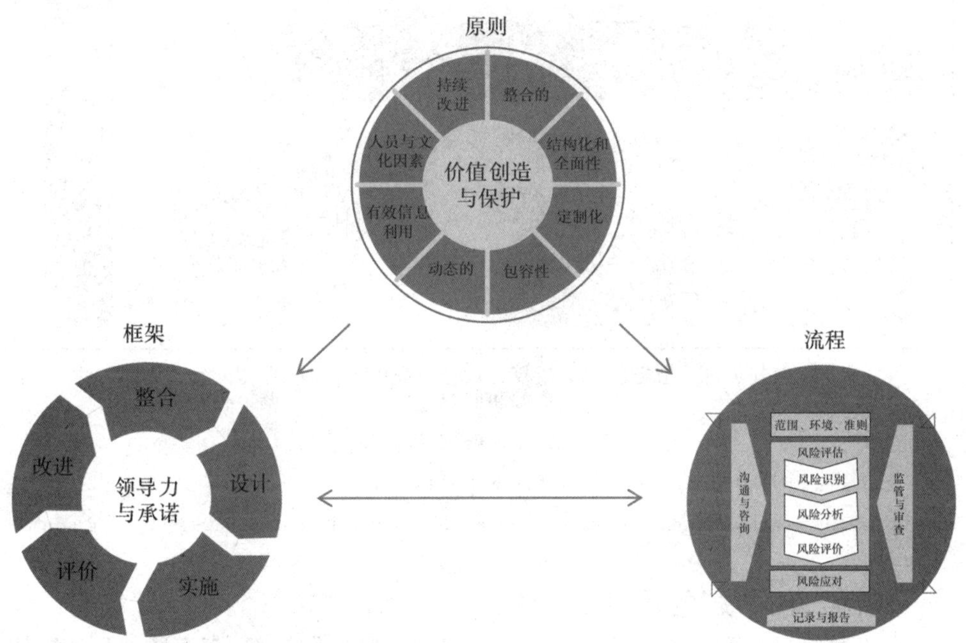

图 13-2 《风险管理——原则与指南》(ISO 31000:2018)的原则、框架与流程

资料来源：吕文栋.公司战略与风险管理[M].北京：中国人民大学出版社，2021.

从图 13-2 可以看出：ISO 围绕价值创造和保护确定了八个原则：整合的、结构化和全面性、定制化、包容性、动态的、有效信息利用、人员与文化因素、持续改进；围绕领导力与承诺确定了整合、设计、实施、评价、改进这五个风险管理的步骤。ISO 认为风险管理流程包括明确范围、环境、准则，风险评估，风险识别，风险分析，风险评价，风险应对，沟通与咨询、监督与审查、记录与报告。

（三）新“三道防线”及数字化变革

1.新“三道防线”

国际内部审计师协会（IIA）于 2020 年 7 月正式发布了全新的“三道防线”，在旧“三道防线”（即各有关职能部门和业务单位为第一道防线，风险管理职能部门和董事会下设的风险管理委员会为第二道防线，内部审计部门和董事会下设的审计委员会为第三道防线）的基础上增加了六项新原则：治理、治理机构职责、管理层与第一线和第二线的职责、第三线的职责、第三线的独立性、价值创造和保护，如图 13-3 所示。

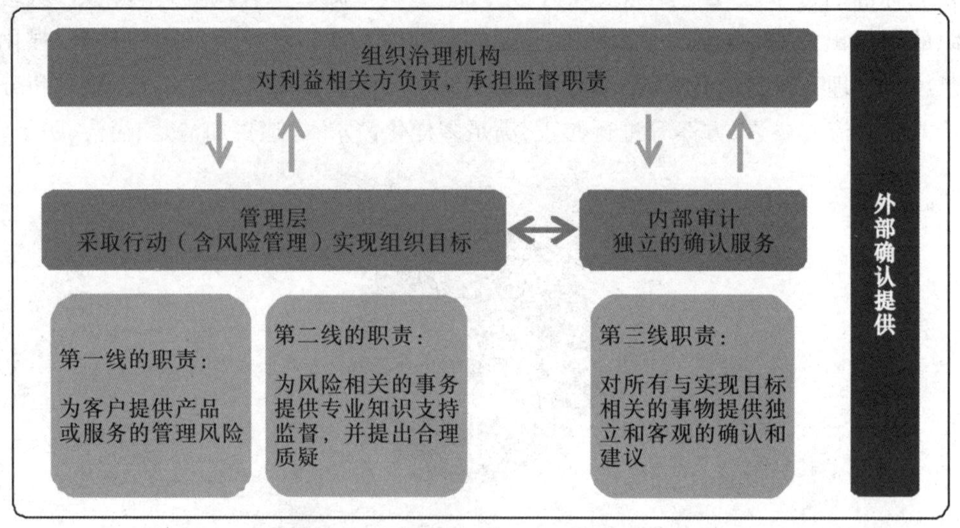

图 13-3　IIA 新“三线模型”

资料来源：国际内部审计师协会.国际内部审计师协会（IIA）三线模型［R/OL］.［2024-01-14］.https://www.ciia.com.cn/ueditor/jsp/upload/file/20200817/1597646309456072374.pdf.

2.新“三道防线”的数字化变革

在以数字经济和科技创新为特点的新时期，要想发挥新“三道防线”的作用，势必要利用数字化的方法来创新性地解决风险管理“三道防线”的问题。这些问题包括但不限于“三道防线”的协同，例如形成不良信贷资产时的调查、风险处置和问责处罚时“三道防线”如何协同、“三道防线”风险监控和预警平台的建设与共享、内部审计问题的数字化整改追踪、案件防控和违规行为排查的数字化布局与执行、分支机构业务营销和日常管理的监督监控。为此，在新“三道防线”的基础上，要增加以科技创新、数字化和科技化为基础的数字科技防线。增加数字科技防线，在宏观上可以更有效地识别、评估、控制和监测数字化及智能化过程中的战略风险、合规风险、操作风险、声誉风险和技术风险；在微观上可以参考传统信息科技风险管理的方法，建立一套风险管理的数字化、智能化指标体系并采取监控措施。

第二节　风险管理数字化转型的实施路径

风险管理数字化转型是指企业通过应用数字化技术对传统风险管理流程进行全面改造和升级，实现风险识别、评估、监控和应对的全流程数字化管理。

一、风险管理数字化转型的三个阶段

传统的企业风险管理工作，大多体现风险管理主责部门的主权意识，而不是以满足业务活动风控需求和融入业务经营管理过程为导向的服务意识。数字经济时代，企业必须牢固树立数据驱动发展新思维，在风险信息采集、重大风险研判、风险量化分析、风险趋势预测和风控人才培养等方面加快推进数字化转型。按照企业风险管理职能定位和管理角色，可将企业风险管理数字化转型划分为三个阶段，即风险感知数字化、专业风控数字化和决策支撑数字化（如图 13-4 所示）。

第一阶段是风险感知数字化。该阶段是风险管理职能和管理流程的数字化。在该阶段中，风险信息采集、风险信息处理等基础性工作将会更加自动化和智能化，主要体现在风险清单管理、风险等级评价等风险管理工作场景中，应用于资产业务、负债业务等业务基础，传统信息化技术、前沿技术等技术基础，以及表单数据、文本数据等数据基础中。

第二阶段是专业风控数字化。该阶段的数字化主要体现在企业战略管理、

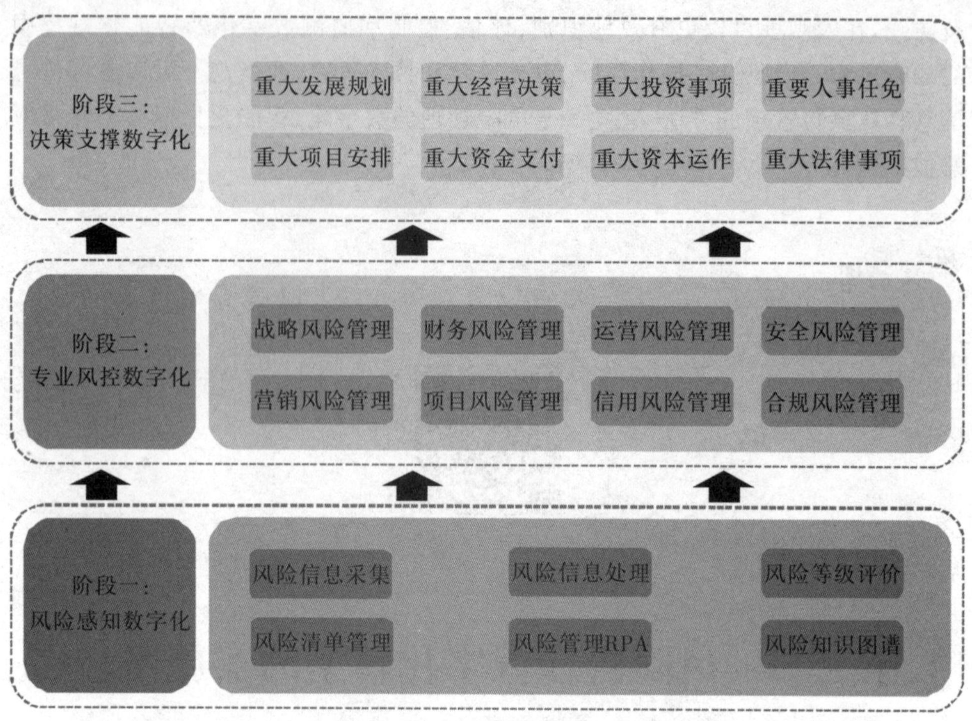

图 13-4　企业风险管理数字化转型三个阶段

资料来源：梁国栋，夏岳红.数据驱动企业风险管理[J].企业管理，2022(10)：112-116.

运营管理、项目管理、营销管理等专业领域风险管理工作场景的数字化，实现全流程风险管理。

第三阶段是决策支撑数字化。这是将风险管理融入"三重一大"等企业决策层重大管理活动中，依据企业的愿景与使命形成的管理层决策支持的数字化，如对重大经营决策、重大投资事项、重大项目安排等管理决策场景支撑的数字化。

二、风险管理数字化转型的实施路径

风险管理是一个包含多个子风险领域的多维、立体的系统性工程。在风险管理数字化转型时需要考虑企业内外部的各种因素，因此风险管理数字化转型最好分步骤设定实施路径，如图 13-5 所示。

1.确定战略方向，领导层助力数字化转型

企业在数字化转型过程中要基于企业愿景与使命，科学地选择一条适合自身的路径，以企业业务架构中各项领域为基础，制定恰当的落地实施策略，并将任务下放，形成自上而下的领导力和推动力。

2.将企业战略总体目标和长期目标分解

根据价值导向，找到一个关键、能够带来最大影响的风险点作为转型的突破

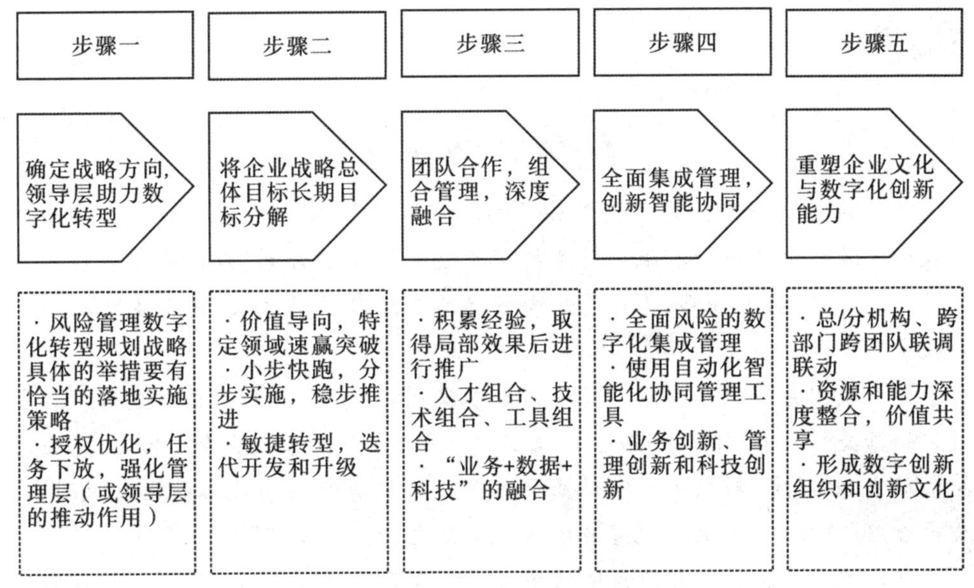

图 13-5 风险管理数字化转型的实施路径

资料来源：萧达人.企业风险管理数字化转型[M].北京：机械工业出版社，2023.

口，分步实施，稳步推进，在过程中不断简化流程和进行灵活项目管理，不断优化组织结构和工作流程，加强跨职能团队的协作。

3.团队合作、组合管理和深度融合

将单点转型的经验成果推广到其他风险领域，团队成员利用企业管理、业务操作等知识技能进行技术、工具组合，实现"业务＋数据＋科技"的融合。

4.全面集成管理，创新智能协同

依托大数据、云计算、人工智能等新技术的发展，企业的前台业务部门、中台风险管理部门、内控合规部门、信息科技部门和后台审计部门都应建立覆盖"三道防线"的数字化风险管理体系，借助数据中台和风控中台，为业务部门提供专业风险管理建议和重大风险防控支持，以持续推进企业实现风险信息自动感知、风险水平智能分析、风险状态智能预测和风险策略协同应对，通过风险管理助力企业实现业务创新、管理创新和科技创新。

5.重塑企业文化与数字化创新能力

企业利用合作、协同、激励机制等实现资源和能力深度整合，提高流程效率和工作效果；以业务、人才、数据和技术为基石，打造风险管理数字化创新组织和创新文化。

蚂蚁集团IPO风波

2020年7月20日,支付宝母公司蚂蚁集团宣布,启动在上海证券交易所科创板和香港联合交易所有限公司主板同步发行上市的计划,以进一步支持服务业数字化升级、做大内需,加强全球合作助力全球可持续发展,以及支持公司加大技术研发和创新。

蚂蚁集团系阿里巴巴旗下的小微金融集团,是中国最大的移动支付平台支付宝的母公司,于2014年10月16日正式成立,旗下业务板块除支付宝外,还包括余额宝、招财宝、蚂蚁小贷和网商银行等。根据蚂蚁集团披露的招股说明书,公司2020年1—6月共实现营业收入725亿元、利润244亿元。

在蚂蚁集团披露的招股说明书中,共有39页的内容提示集团存在的风险因素,包括业务发展相关风险26条、法律与监管相关风险14条、财务相关风险8条、技术基础设施与知识产权相关风险4条、管理与内控相关风险4条、发行失败相关风险1条及其他风险4条。

在“金融服务行业监管变化的风险”部分,蚂蚁集团提到:“因从事数字支付服务和数字金融服务,公司的业务模式、合作金融机构与公司的合作模式受到金融服务行业法规监管。此外,金融与科技服务的融合也受到监管的特别关注”,“金融监管的相关法律、法规和规章制度高度复杂,且不断变化,提高公司合规的难度。以往公司曾调整业务和合作模式,以遵守支付、网络借贷、理财和保险方面不断变化的监管环境。此外,我国和海外监管机构可能会继续颁布新的法律、法规和规章制度,并加强对现有法律、法规和规章制度的执行力度。公司的服务覆盖金融服务行业的多个方面,且业务持续创新。面对新的法规和监管环境,公司不能保证始终能对业务做出及时调整以应对合规要求。为此,公司可能会增加合规成本,预期的业务增长也可能受到影响”。

2020年8月,蚂蚁集团正式提交IPO招股说明书,并于9月正式过会。然而,2020年11月,中国人民银行和中国银行保险监督管理委员会发布《网络小额贷款业务管理暂行办法(征求意见稿)》,似乎绊住了蚂蚁集团前进的脚步。该办法中包括提高对贷款的资本要求和加强对跨省贷款业务的管控等在内的一系列规定,直指包括蚂蚁集团在内的金融科技公司。蚂蚁集团招股说明书中提到的风险发生了。

2020年11月3日,上海证券交易所发布的《关于暂缓蚂蚁科技集团股份有限公司科创板上市的决定》提到:“近日,发生你公司实际控制人及董事长、总经理被有关部门联合进行监管约谈，你公司也报告所处的金融科技监管环境发生变化等重大事项。该重大事项可能导致你公司不符合发行上市条件或者信息披露要求。”蚂蚁集团香港联合交易所上市随即宣布暂缓。受此消息影响，阿里巴巴美股股价直线下挫，跌破300美元大关，跌幅超8%。阿里巴巴集团发言人表示：“我们会和蚂蚁集团一起，积极配合和拥抱监管。社会希望我们更好，我们也必须用一如既往的努力实现和超越社会的期望，这是我们这群人的责任。”

（资料来源：陈礼腾.最大“独角兽”蚂蚁金服宣布IPO欲同时登陆科创板和港交所[J].计算机与网络，2020，46(15)：10.）

第三节　数字化变革下跨国经营风险的识别、评估及应对

企业风险管理天然具有“数据需求”，风险识别、风险评价、风险模拟、风控决策等风险管理环节都需要海量数据的支撑。传统的企业风险管理模式导致企业对风险认识不深刻、风险评估不准确、风险应对不精准，企业风险管理工作模式、管理方式、管控手段受到很大约束，风险管理职能的有效发挥也受到限制。数字经济时代，数据采集、计算存储、挖掘分析、应用开发、交互展示等数据处理工具日益成熟，这些都为企业风险管理的逻辑重构和转型升级提供了切实可行的解决方案。

一、风险识别

（一）风险识别的概念

风险识别又称风险辨识，是在风险事故发生之前，人们运用各种方法系统、连续地认识所面临的各种风险,以及分析风险发生的潜在原因。对于组织而言,风险识别是根据组织目标,对影响目标实现的风险进行充分、准确的识别,防止遗漏重大、重要风险。具体来说,风险识别的内容包括各项风险的来源、动因、可能的表现、分布的状况,以及影响企业目标实现的路径和方式等。

(二)风险识别的常用方法

风险识别实际上就是通过一些收集、分析信息的方法和技术,了解风险各方面的情况。风险识别的目的是全面了解企业在生产与经营过程中所面临的各类风险的状况、影响程度和结构性质,以根据风险特点,采取科学的管理措施来减少风险或避免风险产生。

风险识别常用的方法有以下五种:

(1)访谈法。访谈法是访谈人通过与被访谈人面对面交谈的方式来了解被访谈人心理和行为的一种方法。通过使用该方法,访谈人可以判断被访谈人有可能产生的相关风险行为。

(2)问卷调查法。问卷调查法也称书面调查法或填表法。调查者将需要了解的风险信息,编制成简明扼要的风险调查问卷给被调查者填写,以此来了解被调查者对经营管理中可能存在的风险的认识或评价情况。

(3)专题研讨法。熟悉经营管理的管理人员和业务骨干通过现场或者在线的专题研讨会,对经营管理中存在的风险进行识别和评价,并达成相应共识。

(4)专家咨询法。企业定期或不定期咨询熟悉本行业或企业经营管理现状的内外部专家,与专家一同对经营管理中的各项风险进行综合分析与研究。

(5)流程分析法。企业将经营管理的关键环节系统化、顺序化,制成流程图,在此基础上,对各项业务管理过程进行全面分析,并逐项分析其中的关键环节可能遭遇的风险,并找出各种潜在的风险因素。

二、风险评估

(一)风险评估的概念

风险评估是指在风险事项识别和风险衡量的基础上,把损失频率、损失程度以及其他因素综合起来考虑,分析风险的影响,并对风险的状况进行综合评估。如果说风险识别是对风险状况的客观反映的话,那么风险评估是依据风险识别的结果对风险及其可能造成的损失进行总体认识和评估。

(二)风险评估的技术手段

风险评估需要用现代定量分析的方法来估计和预测某种特定风险发生的概

率及其结果。因此，风险评估经常要用到概率论和数理统计方法，如传统概率分析法、贝塔指标分析法等，以及敏感性分析、情景测试、压力测试、层次分析法、风险暴露计分法和风险热力图等非概率方法。本小节将重点介绍风险暴露计分法和风险热力图。

1.风险暴露计分法

美国哈佛商学院的罗伯特·西蒙斯教授于 1999 年提出企业风险来源于企业内部压力，并提出相应的评估方法，即风险暴露计分法。基于该方法，可从企业成长、企业文化和企业信息管理三个类别评估企业的风险，每个类别下有三个风险因素，每个因素赋值 5 分，通过把衡量九个风险因素所得的分数加总，再针对总分的落点区域评估企业风险。具体如表 13-1 所示。

表 13-1　风险暴露计分法

类别	风险因素	得分
企业成长	绩效压力	1～5 分
	企业扩张速度	1～5 分
	无经验的员工	1～5 分
企业文化	因承担创新风险所产生的收入	1～5 分
	高层主管对坏消息的抗拒	1～5 分
	企业内部竞争程度	1～5 分
企业的信息管理	交易的复杂性与变化速度	1～5 分
	绩效衡量诊断的缺失	1～5 分
	企业决策的分散程度	1～5 分
合计		

注：9～20 分为安全区，21～34 分为警告区，35～45 分为危险区。

资料来源：叶陈刚，韩燕，胡咏华.内部控制与风险管理[M].北京：经济科学出版社，2019.

使用风险暴露计分法时，主要是根据专业人员的经验和主观感受给每个指标确定一个分数。这种赋权方法相对而言比较简单，而且也容易理解。正因为如此，在社会问题的综合评价中，此法使用得比较广泛。

2.风险热力图

风险热力图是展示风险评估结果的重要工具，可以直观地展示企业各项风险的严重程度和风险整合情况。风险热力图（见图 13-6）通过将不同等级的风险用红、黄、绿三种颜色加以标识，直观反映风险的分布情况和属性状态，实现了风险的可视化。若风险等级分数大于 16，则该风险属于高风险，用红色标识；若风险等级分数小于 16 且大于 4，则该风险属于中风险，用黄色标识；若风险等级分数小于 4，则该风险属于低风险，用绿色标识。风险热力图中，红色部分表示重大风险，黄色部分表示重要风险，绿色部分表示一般风险，风险的等级、严重程度、发生频率都一目了然。其中:重大风险具有高优先级,企业需要制定风险应对方案;对于重要风险,企业需要考虑现有的风险应对措施是否有效,再确定是否需要进行进一步的风险分析;对于一般风险,如果企业现有控制措施已经有效实施,则不需要再进行分析。

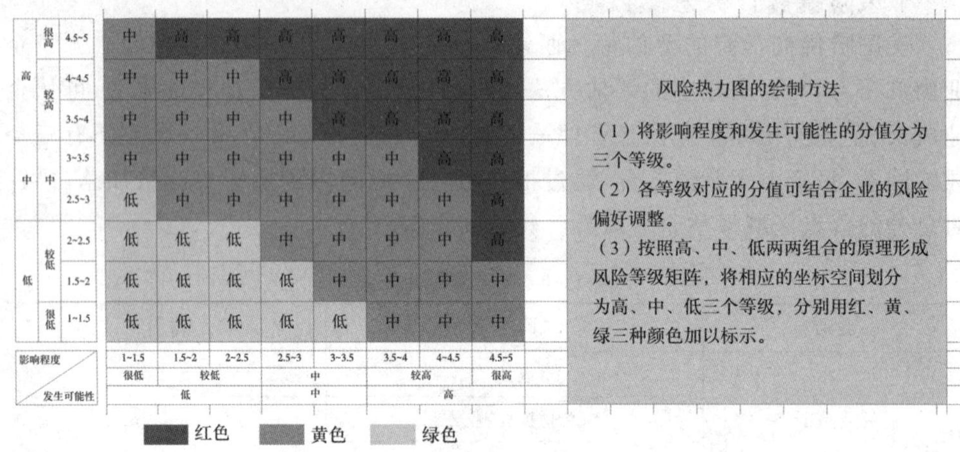

图 13-6 风险热力图

资料来源:李健.风险管理和内部控制理论与实践[M].北京:经济科学出版社,2019.

三、风险应对

(一)风险应对的概念

风险应对是在前期风险识别、风险评估的基础上,根据风险偏好和风险承受度,围绕风险对目标实现的影响程度,针对不同业务类型、不同时期所采取的多种或者组合式的风险处理方式。同时,风险应对又可称为风险管理,是指企业依据内外条件,围绕企业发展策略,确定风险偏好、风险管理有效性标准、风险承受度,选择合适的风险管理工具的总体策略,并确定风险管理所需要的人力和财力资源的配置原则。

(二)风险应对策略

风险应对的策略主要包括以下七种。

第一,风险承担。风险承担也称风险保留、风险自留,是指企业对所面临的风险采取接受的态度,并承担风险带来的后果。企业面临的风险有很多,能够被企业明确辨识的风险通常只占全部风险的小部分。风险评估的结果对于企业是否承担风险影响很大。对未能辨识出的风险,企业只能采用风险承担策略。对辨识出的风险,企业也可能出于以下几种原因采用风险承担策略:缺乏主动管理的能力；没有其他备选方案；从成本效益考虑，风险承担策略是最适宜的策略。对于重大风险，即影响企业实现目标的风险，企业一般不应采用风险承担策略。

第二，风险规避。风险规避是指企业回避、停止或退出暗含某一风险的商业活动或商业环境，避免成为风险的所有人。当风险造成的损失过大，而企业获得的收益又过小时，企业通常会采取风险规避策略，通过放弃或者停止与该风险有关的业务活动以避免和减轻损失。风险规避策略还包括建立客户/供应商黑名单制度，避免和不合格、不具有相关资质的合作方发生业务往来等。

第三，风险转移。风险转移是将一方的风险转移给另一方。企业可以采取保险、股份化、风险证券化等方式，将原本自身需要承担的风险以契约、合同等形式转移出去。风险转移会产生相应的成本，转移成本一般根据企业战略、业务活动特点、风险严重性、风险承受度等方面综合确定。

第四，风险转换。风险转换指企业通过战略调整等手段，将企业面临的风险转换成另一种风险。风险转换的手段包括战略调整和开发衍生产品等。风险转换一般不会直接降低企业的总风险，而是在减少某一风险的同时增加另一种风险。例如，通过放宽交易客户信用标准，企业增加应收账款，同时增加销售量。企业可以通过风险转换在两种或多种风险之间进行调整，以达到最佳效果。

第五，风险对冲。风险对冲是指采取各种手段，引入多个风险因素或承担多项风险，使得这些风险能够互相对冲，也就是使这些风险的影响互相抵消。例如，使用资产组合，使用多种外币结算，采取多种经营战略，等等。又如，利用期货等衍生产品工具进行金融资产的套期保值。企业要善于利用某些风险具有的自然对冲性质，如不同行业的经济周期风险对冲。风险对冲的前提是要有风险组合，对于单一风险，只能采取风险规避、风险控制或风险承担策略。

第六，风险补偿。风险补偿是指企业对风险可能造成的损失采取适当的措施进行补偿，具体表现为企业主动承担风险，并采取措施补偿可能的损失。风险补偿的形式有财务补偿、人力补偿、物资补偿等。

第七，风险控制。风险控制是指通过控制风险事件发生的动因、环境、条件等，来达到减轻风险事件发生时的损失或降低风险事件发生概率的目的。风险控制的对象一般是可控风险，包括多数运营风险，如质量、安全和环境风险，以及法律风险中的合规风险。企业可以通过控制风险因素中的一个或多个来达到目的，主要应控制事前风险事件发生的概率和事后风险带来的损失。

三、全球企业数字风险的管理

（一）加强公共关系管理，创造积极的商业环境

加强公共关系管理，通过与海外政府和媒体建立良好的互动关系，是应对外

部环境中数字风险的有效策略。中国企业面临着特殊的国际政治环境,需更加谨慎地做好对外沟通工作。

(1)做好本地化政府关系工作。在每个海外市场设立专业的本地化政府关系团队,该团队不仅需要了解当地政治体系、法规,还要深入理解当地文化和社会动态,与当地政府和相关机构建立紧密的联系。这一工作的目的在于与当地政府建立积极合作关系,从而更好地保障企业利益。

(2)构建应对突发事件的沟通机制。在数字风险事件发生前,企业应预先建立应对危机的沟通机制,确保企业在国际政治环境变动或出现风险事件时能够快速、有序地与当地政府进行沟通,及时防范潜在的负面影响,维护企业的声誉。

(3)积极参与全球数字贸易规则的构建与谈判。拥有数字领域业务优势的企业应积极争取国际行业协会会员身份,参与所在行业的国际标准制定工作,组织、参与行业国际会议,塑造全球影响力,提高自身产品与全球生态的兼容性,以争取更大的话语权和影响力。

(二)提高企业运营效率,增强数字化风险管理能力

企业应从业务战略、企业管理、法律合规等多个层面采取手段,全面提升经营管理水平,防范数字风险。

(1)在业务战略层面,企业应加强战略预研判,提升对未来发展的预测能力。企业首先应当对国际环境进行全面研究,明确在不同国家和地区的战略目标,并据此制定出相应的数字风险管理策略。这意味着企业需要在全球范围内建立一个同步的信息收集网络,以便实时获取各地的政治、经济、法规等关键信息,并设立定期的信息分享机制,确保总部与各地分支机构之间能够及时共享数字风险信息。此外,在规划阶段,企业应根据所在行业的特点、业务性质以及国家政策等因素进行综合考量,通过科学合理的战略选择,避免开展数字风险过高的业务,以促进企业的可持续发展。

(2)在企业管理层面,企业应构建全面的数字化风险管理框架及体系。企业必须考虑其所在地及全球范围内的政治环境、技术水平、数字化基础设施等因素,列出可能遇到的数字风险清单,并据此制定应对策略。在规划国际业务流程时,应由合规和法律部门牵头,整合市场、技术、人力资源和采购等部门的力量,确保在所有相关环节做好数字风险的管理工作。面对风险事件时,企业应立即启动预先准备好的计划,组织一个跨部门的虚拟团队(包括信息安全、法律、技术和公关等部门的成员),对风险事件的性质、规模和影响进行深入分析,并采取适当的措施来管理这些风险。

(3)在法律合规层面,企业应明确组织框架及员工职责,针对业务流程中的法律问题进行梳理,建立有效的运作机制。首先,企业应成立一个专业团队,负

责组织和实施公司的合规制度建设、日常业务的合规检查等工作，并针对数字风险领域中的特别问题开展专项行动。该团队还需定期对适用于公司所在行业和地区的相关法规进行审查和解读，确保对这些法规有准确的理解，并持续更新公司的法律动态库；通过与各业务部门和职能部门的合作，识别并梳理出可能存在的法律合规风险点；基于对法规的分析和风险评估，制定相应的合规策略，以确保所有业务活动都在法律框架内合法进行。其次，企业将合规纳入公司的核心价值观中，通过领导者的示范行为和正面激励，培养员工对合规的认同感，利用组织内部的宣传活动帮助员工理解合规的重要性，并宣传法规要求及公司的合规政策。

（三）提升员工数字风险应对能力，规避数字风险和漏洞

企业应提升全体人员的风险意识，强化各条线员工的数字风险应对能力，打造具有数字风险识别及应对能力的人才队伍。

(1)增强全体成员对数字风险的防范能力。实施定期的数字风险培训，向全体员工普及数字风险的基本知识、最新动态和应对策略。对近期较为密集的风险点进行定期推送，增强企业全体成员的防范意识。定期组织数字风险演练，通过模拟真实场景，让员工了解如何在风险发生时迅速作出反应。强化对关键岗位员工的数字风险培训，对非技术岗位员工，特别是那些与客户数据、企业机密等敏感信息打交道的员工，提供关于数据隐私、合规政策、重点国家数字法规以及全球政治环境等方面的培训。此外，还应建立内部沟通渠道，鼓励员工分享数字风险防范的经验和最佳实践。

(2)提升安全岗位员工的数字技术能力。在信息安全及网络安全团队配置具有专业背景的员工，确保团队能够深入理解和处理信息安全问题。通过外聘及外包等方式获取外部专家资源应对数字风险，尤其是安全专家、数据保护专家、威胁情报分析师、数字安全架构师等。

（四）重视信息保护措施，构建数字风险壁垒

为了保障网络通信的安全性，部署高效的网络安全设备如防火墙、入侵检测系统、入侵防御系统等是必要的。这些设备能够有效地防范黑客攻击和病毒传播，确保网络环境的安全稳定。在终端设备上，采用端点保护措施，例如安装反病毒软件和终端防护软件，可以有效防御恶意软件和病毒的攻击，保护终端设备不受侵害。对于敏感数据，采用加密技术是确保其在传输和存储过程中安全的关键措施，这有助于防范数据泄露的风险。建立严格的访问控制机制，确保只有授权人员能够访问和修改敏感信息，是减少内部威胁的有效方法。实施定期的数据备份策略，并建立数据恢复机制，是为了应对可能的数据丢失或灾难事件而

采取的重要措施。

(1)强化信息安全管理能力。明确数字风险事故责任的分配;确保各部门及岗位在数字安全领域内拥有明确的责任与角色定义,以保证关键部门如管理层、IT 部门、法律合规部门等对数字风险管理持有共同的理解,并对各自的任务有清晰的认识。同时,制定明确的信息保护政策,指导员工在处理数据与信息时的行为规范,从而保障企业的信息安全水平;实施实时监控系统,以便及时识别异常行为,并构建紧急反应机制,快速应对可能的安全威胁;定期进行安全审查,评估安全体系的有效性,并识别潜在的安全隐患。

(2)加强关键数字资产的管理。根据敏感程度和合规性要求对数字资产进行分类和分级,对于高敏感的数据,应优先考虑在东道国建立本地存储设施,或选用合适的云服务商,仅在必要情况下跨境传输数据,并使用技术手段减少数据跨境传输过程中的风险,确保数据获取、留存、使用、删除的安全性与合规性。

(3)加强硬件设备的管理。建立全面的硬件设备清单并及时更新,内容包括服务器、网络设备、终端设备等,记录每个设备的型号、制造商、关键配置和责任人信息。制定硬件设备采购规范,确保购买的设备符合安全性和性能要求。建立定期的设备维护计划,包括固件和软件升级、漏洞修复、硬件巡检等,确保设备的正常运行和安全性。设立物理访问控制策略,限制对关键设备的物理访问,确保只有经过授权的人员才能进入设备房间或机房。部署设备监控系统,实时监测设备的状态、性能和异常情况。启用设备的日志记录功能,记录设备的操作、事件和异常,便于事后溯源和分析。

(4)做好数字基础设施灾备。制定一套针对数字基础设施的灾难备份方案,以及在紧急情况下对关键设备进行数据备份和恢复的具体措施。通过定期进行灾备演习,检验方案的实际操作性,以便及时识别并解决可能的问题。同时,与相关供应商达成技术援助和服务协议,确保在遇到技术故障时能迅速获得必要的支持和维修服务。此外,还需在网络结构设计中采取隔离技术,以防止网络攻击对关键设备造成损害。

"行家+专家",共建数字化业务风控防线

腾讯安全在 2021 年 11 月召开的腾讯数字生态大会上发布"业务安全全景图",通过四大核心 AI 风控能力和覆盖七大风控场景的解决方案,为企业数字化转型过程中的业务安全保驾护航。

“业务安全全景图”基于底层技术和自研风控能力，形成了覆盖流量、金融、内容、监管、私域、品牌溯源、数字身份等七大风控场景的解决方案。腾讯安全在综合应用多种 AI 技术的基础上，形成风险识别、感知、决策、运营四大 AI 风控能力。

在金融领域，腾讯安全打造了“获客＋风控”一体化的星云零售信贷解决方案，最快三分钟线上放款，累计为上千亿的信贷资金保驾护航；在助力政府智慧监管方面，腾讯安全打造了一套覆盖事前、事中、事后全链条的监督管理体系，助力有关部门实时感知疑似违法违规的市场行为并进行关联处置，目前已经服务上百家监管单位。

在业态更丰富的泛互联网行业，腾讯安全通过“审核平台＋机审＋审核运营”的风控解决方案，为企业客户提供准召率超过 99％的全链路审核服务。该方案基于腾讯云的海量弹性计算资源，已持续稳定服务 5000 多位企业客户，在面对行业的各类突发事件时可轻松实现 10 倍扩容，助力企业快速解决突发风险。

“业务安全全景图”的发布，一方面是为了方便客户可以针对自身的痛点按图索骥；另一方面是希望全景呈现业务安全的纵深范围，帮助更多行业客户，尤其是刚刚开始拥抱数字化的企业标明风险，助力它们走好企业的数字化转型之路。

由于企业风险、数据基础、风控工具、服务对象和场景各不相同，各行各业解决业务安全问题是“没有通用解法和银弹的”，因此腾讯安全副总裁黎巍呼吁各行各业的行家与安全专家携手，将行家对场景的理解和安全专家对技术的积淀融合，充分把业务场景、安全能力、算法模型、专家经验有机组装在一起，形成贴合行业需要且能自适应演进的风控解决方案。

目前，腾讯安全已和相关企业机构在推进标准建设上取得了阶段性成果。粤港澳大湾区标准创新联盟发布的首批可信数字身份标准，正是腾讯安全与高校、协会、企业携手共同努力的成果。未来腾讯安全也将持续在前沿技术、连接能力、生态共建层面深耕，输出腾讯安全业务实践经验与安全思考，通过“行家＋专家”携手共建的方式，与众多企业一起捍卫数字化安全。

（资料来源：腾讯安全黎巍：行家＋专家，共建数字化业务风控防线[EB/OL].[2024-03-12].https://cloud.tencent.com/developer/article/1897541.）

本章小结

第一，本章概述了风险管理数字化的发展趋势及其在全球企业中的应用，强调了数字化在风险管理中的革新性作用。第二,本章探讨了风险的本质,并从风险的来源、可分散性及与企业管理行为的关系三个维度对风险进行分类。第三,本章还基于数字经济背景,提出企业在数字化转型中可能面对的数字风险,为当下企业风险管理指明针对性方向。数字化为全球企业的风险识别、评估和应对带来了新的思考和解决策略,尤其是大数据和人工智能技术的应用,提高了企业风险监测、预警和管理的准确性和实时性。第四,本章还构建了风险管理数字化转型总体架构,针对风险管理数字化转型的三个阶段提出实施路径。第五,为了帮助全球企业更好地应对数字风险,本章还提出了应对策略,以助力全球企业有效应对风险并实现可持续发展。

拼多多的风险

中国企业数字化转型是近年来备受关注的话题,尤其是像拼多多这样的企业,在国内市场取得了巨大成功后,开始探索海外市场,因此数字化转型尤为重要。然而,中国企业全球化进程中的数字化转型面临着诸多风险。拼多多也不例外,这些风险可能会影响拼多多在海外市场的业务拓展和发展。

拼多多的发展过程包括三个阶段。第一个阶段是“社交拼团期”(2015—2017年),拼多多以爆款的引流和社交的裂变为核心,通过微信、微博、QQ等社交媒体进行营销,实现了数量上的突破。第二个阶段是“低线下沉期”(2017—2018年),阿里巴巴、京东等B2C电商的消费升级为C2C电商和下沉市场的发展提供了广阔的空间,加上低线城市的网络推广和社会化物流逐步成熟,这些都为拼多多的发展奠定了坚实基础。拼多多加大品牌建设力度,开辟新领域,满足更多元化的需求,强化“拼团更优惠”的策略,将原先亲友互助的模式转变成陌生人也可以参与拼单的新模式。第三阶段是“新品牌时期”(2018年9月至今),伴随着用户量的增加以及诸多商家的加盟,拼多多的产品出现粗制滥造现象,屡屡遭到顾客的投诉,因而面临经营风险,于是拼多多开始严厉打击不规范经营和售假活动,进一步提高惩处力度,在平台投资和维护方面投入较多精力,花费巨大成本。目前,拼多多面临的风险主要有以下两种。

1.信誉受损风险

近年来,我国电子商务平台不公平交易事件多次发生,且电子商务服务平台的信息透明度程度不高,导致多数电商企业的信用评级较低。拼多多是第三方在线购物平台,如果其对入驻商家的监管不力,那么就会导致大量无良商家涌入。并且,拼多多没有公开入驻商家的详细信息,没有公示商家信用等级,只统计店铺的累计销量，导致交易缺乏公平性。同时，拼多多关于商家在平台上的搜索排名规则是不对外公布的，这意味着消费者不能充分了解商家的真实情况，影响了消费者的购物选择，使得消费者对拼多多产生大量的负面评价。另外，拼多多的“免费砍价”活动，存在着明显的不诚信行为，这使拼多多遭遇来自消费者的质疑。

2.信息安全风险

消费者在拼多多上购物时，其姓名、电话、详细的家庭地址等信息被泄露和盗取，某些不法商家甚至依靠出售消费者个人信息牟利，这使得拼多多面临重大信息安全风险。

面对这些风险，拼多多需要加强风险管控和合规管理，积极主动应对，确保其全球化战略的顺利实施和持续发展。

（资料来源：邵艳.数字经济时代电商信息化程度与信息披露风险：基于拼多多案例分析[J].黑河学院学报，2023，14(12)：53-56.）

思考题：

1.从拼多多的案例中你得到什么启发？

2.中国企业应如何面对数字化风险挑战？

参考文献

[1]吕文栋.公司战略与风险管理[M].北京：中国人民大学出版社，2021.

[2]李健.风险管理和内部控制理论与实践[M].北京：经济科学出版社，2019.

[3]萧达人.企业风险管理数字化转型[M].北京：机械工业出版社，2023.

[4]商迎秋.企业战略风险识别、评估与应对研究[M].北京：中国经济出版社，2018.

[5]COMMITTEE OF SPONSORING ORGANIZATIONS OF THE TREADWAY COMMISSION. Enterprise risk management-integrated framework: executive summary & framework[M]. North Carolina: American Institute of Certified Public Accountants, 2004.

[7]COMMITTEE OF SPONSORING ORGANIZATIONS OF THE TREADWAY COMMISSION(COSO). Enterprise risk management-integrated integrating with strategy and performance[R].New York:COSO,2017:1- 8.

[8]叶陈刚，韩燕，胡咏华.内部控制与风险管理[M].北京：经济科学出版社，2019.

[9]万玉航.风控体系进入 3.0 数智化阶段，京东供应链金融科技构建新引擎[EB/OL].[2024-3-12]. https://tech. cnr. cn/techph/20230714/t20230714_526329397.shtml.

[10]梁国栋,夏岳红.数据驱动企业风险管理[J].企业管理,2022(10):112-116.
[11]华信咨询设计研究院有限公司.2024 中国企业国际化进程中的数字风险洞察报告[R/OL].[2024-03-14].https://www.doc88.com/p-77439577984697.html.
[12]李建平.信息安全重新定义首席安全官[J].中国信息安全,2021(11):36-39.
[13]IBM.2023 年数据泄露成本报告[EB/OL].[2024-3-14].https//www.ibm.com/cn-zh/reports/databreath.
[14]陈礼腾.最大"独角兽"蚂蚁金服宣布 IPO 欲同时登陆科创板和港交所[J].计算机与网络,2020,46(15):10.
[15]国际内部审计师协会.国际内部审计师协会(IIA)三线模型[R/OL].[2024-01-14].https://www.ciia.com.cn/ueditor/jsp/upload/file/20200817/1597646309456072374.pdf.
[16]库勒.欧洲数据保护法:公司遵守与管制[M].旷野,杨会永,译.北京:法律出版社,2008:71.
[17]腾讯安全副总裁黎巍:行家+专家,共建数字化业务风控防线[EB/OL].[2024-03-12].https://cloud.tencent.com/developer/article/1897541.

应用型本科经管系列教材

财务会计类

财务报表编制与分析
财务共享综合实务
财务管理学
财务建模与可视化
成本管理会计
成本会计
风险管理与内部控制
管理会计
会计模拟实验
会计学(非会计专业用)
会计学基础仿真实训
会计学科专业导论
会计学原理
Python在企业财务中的应用
企业会计综合实验
审计学(非审计专业用)
审计学原理
业财一体信息化应用
中级财务会计

工商营销类

电商直播运营
短视频直播运营
服务管理
国际管理:赋能全球企业变革
绩效管理
健康管理学
客户关系管理
企业数字化战略变革案例集
商务礼仪
市场调查与预测
市场营销学
数智时代的市场营销理论与实务
数字营销
数字资产管理与综合实践
网络营销
文旅直播理论与实务
项目策划
消费心理学
新媒体营销
营销策划

经济贸易类

电子商务概论
国际结算
国际经济学
国际贸易实务
国际贸易学
国际市场营销
跨境电子商务
品牌管理
数字经济概论
数字经济理论与实务
数字经济学基础
数字贸易
数字贸易规则
统计学
自贸区发展学

金融投资类

保险金信托与财富传承概论
大数据金融
公司金融学
供应链金融
货币金融学
货币银行学
金融风险管理
金融市场学
金融学
金融衍生工具
商业银行经营管理理论及案例解读
投资学
投资银行理论与实务
投资组合理论与实务
证券投资学

物流类

仓储与配送管理
数智化沙盘模拟实验
物流成本管理
物流系统规划与管理
物流系统建模与仿真——案例与模型
现代物流学概论
运营管理
智慧供应链管理
智慧物流管理